北京市高等教育精品教材立项项目
高等学校经济与工商管理系列教材

技术经济学

（第2版）

林晓言　陈　娟　王红梅　郭丽华　**编著**

清 华 大 学 出 版 社
北京交通大学出版社
·北京·

内 容 简 介

本书全面系统地介绍了技术经济学的基本原理和方法及其在项目投资决策中的应用。主要内容包括：技术进步与经济发展、技术进步与知识产权、技术创新、技术市场与技术贸易、技术引进与评价、技术预见与技术政策、经济预测方法、现金流量与资金时间价值、经济评价指标、多方案比选、不确定性分析、财务评价、经济费用效益评价、设备更新分析、项目后评价、价值工程等。

本书可作为各院校经济、管理、工程等专业本专科生的教材以及相关专业研究生的参考书，也可作为从事技术经济领域工作的人员以及其他有意了解技术经济方面知识的人士的学习用书。

本书封面贴有清华大学出版社防伪标签，无标签者不得销售。

版权所有，侵权必究。侵权举报电话：010-62782989　13501256678　13801310933

图书在版编目（CIP）数据

技术经济学/林晓言编著. —2 版. —北京：北京交通大学出版社：清华大学出版社，2021.3

高等学校经济与工商管理系列教材

ISBN 978 - 7 - 5121 - 4356 - 2

Ⅰ. ① 技…　Ⅱ. ① 林…　Ⅲ. ① 技术经济学　Ⅳ. ① F062.4

中国版本图书馆 CIP 数据核字（2020）第 217541 号

技术经济学

JISHU JINGJIXUE

责任编辑：黎　丹

出版发行：清 华 大 学 出 版 社　　邮编：100084　　电话：010—62776969　　http://www.tup.com.cn

　　　　　北京交通大学出版社　　邮编：100044　　电话：010—51686414　　http://www.bjtup.com.cn

印 刷 者：北京时代华都印刷有限公司

经　　销：全国新华书店

开　　本：185 mm×260 mm　　印张：19.5　　字数：487 千字

版 印 次：2014 年 5 月第 1 版　　2021 年 3 月第 2 版　　2021 年 3 月第 1 次印刷

印　　数：1～3 000 册　　定价：49.00 元

本书如有质量问题，请向北京交通大学出版社质监组反映。对您的意见和批评，我们表示欢迎和感谢。

投诉电话：010—51686043，51686008；传真：010—62225406；E-mail：press@bjtu.edu.cn。

前　　言

技术经济学是我国学者创建的一门应用性很强的交叉学科。半个多世纪的实践已充分证明技术经济学的理论和方法，对于促进社会、经济高质量发展具有无可替代的作用。

"技术经济学在中国的产生并非偶然。在第一个五年计划期间，苏联在援助我国的156项重点建设项目的设计文件中，就谈到了技术经济方面的问题。国内也有一些专业设计院有从事相关专业的人员，但当时的理论和研究方法十分粗浅，并没有作深入研究，更谈不上形成一门学科了。1959年11月13日，于光远在《人民日报》上发表了题为《用最小的劳动消耗取得更多的剩余价值》一文，谈到提高劳动生产率、技术应用效果等问题，这是于光远对于发展'技术经济'的一次酝酿。"①

技术经济学的重要地位和作用，作为创始人之一的徐寿波院士在其著作《技术经济学》中有过重点阐述，"一切生产技术，必须既具有技术上的优越感，又具有经济上的合理性，才适宜于推广和应用。所以，生产技术研究成果，应该经过技术经济分析，才能在生产中推广，才能成为国家制定技术措施、技术政策和国民经济计划的完整的科学技术依据。……进行技术经济的研究，是科学技术工作的一个重要组成部分，是促进科学技术多快好省地服务于社会主义建设的一个重要中间环节。……"②

徐寿波院士于2018年11月3日在庆祝中国技术经济学会成立四十周年大会致辞中再次强调了上述辩证关系的重要性，并进一步谈道，"回顾新中国几十年发展历程，凡是遵循了上述规律的，经济社会发展就会呈现出良好的态势。当前，中国已经进入创新驱动的高质量经济发展阶段，技术与经济相结合的思想必将再次展现出其指导实践的强大生命力，技术经济学科迎来了又一次大发展的机遇。……我希望全国的技术经济工作者，不忘初心，认真领会技术经济科学原理的精髓，实事求是，为夺取新时代中国特色社会主义伟大胜利，做出自己应有的贡献。"

徐寿波院士和老一辈技术经济工作者的殷切期望，是鞭策和激励我们努力教书育人，将技术经济科学原理传承下去的强大动力。技术经济学拥有系统全面的原创理论体系，包括技术经济实体理论、技术经济要素理论、技术经济信息理论、技术经济效果理论、技术经济评价理论、技术经济比较理论、技术经济优选理论、技术经济控制理论、技术经济决策理论、技术经济综评理论等。

作为教材，特别是主要以本科生为重要对象的教材，力图将上述理论体系融会于技术与经济关系理论和技术经济效果评价两大部分。在第一部分，即技术与经济关系理论部分，在第1版基础上，除了原有章节予以必要的知识更新和加入引例外，还根据经济社会发展特别是科学技术突飞猛进的现实需要，重点增加了技术进步与知识产权、技术预见与技术政策两

---

① 胡晓菁．徐寿波传．北京：科学出版社，2016：102.

② 徐寿波．技术经济学．北京：经济科学出版社，2012：4.

个章节。技术经济效果评价部分依据国家最新的经济法规、财税制度、投融资体制等对相关内容进行了修改和调整，增加了第 13.4 节"PPP 项目财务评价方法"及一些引例及思考题，使教材的系统性、前瞻性、实践性更加突出。附录部分增加了计算类题目的参考答案，供读者参考。

本书的具体撰稿分工是：林晓言编写第 1~8 章，陈娟编写第 9 章、第 15 章和第 16 章；王红梅编写第 10 章、第 11 章和第 13 章；郭丽华编写第 12 章、第 14 章和第 17 章。全书由陈娟统稿。

本书的修订得到了北京交通大学教务处、北京交通大学出版社及经济管理学院的大力支持，在此表示深深的感谢。本书的编写，参阅了大量的著作、教材和资料，在此向相关学者、作者表示感谢。

本书配有教学课件和相关的教学资源，有需要的读者可以从网站 http：//www. bjtup. com. cn 下载或发邮件至 cbsld@jg. bjtu. edu. cn 索取。

由于编者水平有限，书中难免存在不足和错误，恳请广大读者批评指正。

林晓言

2021 年 3 月

目　　录

第 1 章

概　　述

引例

协和客机的成败

1956 年至 1961 年，英、法两国分别进行超声速客机研究，由于研制费用高，加上两国方案相近，1962 年英、法两国签署了一个政府合作协议。在这个协议上提出了 SST 计划（supersonic transport program），即超声速运输计划。协和超声速客机就是 SST 计划的产物，其巨额研制费由英、法两国政府平摊。

1969 年，第一架协和超声速客机诞生，并于 1976 年 1 月 21 日投入商业飞行。英国航空公司首航从伦敦到巴林，法国航空公司首航从巴黎经达卡尔至里约热内卢。1976 年 5 月，英航和法航同时推出跨大西洋至美国的航线。从巴黎飞到纽约只需约 3 小时 20 分钟，比普通民航客机节省超过一半时间。后来，协和客机的定期航班中除了伦敦—纽约、巴黎—纽约的每日往返飞行外，由于噪声及成本等原因，其他都先后终止了。运营的前六年，英、法航空公司均在赔钱，不过后来航空公司根据协和客机在常客（由于其高速特性，协和客机的常客往往为往返于美国和英、法两国之间的工商界、政界人士，投资银行家等人）心目中的形象提高了票价，协和客机开始盈利。票价提升后，搭乘协和客机往返欧美大陆就成为许多人的梦想。

从飞行安全性来看，协和客机还是非常安全的，运行到 1999 年年底，总共安全运营 24 年，协和客机获得了全球最安全客机的名声。但是，在 2000 年 7 月 25 日，协和客机 AF4590 在起飞时辗过跑道上的小铁条，造成爆胎，而轮胎破片高速击中机翼中的油箱，之后引发大火，导致飞机于起飞数分钟后即爆炸，坠毁于机场附近的旅馆。这是协和客机服役期间唯一的一次重大事故，也是有史以来第一架超声速喷气式客机失事，这场悲剧造成 113 人丧生。此次失事促使飞机制造商重新改造机体设计，并修补了诸多缺失。但不论这家飞机以往声望有多高，仅仅一次失事就让协和客机从此一蹶不振。虽然协和客机在 2001 年 11 月重新启航，但载客量一直都严重不足，航空公司亏损严重，协和客机终于在 2003 年退役。

分析与讨论：请从技术经济的角度分析讨论协和客机的成败。

1.1 技术与经济的关系

1. 技术的含义

根据《大不列颠百科全书》的解释，technology 一词最早由希腊词 techne（艺术、手工艺品）和 logos（词，言语）组成，意味着既是好的又是可用的。technology 一词最早出现在英文中是 17 世纪，仅被用来讨论艺术应用，到 20 世纪含义迅速扩展。归纳起来，关于技术含义的描述大致有如下几种。

18 世纪，法国《百科全书》首先将技术列为专门条目，认为技术是"为了达到某一目的所采用的工具与规则的体系"。国际工业产权组织（AIPO）对技术的定义为：技术是指制造一种产品或提供一项服务的系统的知识。这种知识可能是一项产品或工艺发明、一项外型设计、一种实用形式，也可能是一种设计管理等的专门技能。美国国家科学基金会（NSF）在 1983 年的技术创新文集评论中引用斯科恩（Schon）的定义，认为技术是指扩展人类能力的任何工具或技能，包括有形的装备或无形的工作方法。费里拉（J. Friar）等人在 1986 年对技术的定义为：技术是指一种创造出可再现性方法或手段的能力，这些方法或手段能导致产品、工艺过程和服务的改进。

本书认为，技术经济学中的技术是广义的技术，是人们利用和改造自然的物质手段、精神手段和信息手段的综合体。

2. 经济的含义

"经济"是个多义词：一是指人类历史发展到一定阶段的社会经济制度，是政治和思想等上层建筑赖以存在的基础。二是指物质资料的生产，以及与之相适应的交换、分配、消费等活动。三是指一个国家国民经济的组成，如工业经济、农业经济、运输经济等名词中的经济概念。四是指节约或节省等。

3. 技术与经济的关系

技术和经济是人类社会进行物质生产活动中始终并存的两个方面，二者相互促进又相互制约。经济发展是技术进步的动力和方向，而技术进步是推动经济发展、提高经济效益的重要条件和手段。经济的发展离不开技术的进步，社会物质文化需要的增长、国民经济的发展，都必须依靠技术的进步和应用。在现代社会中，技术已经广泛渗透进了社会生产力的各个要素之中，丰富了它的内涵，改变了它的性质和结构，提高了它的水平，引起了生产力的革命性变革。

（1）技术引起劳动资料的变革

劳动资料是人类劳动经验、技能和科学技术知识的结晶，劳动资料的水平是技术进步的显示器。随着技术的进步，劳动资料的性质、结构、功能等都发生了巨大变革。以往的机器只包括工具机、传动机和动力机三大部分，现在由于控制论、信息论和微电子学的发展及电子计算机在生产中的广泛应用，使机器系统的结构发生了质变，增加了控制机部分，而且已经发展到了高度自动化的水平。利用电子计算机对工业生产过程可以实现精密控制和自动控制，对全部生产设备可以实现监督控制，这就为实现整个企业和企业体系的生产自动化奠定了基础。工业机器人进一步扩展了人类体力劳动的职能和范围，它可以把人们从繁杂、重复的体力劳动中解放出来，以便有更多的时间从事创造性劳动。计算机辅助设计、计算机辅助制造、计算机辅助检测、计算机辅助工程程序等在生产领域被大力推广，使生产自动化达到了更高水平。

（2）技术引起劳动对象的变革

劳动对象随着技术进步而不断变革。以前，生产主要依赖于天然资源。现在，利用现代科学技术，不仅增加了有用物的品种和数量，而且开拓了许多新的用途，能把一些废料重新投回到物质循环中去加以利用。现代材料科学技术的发展，不仅使人们对天然资源的开发利用更加充分有效，而且研制出了新型人造材料、合成材料和复合材料。由于量子化学、结构化学和固体物理学的发展，人们对材料结构与性能的研究已经深入到了原子、电子等微观层次，为阐明微观结构与宏观性能的关系提供了理论依据和手段。

（3）技术促进了劳动者素质的变革

马克思在《资本论》（第 1 卷）中指出：劳动过程就是"劳动者利用物的机械的、物理的和化学的属性，以便把这些物当作发挥力量的手段，依照自己的目的作用于其他物"的过程。这表明生产劳动是一种有目的、有意识的活动。在这一活动中，劳动者既要发挥自己的体力，又必须掌握一定的经验和科学知识，发挥自己的智力。而且，人们体力和智力支出的比重，是随着生产技术水平的提高而发生变化的。随着生产过程中科学技术投入的提高，劳动的性质、内容也会发生巨大变化，对劳动者的文化素养、科学技术知识水平提出了越来越高的要求，劳动和知识的结合发展到了新的水平。

（4）技术促进了组织与管理的变革

组织与管理是由分工和协作的发展而创造出来的集体生产力。现代社会化生产有很大的规模、众多的部门、复杂的机器设备，部门之间的专业化分工与协作发展到了很高的水平。因此，组织管理的科学化，成为决定生产发展的重要因素。要实现高效、优化的组织管理，就要有科学的管理理论、方法和手段。管理科学的发展为解决这一任务奠定了理论基础。电子计算机应用于组织管理，建立起了管理信息系统，可以对生产活动的诸要素及组织管理的任务和组织管理的目标等三大类信息进行编码，并进行加工处理，为管理决策提供依据。这就会大大提高管理的自动化水平，减少管理层次，改善管理条件，加快决策速度，节约人力、财力、物力，提高劳动生产率。

技术和经济的关系是辩证的，技术和经济相互融合，才能获得良好的经济效益。任何先进技术的应用必须在显示出经济上的优势后，才能得到推广。但应该看到，随着时间的推移，经济条件在不断发展和变化，原先经济效益不好的技术，可以转化为比较好的技术；而原来经济效益比较好的技术，也可能转化为不经济的技术。总之，任何技术的应用，都应以提高经济效益为前提，要因地、因时处理好技术和经济之间的关系。

1.2 技术经济学的理论基础

技术经济学虽然是一门新兴的学科，但它的形成是有其理论基础的。

1. 剩余价值理论和扩大再生产理论

马克思在分析商品特性和劳动力这种特殊商品的价值和使用价值的基础上，指出了剩余价值的源泉，认为资本家所雇用的工人在生产过程中所创造的价值超过其劳动力价值的部分，即构成剩余价值。为了增加剩余价值，资本家必须增加资本的积累，不断地促进技术进步，以实现经济的增长和效益的提高。

在剩余价值规律的基础上，马克思深入研究了社会再生产过程，运用定性分析与定量分析相结合的科学方法，给出了社会资本再生产的公式。

简单再生产的公式为

$$\text{I}(v+m)=\text{II}\,c \tag{1-1}$$

这里，v 代表可变资本，m 代表剩余价值，c 代表不变资本，Ⅰ、Ⅱ 分别代表第一部类和第二部类企业。但资本主义社会的特征是扩大再生产，其公式为

$$\text{I}(v+m)>\text{II}\,c \tag{1-2}$$

即第一部类企业的可变资本和剩余价值的总和，应超过第二部类企业的不变资本。只有在这种条件下，才会有进行扩大再生产所必需的剩余生产资料。

马克思的这一再生产理论，为研究社会主义经济发展中技术进步对扩大再生产的作用，以及分析它们之间的关系提供了理论基础。

2. 边际效用理论和边际生产力理论

亚当·斯密在 1776 年出版的《国富论》中，研究了劳动生产增长率的原因，说明分工能够提高劳动生产率和增加国民财富，阐述了分工、交换、货币、价值和价格问题；研究了资本的特点，说明了资本积累对经济发展的重要性。

19 世纪 70 年代，英国的杰文斯、奥地利的门格尔和法国的瓦尔拉各自完全独立地发现了边际效用递减原理，这一原理后来被称为"边际革命"。这一理论指出，"效用"是价值的源泉，是形成商品价值的必要条件，但效用必须和物品的"稀缺性"相结合，才能构成商品价值形成的充足条件。因此，价值的成立有赖于效用性和稀缺性相结合，价值是以稀少性为前提的；价值量将以物品的稀缺程度为转移，物品越稀缺，价值越高；反之，则价值越低。商品的价值量，不决定于它的总效用或平均效用，而是决定于它的边际效用。随着消费量的增加，边际效用递减。在平衡点上，边际效用为零；超过了平衡点，则边际效用为负。

伴随着边际效用理论的产生，在 19 世纪末又出现了边际生产力理论。美国经济学家克拉克在 1899 年出版的《财富的分配》一书中正式提出了这个名词。他最早把经济状态分为"静态"与"动态"，在研究方法上分为"静态分析"和"动态分析"两种。他论述了在充分自由竞争的静态环境里，存在着依照劳动和资本各自对生产的实际贡献，即依照各自的"边际生产力"来决定其收入的"分配的自然规律"。当资本的投入量不变而投入的劳动量相继增加时，劳动的每个增加单位所增加的产量（产值）依次递减，最后增加一单位劳动所增加的产量（产值）就决定工资的多寡，这就是"劳动的边际生产力"。同样，资本的边际生产力决定利息的高低。

英国经济学家阿弗里德·马歇尔于 1890 年出版的《经济学原理》，确立了他的"价值理论"。这种理论是在自由竞争的前提下，以"均衡价格论"为核心，进行边际增量分析和局部均衡分析。

这些理论为技术经济学分析投入与产出的关系、生产活动的评价准则和经济分析方法等提供了重要的理论基础。

3. 产权经济理论

产权经济理论诞生于 20 世纪初，成熟于 20 世纪 60 年代，它的创始者是 1991 年诺贝尔经济学奖获得者罗纳得·科斯。1937 年 11 月，科斯在英国《经济学》杂志发表了《企业的本质》一文。1960 年 10 月，他又在美国《法学与经济学》杂志发表了《社会成本问题》。这两篇代表作有两个意义：一是表明产权经济理论已从一种思想和观点发展为一门新的经济学科——产权经济学；二是表明产权经济理论发展的两个阶段：第一阶段是 20 世纪 30 年代对微观经济理论的批判，指出在市场机制运行中存在摩擦，即存在交易成本；第二阶段是 20 世纪 50 年代末至 60 年代中期对产权作用的认识。所以，"交易成本"是产权经济理论的基础，"科斯定理"是产权经济理论的核心。产权经济理论认为，微观经济理论存在三个根本性缺陷：一是企业存在本身是微观经济理论假设的前提，即先假设企业的存在，再研究企业的行为。至于企业存在的本质原因、企业规模大小、企业内部组织结构、企业与市场的边界等取决于什么因素，都非微观经济理论的研究对象。二是微观经济理论的竞争性理论模型假定：在私有制条件下，人们之间的交易不存在摩擦，因而交易成本不存在。但是在私有制条件下，同样存在产权交易界区含混的可能性与现实性。微观经济理论忽视了产权问题会成为资源有效配置的障碍。三是微观经济理论以追求个体效用的最大化为其核心思想，将市场简单地看作是一种工具。这样就出现了两个不可克服的障碍：一是个体效用之间无法比较，二是在追求社会效用最大化过程中，需将个体效用转化为统一的社会效用，却不存在一个统一的尺度。

针对上述缺陷，产权经济理论把产权作为资源配置过程的核心。个体在追求效用最大化过程中，产权问题成为制约效用的一个基本变量；产权问题还影响成本函数，如果产权交易界区不清，交易成本会大于零，而且个体追求效用最大化的过程不可能达到社会效用最大化；传统的效用和利润最大化分析不切实际，求极值问题的实质是产权被界定和转让的问题，效用与效用的获得不过是市场运动（产权交易）的结果；企业和市场都是实现资源有效配置的两种组织制度，所不同的是企业制度通过内部的权威关系（即组织管理）实现资源有效配置，而市场制度是通过价格机制实现资源有效配置。

因此，产权经济理论的应用主要表现在八个方面：用于私有产权条件下，资源配置过程中外部效益问题的分析；用于产权结构与企业经济行为关系的分析；用于企业组织管理体制分析和比较；用于企业的规模及其与市场的边界关系分析；用于跨国公司的国际投资理论的分析；用于技术转让中的交易成本分析；用于社会化分工与交易成本关系的分析；用于国家的经济增长分析。产权经济理论是在社会主义市场经济条件下，技术经济学的重要理论基础。

4. 历史上科学家们关于科学技术发展及其作用的理论

人类学家在研究人类的起源时就得出结论，人类诞生之日就是创造工具之时，也就开始了发明、使用和发展技术。英国科学家弗朗西斯·培根在 17 世纪初就提出了技术的重要意义。他认为，人们生活的改善，生产的发展，直接因素不是哲学，而是技术，是"机械技术上的发明"。他最早指出，技术是生产力的要素，是社会进步的动力。他提出"知识就是力量"的口号。他特别重视科学理论与实际需要的结合，提倡学者与工人相结合。培根的这些思想，对 17 世纪科学技术发展起到了重大推动作用，而且长期影响着人们对科技进步、科技革命的认识。

18 世纪，法国社会科学家狄德罗和孟德斯鸠、伏尔泰、卢梭、达兰贝尔等人被称为欧洲思想启蒙运动的先驱。狄德罗编辑出版了对法国社会进步和世界科技发展有重大影响的《百科全书》，进一步明确了技术在文明中的重要地位。他不仅把技术作为向自然界斗争的武器，并且认为掌握技术的工人是革命阶级的主要依靠力量。

苏联学者康德拉季耶夫在 1928 年出版的《大经济循环》一书中提出了"长波理论"，即资本主义经济每一次循环都有上升和下降两个阶段，每个周期约为 50 年，故称为"长波"。他把资本的价值构成和技术构成联系起来考虑，认为技术的更新与固定资产的更新有密切联系，对技术更新在经济周期中的作用给予了充分的评价。

奥地利经济学家熊彼特的"创新理论"和"经济周期理论"对世界经济理论和科技发展都产生了很大影响。按照熊彼特的理论，"创新"就是"建立一种新的生产函数"——实现生产要素和生产条件的一种新组合，包括引进新产品、引用新的生产方法、开辟新市场、控制原材料的新供应来源、实现企业的新组织等。经济发展就是整个社会不断地实现这种"新组合"。他的"经济周期理论"进一步认为，一种"创新"通过扩散，刺激了大规模的投资，引起了高涨；一旦投资机会消失，便转入了衰退。由于"创新"的引进不是连续平稳的，而是时高时低的，因而就导致了经济波动和经济周期。他把经济周期划分为三种，即"长波"（康德拉季耶夫周期），50 年左右；"中波"（尤格拉周期），10 年左右；"短波"（基钦周期），40 个月左右。熊彼特对技术发展所引起的"创新"的重大作用，以及由"创新"引起的社会生产过程、组织方式、管理方式的变化，做了比较充分的论述。他是较早地把技术进步视作经济发展最主要因素并把它放在最重要位置的学者。

罗斯托的"经济增长阶段论"、贝尔的"后工业社会论"、托夫勒的"第三次浪潮论"等，都对现代科学技术与经济、社会发展的关系及其变化趋势做了论述。所有这些理论，对于技术经济学的研究与发展具有重要的理论指导意义。

1.3　技术经济学的学科发展与研究对象

1. 技术经济学的学科发展

技术经济学是新中国成立后我国自己建立的一门新兴学科，是我国广大技术经济工作者在总结中国的经济建设实践经验，广泛吸收国外科学技术及相近学科有益成分的基础上形成的。国外很少使用这个术语，但相近学科较多，如日本的经济工学，欧美各国流行的工程经济学、可行性研究、费用效益分析及价值工程等，同时还有信息论、控制论、对策论在经济中的应用。这些内容与研究方法与我国的技术经济学比较接近或者有所交叉，有的已经被吸收到我国的技术经济学中。

中国技术经济学的发展不是一帆风顺的，它经历了技术经济学创建发展、技术经济学全面破坏、技术经济学普及发展和技术经济学应用发展四个时期[①]。

（1）技术经济学创建发展时期

从 1963 年开始，一直到 1966 年，是技术经济学创建发展时期。此时期的标志性成果是《技术经济研究的目的、任务和方法》学术论文和《技术经济方法论问题》研究报告。

---

① 徐寿波．技术经济学．北京：经济科学出版社，2012．

（2）技术经济学全面破坏时期

1966—1976 年，是技术经济学全面破坏时期。这个时期，技术经济学的理论方法体系被彻底否定，技术经济研究机构被全面撤销，技术经济研究工作全面停止，技术经济学受到毁灭性打击。

（3）技术经济学普及发展时期

1977—1988 年，是技术经济学普及发展时期。党的十一届三中全会以后，技术经济学科进入了历史上最好的发展时期。1978 年 11 月，成立了中国技术经济研究会，1980 年中国社会科学院成立了技术经济研究所，中国社会科学院研究生院成立了技术经济系，在全国首先培养技术经济学专业的研究生。之后，全国各地区和各部门也都成立了技术经济研究会，成立技术经济研究机构，许多大学开设了技术经济学课程，培养技术经济专业的本科生、硕士生和博士生。这个时期是中国技术经济学知识普及发展时期。

（4）技术经济学应用发展时期

1989 年至今，是技术经济学应用发展时期。重要节点是 1992 年邓小平南方谈话，中国经济又开始快速发展。这个时期在继续重点解决硬技术经济问题的同时，许多重大软技术经济问题急需研究解决，如经济增长速度问题、经济增长方式转变问题、产业结构调整问题、社会主义市场经济公平与效率问题、宏观经济形势科学判断问题、全面节约战略和规划问题等。此期间的 1995 年，能源翻一番保经济翻两番的战略目标提前 5 年实现，这是中国创造的一个奇迹。进入 21 世纪以来，中国经济更是取得了突飞猛进的发展，中国技术经济学在其中做出了重要贡献。

也有学者认为我国技术经济学科的发展大致可分为三个阶段：20 世纪 50 年代末至 60 年代初的初创阶段、"文化大革命"时期的发展停滞阶段、1976 年至今的发展成熟阶段。[①]

2. 技术经济学的研究对象

技术经济学作为一门科学，必须有明确的研究对象。归纳起来，技术经济学的研究对象主要有以下几种观点。

（1）效果论

效果论者认为，技术经济学是研究技术方案、技术政策、技术规划、技术措施等的经济效果的学科，通过经济效果的计算以求找到经济效果最好的技术方案。这种观点从经济效果学的观点出发，认为技术经济人员的任务就是计算技术活动的经济效果，为决策部门进行技术决策提供参考和依据。

按此观点又有三种提法，或侧重于"关系"，或侧重于"目的"。

① 研究技术先进性与经济合理性两者协调发展的经济效益科学。

② 研究技术和经济的关系、技术和经济的最佳结合及其运行规律，其目的是求得最佳的经济效果。

③ 研究技术与经济相互关系及其矛盾对立统一的科学，它通过各种实践活动的技术分析、经济比较和效益评价，寻求技术与经济的最佳结合，确定技术先进、经济合理的最优经济界限。

（2）关系论

关系论者认为，技术经济学是研究技术与经济关系以达到技术与经济的最佳结合，通过技术经济研究达到技术与经济的合理匹配。这种观点认为，各种技术会带来不同的经济效

---

① 傅家骥，雷家骕，程源 . 技术经济学前沿问题 . 北京：经济科学出版社，2003.

果，采用先进技术能促进经济的发展，但是经济发展到一定程度只能采用适宜技术，采用先进技术不一定能带来理想的效果，因此要研究技术和经济的合理匹配。这种观点事实上是认为技术经济学是研究如何最有效地利用技术资源促进经济增长规律的学科。

因为技术已成为一种以知识为基础的再生资源，也是一种有限的稀缺资源，因此要求人类有效地最佳地利用它们，以达到促进经济增长的目的。同时，合理地利用技术资源，要求对资金、劳动力等稀缺资源进行最佳配置，这是技术经济学的基本出发点与落脚点。其中包括三个层次的内容。

一是技术发展与经济发展相互作用的规律。首先必须认识技术与经济的关系及技术发展与经济发展是如何相互推动的。在现代社会生产中，技术与经济是同时存在的统一体，在任何生产过程的实现中都不能彼此分离。经济是技术发展的决定因素，它为技术发展指明方向、创造条件、提出任务；而技术是经济发展的手段，是提高社会劳动生产率、节约物质资源最有力的手段。技术是手段，经济是实现技术的物质基础和目的，它们存在于一个相互制约、相互作用、相互促进的社会整体之中。

二是技术发展与经济发展最佳结合、协调发展的规律。技术发展与经济发展的最佳结合，首先表现在技术构成要素之间的最佳结合，如硬技术与硬技术的最佳结合、硬技术与软技术的最佳结合、物的技术与人的技术的最佳结合等；其次是技术活动与经济活动的最佳结合，如技术的创造和实施与所需物质条件的最佳结合，技术价值的实现与相应储运、销售、市场条件的最佳结合，技术运行与相应的社会经济政策、经济杠杆、法规之间的最佳结合；最后，技术开发、创新与转移和社会经济条件、经济政策的最佳结合及相互适应，这里研究的重点不仅在于认识与找出这些结合点，而且更重要的是如何创造最佳结合的条件，以便更多地采用先进技术，促进经济协调发展。

三是技术与经济最佳结合的实现形式与方法。研究与揭示上述规律的重要目的就是要使技术与经济都能不断进步，协调发展，并使各项技术经济活动取得最大的经济效益。因此，必须研究不同技术经济活动，如技术政策、技术规划、技术措施和技术方案及不同技术与经济结合的形式。如何采用正确的评价方法和进行经济效益计算，研究不同技术项目的评价标准、评价指标体系和计算方法，以便正确地预测和衡量其经济效益的大小数值，衡量技术与经济结合对社会所作出的贡献。

（3）问题论和因素论

问题论者认为技术经济学是研究生产建设中各种技术经济问题的学科。因素论则认为技术经济学是研究技术因素与经济因素最佳结合的学科。

通过分析上述不同观点，本书认为，技术经济学是研究技术与经济之间关系及技术经济活动规律的科学，它是利用经济学的理论和分析方法，研究如何有效地在各种技术之间分配资源，寻求技术和经济的最佳结合的新兴科学。

从理论研究的角度看，技术经济学的基本问题可以分为两个层次。从技术的微观机制来说，这些基本理论包括技术生成的经济环境、技术扩散的经济规律、技术选择的经济原则、技术进步的微观过程。从技术的宏观表现来看，这些基本理论包括技术进步与经济增长，技术进步与产业结构，技术进步与劳动就业，技术进步与资源配置，技术进步与投资机会，技术进步与收入分配，技术进步与生态环境，技术进步与对外贸易，法规、政府、社会和传统对技术进步的制约等。

1.4　技术经济学的学科定位与主要任务

1. 技术经济学的学科定位

技术经济学是一门科学，它的学科定位是经济科学和应用科学①。

① 技术经济学虽然是一门技术科学和经济科学互相结合的交叉科学，但是它的落脚点是经济，不是技术，所以属于经济科学。

② 技术经济学是一门应用科学，不是纯理论科学。它的最重要的任务是解决中国的技术经济问题。

2. 技术经济学的主要任务

① 技术经济学的主要任务是研究各种技术方案的经济评价和综合评价理论及方法。

② 从总的技术经济分析论证出发，寻找国内外技术（包括硬技术和软技术）发展的客观规律及技术进步与经济发展的相互关系和发展规律。

③ 研究解决实际技术经济问题。

1.5　技术经济学的研究内容

1. 科技进步、生产率与经济增长关系的研究

科技进步因素原由科学家和工程技术专家研究，而经济学家把它作为经济增长的"外生变量"不纳入自己的研究领域。直到英籍奥地利经济学家熊彼特的"创新理论"和"经济周期理论"在 20 世纪二三十年代提出以后才逐渐有了变化。之后，丁伯根、索洛、丹尼森、乔根森、罗斯托、贝尔、托夫勒等人对现代科学技术与经济、社会发展的关系及其变化趋势做了许多定性或定量研究，用综合要素生产率计算了科技进步、生产率在经济增长中的作用，把这个问题的研究提高到了一个较高的水平。

2. 项目可行性研究

技术经济学是工程技术科学和工程建设实践的有机组成部分，这集中表现在所有工程项目在决策前都必须经过周密的技术经济论证，即必须进行工程项目可行性研究，可行性研究构成了技术经济学科的重要内涵。

（1）可行性研究的含义

工程项目可行性研究是对拟建项目在投资决策前进行全面技术经济研究的一项综合性研究工作，是综合多种科学成果和手段对拟建项目技术、经济和财务进行综合分析研究的科学方法，通过对拟建项目有关因素的调查研究、分析计算，论证项目和各种方案的技术、经济可行性，选择最优方案，为项目的决策提供科学依据。

可行性研究是国际上确定工程建设项目时普遍采用的方法，被视为投资前期的一个重要程序和投资决策的依据，称为"决定工程项目命运的关键"，只有经过可行性研究认为可行

---

① 徐寿波. 技术经济学. 北京：经济科学出版社，2012.

的项目，才能依次进行设计、施工。国内外经验证明，凡是严格遵守基建程序和进行高质量可行性研究的项目，成功的多，失误的少，绝大多数都能顺利地保证质量，按照设计投资和工期建成，一旦建成投产，一般都能较快地达到设计规模和设计指标，实现预期的效果。所以，"可行性研究"已被公认为是保证发挥投资效果的重要环节。

可行性研究作为一种科学方法，在应用上具有普遍性，但其内容和深度随行业、项目性质、工程类型、规模大小、复杂程度、涉及范围等的不同而不同，随具体研究对象的变化而变化，因而又具有特殊性。

（2）可行性研究的目的和任务

工程项目建设的目的是满足社会需要并获得尽可能大的经济社会效益。但影响经济社会效益的因素错综复杂，并受着客观规律的制约，是不以人们的主观意志为转移的。因此，必须进行调查研究，进行技术经济分析评价，从建设条件（可能性）、技术（先进、适用、可靠）、经济（合理性、盈利性）、环境（空气、水的污染与防治）等方面实事求是地论证项目是否可行。这项工作，就是可行性研究。目的就是通过可行性研究工作，提高决策水平，避免或减少项目决策的失误，以提高经济建设的综合效益。

可行性研究的任务是：根据国家经济发展的方针、政策，国民经济中长期发展规划、地区总体规划和行业规划的要求，对建设项目在技术、工程、经济、环境上是否合理、可行，进行全面分析论证，为投资决策提供可靠的依据。它必须回答：建设条件是否可能；市场前景如何，有无竞争力；技术是否先进、适用；经济上是否有显著生命力；财务上是否有利可图；环境上是否合乎国家标准；方案中的各项指标综合来看是否最优；需要多少资金，如何筹措；建设、生产所需的水、电和其他物资资源是否落实；怎样建设和建设时间等问题。总之，它必须回答涉及项目"可行"或"不可行"的全部问题。

（3）可行性研究的作用

可行性研究经审查批准后，一般应起如下作用。

① 作为投资决策的依据。在可行性研究中对项目是否可行要有明确的结论，它是项目决策机构进行投资决策的依据。

② 作为筹措资金和向银行申请贷款的依据。我国的银行都有明确规定，根据提出的可行性研究报告，对贷款项目进行全面分析评估后，才能确定是否给予贷款。世界银行等国际金融组织把可行性研究作为建设项目申请贷款的先决条件。只有在他们审查可行性研究报告后，认为这个项目经济效益好、有偿还能力、不会有很大风险时，才同意贷款。

③ 作为开展工程设计的依据和基础。在可行性研究中，产品方案、建设规模、厂址、工艺流程、主要设备、总图布置、建设标准、项目范围、供水、供电等，都进行多方案优选和论证，确定建设原则和方案。可行性研究被接受后，工程设计就必须以此为基础，作为工程设计的依据和基础。

④ 作为与建设项目有关部门签订合作、协作合同或协议的依据。建设项目基建材料、生产原料、辅助材料、外协件、燃料、供电、供水、运输、修理等很多方面都需取得协作供应的协议或合同，有时还要签订产品销售合同。这些都是以可行性研究报告作为依据的。

⑤ 作为合资、利用外资正式签约的依据。

⑥ 作为从国外引进技术、引进设备与国外厂商谈判签约的依据。

⑦ 作为编制采用新技术、新设备研制计划的依据。

⑧ 作为建设项目补充勘探、补充工程地质和地形测量及工业性试验的依据。

⑨ 作为大型、专用设备预先订货的依据。

⑩ 作为环保部门审查建设项目对环境影响的依据。

⑪ 作为进行建设准备工作的依据。

（4）可行性研究在工程项目进展周期中的地位

工程建设项目从发起筹建到建成投产，整个周期可划分为投资前时期、投资（建设）时期和生产时期。

① 投资前时期。一般简称为投资前期或建设前期。投资前期工作是从投资酝酿开始，到形成投资意向、选定投资机会，直到项目初步选定、编制可行性研究报告、项目评价、审批立项为止的整个时期。这个时期工作的实质是对投资项目进行调查研究、统筹规划、综合平衡、方案优化、技术经济分析。这个时期不仅要对项目本身，而且要对有关投资活动的各个方面进行研究分析，如合资者、金融机构和贷款银行、物资供应者、设备供应厂商、产品销售、用户和包销商、技术供应者、产品进出口、代理及担保机构、咨询设计机构、投资环境、政策法规等，都是该时期研究、分析的内容。因此，这个时期是投资项目整个周期活动的中心，是项目实施成败的关键。

我国投资前期工作一般分为：投资机会选定（机会研究）；项目初步选定、编制项目建议书（初步可行性研究）；方案分析、选定项目、编制项目实施纲领和实施计划（可行性研究报告）；项目评价（评价报告）、投资决策四个阶段。

② 投资（建设）时期。亦即项目的实施时期，这一时期不仅要做好施工前的一切准备和整个项目的工程建设工作，更重要的是做好项目实施的管理工作。投资时期可大致划分为谈判与签约、工程设计、建设安装、试车投产四个阶段。前两个阶段属于施工准备，后两个阶段包括人员培训。各阶段的主要工作是：施工建设准备、工程设计、建筑安装、试车投产、竣工、验收交付生产。

③ 生产时期。按照投资前期研究和设计确定的生产纲领，制订具体生产计划，组织好生产，尽快达到设计生产能力和各项技术经济指标。

任何投资项目的经济效益都要通过生产活动来实现。可行性研究必须正确选择方案并为生产创造良好条件，同时预测这个时期全部活动的效果。一个项目的成败，除管理因素之外，很大程度上取决于建设前期的研究分析是否合理和准确。如果建设前期的研究有严重缺陷，即使项目实施和生产经营管理再好也无济于事。

（5）可行性研究类别

可行性研究按阶段划分为机会研究、初步可行性研究（初步研究）和详细可行性研究（详细研究）。此外，还有为解决投资项目某些特定问题的辅助（专题）研究。

① 机会研究。机会研究是鉴别投资机会，寻找投资用于哪些方面才能获得最大效益的研究，或者说哪些方面最有投资机会的研究。通常是对若干个投资机会或项目设想进行鉴别，以确定投资项目和投资方向，并通过投资机会的鉴定，判断该项目的投资可能性和有无深入研究的价值和必要。机会研究含有两重意思：一是对地区发展潜力的研究，包括自然资源条件、建设条件、投资环境和政策、国内外需要趋势、市场动态、技术发展趋势等的综合调查分析，进行投资鉴别，寻找投资机会，设计投资方案；二是对拟定项目的分析研究，如

项目的发展前景、发展条件,资源,市场供需差距及前景,产品结构及变化趋势,项目投产后产品进入市场的前景及对市场的影响,投资及效益等,初步判断项目投资是否有好的效果。如果结论是肯定的,则认为存在投资机会,可以做下一步工作,反之则放弃。

② 初步可行性研究。又称预可行性研究,它是介于机会研究和详细可行性研究之间的研究阶段。其区别在于可行性研究要求资料详尽、研究深细、数据准确、结论明确,因之工作量大,所以在此之前先做一个初步研究,对项目和可能的方案进行审定,为可行性研究奠定基础。目的是确定:机会研究或规划设想的效益前途是否可行,是否可以在此阶段阐明的资料基础上作出决策建议;建设项目是否需要和值得进行可行性研究的详尽分析;项目研究中有哪些关键问题,是否需要作专题研究;所有可能的项目方案是否均已审查甄选过;在已获资料项目上,是否可以决定项目有无足够吸引力或可行不可行。

③ 详细可行性研究。详细可行性研究也通称为可行性研究。它是在前一阶段研究的基础上,对项目技术、财务、工程、经济和环境等方面进行精确、系统、完备无遗的分析,完成包括市场和销售、规模和产品、厂址、原辅料供应、工艺技术、设备选择、人员组织、实施计划、投资与成本、效益及风险等的计算、论证和评价,选定最佳方案,作为决策依据。

④ 专题(辅助功能)研究。专题研究主要是为可行性研究(或初步可行性研究)创造条件,研究和解决一些关键性或特定的一些问题,它是可行性研究的前提和辅助,如产品市场研究,原料及投入物的来源、价格、质量研究,建厂地区与厂址研究等。

(6) 可行性研究的编制原则和要求

可行性研究的内容和深度应根据项目的类型、特点、条件、要求的不同而有所区别和侧重,总的原则是:数据要有依据,内容要完整,重点要深细,文件要齐全,结论要准确,实事求是,在调查研究的基础上,按客观实际进行评价,以保证评价的客观性、公正性和科学性,使所推荐的方案和评价结论高度可靠并满足决策的要求。

可行性研究必须满足以下要求:内容和深度应符合国家的规定,并满足批准的项目建议书(或项目申报书)和下达研究任务的主管部门(或委托方)的要求;应能满足审批机关进行投资决策,确定项目取舍的要求;应明确回答所产产品是否适销对路,价格、质量、品种有无竞争力,产品是否符合国家的产业政策;应明确答复所采用的工艺技术和主要设备,是否先进、适用、可靠并符合国家的技术政策;应明确说明项目建成投产后,是否有良好的经济效益和社会效益;基础资料、外部建设条件必须落实可靠;资金筹措与使用是否合理、落实;确定的主要设计方案和估算的投资、成本、利润必须达到规定的准确性和精确度。

(7) 一般可行性研究报告的编制内容

① 根据经济预测、市场预测确定项目建设规模和产品方案。包括:需求情况的预测;国内现有企业生产能力的估计;销售预测、价格分析、产品竞争能力(产品需要外销的,要进行国外需求情况的预测和进入国际市场的前景分析);拟建项目的规模、产品方案和发展方向的技术经济比较和分析。

改扩建项目要说明对原有固定资产的利用情况。技术改造项目应将上述内容改为企业技术改造的目的与要求,从改变产品结构,提高产品性能、质量,增加产量,节约能源、原材料,综合利用等方面予以说明。

② 资源、原材料、燃料及公用设施落实情况。包括:经正式批准的资源储量、品位、成分及开采、利用条件;原料、辅助材料、燃料的种类、数量、来源和供应可能;所需公用

设施的数量、供应方式和供应条件。

③ 建厂条件和厂址方案。包括：建厂的地理位置、气象、水文、地质、地形条件和社会经济现状；交通运输及水、电、气的现状和发展趋势；厂址比较与选择意见。

技术改造项目将建厂条件和厂址方案改为"改造条件和征地情况"，并增加厂区布置和是否征地等内容。

④ 技术工艺、主要设备选型、建设标准和相应的技术经济指标。成套设备进口项目要有维修、材料、辅料及配件供应的安排。有引进技术、设备的项目，要说明来源、国别、与外商合作制造的设想，还应说明国内是否已经进口过。

⑤ 主要单项工程公用辅助设施、协作配套工程的构成，工厂布置方案和土建工程量估算。

⑥ 环境保护、城市规划、防震、防洪、防空、文物保护等要求和采取的相应措施方案。

⑦ 企业组织、劳动定员和人员培训。

⑧ 建设工期和实施进度。

⑨ 投资估算和资金筹措。包括：主体工程和辅助工程所需的建设投资（利用外资项目或引进技术项目，则包括用汇额）；流动资金估算；资金来源、筹措方式、贷款及其偿付方式。

⑩ 经济效益和社会效果。建设项目经济效果分析，不仅计算项目本身的微观效果，还要衡量项目对国民经济的贡献和对社会的影响。前者称为项目的经济评价，后者称为项目的社会评价。

3. 其他相关内容

（1）时间因素的研究

资金时间价值问题有大量研究成果，从理论引进（主要从西方、苏联、东欧引进）到在经济建设中的实际应用，从对这一问题的理论研究到计算方法，比如投资的时间因素对经济效益的影响、动态研究的科学性等，都取得了很大进展。这方面的研究，对于计算工程项目的投资收益、正确判断项目的可行性，具有重要意义。

（2）产业结构问题的研究

过去产业发展大多是按国家计划、搞棋盘作业式的平行推进，各地区、各产业也均按相同或接近速度发展，形成了各地区的产业结构趋同化和"大而全""小而全"的产业发展体系，造成盲目建设、低水平重复、产大于销、产品积压、资源浪费、规模效益差，又切断了各部门、各地区的经济联系，使地区需求同步振荡、产业需求严重波动。技术经济学科针对这种产业发展模式的缺陷，对产业发展的模式、产业发展序列、产业投资结构、支柱产业选择及产业技术政策等问题进行了大量的研究。

（3）环境、资源的技术经济研究

随着我国经济的高速发展，环境与资源问题日益突出，各方面都对这个问题日益重视。我国技术经济研究部门较早地用技术经济分析方法开展了对能源、水资源、重要矿产资源和人力资源开发利用潜力的研究。

（4）部门技术经济研究

结合各部门的技术、工程特点，进行各部门的技术引进、技术转让、技术创新及工程项目评价等方面的研究，得到了很大的发展，如能源技术经济、机械工业技术经济、交通运输技术经济、农业技术经济、化工技术经济、冶金技术经济、邮电技术经济、建筑技术经济、物流技术经济、水利技术经济、纺织技术经济、轻工技术经济、林业技术经济等理论研究方面均有较大发展。

4. 新增长点

（1）知识经济时代的到来赋予的新增长点——技术创新的新发展

知识经济时代的到来，将技术创新等科技进步因素在经济增长中的重要作用，提到了前所未有的高度。关于科技进步的理论研究，除了测算技术进步在经济增长中的贡献份额以外，还应评价新技术的经济效益，评价科技成果的经济效益，评价应用研究、开发研究的经济效益，评价智力投资、职工培训的经济效益，等等。同时，还要研究加速技术进步的途径，比如，经济技术协作、技术引进、企业技术改造等方面的方案论证与效果测算，等等。

改革开放以来，我国经济、科技界在邓小平"科学技术是第一生产力"的理论指导下，开展了科技进步与经济发展关系的研究，取得了丰硕的成果。同时，为了适应知识经济时代的要求，技术经济学科所研究的技术进步理论应从理论研究和生产实践两个方面同时深化，从而形成该学科的第一个新增长点。主要研究内容如下。

① 技术进步与经济增长。测算技术进步因素在经济增长中的重要作用，是技术经济学科长期以来致力于解决的焦点问题，国内外在该领域均取得了可喜的成就。其中常用方法是将技术因素理解为"除了资本、劳动力以外能够促进经济增长的一切其他因素"。而随着科学技术日新月异的发展，"技术"的内涵不断创新、丰富，不同类型、特点、层次的技术对于经济增长的贡献率显然不可统一概括。因此，应当进一步研究技术进步与经济增长的关系理论，创新技术进步贡献率的测算体系，特别是量化模型的构建与完善。

② 技术创新与技术扩散。随着知识经济时代的到来，技术创新的巨大功效前所未有地显示于世人面前，如何通过创新，特别是通过合理扩散，将创新成果广泛地运用于生产实践中，实现其最大效益，已成为技术经济学科需要深入研究的问题。

③ 技术贸易与技术市场。技术贸易与技术市场是完善的市场经济体系不可或缺的组成部分，在知识经济时代，这种"不可或缺"将更为人们所认同。同样，技术商品的价值量衡量及技术商品的市场交换，也成为市场交换中日益重要的闪光点。技术经济学科在有关技术贸易手段的研究等领域有其优势，但在全球经济一体化大趋势下，如何促进技术贸易的国际运作及技术市场的国际融合，将是今后研究的重点。

④ 技术引进与技术选择。技术引进对于迅速缩小发展中国家与发达国家的差距，迅速提高落后国家的技术水平，发挥着重要作用。但是，不同的历史时期条件下，由于国家的总体发展战略调整，技术引进的类型、方式、途径必将作出弹性跟进。因此，应当研究不同条件下技术选择的原则、手段等，从而更大地发挥技术引进的重要作用。

（2）可持续发展战略的实施赋予的新增长点——评价的新发展

技术经济学科的发展是建立在可行性研究的基础上，这部分内容经过多年众多专家的不懈努力，已经基本形成较为成熟的体系。但是随着可持续发展战略的实施，"可行"的评价标准增加了新的内涵和重点。现有评价是否可行的重点在于项目的经济效果，一般包括两个部分：一是企业经济效果；二是国民经济效果。由于存在管理缺陷及观念上的误区，加上量化限制等因素，项目应有的社会评价部分没有得到足够和应有的重视，致使一些项目长期以破坏生态、污染环境为昂贵代价取得了一些账面效益，这是与可持续发展战略相悖的。因此，技术经济学科的第二个新增长点是在进一步完善经济评价体系的基础上，花大力气研究社会评价的指标体系、量化技术、效果分析等。

① 经济评价——后评价的新发展。虽然经济评价比社会评价成熟，但也存在需要进一步完善之处，突出的一点是后评价工作。后评价就是在项目建成投产之后，对其实际效果的现实评价。

现有评价的侧重点是，从企业经济和国民经济两个角度，评价项目的可行性，具体程序在前面已有介绍。其不足之处在于，前述"可行性分析"的立论基础是"前期预测"，评价结论是"可能值"或"期望值"，项目投产后，究竟效果如何，则很少得到重视，这方面的研究也相对欠缺。因此，为了确保工程项目的实际可行及为了积累丰富的评价经验，应将"可行性研究"贯穿于"投资前、投资中、生产中"三个阶段，扩张到"生产后"四个阶段，实地研究项目建成后的现实经济效益。这就是后评价所要解决的问题。

② 社会评价——社会环境影响评价的新发展。国民经济评价究其根本依然是经济评价。社会评价不同于国民经济评价，它是从促进社会平等、维护生态环境、合理利用资源及提高人民生活质量等方面研究项目开发的可行性，这是符合可持续发展战略要求的评价重点之一。

项目建成以后，不仅会产生经济上的影响，同时伴随着巨大的社会效果，如果不对这部分影响进行评价，或者评价甚为简略，则不符合完整评价、全方位评价的基本要求，不能不说是理论研究及生产实践的欠缺。比如，交通基础设施项目，如果仅仅从经济效果论证其可行性，由于其投资巨大、建设期长、不确定性因素较多等不利因素，往往效果不佳，很难得到政府、社会的认同及支持。但结合国外成功经验，分析交通基础设施的特点，则不难发现其潜在的社会效益和比较效益。

习 题

1. 技术经济学的理论基础是什么？
2. 技术与经济之间存在什么关系？
3. 技术经济学在我国是怎样发展起来的？
4. 技术经济学的研究对象有哪些？
5. 技术经济学的主要研究内容有哪些？
6. 技术经济学的学科定位和主要任务是什么？
7. 随着时代的进步，项目评价工作的目标发生了哪些变化？
8. 你认为技术经济学有哪些新的研究内容？

第 2 章

技术进步与经济发展

引例

科学技术越来越成为推动经济社会发展的主要力量，创新驱动是大势所趋。每一次产业革命都与技术革命密不可分。18世纪，蒸汽机引发了第一次产业革命，带来了从手工劳动向动力机器生产转变的重大飞跃，使人类进入了机械化时代。19世纪末至20世纪上半叶，电机引发了第二次产业革命，使人类进入了电气化时代。20世纪下半叶，信息技术引发了第三次产业革命，使社会生产和消费从工业化向自动化、智能化转变，社会生产力再次大提高，劳动生产率再次大飞跃。科技的每一次重大突破，都会催发社会生产力的深刻变革，都会推动人类文明迈向新的更高的台阶。

进入21世纪以来，随着新一轮科技革命和产业变革的兴起，全球科技创新呈现新的发展态势和特征。以智能制造为核心，信息技术、生物技术、新材料技术、新能源技术广泛渗透，带动几乎所有领域发生了以智能化、绿色化、服务化为特征的技术进步。

2.1 技术进步的含义、效益及其机制

1. 技术进步的含义

技术进步泛指技术在合目的性方面所取得的进化与革命。所谓合目的性，是指人们对技术应用所期望达到的目的及其实现的程度。通过对原有技术（或技术体系）的研究、改造、革新，开发出一种新的技术（或技术体系）代替旧技术，使其应用的结果更接近于应用的目标，这时就产生了技术进步。技术进步包括两层含义：技术进化和技术革命。

（1）技术进化

当技术进步表现为对原有技术和技术体系的不断改革创新，或在原有技术原理或组织原则的范围内发明创造新技术和新的技术体系时，这种技术进步称为技术进化。例如，通过技术革新使机床加工精度提高，使电视机的图像更加清晰等。技术进化是经常发生的，所实现

的技术进步是渐进性的，技术所依赖的技术原理和生产程序基本没有发生多大变化。

（2）技术革命

当技术进步表现为技术或技术体系发生质的飞跃性变革时，就称其为技术革命。所谓飞跃，是指技术的原理产生了新的革命性的变革或突破，使劳动工具或机械设备的体系产生了质的变化，从而改变生产的组织和生产方式，甚至引起社会性的革命。其结果往往是新技术或新技术体系的诞生，从而使原来的社会、经济结构发生巨大变革或改组，新产业获得发展，劳动生产率获得巨大提高。从英国开始的第一次技术革命，是纺织机和蒸汽机技术的发明和推广应用引起的，它使纺织业的劳动工具和动力系统由纺车、土织布机、原始水轮机等变成了机器和机器动力系统，使冶金、采掘、机械制造、交通运输等行业同时发生了巨变，使手工业作坊的生产方式转向社会化大生产，使劳动组织与管理方式发生了革命，因此这一技术革命带来了产业革命和社会革命，是英国进入资本主义社会的主要推动力之一。再如，电话、电报、汽车、火车、飞机等技术的发明，使人类居住的空间相对缩小了，这是通信和交通技术革命。技术革命是经过长时期的技术进步，通过科学研究与开发等成果的逐步积累，到了一定的条件下才能发生的。

2. 技术进步的效益

技术进步的效益一般分为以下四种。

（1）经济效益

凡是能够导致社会劳动和时间的节约，并且节约的价值量大于投资额的技术进步，都具有经济效益。经济效益表现为直接效益和间接效益。直接效益是指企业通过技术进步使原材料、劳动、能源消耗下降，劳动生产率和产品质量提高，花色品种增加，产品更新换代等；使企业生产的产品（服务）成本下降，产量和利润增加等；特别是通过技术改造、技术革新、生产组织和管理现代化实现的技术进步的直接经济效益最为明显。间接效益是指企业的产品成本下降、质量提高、寿命延长等给用户带来的效益，特别是对稀有资源的节约，间接效益更大。例如，某国电力十分紧张。由于电力供应不足，导致某铝厂开工率只有50%，而铝制品加工厂由于缺铝，开工率不足。若铝厂通过技术进步使电力消耗下降一半，其他生产要给予保证，就可以使开工率达到100%，多生产的铝供铝制品加工厂加工，铝制品加工厂开工率也可以提高。作为铝厂节电的直接效益是使铝成本大幅度下降，生产设备、基础设施、劳动力等得到了充分利用，利润大幅度提高。其间接经济效益是为铝制品加工厂获得原料供应，使各种生产条件得到改善，使产品成本下降，增加了利润。再往下计算，铝制品增产又会带来其他企业利润增加等。

（2）生态效益

首先，是指由于资源的有限性，必须节约利用，否则稀缺资源消耗殆尽，就会限制经济发展。技术进步使资源获得节约，提高资源利用效率，维持扩大再生产得以连续进行。其次，由于人类对资源消耗和工业生产带来的环境污染使人类生产和生活环境变差，生态平衡遭到破坏。要扭转这一趋势，不可能采取被动适应和减少生产的办法，而必须依靠技术进步使单位产品消耗资源量减少，采取一系列环保技术，减少有害物质的排放，防止环境（包括空气、水质、噪声等）污染，保护生态平衡。

（3）社会效益

社会效益主要指人类生活质量的提高。通过技术进步可以用机器代替人的劳动，使人类从繁重的体力劳动和污染严重的工作环境中解脱出来。例如喷漆是有毒有害、体力消耗很大的工种，用机器人代替人工喷漆就可解决这个问题。技术进步使更多的工作由机器代替人来做，即利用自然力代替人力，使劳动生产率提高，人均占有产品量增加，使人类获得更多的闲暇时间从事文化、娱乐、旅游等活动，使城乡差别、工农差别、脑力劳动与体力劳动差别缩小，使人类的文化素质、生活水平不断提高，寿命延长。这些都是无法用货币来衡量的。

（4）信息效益

在当今世界，人类对信息的依赖程度越来越大。技术进步的过程是人类对自然界认识逐步深化的结果，每一个小的技术进步都为人类认识世界和改造世界提供了新的信息，这些信息的综合分析和利用就会导致新的技术进步，从而产生更新的信息。未来世界将是信息的世界，技术进步的信息将会加快未来世界的经济、社会、资源生态、科技发展的步伐。

3. 技术进步的发展环境

技术进步的过程离不开具体的环境。发展环境一般由四类系统构成：组织环境、资源环境、文化环境、信息环境。每类环境内部机构的横向组合与各层次环境的纵向组合，构成对技术进步适合程度不同的大环境。

（1）组织环境

组织环境是与技术进步生长源关系最密切的一个环境系统，也是最重要的环境系统。该环境系统主要由企业、研究机构、大学、政府和非政府社团等组织机构构成。这些组织机构均有自身的行为准则、运行机制和特定行为。其运行及行为结果，与技术进步生长源构成一定关系，影响着技术变化。

（2）资源环境

资源主要包括人力资源、技术资源、资金资源、物质资源等。物质资源分为自然资源与再生资源。这些资源构成了技术变化的资源环境。

（3）文化环境

一个国家或区域的历史传统、民情风俗、整体文化水平等，构成了技术进步的文化环境。它主要是以人们认同的生活方式及体现在每个人身上的文化素质的外在表现，所形成的价值判断构造出技术进步发展的文化环境。这种文化环境会通过认同或排斥为技术变化造就一个外在环境，刺激或限制某一技术的生成与发展。

（4）信息环境

主要由社会舆论、外来政治、军事、经济、科技压力与影响，以及随机突发事件的影响等构成。这个环境系统的主体是有关的信息，因而称之为信息环境。社会舆论是与技术变化关系密切的一个信息环境子系统，特别是在抵制某项技术发展方面具有很大影响和声势，但并非对每项事件都产生实际效果。外来的政治、军事、经济、科技压力与影响，是信息环境的重要组成部分。随机突发事件的影响所造成的环境效果对于某些技术的发展常常具有决定性作用，虽然总体为数不多，但可能成为技术发展史上的转折点。

在诸多发展环境系统中，最重要、最经常起作用的是组织环境系统。这一系统调控主体的存在，使其具有很大的能动性，可以调整或影响各环境系统。其他环境系统往往要借助组织系统或其反应来发挥效应。

4. 技术进步的机制

技术进步的机制，是指技术进步赖以实现的机构及其功能和相互作用的关系。在现阶段，它的主要内容是技术进步所依托的三种组织（政府、大学和研究机构、企业）的两个方面（需要和能力）。

（1）政府的需要和能力

为实现技术进步，政府的高额科技投入，正确的科技发展计划和政策，以及对采取积极态度从事发明的企业和个人予以适当的鼓励都是必不可少的。为了对内满足广大公民日益增长的物质生活需要，对外保护国家与民族的声誉，维护领土完整与国家主权，参与国际事务，政府将制定一系列的发展计划，以增强国家的实力。无论政府的这类发展计划是出于政治目的还是军事目的，都构成了技术进步的政府需要。

政府要使自己在技术进步方面的需要得以满足，还必须具备下述能力。

① 培养人才的能力。人才是技术进步的基础，没有人才的积累，就没有技术进步。一般来讲，人才是社会公共资源，除政府外，其他社会组织不可能在全社会范围内对人才进行系统的培养，使之适应经济增长与技术进步的需要。因此，人才的培养能力是衡量政府能力的首要因素。

② 资金筹措能力。政府对技术进步的贡献主要体现在财政预算中 R&D 费用的支出。一个国家 R&D 费用支出占 GDP 比重越大，表明这个国家所从事的研究与开发工作越深越广。因此，政府能否为 R&D 筹措足够的资金，是衡量政府技术进步能力的重要指标。

③ 调动企业、大学（研究机构）及社会其他机构技术进步积极性的能力。能否调动全社会的力量，能否构造一个于技术进步有利的社会环境，对社会各机构进行发明创新并促成科学技术转化为现实的生产力关系极大。

④ 制定正确而适当的科技发展战略的能力。政府是否能够选择一个积极大胆的，同时也符合国情的技术战略，并付诸实施，实现其战略目标。

⑤ 制定正确产业政策的能力。产业结构高度化是技术进步的直接反映，政府必须使产业政策与技术政策相结合，促使产业结构优化。

⑥ 制定正确的贸易政策，特别是技术贸易政策的能力。技术贸易是贸易的重要组成部分，政府应能够制定正确的技术引进政策，杜绝盲目引进、重复引进，鼓励消化吸收。

总之，政府的能力既包括直接参与和组织科技攻关、技术创新的能力，也包括调动全社会积极性、鼓励企业创新的能力。

（2）大学（研究机构）的需要和能力

大学（研究机构）是专门从事科学研究和发现，进行科学知识传播和教育的场所。作为特定的社会组织，他们同样存在着技术进步的需要，即培养人才和从事科学研究。大学一方面需要招募优秀学生，另一方面需要提高教学质量，使学生受到良好的技能训练并传播给学生最新的知识，这都要以研究成果为衡量标准。这就使大学产生了追求发明的需要。研究机构也是如此。

（3）企业的需要和能力

企业作为一种特定的社会组织形式，在经济系统中有其特定的追求目标，当只有通过技术进步才能实现其追求的目标时，需求技术进步的企业追求便产生了。企业技术进步的能力，具体表现在以下几个方面。

① 技术开发能力。包括能否为满足顾客（或外来的）需要自行开发新产品，能否为提高产品品质而自行开发新工艺，等等，这主要表现为工程技术人员的业务能力。

② 技术吸收能力。即使自己不能开发新产品、新工艺，还可以采取引进、吸收别人新技术的办法，企业在这方面的能力表现为能否及时捕捉、积极消化吸收新技术，并运用到自己的生产中去。

③ 资金投入能力。任何技术的获得都离不开资金支持，无论是自行开发还是购买外来附着在设备或蕴含在知识中的技术，都取决于企业是否有足够的资金支付技术进步方面的开支。

④ 市场开发能力。新产品、新技术并不总是易于被人们所接受，企业是否能够为自己的新产品打开市场，寻找销路，是企业能力的重要表现。

⑤ 信息收集能力。任何组织都是通过信息的收集、整理，并在此基础上作出决策。因此，信息收集的能力，即能否有畅通的信息渠道，能否及时掌握最新技术信息，也是影响企业技术进步能力的重要方面。

以上三种组织及其各自的需要和能力，构成技术进步机制的重要内容，要实际完成技术进步的全过程，尤其是要取得良好的效果必须协调三者之间的关系，使之和谐统一地朝着有利于技术进步的方向发展。

2.2　技术进步与产业结构

1. 产业结构

（1）产业结构的内容

在经济学史上，英国重商主义经济学家配第在 17 世纪六七十年代首先提出以产业结构来说明整个经济发展的构造。后来，克拉克和库兹涅茨经济法则又进一步以产业分类知识研究了产业的产生、成长及产业之间存在的相互关联等。

产业结构主要包括三方面的内容：国民经济的产业组成，说明国民经济是由哪些产业组织起来的；产业构成，说明各产业在国民经济中所占的比重；产业间的生产联系，说明各产业产品相互作为原料供给时所发生的相互依存关系。

经济发展，就要从上述三个方面来把握产业结构变化过程，这三个方面的变化统称为"产业结构转换"或"产业结构成熟"。第一，产业组成的变化是指新产业的出现和现有产业的衰退以至消灭。第二，产业构成的变化，即以数量表示的现有产业的产量和固定资产、劳动力要素的变化。第三，产业间的生产联系变化，即投入产出平衡表结构的变化。

（2）前方技术经济联系和后方技术经济联系的效果

对经济发展产业间技术经济联系现象的研究方法予以系统化的是霍夫曼。他强调了一个产业的出现对其他产业的生产活动所发生的直接和间接的影响，并将这种现象称之为"影响机制"或技术经济联系效果。他将技术经济联系效果，分为前方技术经济联系效果和后方技术经济联系效果。前方技术经济联系效果，是指一个产业出现后，其产品能引起其他诸产业的可能产生和发展。后方技术经济联系效果，是指某一产业出现后，引起对生产原料的其他产业产品的需求，也可能促使有关产业的产生和发展。

上述这些技术经济联系效果，在新产生的产业达到一定规模，并对存在着技术经济联系的诸产业发生的影响也达到一定程度后，才开始明显化。在这里，设表示技术经济联系效果明显化的可能指标为 P_i。假设由于新出现产业 j 的后方技术经济联系效果引起的对 n 个原材料产业的需要为 $X_{ij}(i=1, 2, \cdots, n)$。另外，设这些产业形成一个产业的最小规模为 $a_i(i=1, 2, \cdots, n)$。根据产业 j 的后方技术经济联系效果，各产业实际产出可能性表示如下。

$$P_i = \frac{X_{ji}}{a_i}(X_{ji} < a_i); \quad P_i = 1(X_{ji} \geqslant a_i) \qquad (2-1)$$

式中，P_i 表示 j 产业的出现引起原材料 i 产业实际产出的可能性，X_{ji} 表示 j 产业的出现引起原材料 i 产业的需求，a_i 表示 i 产业的最小产出规模。

现利用上述指标，将产业 i 的前方技术经济联系效果指标（LF）表示为

$$\text{LF}(i) = \sum_{j=1}^{n} X_{ij} P_j, \quad P_j = \frac{X_i}{a_j} \qquad (2-2)$$

式中，P_j 表示 i 产业的出现引起 j 产业实际产出的可能性，X_{ij} 表示 i 产业的出现引起 j 产业的需求，a_j 表示 j 产业的最小产出规模，X_i 表示产业 i 的总产出。

同理，产业 j 的后方技术经济联系效果指标为

$$\text{LB}(j) = \sum_{i=1}^{n} X_{ji} P_i, \quad P_i = \frac{X_j}{a_i} \qquad (2-3)$$

式中，X_j 表示产业 j 的总产出，其他符号同上。

把一个产业的产生、发展引起另外产业的产生、发展的效果，作为前方或后方技术经济联系效果，是产业结构中的产业组成问题，分析了新产业产生引起的连锁变化。

2. 技术进步对产业结构变化的影响

技术进步必然引起产业结构的变化。当然，技术进步有大有小，而且它是一个长期积累的过程。如生产过程中的局部技术革新、技术改造，只能使局部的劳动生产率提高，并不能改变整个生产力体系，这种技术进步不会带来产业结构的明显变化。如果技术进步是发生在对其他部门有重要影响的某一行业里，使整个行业的技术体系发生了全新的变化，并直接导致劳动生产率提高、产品成本下降，它就有可能使产业结构发生较大的变化。当技术进步积累到一定程度，使人类生产能力产生质的变化，使生产方式发生了变革，尤其是当某种新技术将引起若干产业部门的生产效率产生一种飞跃时，就会使整个产业技术体系发生革命，从而引起产业革命，使产业结构发生急剧的变化。

（1）技术进步促使生产力的发展形成产业分工

在旧石器时代，人们依靠狩猎和采集野果为主，几乎是过着如动物一样的生活，所不同的是，他们已掌握了最简单的石器技术。但到了新石器时代，人们逐步掌握了对某些动物（如狗、猪、羊、马等）的驯养技术，使得一部分人——游牧部落不是靠石器狩猎动物为主，而是靠自己驯养动物为生，由此导致人类社会发生了第一次大分工，即游牧部落同其他部落分离，其他部落则发展为农业部落。这样的社会大分工——产业结构的变化，改变了人类生活及生产方式，引起了部落间的商品交换，客观上使劳动生产率获得提高，也为私有制的产生提供了物质基础。

随着时间的推移，人类掌握的技术种类越来越多，到原始社会末期，人类掌握了制陶、炼钢、铜加工、酿酒、纺织、武器制造等技术。多种手工业技术，特别是金属加工技术的发明和制造，使一部分人可以脱离农业劳动而直接从事手工业，如榨油、制造金属工具和武

器、制造各种生活用品等，于是又发生了第二次社会大分工，手工业从农业中分离出来。技术进步带来了新兴产业——手工业的诞生。

随着生产力的不断提高——技术进步的积累，商品生产交换规模和范围不断扩大，出现了不从事物质生产、专门从事商品交换的商人，这就产生了第三次社会大分工，商业从物质生产领域分离出来，即诞生了第三产业。这是各方面技术发展的综合结果。

总之，产业的形成、分解或新兴产业的诞生都是技术进步的结果，如果没有技术进步，社会劳动生产率就不可能提高，产业也就无法发展。

（2）技术进步刺激需求结构，使产业结构发生变化

需求结构对产业结构的影响是直接的而且是最基本的，因为没有需求的产业根本不会存在，但是需求结构受技术进步的制约。石油精炼技术和高分子化学合成技术发明以前，人们对石油的需求量并不大，但这两项技术发明以后，极大地刺激了汽车工业等以内燃机液体燃料为动力的运输机械的发展，使能源工业和化学工业发生了巨变。因此，在需求结构发生实质性变化之前，必须先有某些技术突破或革命；否则，需求结构将主要由人均国民收入的变化而在原有技术产品方面发生量的变化，而且这种需求结构的变化将是相对缓慢的。也就是说，没有技术进步作先导，需求结构对产业结构的影响将是渐慢缓变，即使有时需求结构变化对产业结构压力较大，但也将由于技术的约束而不能实现需求结构与产业结构同步变化。因此，需求结构变化是产业结构变化与技术进步之间的一个环节。

技术进步从多方面对需求结构产生影响，从而引起产业结构的变化。

① 技术进步使产品成本下降，市场扩大，需求随之发生变化。许多产品从其性能、用途来说是社会极其需要的产品，但由于成本过高而使需求受到限制。比如，1946 年诞生的世界上第一台电子计算机，重 28 吨，体积为 85 立方米，占地 170 平方米，由 18 800 个真空管组成，运算速度为 5 000 次/秒。由于成本高、操作复杂、性能差，直到 20 世纪 50 年代，电子计算机的应用仅限于特殊领域，需求量很小。20 世纪 60 年代以后，由于电子计算机技术和材料技术的突破，使得电子计算机的成本飞速下降，以平均每 5～7 年运算速度提高 10 倍、体积减小 90%、价格下降 90% 的形势向前发展，性价比快速提高。之后发展的集成电路使电子计算机的体积更加微型化，价格便宜，安装使用方便，从而进入了千家万户。因此，电子计算机产业获得飞速发展，不仅其本身作为一个新兴产业在整个经济中占有一定比例，而且带动了信息工业的发展，使许多传统产业技术体系获得了改造和提高。这种情况称为技术进步的波及效应，即一个部门的技术进步结果成为其他部门技术进步的起点。

② 技术进步使资源消耗强度下降，使可替代资源增加，改变生产需求结构，从而使产业结构发生变化。所谓资源消耗强度，是指生产单位产品所消耗的某种资源的数量。它的变化情况可用资源消耗弹性系数来描述。资源消耗下降有两种情况：第一种是非替代性下降，即某种资源消耗强度下降不是靠其他资源替代实现的，而是纯粹由于资源利用率提高而造成的，这样该种资源的需求比例将降低，同时产品成本也将下降，从而使需求结构发生变化；第二种是替代性下降，即某种资源消耗弹性系数下降是由于替代资源进入生产领域，使被替代资源消耗比例降低，而替代资源消耗比例将上升。虽然产品成本不一定下降，但资源需求结构肯定要发生变化，从而影响产业结构。

③ 技术进步使消费品升级换代，改变需求结构，促进产业结构变化。生产的最终目的是消费，消费品结构变化，将对产业结构产生直接影响。1982 年以前，我国的消费结构主

要以吃、穿、用为主,电冰箱、电视机(特别是彩色电视机)、洗衣机、录像机、高档录音机只有很少家庭才买得起。之后我国通过技术引进,在一定程度上消化吸收了电冰箱、电视机等生产技术,加上人均国民收入的提高,电视机等高档消费品进入了居民家庭,使家用电器产业获得了极大发展,促进了产业结构的变化。

④ 技术进步与需求变化互相影响,综合促进产业结构的变化。技术进步可以改变需求结构,同样需求结构变化对技术进步也会产生反作用。一般来说,需求迫切,对经济建设影响重大的产业部门的技术进步往往较快。因为这样的部门往往是经济发展的关键部门,容易获得各种技术进步条件。换句话说,需求决定着技术进步的方向;相反,技术进步是经济发展的能动的促进因素。即使是需求很强烈的部门,如果技术不取得突破,需求结构也难以改变。从这一点出发,需求结构必须服从技术进步的变化,即技术进步从一方面决定着需求结构,而需求结构又反作用于技术进步,影响着技术进步的方向和速度。这两者的互相制约与促进,影响着产业结构的变化。

(3)技术进步促使新兴产业出现,改变产业结构

从英国开始的第一次产业革命所引起的产业结构的巨大变化,是从纺织机和蒸汽机技术的发明和应用引起的。其结果使纺织厂从靠河流的山区移向平原,不仅使纺织工业的面貌发生了全新的变化,而且引起了冶金、采掘、机械制造、交通运输等产业的革命性变化。以能源革命开始的第二次产业革命,使照明、动力等产生了突变性飞跃,引起了电机电器产业、通信产业等一系列新兴产业的诞生,使产业结构发生了突变。随着石油化学工业技术的出现,又诞生了汽车产业、飞机产业、精细化工产业等一系列新兴产业,产业结构再次发生巨变。而以微电子技术、原子能技术、光学技术、新兴材料技术等高技术为基础的第三次产业革命,又诞生了电子计算机工业、核能及核工业、电视工业、航天工业等一系列新兴产业,传播媒介发生了巨变。电子革命使许多生产部门的生产技术控制、信息处理方法等发生了革命性变化。

(4)技术进步使劳动生产率提高,使劳动力发生转移,促进产业结构发生变化

一般来说,生产领域里的技术进步总是以机器代替人的劳动为特征的。由于这一特征,在生产规模不变时,生产领域里所需要的劳动力人数就会随着技术的进步而减少,使劳动力从发生技术进步的部门中游离出来。如果技术进步使产品成本下降,并使首先发生这种情况的部门的产品需求量扩大,则其生产规模也可能同时扩大,这时游离出来的劳动力将被扩大的生产规模重新吸收(或部分吸收)。而若其生产规模没有扩大,劳动力游离就是必然的。游离出来的劳动力可能向三个方面转移:产品需求量上升,需要扩大生产规模但没有实现技术进步的部门(此时该部门扩大再生产是外延型的);需求上升的新兴产业部门;服务部门。无论被游离出来的劳动力向哪个部门转移,都会使产业结构发生变化。

(5)技术进步改变国际竞争格局,促进产业结构变化

国际市场历来存在着激烈的竞争,在技术不发达时代,一个国家的竞争能力大小主要取决于资源条件。而在技术文明时代,靠资源优势在竞争中获胜的机会不断下降,而靠技术进步取胜的机会越来越大。技术进步可以改变一个国家在国际市场上的竞争能力,其产业结构就会随其竞争能力的变化而变化。

(6)技术进步使产业结构不断向高级化发展

随着技术的不断进步,它在经济发展中所起的作用越来越大。在技术比较落后的时期,

产业部门较少，人们从自然界中获取生产资料和生活资料主要靠人类自身的体力，产业结构中的劳动密集型产业占较大比重。而技术的进步使人类逐步减少与自然界直接发生关系的程度，技术越是发达，人类越是依靠科学原理制造各种劳动工具和机器去改造自然，从中获得生产资料的比重就越大，劳动密集型产业所占的比重不断下降。这就是产业结构随着技术进步不断由低级向高级化发展的总趋势。

2.3　经济增长

1. 经济增长与经济进步

经济增长是指一个国家或地区在一定时期内由于就业人数的增加、资金的积累和技术进步等原因，经济规模在数量上的扩大。1971 年诺贝尔经济学奖获得者西蒙·库兹涅茨曾经给经济增长下了一个比较完整的定义，"一个国家的经济增长，可以定义为向它的人民供应品种日益增加的经济商品的能力的长期上升。这个增长中的能力，基于改进技术，以及它要求的制度和意识形态的调整。"（库兹涅茨 1971 年 12 月 11 日讲演，诺贝尔经济学奖金获得者讲演集．北京：中国社会科学出版社，1986）商品供应的持续增加是经济增长的结果，其潜在的必要条件是先进技术。要使技术得到高效和广泛的应用，必须作出制度的和意识形态的调整。

经济增长的实质是经济进步。所谓进步，是指现在比过去、将来比现在有可能实现更理想的状态。经济状态是指社会的所有经济现象。

从亚当·斯密的《国富论》可以清楚地看到，自古典学派以来，经济学中对经济进步的概念就有了明确阐述，经济学家克拉克通过分析现代经济学的概念，在其名著《经济进步的诸条件》开头就对经济进步的概念进行了论述。克拉克认为经济进步主要表现在以下八个方面：生产的增长、技术的进步、产业结构的变化、资本积累、国际经济关系的进步、需求结构的变化、制度的进步和价值观的变化。

2. 经济增长理论

经济增长理论大致经历了以下四个发展阶段。

（1）从古典经济增长理论到哈罗德-多马模型

这一阶段，强调资本积累在经济增长中的决定性作用。斯密指出，要增加财富就必须增加生产劳动者的数量与提高劳动者的生产力。而要增加劳动者的数量就要先增加资本，增加劳动基金；要提高劳动生产率，就须增加与改良劳动机械，这也需要增加资本。

第一次用经济模型的形式揭示经济增长机制的是哈罗德，后来多马又对模型进行了改良，因而取两人之名，称为哈罗德-多马模型。这个模型揭示了充分满足资本供求和劳动供求均衡增长的机制。

在资本供给与需求相均衡的状态下，国民生产总值的增长率（G_w）为

$$G_w = \Delta Y / Y = S / V \tag{2-4}$$

式中：ΔY——产出增量；

$\quad\quad\ Y$——产出量；

$\quad\quad\ S$——储蓄率；

　　　　V——资本系数。

　　哈罗德把 G_w 这个增长率称为"合意增长率"。

　　在劳动的供需均衡条件下，国民生产总值增长率（G_n）为

$$G_n = \Delta Y/Y = n \tag{2-5}$$

式中：n——劳动力增长率。哈罗德把 G_n 这个增长率称为自然增长率。

　　资本的供需均衡和劳动的供需均衡同时成立则表示为

$$G_w = S/V = n = G_n \tag{2-6}$$

　　这意味着要维持凯恩斯设想的资本和劳动完全雇佣状态下的增长，就必须满足 $S/V = n$ 的条件。

　　应该指出的是，式（2-6）所表达的平衡状态是不稳定的。在实际增长率（G）大于合意增长率（G_w）的情况下，对资本的需求超过了完全雇佣状态下的水平，这时的收入会进一步增加，经济的累积会进入不均衡扩张的过程；相反如果实际增长率（G）小于合意增长率（G_w），就会出现资本过剩，收入则越来越少，结果会出现累积的不均衡收缩过程。哈罗德把实际增长率、合意增长率和自然增长率三者一致时的均衡称为"刀刃上的均衡"，用公式表示如下。

$$G = G_w = G_n \tag{2-7}$$

　　式（2-7）中的自然增长率和合意增长率相等是在假定劳动生产率（$1/U$）不变时成立的。但是在实际的经济增长中，劳动生产率是不断提高的，因此对哈罗德-多马模型进行了修改。

　　假定技术进步使得生产率每年增长 m，用公式表示为

$$\frac{1}{U_t} = \frac{1}{U_{t-1}} \cdot (1+m) \quad （U \text{ 为劳动系数}） \tag{2-8}$$

把式（2-8）变形，得

$$\frac{U_{t-1}}{U_t} = 1+m \tag{2-9}$$

根据式（2-9）和式（2-5），则

$$\frac{L_t}{L_{t-1}} = 1 + \frac{\Delta L}{L} \quad （L \text{ 为劳动力}）$$

可得

$$\frac{L_t}{L_{t-1}} = \frac{U_t Y_t}{U_{t-1} Y_{t-1}} = 1 + n \tag{2-10}$$

将式（2-9）和式（2-10）反写，可得

$$\frac{Y_t}{Y_{t-1}} = \frac{\Delta Y}{Y} + 1 = (U_{t-1}/U_t)(1+n)$$

$$= (1+m)(1+n) \tag{2-11}$$

$$\frac{\Delta Y}{Y} = (1+m)(1+n) - 1 = m + n + mn \tag{2-12}$$

由于 $mn \rightarrow 0$，所以

$$\frac{\Delta Y}{Y} = m + n \tag{2-13}$$

上述推导表明当引进生产率提高因素后，自然增长率的约束条件由式（2-5）变为式（2-13）。

从上述哈罗德-多马的增长模型可以明显地看出，这一模型把经济增长归结为以下三个要素：资本的增加、劳动的增加和劳动生产率的提高。

（2）从哈罗德-多马模型到新古典学派的增长模型

20世纪50年代，索洛等人对资本决定论提出了挑战，并提出了技术进步促进经济增长的模式。新古典学派增长理论的主要代表人物有：托宾、索洛、斯旺和米德。

运用资本边际生产力（$\partial Y / \partial K = f'$）与利息率（$r$）相均衡的假设，得

$$f' = r \tag{2-14}$$

设储蓄率为 S_k，则资金的供给函数为

$$\dot{K} = S_k f' K \tag{2-15}$$

$\dot{K} = \dfrac{\mathrm{d}K}{\mathrm{d}t}$，即哈罗德-多马模型中的 ΔK，依据资本供求均衡的条件：

$$\frac{\dot{K}}{K} = S_k f' = S_k r \tag{2-16}$$

该式表明，在资本供需均衡下，资本积累率等于资本边际生产力（＝利息率）与储蓄率之积。

根据劳动的边际生产力和工资率（W）相均衡的边际生产力假设，得

$$\frac{Y}{L} = (K/L) f' + W \tag{2-17}$$

而劳动的供给假定与哈罗德-多马模型相同，即

$$\frac{\dot{L}}{L} = n \tag{2-18}$$

以上就是新古典学派静态增长模型的基本型，它表明经济增长现象是"资本深化"的过程，是向静止状态的"黄金时代"接近的过程。由于这个模型是通过资本劳动比率（K/L）的形式表达出来的，所以只要推算出资本劳动比率的变化趋势，就可以描述出其他变量的长期变化趋势。

$$\frac{\dot{K}/L}{K/L} = \frac{\mathrm{d}\,\lg\left(\dfrac{K}{L}\right)}{\mathrm{d}t} = \mathrm{d}(\lg K - \lg L)/\mathrm{d}t = \mathrm{d}\,\lg K/\mathrm{d}t - \mathrm{d}\,\lg L/\mathrm{d}t$$

$$= \dot{K}/K - \dot{L}/L \tag{2-19}$$

将式（2-16）中的 $\dot{K}/K$ 和式（2-18）中的 $\dot{L}/L$ 代入式（2-19）得

$$\frac{\dot{K}/L}{K/L} = S_k f' - n \tag{2-20}$$

式（2-20）是 K/L 的微分方程，所以新古典学派认为只要对它求解，（K/L）就会作为时间（t）的函数表现出来，从而就可以说明（K/L）的变化过程。如果把它代入原来的模型，则可以分别计算出国民收入（Y）、生产率（Y/L）、均衡劳动力（L）和均衡资本量（K）的增长率：

$$\frac{\dot{K}/L}{K/L}=\dot{K}/K-n \tag{2-21}$$

由上式可以看出，如果资本积累率大于劳动力人口增长率，资本劳动比率则高，相反如果 $\dot{K}/K<n$，则说明资本的集约程度低。因此，经济增长只能发生在 $\dot{K}/K>n$ 的场合。

资本深化的过程除经济增长外，还伴随着以下一系列连锁现象：超过人口增长的资本积累；同时引起工资率的提高；工资率的提高意味着资本相对价格的降低；最终引起资本劳动比率的提高；资本集约程度和工资的提高将降低资本的边际生产力；f' 的降低将带来资本分配率的降低和资本积累率的钝化（即 $\dot{K}/K$ 的递减）；在满足 $\dot{K}/K>0$ 的条件下，国民收入仍将持续增长。

当 $\dot{K}/K=n$ 成立，上述一系列变化将停止，这时就达到了稳定状态。

（3）人力资本理论

舒尔茨等人提出了人力资本理论，发展了索洛的技术进步论。他认为通过对卫生、教育等方面的投资可以增强人的体力、智力和技能，提高人口质量，使一般的人力资源转变为人力资本。这种人力资本可以产生"知识效应"和"非知识效应"，直接或间接地促进经济增长；同时，人力资本可以产生递增效应，消除常规资本与劳动的边际递减收益，保证经济增长。

（4）新增长理论

以 1986 年罗默的《收益递增和长期增长》和 1988 年卢卡斯的《论经济发展的机制》这两篇论文为标志，后经 G. M. 格罗斯曼和 E. 赫尔帕等人发展与完善，经济增长理论进入了一个新的发展阶段。

① 罗默的收益递增的长期增长理论。

罗默用知识外部效应、产品产出收益递增及新知识产出递减这三个基本要素构造了他的竞争均衡增长模型。他的增长模型由以下几个模型组成。

第一，简单的两时期模型。假设存在一个效用函数 $U(C_1、C_2)$，式中 C_1、C_2 是时期 1 和时期 2 消费的同一产品。该效用函数是二阶可微的、严格拟凹的。在时期 1 中，消费者最初拥有一定量的产品；在时期 2 中，消费品的生产是知识存量 K、物质资本和劳动等投入品 X 的函数。现在消费与知识可以替代，生产函数如下。

$$Q_i=F(K_i，K，X_i) \tag{2-22}$$

式中：K——社会既定的知识总水平；

K_i，X_i——各企业知识投入和物质资本、劳动等投入品。

假如 F 是 K_i 和 X_i 的一次齐次函数，且 F 是 K 的递增函数，那么对于任何 $\psi>1$ 有

$$F(\psi K_i；\psi K，\psi X_i)>F(\psi K_i，K，\psi X_i)=\psi F(K_i，K，X_i) \tag{2-23}$$

如果在时期 1 中人均所赋予的产出为 $\bar{e}$，每个公司所赋予的要素为 X，那么效用函数最大化问题就可以表示为

$$\max U(C_1、C_2)$$
$$C\leqslant\bar{e}-K$$
$$\text{s. t. } C\leqslant F(k，K，X)$$
$$X\leqslant\bar{X}$$
$$0\leqslant k\leqslant\bar{e}$$

从这一简单模型中可以看出，罗默把知识作为最主要的投入要素加以内生化，而且他把知

识分为各企业拥有的专门知识和一般的社会知识总水平。前者可以产生内在的经济效应，给个别企业带来垄断利润，它又为企业提供研究与发展基金。而后者可以产生外在经济效应，使所有企业都能获得规模效益。因此，知识积累是经济增长的动力，是经济长期增长的保证。

第二，简单的两部门模型。这个模型是在上一个模型的基础上建立的。他把产出划分为两个部门，其一是消费品生产部门，其二是研究与开发部门，是企业知识积累的部门。两部门的生产函数分别为

$$Y = F_1(A，K_1，L_1，H_1) \tag{2-24}$$

$$A' = F_2(K_2，L_2，H_2) \tag{2-25}$$

式中：Y——消费品产出；

　　A'——技术产出；

K_1，K_2——两部门物质资本的投入；

L_1，L_2——两部门物质劳动的投入；

H_1，H_2——两部门有训练人力资本投入；

　　A——技术水平。

罗默在这一模型中把对研究与开发部门的投入当作决定经济增长的最主要因素，无论是企业还是国家，要提高产出率与经济增长率都必须在研究与开发部门中投入资源，提高知识积累率。

②卢卡斯的经济增长模型。

卢卡斯的经济增长模型是由两个模型组成的。

第一，两资本模型。在这个模型中，卢卡斯将资本区分为"有形的资本"和"无形的资本"，又据此把劳动力分为纯体力的"原始劳动"和表现为"劳动技能"的人力资本两种类型，并认为只有后者才能促进产出增长。据此可得出人力资本增长率公式为

$$h'(t)/h(t) = h(t)\sigma[1-U(t)]/h(t) \tag{2-26}$$

或者

$$h'(t) = h(t)\sigma[1-U(t)] \tag{2-27}$$

式中：$h(t)$——人力资本；

　　$h'(t)$——人力资本增加量；

　　　σ——人力资本的产出弹性；

　　　U——全部生产时间；

　$1-U(t)$——脱离生产的学校学习时间。

卢卡斯的这一模型强调了劳动者脱离生产，从学校正规非正规的教育中所积累的人力资本对产出与经济增长的作用。而且，他把人力资本区分为社会生产中的一般化知识与劳动者个人所拥有的技能，使人力资本的分析更加具体化，也使经济增长因素的分析更加具体化和微观化。

第二，两商品模型。这是研究人力资本"外在效应"形成的模式。其外在的人力资本积累公式为

$$C_i = h_i(t)U_i(t)N_i(t) \tag{2-28}$$

式中：C_i——第 i 种商品的产出；

　$U_i(t)$——全部生产时间或生产 i 商品使用的劳动量；

　$h_i(t)$——生产 i 商品所需要专业化的人力资本；

$N_i(t)$—— 以人时计量的劳动投入。

卢卡斯的这一模型强调了每种商品的生产与技能积累取决于本行业的平均技能。对于特定的商品,专业化人力资本积累显然是递减的。因为在边干边学时期,技能长进快,然后逐步慢下来。不过由于产品不断更新,原来的专业技能积累会被赋予在产品的学习上,从总体上看,专业化技能积累是递增的。

③ 斯科特模型。

斯科特认为古典经济学关于产出的增长主要决定于资本和劳动的观点是正确的,而英国学者施莫科勒关于技术发明专利史的研究表明,技术进步的源泉是资本投资,因而资本投资是经济增长的决定性因素。根据这一思路,其增长模型为

$$g = g_W + g_L, \quad g = \alpha\beta S + U g_L \tag{2-29}$$

式中:g——经济增长率;

g_W——工资增长率;

g_L——质量调整过的劳动力增长率;

α——年均投资率或线性概率系数;

β——投资增长率;

S——产出中总投入的份额;

U——劳动效率。

斯科特模型说明,产出的增长率主要取决于资本投资率和劳动生产率的增长率。其意义:一是说明了资本投资与技术进步的关系,即资本投资决定技术进步,从而对经济增长产生决定性的作用;二是同时强调了经济增长中知识和技术对劳动力质量和劳动效率的重要影响。

3. 长波理论的基本内容

(1) 长波理论的发展

早在 1896 年,俄国学者巴瓦斯(Parvus)在一篇讨论农业危机的论文中认为资本主义历史存在"长波"。1901 年他再次提到长波存在。1913 年荷兰学者格得伦(J. Gelderen)注意到经济发展中存在着长波状态运动。1924 年荷兰经济学家沃尔夫用统计分析证实了格得伦的研究结果。然而,直到 1925 年苏联经济学家尼古拉·康德拉季耶夫才第一次系统地提出了长波周期理论。

继康德拉季耶夫之后,熊彼特对经济长波问题进行了研究。他在 1939 年出版的《商业循环》一书中第一次提出:技术革新是资本主义经济长期波动的主要起因。

20 世纪 70 年代后期,美国经济学家华·惠·罗斯托提出了罗斯托相对价格长波论,英国经济学家克·弗利曼提出了劳工就业长波论,荷兰经济学家冯·丹因提出了以创新寿命周期为基础的长波理论,日本一桥大学教授提出了长期波动说,等等。在长波理论的基础上,提出了长波周期、库兹涅茨周期、基钦周期、尤拉周期、汉森周期等。

(2) 长波理论的主要内容

长波理论主要是指由苏联经济学家尼古拉·康德拉季耶夫在 1925 年提出的理论。他把从 1780 年到 1920 年这 140 年的资本主义经济运动划分为两个半长周期,并把长周期划分为上升波与下降波。第一次长波从 1780 年开始,至 1810—1817 年为上升期,1810—1817 年至 1844—1851 年为衰落期;第二次长波开始于 1844—1851 年,从那时起到 1870—1875 年

为上升期，1870—1875 年至 1890—1896 年为衰落期；第三次长波开始于 1890—1896 年，至 1914—1920 年为上升期，而衰落期则开始于 1914—1920 年间，到他著书之时第三次长波的衰落期仍在继续。经济长波是由经济运动中某些内在原因所引起的，引起长波的原因在于：经济领域存在大大小小、形形色色的产品，生产每一种产品所需要的时间不同，消费它们的时间长度亦不相同，从而每种产品的生产和消费平衡过程所需要的时间长度亦不同。这样，在经济中就形成了时间长短不一、多种层次的平衡周期。

（3）罗斯托的相对价格长波论

罗斯托的相对价格长波论认为：初级产品与工业品的相对价格高低是制动世界经济长期波动的杠杆，亦即初级产品价格与工业品价格之间比价的高低是形成长波运动的主要原因。初级产品与工业品相对价格的高低会影响初级产品的供求量，形成初级产品的相对短缺期或过剩期。在初级产品的相对短缺期，初级产品供给相对不足，价格上涨；为了扩大初级产品的供应，投资向这个部门转移。为了防止初级产品相对不足和价格上涨给经济增长造成危害于未然，投资转向初级部门是必要的，这就是康德拉季耶夫长波上升阶段的重要特点。而在周期的下降阶段，投资则转向诸如加工产业、消费品、城市的公共设施、服务行业等赢利相对高的部门。也就是说，在康德拉季耶夫长波的上升阶段，初级产品价格高涨；在康德拉季耶夫长波的下降阶段，初级产品价格下跌。

罗斯托把生产能力既不过剩亦无不足的状态称为生产能力和产量两者间的最佳适度。康德拉季耶夫长波就是由两者间适度变化的动态过程造成的，其中最佳适度和最不佳适度分别形成长波的波峰和波谷。在此基础上，形成了罗斯托相对价格长波论。

（4）经济周期波动

经济周期，是指经济运动过程中经济扩张和经济收缩的交替，是国民经济发展中循环出现的上下波动现象。每一个经济周期都包含着这样的过程，即从经济高涨起，经历下降阶段，到达低谷，再经历上升阶段。

经济周期按循环的特点，可分为简单周期和增长周期两种。简单周期表现为国民生产总值绝对量的起伏变化；增长周期则是在增长的总趋势中增长速度的上下波动。

目前，关于经济周期主要有以下几种描述。

① 长波周期。由苏联经济学家尼古拉·康德拉季耶夫提出的。他认为在资本主义经济发展中存在着长期波动，其波动周期大约为 50 年。

② 库兹涅茨周期。由美籍俄裔经济学家库兹涅茨提出的。库兹涅茨在 1930 年出版的《生产和价格的长期变动》一书中考察了美、英、法、德等国从 19 世纪初至 20 世纪初 60 余种工、农业主要产品的产量和 35 种工、农业主要产品价格变动的时间序列，提出这些国家存在着 15～25 年不等平均为 20 年的"长波"或"长波消长"，并指出这些国家产业增长率呈逐渐减少趋势。

③ 尤拉周期。是以克里门特·尤拉的名字命名的中期经济周期。尤拉周期是指物价、生产、就业人数等在每 9～10 年期间的波动，属于非季节性长周期。6 个尤拉周期即构成一个长波周期。

④ 基钦周期。是指在 40 个月内物价、生产、就业人数等的有规律波动。以首次详细研究者约瑟夫·基钦的名字命名。3 个基钦周期构成一个尤拉周期，18 个基钦周期构成一个长波周期。

⑤ 汉森周期。是美国经济学家阿尔文·H. 汉森提出的周期说。他认为从美国的历史

看，主要经济周期平均约为 8 年，如 1795—1937 年有 17 个周期，平均长 8.35 年，主要周期之中还有一个或两个次要周期。1807—1937 年有 37 个次要周期，平均长 3.51 年。在美国每两个主要周期的高涨阶段中有一个建筑业高涨阶段，这是相当有规律的。处于建筑业下降期的经济萧条特别严重和持久，而在此后的经济复苏则由于建筑业不景气的不利影响而推迟出现且进展缓慢。

2.4　技术进步在经济增长中的作用测算

测算技术进步对于经济增长作用的方法主要有：生产函数法、指标体系法及技术进步因素分离模型法。

1. 生产函数法

生产函数是指在物质生产过程中，反映生产要素投入量的组合与实际产量之间依存关系的数学表达式。

如果有 X_1，X_2，$\cdots$，X_n 共 n 个生产要素，并用 Y 代表产出，则生产函数的一般形式为

$$Y = F(X_1，X_2，\cdots，X_n，t) \tag{2-30}$$

其中 t 是时间变量。

对上述生产函数进行分析，需要收集产出和 n 个生产要素投入量的数据，工作量很大。因此有必要作出一些简化，即找出对产出 Y 影响最大的生产要素来。通常把资金（K）和劳动力（L）作为最主要的生产要素，那么上式可写成

$$Y = F(K，L，A) \tag{2-31}$$

式中：A——常量，表示平均的技术水平。

具体来讲，有以下几种情况。

（1）柯布-道格拉斯生产函数（C-D 函数）

这种函数是以它的最初创立人美国数学家 C. W. Cobb 和经济学家 P. H. Douglas 的名字命名的，他们研究了美国制造业 1899—1922 年的历史资料后指出，在生产投入中的主要因素是资本和劳动，其余的要素对于产出的贡献是微不足道的，因此得出生产函数的最早表达形式为

$$Y = AK^\alpha L^{1-\alpha} \quad (0 < \alpha < 1) \tag{2-32}$$

式中：α——资金的产出弹性；

$1-\alpha$——劳动的产出弹性。

如果令 $\beta = 1 - \alpha$，上式可写成

$$Y = AK^\alpha L^\beta \tag{2-33}$$

$\alpha + \beta = 1$ 的实际含义是规模收益不变，就是当资本和劳动的投入量同时增加 n 倍时，产出也增加 n 倍。在规模收益不变的情况下，不论生产规模怎样变化，生产出单位产品所需的成本，即所消耗的资本和劳动的量是始终不变的。换句话说，在这种理论假设下，上式中的 A 是恒定的技术水平，它仅能描述在某一恒定的技术水平下投入量与产出量之间的关系，它在分析技术进步作用方面则显得比较勉强。1942 年，丁伯根对柯布-道格拉斯生产函数做了重大改进，将上式中的常数 A 换成一个随时间变化的变量 A_t，上式变为

$$Y = A_t K^\alpha L^\beta \tag{2-34}$$

式中： A_t ——某一时期的技术水平；

K，L，Y ——时间 t 的函数。

这样，只要用某种方法确定了弹性 α 和 β，技术水平 A_t 便可容易地求出。

利用柯布-道格拉斯生产函数测算技术进步速度时，应具备以下假设条件：

① 仅有资本和劳动两个生产要素，而且它们之间是可以互相替代的，并且能够以可变的比例相配合；

② 完全竞争的市场条件，资本和劳动都以其边际产品作为报酬；

③ 任何时候，资本和劳动都可以得到充分利用；

④ 技术进步是中性的，即当资本劳动比（K/L）不变时，技术进步在前后生产函数中的边际产品之比 $\left(\dfrac{\partial Y}{\partial L} \middle/ \dfrac{\partial Y}{\partial K} \right)$ 也保持不变；

⑤ 规模收益不变；

⑥ 生产函数是一次齐次式。

（2）线性函数

线性函数的基本形式为

$$Y = A_t(\mu_1 K + \mu_2 L) \tag{2-35}$$

式中：μ_1，μ_2 ——对 K、L 进行统一计量的折算系数。

这个函数的意义是把投入生产中的活劳动与物化劳动加以综合考虑，通过折算系数 μ 把资金转换为被这一技术所代替的简单劳动的投入量，也就是用劳动者人数与资金之加权和去分析投入与产出的关系，观察技术水平的变化情况。

（3）索洛的余值法

20 世纪 50 年代中期，美国经济学家索洛（Robert M. Solow）提出以增长速度方程为模型，用"余值法"测算技术进步的新方法。

索洛余值法的基本假设是：

① 仅有资本和劳动两个生产要素，而且它们之间是可以互相替代的，并且能够以可变的比例相配合；

② 完全竞争的市场条件，资本和劳动都以其边际产品作为报酬；

③ 任何时候，资本和劳动都可以得到充分利用；

④ 技术进步是中性的，即当资本劳动比（K/L）不变时，技术进步在前后生产函数中的边际产品之比 $\left(\dfrac{\partial Y}{\partial L} \middle/ \dfrac{\partial Y}{\partial K} \right)$ 也保持不变。

索洛的生产函数式为

$$Y = F(K, L, t) \tag{2-36}$$

在中性技术进步的情况下，技术进步并未实现在资本或劳动中，因此生产函数可以写为

$$Y = A_t F(K, L) \tag{2-37}$$

其中：乘数因子 A_t 为 t 时期的技术水平，对上式求全微分，经变换得

$$\frac{1}{Y}\frac{dY}{dt} = \frac{1}{A}\frac{dA}{dt} + \alpha \frac{1}{K}\frac{dK}{dt} + \beta \frac{1}{L}\frac{dL}{dt} \tag{2-38}$$

其中，$\alpha = \dfrac{\partial Y}{\partial K}\dfrac{K}{Y}$ 为资本的产出弹性，$\beta = \dfrac{\partial Y}{\partial L}\dfrac{L}{Y}$ 为劳动的产出弹性。

公式 (2-38) 通常被称为增长速度方程，它表明产出的增长是由资本、劳动投入量的增加和技术水平的提高带来的。进一步变换公式 (2-27)，得到

$$\frac{\Delta A}{A} = \frac{\Delta Y}{Y} - \alpha \frac{\Delta K}{K} - \beta \frac{\Delta L}{L} \tag{2-39}$$

索洛通过分析美国 1909—1949 年的历史数据，运用"余值法"估算了技术进步在经济增长中的作用。他根据美国国民收入账目算出 $\alpha = 1/3$，$\beta = 2/3$；又得知美国在此期间的产出增长了 216%，劳动投入量增加了 54%，资本投入量增长了 102%，将这些数据代入公式 (2-39) 可得

$$\frac{\Delta A}{A} = 216\% - \frac{1}{3} \times 102\% - \frac{2}{3} \times 54\% \approx 146\%$$

即技术进步速度为 146%。技术进步对产出增长的贡献为

$$E_A = \left(\frac{146\%}{216\%}\right) \times 100\% \approx 68\%$$

资本和劳动对产出增长的贡献为 32%（即 1-68%）

技术进步对劳动生产率提高的贡献为

$$\frac{146\%}{216\% - 54\%} \times 100\% \approx 90\%$$

劳动力的资金装备率（单位劳动力所使用的资本）对生产率提高的贡献为

$$\frac{(1/3) \times (102\% - 54\%)}{216\% - 54\%} \times 100\% \approx 10\%$$

结论：美国在 1909—1949 年的 40 年间，总产出增长了 216%，其中技术进步的贡献为 68%，资本和劳动的贡献为 32%；在此 40 年间，美国劳动生产率提高了 162%，其中技术进步的作用为 90%，而劳动力、资金、装备率的影响仅为 10%。

对索洛"余值法"的评价如下。

① 索洛将影响经济增长的因素归结为资本、劳动和技术进步，利用统计资料，从总产值的增长中减去劳动力和资本的贡献，余下的即为技术进步的贡献。这种方法的优点是简单、可操作性强，但缺点是技术进步包含的因素太多，其技术进步因素中包括了产业结构、劳动力素质、生产规模扩大、管理水平及体制变革等诸多对于经济增长产生影响的方面，事实上是一个多因素混合体。因此，在进一步的研究中，应将技术进步因素进行细分，以确定不同因素对于经济增长的影响。

② 索洛的研究建立在对发达国家资料分析的基础上，结论是：技术进步比资本和劳动力更能促进一国的经济增长，因此其贡献率明显高于其他因素。而对于发展中国家，情况有所不同。这主要是因为，根据发展中国家的技术水平和劳动力等特点，资本的积累对于经济增长更为重要。再者，索洛"余值法"的假设前提并不完全适应发展中国家，因此在应用"余值法"时应注意这些差异。

2. 指标体系法

指标体系法是通过一系列相互联系、相互补充的经济指标来衡量技术进步经济效益的大小，反映技术进步状态及其发展变化趋势的方法。

根据指标的层次不同，可以将其分为宏观指标和微观指标。

（1）技术进步经济效益的宏观评价指标

① 年技术进步速度。基本公式为

$$a = y - \alpha k - \beta l \tag{2-40}$$

式中：a——年技术进步速度；

y——产出增长率；

α——资本产出弹性；

k——资本投入增长率；

β——劳动产出弹性；

l——劳动投入增长率。

② 技术进步对净产值（总产值）增长率的贡献。计算公式为

$$E_A = \frac{a}{y} \tag{2-41}$$

式中：E_A——技术进步对净产值贡献率。

③ 技术进步对投资效果的贡献。计算公式为

$$E_1 = \frac{a}{S\delta} \tag{2-42}$$

式中：E_1——技术进步对国民经济投资效果的贡献；

a——年技术进步速度；

S——国民经济投资效果系数（＝年度总产值增加额/年度固定资产总额）；

δ——投资率（＝年度固定资产投资总额/当年总产出）。

④ 技术水平。技术水平反映计算期相对基期技术水平的变化情况。计算公式为

$$A_t = \frac{1}{n} \sum_{i=1}^{n} \frac{Y}{D_i X_i} \tag{2-43}$$

式中：Y——产出；

X_i——第 i 种投入要素量；

D_i——单位投入的标准效率；

n——投入要素个数。

此外，还有生产性固定资产节约额、原材料（包括燃料、动力）节约额、能耗降低额等。

（2）技术进步经济效益的微观评价指标（企业）

① 技术水平评价指标。这类指标是从企业技术水平的影响因素角度反映企业的技术进步状况，包括以下指标：劳动的机械化自动化水平、设备的先进水平、生产工艺的先进水平、产品先进水平、劳动者素质水平、企业管理水平及综合指标。

② 经济效益评价指标。包括以下指标：利用新技术带来的利润增加额、生产过程中利用新技术带来的成本降低额、由于生产和使用新技术带来的综合经济效益、生产活动中依靠新技术带来的效果、在劳动方面由于采用新技术带来的效果。

3. 因素分离模型与方法

（1）丹尼森的增长因素分析法

20 世纪 60 年代初，美国的丹尼森在西蒙·库兹涅茨的国民收入核算和分析的基础上，

利用历史资料，在 1974 年出版的《1929—1969 年美国经济增长的核算》中提出了增长因素分析方法。丹尼森也是用"余值"的方法测算技术进步的作用，称之为"知识进步"。与索洛相比，他的主要贡献是：扩大了投入量的种类，把生产要素中各种质的因素包括进去；扩大了"剩余"部分的种类，进一步分解"余值"部分，把知识进步作为从经济增长率中扣除其他经济增长因素后的"剩余"。

根据丹尼森的分析，在规模收益不变时，如果总投入增加 1%，国民收入也应该增加 1%。但实际上的国民收入增长速度要大于 1%，超出的部分就是"单位投入的产出"。因此，影响国民收入增长的因素有两个：一是总投入，二是单位投入。总投入又包括三个因素，即劳动、资本和土地。而单位投入形成的产出则主要是资源配置的改善、规模节约及知识进步三个因素的贡献。除了知识进步以外，其他因素对国民收入增长速度的贡献是可以直接计算出来的，这样知识进步就可以作为"剩余"计算出来。

（2）我国学者的因素分析法

我国经济工作者为了克服丹尼森增长因素分析法的非数量模型研究的不足，提出了一些因素分解的量化模型与方法，其中主要有投入要素的部门结构变化分析方法和数学分解的综合模型两种方法。

① 投入要素的部门结构变化分析方法。这种方法的思路是：通过数学方法从总产出的变化中分解出投入要素（劳动和资金）的部门结构作用项，从而细化技术进步的作用。

其基本做法是将全员劳动生产率上升率分解为 4 个方面的作用：资金装备增长的作用、劳动力的部门结构变化的作用、资金的结构变化的作用、技术进步的作用。分析的步骤是：以部门的统计资料为基础，先估计出各部门的资金与劳动产出弹性，然后估算出全员劳动生产率上升率及各要素的贡献率。

② 数学分解的综合模型。这种方法是将引起经济增长的投入要素——资本和劳动的质的方面，用数学模型进行分解表达，得到数学分解的综合模型。通过将每个部门进行拟合生产函数的分解，将整个国民经济的产出最终分解为 9 个因素的作用：劳动力数量的变化、劳动力部门结构的变化、资金（固定资产）数量的变化、资金部门结构的变化、劳动者平均学历变化、劳动者平均工龄变化、固定资产质量变化、固定资产平均役龄的变化、技术进步项。

这种方法事实上还是不能直接计算技术进步项的量，但由于分离出的部分扩大到 8 项，就大大缩小了"剩余"部分，然后再通过"余值法"计算技术进步的作用，结果会更接近于实际。

习　题

1. 技术进步是怎样促进经济增长的？
2. 技术进步与产业结构优化有什么关系？
3. 如何利用 C - D 生产函数测算技术进步的作用？
4. 索洛"余值法"的假设前提是什么？如何利用其测算技术进步的贡献率？
5. 技术进步的评价指标有哪些？
6. 我国学者对技术进步测算的贡献是什么？

第3章

技术进步与知识产权

空调器"舒睡模式"专利侵权纠纷

　　珠海格力电器股份有限公司（以下简称格力公司）以广东美的制冷设备有限公司（以下简称美的公司）制造、珠海市泰锋电业有限公司销售的"美的分体式空调器"侵犯其"控制空调器按照自定义曲线运行的方法"发明专利权为由，向广东省珠海市中级人民法院起诉，请求判令两被告停止侵权行为、赔偿损失及因调查、制止侵权行为所支付的合理费用。一审法院认为，包括型号为 KFR-26GW/DY-V2（E2）空调器在内的四种型号的空调器产品，在"舒睡模式3"运行方式下的技术方案落入涉案发明专利权的保护范围。关于赔偿数额，美的公司仅提供了型号为 KFR-26GW/DY-V2（E2）空调器产品的相关数据，可以确定该型号空调器产品的利润为 477 000 元。美的公司在一审法院释明相关法律后果的情况下，仍拒不提供其生产销售其他型号空调器的相关数据，根据《最高人民法院关于民事诉讼证据的若干规定》第七十五条的规定，推定美的公司生产的其余三款空调器产品的利润均不少于 477 000 元。美的公司获得的利益明显超过法定赔偿最高限额，一审法院综合全案的证据情况，综合确定美的公司赔偿格力公司经济损失 2 000 000 元。一审判决后，美的公司提起上诉。

　　广东省高级人民法院二审认为，一审法院综合考虑到了涉案专利的类型、市场价值、侵权主观过错程度、侵权情节、参考利润、维权成本等因素，判赔数额于法有据且合理适当，予以维持。遂判决驳回上诉，维持原判。

　　分析与讨论：知识产权对技术进步的影响。

3.1　知识产权的概念与范围

1. 知识产权的概念

知识产权（intellectual property）是人们基于自己的智力活动创造的成果和经营管理活动中的标记、信誉而依法享有的权利。将一切来自知识活动领域的权利概括为"知识产权"，最早见之于 17 世纪中叶的法国学者卡普佐夫，后为著名比利时法学家皮卡第所发展。皮卡第认为，知识产权是一种特殊的权利范畴，它根本不同于对物的所有权。后来知识产权学说在国际上广泛传播，得到世界上多数国家和众多国际组织的承认。

在我国，法学界曾长期采用"智力成果权"的说法，1986 年《中华人民共和国民法通则》颁布后，开始正式通行"知识产权"的称谓。我国的知识产权制度起步较晚，但是自 20 世纪 80 年代初至今，我国知识产权保护制度的建设步伐逐渐加快，我国一直在努力建立良好的、可实施的、有利于经济发展的知识产权制度。2008 年，国务院发布《国家知识产权战略纲要》，明确提出"到 2020 年把我国建设成为知识产权创造、运用、保护和管理水平较高的国家，5 年内自主知识产权水平大幅度提高，运用知识产权的效果明显增强，知识产权保护状况明显改善，全社会知识产权意识普遍提高"。

2. 知识产权的范围

知识产权有广义和狭义之分。广义的知识产权包括著作权、邻接权、商标权、商号权、商业秘密权、产地标记权、专利权、集成电路布图设计权等各种权利。广义的知识产权范围，已为两个主要的知识产权国际公约所认可。1967 年签订的《成立世界知识产权组织公约》将知识产权的范围界定为以下类别：关于文学、艺术和科学作品的权利（即著作权）；关于表演艺术家的演出，录音制品和广播节目的权利（即邻接权）；关于人类在一切领域的发明的权利（即发明专利权及科技奖励意义上的发明权），关于科学发现的权利（即发现权）；关于工业品外观设计的权利（即外观设计专利权或外观设计权）；关于商标、服务标志、厂商名称和标记的权利（即商标权、商号权）；关于制止不正当竞争的权利（即反不正当竞争权），以及一切在工业、科学、文学或艺术领域由于智力活动产生的其他权利。1993 年《关贸总协定》缔约方通过的《知识产权协议》草案划定的知识产权范围包括：著作权及其有关权利（即邻接权）；商标权；地理标记权；工业品外观设计权；专利权；集成电路布图设计权；未公开信息专有权（即商业秘密权）。

从上述规定可以看出，《知识产权协议》关于知识产权的范围，大致与 1886 年《保护文学艺术作品伯尔尼公约》及 1883 年《保护工业产权巴黎公约》包括的类别相当；而《成立世界知识产权组织公约》所规定的知识产权范围较为宽泛，特别是包括了科技奖励制度中的发明权、发现权。我国《民法典》所规定的知识产权基本类别与《成立世界知识产权组织公约》相同。

狭义的知识产权，即传统意义上的知识产权，应当包括著作权（含邻接权）、专利权、商标权三个主要组成部分。一般来说，狭义的知识产权可以分为两个类别：一类是文学产权（literature property），包括著作权及与著作权有关的邻接权；另一类是工业产权（industrial property），主要是专利权和商标权。文学产权是关于文学、艺术、科学作品的创作者和传播者所享有的权利，它将具有原创性的作品及传播这种作品的媒介纳入其保护范围，从而在创造者"思想表达形式"的领域内构造了知识产权保护的独特领域。工业产权则是指工业、商业、农业、林业和其他产业中具有实用经济意义的一种无形财产权。

3.2 知识产权的性质与特征

1. 知识产权的性质

知识产权是一种新型的民事权利，是一种有别于财产所有权的无形财产权。知识产权的客体即知识产品（或称为智力成果），是一种没有形体的精神财富。客体的非物质性是知识产权的本质属性所在，也是该项权利与传统意义上的所有权最根本的区别。

知识产品无形是相对于动产、不动产之有形而言的，它具有不同的存在、利用、处分形态：第一，不发生有形控制的占有。由于知识产品不具有物质形态，不占有一定的空间。人们对它的占有不是一种实在而具体的占据，而是表现为对某种知识、经验的认识与感受。知识产品虽具有非物质性特征，但它总要通过一定的客观形式表现出来，作为其表现形式的物化载体是有形财产权而不是知识产权。第二，不发生有形损耗的使用。知识产品的公开性是知识产权产生的前提条件。由于知识产品必须向社会公示、公布，人们从中得到有关知识即可使用，而且在一定时空条件下，可以被若干主体共同使用。上述使用不会像有形物使用那样发生损耗。如果无权使用人擅自利用了他人的知识产品，亦无法适用恢复原状的民事责任形式。第三，不发生消灭知识产品的事实处分与有形交付的法律处分。知识产品不可能有因实物形态消费而导致其本身消灭之情形，它的存在仅会因期间（即法定保护期）届满与否产生专有财产与社会公共财富的区别。同时，有形交付与法律处分并无联系，换言之，非权利人有可能不通过法律途径去"处分"属于他人而自己并未实际"占有"的知识产品。

基于上述性质，国家有必要赋予知识产品的创造者以知识产权，并对这种权利实行有别于传统财产权制度的法律保护。

2. 知识产权的特征

知识产权作为无形财产权的本质属性，决定了它具有以下基本特征。

（1）知识产权的专有性

知识产权是一种专有性的民事权利。知识产权的专有性主要表现在两个方面：第一，知识产权为权利人所独占，权利人垄断这种专有权利并受到严格保护，没有法律规定或未经权利人许可，任何人不得使用权利人的知识产品；第二，对同一项知识产品，不允许有两个或两个以上同一属性的知识产权并存。例如，两个相同的发明物，根据法律程序只能将专利权授予其中的一个，而以后的发明与已有的技术相比，如无突出的实质性特点和显著的进步，也不能取得相应的权利。

知识产权同所有权一样都具有独占或排他的效力，著作权法保护作者对文学艺术和科学作品的专有权，专利法保护发明人或设计人对发明创造的专利权，商标法保护注册人对注册商标的专用权。概言之，法律赋予该类权利以专有或独占的性质。专有性是知识产权的法律特征，但就各类知识产权来说，其表现的形式和内容未尽相同。著作权的专有性表现在权利人对其作品的专有使用权，包括采用复制、发行、展览、上演、广播、摄制、演绎等各种形式独占使用作品的权利；而专利权从其字意上说就是权利人对"利"的独占权，即发明创造的专有实施权；就商标权而言，亦称商标专用权，其权利人的独占使用权和排除他人使用的禁止权则构成该类专有权的完整内容。

（2）知识产权的地域性

知识产权作为一种专有权在空间上的效力并不是无限的，而是要受到地域的限制，即具有严格的领土性，其效力只限于本国境内。知识产权的这一特点有别于有形财产权。一般来说，对所有权的保护原则上没有地域性的限制，无论是公民从一国移居另一国的财产，还是法人因投资、贸易从一国转入另一国的财产，都照样归权利人所有，不会发生财产所有权失去法律效力的问题。而无形财产权则不同，按照一国法律获得承认和保护的知识产权，只能在该国发生法律效力。除签订有国际公约或双边互惠协定的以外，知识产权没有域外效力，其他国家对这种权利没有保护的义务，任何人均可在自己的国家内自由使用该知识产品，既无须取得权利人的同意，也不必向权利人支付报酬。

早在知识产权法律制度的雏形时期，地域性的特点就同知识产权紧密地联系在一起。在欧洲封建国家末期，原始著作权与专利权都是君主恩赐并作为特许权出现的，因此这种权利只可能在君主管辖地域内行使。随着近代资产阶级法的发展，知识产权才最终脱离了封建特许权形式，成为法定的精神产权。但是，资本主义国家依照其主权原则，只对依本国法取得的知识产权加以保护，因此地域性作为知识产权的特点继续保留下来。在一国获得知识产权的权利人，如果要在他国受到法律保护，就必须按照该国法律规定登记注册或审查批准。从 19 世纪末起，随着科学技术的发展以及国际贸易的扩大，知识产权交易的国际市场也开始形成和发展起来。这样，知识产品的国际性需求与知识产权的地域性限制之间出现了巨大的矛盾。为了解决这一矛盾，各国先后签订了一些保护知识产权的国际公约，成立了一些全球性或区域性的国际组织，在世界范围内形成了一套国际知识产权保护制度。

在国际知识产权保护中，国民待遇原则的规定是对知识产权地域性特点的重要补充。国民待遇原则，使得一国承认或授予的知识产权，根据国际公约在缔约国发生域外效力成为可能。但是，知识产权的地域性并没有动摇，是否授予权利、如何保护权利，仍须由各缔约国按照国内法来决定。至 20 世纪下半叶，由于某些区域内国家在经济上、政治上以及法律传统上的统一和接近，通过国际公约使得知识产权具有跨区域的法律效力，在一定程度上动摇了知识产权的地域性限制，但这一状况仅存在于西欧及非洲国家等有限地区。总的来说，知识产权在全球范围内依然保留着严格的地域性特征。

（3）知识产权的时间性

知识产权不是没有时间限制的永恒权利，时间性的特点表明：知识产权仅在法律规定的期限内受到保护，一旦超过法律规定的有效期限，这一权利就自行消灭，相关知识产品即成为整个社会的共同财富，为全人类所共同使用。这一特点是知识产权与有形财产权的主要区别之一。众所周知，所有权不受时间限制，只要其客体物没有灭失，权利即受到法律保护。依消灭时效或取得时效所产生的后果也只涉及财产权利主体的变更，而财产本身作为权利客体并不会发生变化。知识产权在时间上的有限性，是世界各国为了促进科学文化发展、鼓励智力成果公开所普遍采用的原则。

建立知识产权的目的在于采取特别的法律手段调整因知识产品创造或使用而产生的社会关系，这一制度既要促进文化知识的广泛传播，又要注重保护知识产品创造者的合法利益，协调知识产权专有性与知识产品社会性之间的矛盾。知识产权时间限制的规定，反映了建立知识产权法律制度的社会需要。根据各类知识产权的性质、特征及本国实际情况，各国法律对著作权、专利权、商标权都规定了长短不一的保护期。著作权的保护期限，主要是对作者的财产权而言的，即作者只能在一定期限内享有对作品的专有使用权和获得报酬权。而对作者的人身权，有的国家规定为无限期永远存在（如法国），有的国家则规定其人身权与财产权保护期相同（如德国）。

关于专利权的保护期限，各国专利法都做了长短不一的具体规定，其规定依据主要有二：一是社会利益与权利人利益的协调，二是发明技术价值的寿命。关于商标权的保护期限，各国也规定有不同的有效期间。其中，采取"注册在先原则"的国家，商标权有效期自注册之日起算；采取"使用在先原则"的国家，只有在商标使用后才能产生权利，因此其有效期自使用之日算起。在知识产权的时间性特点中，商标权与著作权、专利权有所不同，它在有效期届满后可以续展，通过不断的续展，商标权可以延长实际有效期。法律之所以这样规定，就在于文学艺术作品和发明创造对于社会科学文化事业的发展有着更重要的意义，因此必须规定一定的期限，使智力成果从个人的专有财产适时地变为人类共有的精神财富。

知识产权的上述特征，是与其他民事权利特别是所有权相比较而言的，是具有相对意义的概括和描述。这并不意味着各类知识产权都具备以上全部特征，例如，著作权不具有国家授予的特点，商业秘密权不受时间性限制，产地标记权不具有严格的独占性意义。从本质上说，只有客体的非物质性才是知识产权所属权项的共同法律特征。

3.3 知识产权的保护水平

当需要对知识产权保护的情况进行定量研究时，尤其是进行跨国的比较分析时，就必须对不同国家的知识产权保护力度进行指标化。知识产权保护力度这个指标能够从横向上评价各国知识产权制度，为各国制定相应的知识产权保护标准和范围提供基础。然而，对知识产权保护力度的量化存在很大困难，国际上有以下几种常用的衡量方法：

1. Ferrantino 标准

1993 年，Ferrantino 将一国是否加入了世界知识产权组织（WIPO）协定作为衡量标准，以判定其是否达到国际保护的最低水平。然而，这个标准的前提是成员国有效地实施了这些协议，否则成员国身份则只代表一国"最大努力的意愿"。这个标准过于单一，而且没有从实际上考虑一国知识产权制度的实施情况，存在缺陷。

2. RR 指数

RR 指数是 Rapp 和 Rozek 在 1990 年提出的，是第一个跨国知识产权指数。他们根据一个国家是否制定了知识产权的相关法律将知识产权保护水平划分为 0～5 六个等级，具体方法如表 3-1 所示。

表 3 - 1 Rapp 和 Rozek 的知识产权保护水平测度方法

等级	评价结论
0	无专利保护
1	专利保护不够充足，无禁止盗版的法律
2	有相关法律，但存在严重缺陷
3	法律尚有缺失
4	总体上法律较为完善
5	保护法律与执行已达到美国商会的最低标准

这一指数对知识产权保护力度的衡量是基于人为的主观判断，不同人对同一国家的赋值存在差异，研究结果缺乏一般性、有效性和可比性，无法进行严谨、科学的比较分析。

3. GP 指数

1997 年，Ginarte 和 Park 在 Rapp - Rozek 方法基础上进行深入改进，将知识产权保护水平的指标划分为 5 个类别，具体如表 3 - 2 所示。根据 G - P 方法，每项指标若符合则得 1 分，否则为 0 分，每个类别下的分值除以指标数目则为该类别得分，最后将 5 个类别的分数进行加总即为一国知识产权保护水平的分值。2008 年，Park 对原有方法进行了深化和改进，在指标中新增加了 TRIPS 协定、Budapest 条约、软件知识产权保护和生物技术指标数据。表 3 - 2 给出了 G - P 方法的指标类别，其中指标 1.8 软件技术专利、2.4 Budapest 条约和 2.5 TRIPS 条约是 Park 在 2008 年研究中新增的指标。

表 3 - 2 G - P 方法指数指标

项目	指标
1. 覆盖范围	1.1 药品专利；1.2 化学品专利；1.3 食品专利；1.4 动植物品种专利；1.5 医用器械专利；1.6 微生物沉淀专利；1.7 实用新型专利；1.8 软件技术专利
2. 国际条约成员	2.1 巴黎公约；2.2 专利合作条约；2.3 植物新品种保护；2.4 Budapest 条约；2.5 TRIPS 条约
3. 权利丧失的保护	3.1 专利的许可计划；3.2 专利的强制许可；3.3 专利撤销
4. 执法措施	4.1 专利侵权的诉前禁令；4.2 专利侵权的连带责任；4.3 专利侵权人举证责任
5. 保护期限	5.1 发明专利保护年限

在测量我国知识产权保护水平的文献中，大多是基于 Ginarte 和 Park 在 1997 年提出的测度方法。韩玉雄、李怀组根据 G - P 方法测算了我国 1984—2002 年的知识产权保护水平。其测算结果显示：在 1993 年我国的知识产权保护水平达到 3.190，超过部分发达国家的水平，但该结果要高于 Park 在 2008 年修正后的知识产权保护水平。这说明 G - P 方法并不能很好地反映我国知识产权保护水平的现实状况，因此其加入执法力度因素，对 G - P 方法进行修正。执法力度是指影响知识产权保护实际执行效果的变量，其值介于 0~1 之间，0 表示法律规定的知识产权保护条款完全没有执行，1 表示法律规定的知识产权条款被完全执行。

4. IPRI 指数

IPRI 指数（international property rights index）是由设于美国华盛顿的国际性组织——产权联盟（property rights alliance，PRA）研究编写的。PRA 组织的这项研究旨在促进全

球的产权保护。这个指数是产权联盟于 2007 年首次公布的第一个世界性的衡量产权保护程度的指标，为公众、科研人员和政策制定者提供了跨国比较分析的工具。这个指数对产权的 3 个领域及其 11 个次级指标进行综合评分。该指数在 0～10 之间取值，分值越高，保护程度越高，10 代表最有效的产权保护，0 表示没有任何的产权保护，具体如表 3 - 3 所示。

表 3 - 3　IPRI 指数的结构

	司法独立性
	法律规则
法律和政治环境	法庭威信力
	政治稳定性
	对腐败的控制
	产权的法律保护
物质产权	产权登记
	贷款的获得
	知识产权保护
知识产权	专利强度
	版权侵权

3.4　知识产权与技术进步

知识产权是法律赋予技术或知识所有者对其智力成果享有的专有权利，是技术进步的制度保障，对创新和科技发展起到推动作用。内生经济增长理论认为，新技术的出现是投资者追求利润最大化的产物，而唯一能够为投资者提供创新激励的机制就是对新技术的垄断性使用，即政府以法律形式对知识产权实施的保护措施。很多国家把科学技术作为第一生产力，将知识产权保护作为经济社会发展的重要战略之一，并以此促进技术进步与经济增长。

有观点认为，严格知识产权保护不利于技术进步。1993 年，Grossman 和 Helpman 提出了一个南北贸易的一般均衡模型，其研究认为，严格的知识产权保护会降低南方国家的技术模仿率从而不利于南方国家的技术进步，并且更严厉的知识产权保护会减缓发达国家的创新速度，从而作为技术后发国的发展中国家也不能得到好处。2003 年，韩玉雄和李怀组通过构建一个内生增长的技术扩散模型，得出加强跟随国的知识产权保护力度会降低领导国的创新速度和跟随国的跟随速度，从而不利于技术进步的结论。通过对 150 年来 51 个国家 177 个专利改革对技术创新作用的研究，Lerner 认为，那些使得法律程序更加有效的努力反而会释放出更多的诉讼需求，不仅不利于技术创新的良性循环，反而是对社会福利的耗散。

另有观点认为，知识产权保护对技术进步有着积极作用。岳书敬认为更低的知识产权保护会激励发达国家开发难以模仿的技术，这不但会降低发达国家的研发效率，减少创新成果同时也不利于后发国家的技术引进和模仿，因此加强知识产权保护尤为重要。Branstetter 等运用 1982—1999 年 12 个发展中国家企业面板数据进行分析，研究表明知识产权的增强对发达国家的技术创新不存在显著的影响。

也有文献研究更多支持知识产权保护和技术进步并不是简单的线性关系。Park 将这一系列非线性的提法归结为"最优知识产权保护假说"。Prim 发现知识产权保护与技术创新之间呈现倒 U 形的关系，后发国家的技术引进不仅仅是停留在模仿阶段，也存在一个二次创新的过程。

对于知识产权保护的研究已经有所深入，特别是在探讨知识产权与技术进步呈现倒 U 形的原因方面。主要包括技术落后国与技术先进国家的技术差距，技术落后国的自主创新水平，技术落后国的模仿能力这些直接与创新或模仿相关的因素。事实上，市场化水平作为区域发展的一个重要变量，其程度增加能够降低企业的进入门槛，降低进入成本，对于自主创新企业和模仿企业来说都会影响其竞争格局。知识产权保护过于严格，会赋予专利者太强的垄断势力从而导致市场扭曲和资源配置的失衡，而市场化程度的增加则会减少垄断利润优化资源配置。

习　题

1. 知识产权的范围包括哪些？
2. 知识产权具有哪些特征？
3. 国际上衡量知识产权保护水平的常用方法有哪些？
4. 知识产权与技术进步存在什么关系？

第4章

技术创新

引例

大疆的技术创新

深圳市大疆创新科技有限公司（DJI－Innovations，DJI）成立于2006年，是全球领先的无人飞行器控制系统及无人机解决方案的研发和生产商，客户遍布全球100多个国家。大疆通过"互联网＋"技术创新，成为全球民用无人机领域的领军者，2018年在全球民用无人机市场占有率达80％以上。大疆制胜的法宝就是技术创新，每年投入大量研发经费，在2008—2017年公开的专利数就达到了916项，在国家专利方面拥有3 206项，在美国也申请了70多项专利。在2018年全球专利数排名中，大疆无人机以656项专利排名第29位，这其中大部分都是飞行器、航空甚至是宇宙航行的专利。大疆始终以最尖端的科技、性能最佳的产品，带领产业革命，探索未来的无限可能。2019年9月18日，大疆入选工业和信息化部公布的2019年国家技术创新示范企业名单。

分析与讨论：大疆的技术创新对公司发展的作用。

4.1 技术创新的内涵界定

1. 技术创新含义的不同观点

技术创新首先是由奥地利经济学家熊彼特1912年在《经济发展理论》一书中提出的，他在1934年的英文版中使用了"innovation"（创新）这一名词，此后便被广泛引用。关于技术创新的含义有多种描述，归纳如下。

① 熊彼特的创新概念含义很广。他在1939年出版的《商业周期》（*Business Cycles*）中认为，创新既包括技术性变化的创新，又包括非技术性变化的组织创新。熊彼特关于创新的主要看法：一是技术创新的主体是"企业家"，企业家的创新活动是经济兴起和发展的主要

原因。二是创新活动是指在生产和销售经营中，企业家能够独出心裁，发现并使用前所未有的和与众不同的方式或方法。创新活动包括：介绍新产品和新的生产方法、开辟新市场、开发原料和半成品的新来源，以及建立新兴产业 4 个方面。这些创新活动均可使进行创新的企业和个人赚取高额利润。三是创新引起了经济增长并对经济的周期性波动产生影响。熊彼特认为，企业家的创新为其他企业做了示范，开辟了发展的新途径，更多企业加入到创新或模仿创新的行列，社会形成创新浪潮。这时，社会对生产资料和银行信用需求急剧扩大，从而引起经济高涨。此后随着创新机会减少、创新逐渐减少和消逝，经济趋向于低潮。如果期望经济再度恢复高增长状态，便需要新一轮创新的到来。由于技术创新的规模、技术含量、周期、效应等的不同，它们对经济波动的影响也有长有短，有大有小，使经济波动呈现三种周期趋势，即康德拉季耶夫长波、尤拉中波和基钦短波。

② 索洛于 1951 年在《在资本化过程中的创新：对熊彼特理论的评论》一文中，提出了技术创新成立的两个条件，即新思想的来源和以后阶段的实现发展。

③ 诺思于 1962 年在《石油加工业中的发明与创新》中从行为角度对技术创新定义为："技术创新是几种行为综合的结果。这些行为包括发明的选择、资本投入保证、组织建立、制订计划、招用工人和开辟市场等。"

④ 林恩从时序的角度定义技术创新，认为技术创新是"始于对技术的商业潜力的认识而终于将其完全转化为商业化产品的整个行为过程"。

⑤ 曼斯菲尔德对技术创新的研究主要是产品创新，他认为产品创新是从企业对新产品的构思开始，以新产品的销售及交货为终结的探索性活动。

⑥ 厄特巴克（J. M. Utterback）在 1974 年发表的《产业创新与技术扩散》中认为，与发明或技术样品相区别，创新就是技术的实际采用或首次应用。

⑦ 弗里曼（C. Freeman）认为技术创新在经济学上的意义只是包括新产品、新过程、新系统和新装备等形式在内的技术商业化实现的首次转化。他在 1973 年发表的《工业创新中的成功与失败研究》中认为，"技术创新是技术的工艺的和商业化的全过程，其导致新产品的市场实现和新技术工艺与装备的工业化应用"。其后在 1982 年的《工业创新经济学》（*The Economics of Industrial Innovation*）修订本中指出，技术创新就是指新产品、新过程、新系统和新服务的首次商业性转化。

⑧ 美国国家科学基金会，即 NSF（National Science Fundation）从 20 世纪 60 年代上半期开始发起并组织对技术变革和技术创新的研究，迈尔斯（S. Myers）和马奎斯（D. G. Marquis）作为主要倡议人和参与者，在其 1969 年的研究报告《成功的工业创新》中将创新定义为技术变革的集合，认为技术创新是一个复杂的活动过程，从新思想和新概念开始，通过不断地解决各种问题，最终使一个有经济价值和社会价值的新项目得到实际的成功应用。NSF 在 20 世纪 70 年代对技术创新的定义还比较窄，在 1974 年的 NSF 报告《科学指示器》（*Science Indicator*）中限定创新只有两类：一是特定的重大技术创新；二是有代表性的普遍意义上的技术变革，但不包括模仿与改进型变动。但到 20 世纪 70 年代下半期，NSF 对技术创新的界定大大拓宽了。在 NSF 报告《1976 年：科学指示器》中将创新定义为，"技术创新是将新的或改进的产品、过程或服务引入市场"。明确地将模仿和不需要引入新技术知识的改进作为最低层次上的两类创新而划入技术创新定义范畴中。

⑨ 缪尔塞（R. Mueser）在 20 世纪 80 年代中期对技术创新表述如下：当一种新思想和

非连续性的技术活动，经过一段时间后，发展到实际和成功应用的程序，就是技术创新。在此基础上，缪尔塞将技术创新重新定义为：技术创新是以其构思新颖性和成功实现为特征的有意义的非连续性事件。这一定义突出了技术创新在两方面的特殊含义：一是活动的非常规性，包括新颖性和非连续性；二是活动必须获得最终的成功实现。

⑩ 我国在 20 世纪 80 年代以来逐步开展了技术创新方面的研究，我国学者认为技术创新是企业家抓住市场潜在的盈利机会，重新组合生产条件、生产要素和生产组织，从而建立效能更强、效率更高和生产费用更低的生产经营系统的活动过程。其中许晓峰教授在其1996 年出版的著作《技术经济学》中，将技术创新定义为"一个从新产品、新工艺的设想到生产到市场应用的完整过程，它包括新设想的产生、研究、开发、商业化生产到扩散这一系列活动"。博家骥教授在《工业技术经济学》及《技术创新学》中认为："技术创新是企业家抓住市场的潜在盈利机会，以获取商业利益为目标，重新组织生产条件和要素，建立起效能更强、效率更高和费用更低的生产经营系统，从而推出新的产品、新的生产（工艺）方法、开辟新的市场、获得新的原材料或半成品供给来源或建立企业的新的组织，它是包括科技、组织、商业和金融等一系列活动的综合过程。"

2. 不同观点的争论焦点

关于技术创新概念的争论，国内外学者多年来的主要差别集中反映在以下三个方面。

（1）关于"技术"的限定

现观点认为，与制度创新和组织创新相区别，技术创新对创新技术的范畴是有所限定的，非技术性的创新活动不能列入技术创新的范围内。曼斯菲尔德认为获得市场实现的新产品是技术创新的集中表现，因此与新产品直接有关的技术变动才是技术创新。NSF 则认为不需要新技术知识的某些生产工艺和操作方式的成功变化，尽管层次较低，但也属于技术创新范畴。麦凯在对贝尔实验室从 1925 年到 1983 年的 800 余项创新进行整理研究后认为，技术创新是以有应用价值的新产品为顶点标志的创新性活动过程。也就是说，创造出新产品并商业化是技术创新的最高层次，但不是唯一的表现方式。凯密等人在 1975 年则认为技术创新应当包括与技术产生与应用有直接联系的那些基础研究和市场行为。

以上差异事实上涉及"技术"概念的界定，如果技术只包含自然技术（包括有形的工具装备和无形的技能与方法），技术创新的范畴就要窄得多。相反如果认为技术应该包括与一定经济收益增长直接联系的相关管理技术变动，则技术创新的概念要宽泛得多。

（2）关于"创新"强度的限定

关于"创新"强度事实上有两大类：一类是革命性创新，即建立在新的技术原理基础上的技术创新；另一类是渐进性创新，即建立在原有技术原理上的技术的渐进性改进。争论的焦点在后者，即由于技术的渐进性改进导致规模收益增长，是否属于技术创新范畴。西方从事技术创新研究的学者大部分主张将增量性改进与技术创新区别开来，认为必须将其完全排除在技术创新范畴之外。格洛柏（S. Globe）等在 1973 年首先明确提出，必须把创新与"边际改进"相区别，后者仍属于规模增长效应，不能算作创新。20 世纪 70 年代末内森（R. R. Nathan）等反复强调，技术创新应当区别于市场销售、广告、组织管理及职工素质培训方面的改进。总之，非产品和工艺上的改进不能算作技术创新，而是组织和管理上的相应变化，尽管它们与技术创新有密切联系。另外，厄特巴克在其所选择的创新案例中也不包含增量性改进活动。曼斯菲尔德没有直接对此下结论，只以足够大的技术变化下的新产品市场实现作为技术创新的范例，因此实际上曼斯菲尔德也是将增量性改进划在技术创新范畴之外的。斯通曼主要通过数理模型分析研究技术创新，他认为"只有那些首次在经济活动中得到应用的新的生产工艺等才称得上是创新"。斯塔尔（J. Stahl）等认为"作为包含着分散性或不连续性跳跃的从现存状态产生的创新因素的本质，其在成品实现之前是不可能被预测的"，因此那些可从边际效应递推的改进变化不能称之为创新。

与这些观点相反，其他一些学者和官方机构则从实用角度出发，认为技术创新界定中有关技术变化强度的要求应当放宽，增量性改进既然有一定的技术上的变化，就应纳入技术创新范畴。NSF 认为不论是新的还是改进的产品、过程或服务，只要引入市场，均属于技术创新，当然也就包括"不需要新技术知识的"增量性改进创新。GRA（Gellman Research Associates）也认为在理论上技术创新不应当只限于有代表性的新技术根本变化或模仿，而应有更广泛的范畴。冯·希皮尔（E. von Hippel）主张技术创新标准应侧重于商业化实现，技术变化是一个弹性参数而不应作为一个严格的标准。认为在同样获得市场成功实现的条件下，可按技术变动强度弹性将创新分为根本性的、有重要改进的和较小改进的三种类型。

可见，前一种观点注重于以技术的质的变动为标准，从理论上严格定义技术创新，后一种观点则着眼于创新对象和活动范畴的广泛性，以提高技术创新研究和实际应用的社会覆盖面为出发点。基于不同的目的，技术创新的内涵是不同的。

（3）关于技术创新在市场上成功实现的"成功"标准

技术创新的关键环节是在市场上的成功实现，那么这里的成功指的是商业盈利还是市场份额或是技术优势？这一点也一直没有形成一致的看法。弗里曼在主持英国 Sussex 学院 Sappon 研究项目（主要是进行工业创新中的成功与失败的对比研究）中较早地注意并分析了这一问题。他认为，失败的创新就是其未能建立起有效的市场或未能取得任何盈利，尽管可能从技术活动角度看是完成了一项创新，而成功的创新则是获得了明显的市场渗透或盈利。这说明弗里曼并不是把商业盈利作为创新成功的唯一标志。按照他的论述，技术创新成功的标志同时有二：一是实现商业盈利；二是市场的建立或渗透效应，即市场份额的获取与扩大上的变化。确实，在曼斯菲尔德等人早期对 57 例创新的研究中，就有 6 例是非盈利的。可以肯定，这类创新的目的是抢占一定的市场份额，是着眼于长期利润的。因此，缪尔塞认为，"成功"不应仅体现为创新实现初期的盈利，因为许多创新在实现初期还未达到较大数额的盈利或增长率，也有许多创新在短期内是在为一些非盈利性目的服务的，如抢占市场或技术竞争等。

可见，关于技术创新的"成功"含义存在着双重标准：一是扩大了市场份额；二是实现了商业利润。

3. 本书观点

本书认为，技术创新是指有商业潜力的新的科技成果被企业首次采用并成功商业化的过程。

上述定义包括如下含义。

一是技术创新是将科技成果转化为生产力的过程，而不是科技成果本身。科技成果，哪怕是为人类的知识宝库做了巨大贡献的伟大发明都只是一种新概念、新设想，它们只是拥有商业潜力，或者至多是试验品的产生。而技术创新则是把科技成果引入生产体系，通过制造出市场需要的商品为市场和采用者（企业）创造价值和商业利润的过程。这种科技成果商业化和产业化的过程，才是技术创新。因此，技术创新与经济效益提高相联系。技术创新的主体是企业家，而不是发明家和革新者。

二是技术创新的"技术"是指狭义的技术，"创新"既包括革命性创新又包括渐进性创新，"成功"的标准是取得商业利润。关于国内外学者对于技术创新定义的三个争论焦点，本定义认为，技术创新的"技术"内涵不应过于宽泛，应以狭义的技术为研究对象，包括产品创新和工艺创新，而不包括新的制度、新的管理方法或者新的组织形式。当然，技术创新的成功离不开与之相配套的制度创新、管理创新及组织创新，特别是政府的扶持政策是企业技术创新在早期成功的关键保证。关于"创新"程度的界定，本定义认为，只要能够促进企业的技术升级，无论是技术性变革还是局部技术性改进，都是"创新"。成功商业化应以能否取得商业利润为标准，当然技术创新的初期阶段通常是高投入，利润不会迅速实现，这也是一些企业缺乏创新动力的原因之一。但是只要决策正确，长期稳定的商业利润增长是创新成功的主要标志。

三是技术创新与技术进步是有区别的。两个概念的基本内涵不同。技术进步所陈述的是科学技术合目的性的变动，即由低级向高级形态的发展。技术创新含义有更替、以新形态代换旧形态的意思，它不仅包括了新技术的出现，更重要的是它包含了技术的被实际应用，即成功实现商业利润。两个概念的描述侧重点不同。技术进步描述的侧重点在科学和技术活动的形态。而技术创新描述的是人从具有新的设想、构思到开发出新技术再到应用新技术形成市场利润的能动的行为。两个概念描述的活动主体不同。技术进步活动的主体是科学家、生产者及工具体系的形态。技术创新活动的主体是企业家。两个概念的描述背景不同。技术进步的描述考虑了社会的和经济的双重背景。而技术创新则源于经济学界，是作为经济概念提出，并放在经济系统背景下讨论它与各方面活动的关系。

4.2 技术创新的分类

技术创新的分类方法有两类：一是宏观与微观分类法，主要划分依据是创新层次与范围，有代表性的宏观分类法是英国科学政策研究机构（SPRU）的技术创新产出应用分类法，微观分类法主要有厄特巴克（J. M. Utterback）等人的过程创新与产品创新分类法等；二是创新客体与主体分类法，主要划分依据是创新活动的技术变动强度与对象，主要有弗里曼（C. Freeman）的客体分类法和帕维特（K. L. R. Pavitt）的主体分类法。技术创新还可以按技术开发型和市场开发型进行分类，主要分类如下。

4.2.1 产品创新和过程（工艺）创新

根据技术创新中创新对象的不同，技术创新可分为产品创新和过程创新。

产品创新（product innovation），是指技术上有变化的产品的商业化。按照技术变化量的大小，产品创新可分为重大（全新）的产品创新和渐进（改进）的产品创新。产品用途及其应用原理有显著变化者可称为重大产品创新。例如，美国贝尔公司发明的电话和半导体晶体管、美国无线电公司生产的电视机、得克萨斯仪器公司首先推出的集成电路、斯佩里兰德开发的电子计算机等，一步步地将人类带进了信息社会，对人类的生产和生活产生了重大影响。又如杜邦公司和法本公司首创的人造橡胶、杜邦公司推出的尼龙和帝国化学公司生产的聚乙烯，这三项创新奠定了三大合成材料的基础；波音公司推出的喷气式发动机创造了高速客车上天的奇迹。这些都是利用新的科学发现或原理，通过研究开发设计出全新产品的典型例子，这类产品创新就是重大产品创新或称根本性创新。重大的产品创新往往与技术上的重大突破相联系。渐进（改进）的产品创新是指在技术原理没有重大变化的情况下，基于市场需要对现有产品所作的功能上的扩展和技术上的改进，如由火柴盒、包装箱发展起来的集装箱、由收音机发展起来的组合音响等。像索尼公司每年上市近千种新产品，其中大部分是对原有产品的功能做了某些微小的变动或者不同产品功能的新组合，如品种繁多的"随身听"就是这样开发出来的。

过程创新（process innovation）也称工艺创新，是指产品的生产技术的变革，它包括新工艺、新设备和新的组织管理方式。过程（工艺）创新同样也有重大和渐进之分，如炼钢用的氧气顶吹转炉、钢铁生产中的连铸系统、早期福特公司采用的流水作业生产方式及现代的计算机集成制造系统等，都是重大的过程创新。这些过程创新往往伴有重大的技术变化，与采用新的技术原理相联系。另外，也有很多渐进式的过程（工艺）创新，如对产品生产工艺的某些改进，提高生产效率的一些措施，或导致生产成本降低的一些方法等。过程（工艺）创新与提高产品质量，降低原材料和能源的消耗，提高生产效率有着密切的关系，是技术创新中不可忽视的内容。技术创新的经济意义往往取决于它的应用范围，而不完全取决于是产品创新还是过程（工艺）创新。例如，集装箱这一产品的创新，可以说新技术很少，但是它变散装运输为大型集装运输，减少了船只在码头的停留时间，使海洋运输效率大大提高了。再如，美国明尼苏达矿业和制造业公司（3M 公司）开发生产的一种小型不干胶便笺，既可贴于书页上又可不留痕迹地把它摘下来。就是这样的小黄纸片，每年可给 3M 公司带来 3 亿美元以上的销售收入。

4.2.2 自主创新、模仿创新和合作创新

按照创新活动的特点划分，技术创新可以分为自主创新、模仿创新和合作创新。

1. 自主创新

自主创新是指企业完全依靠自身的技术积累突破技术难关，并且依靠自己的力量成功实现技术的商业化过程，取得预期经济效益的技术创新活动。

1）自主创新的优点

（1）技术优势

自主创新企业的技术突破来自企业内部，是企业长期技术积累和研究开发努力的产物。技术突破的内生性有助于企业形成较强的技术壁垒。这种技术壁垒一方面是由新技术本身的特性造成的，因为跟进者对新技术的解密、消化、模仿需要一定的时间，而从投资到形成生产能力，发展成率先创新者，竞争对手也需要一定的时间，在此时间内必然会形成自主创新者对新技术的垄断使用。而有些技术的解密与反求耗时则更长，甚至几乎是不可能的。例如可口可乐诞生一百多年来，无数竞争对手试图反求其配方，破译其生产工艺，结果一无所获。另一方面，率先者的技术壁垒还可通过专利保护的形式而加以巩固，进一步从法律上确定自主创新者的技术垄断地位。因此，自主创新企业能在一定时期内掌握和控制某项产品或工艺的核心技术，在一定程度上左右行业或产品技术发展的进程和方向。借助专利保护，自主创新企业可自己确定是否转让其核心技术，以及向谁转让、何时转让、转让到何种程度

等，使企业在竞争中处于十分有利的地位。

自主创新另一技术优势在于：由于自主创新一般涉及的都是全新技术领域，在此方面的技术突破很可能会引致一系列的技术创新，形成创新的集群现象和簇射现象，带动一大批新产品的诞生，推动新兴产业的发展。这一方面有利于促进企业多元化投资，获取丰厚的利润，另一方面掌握了核心技术的自主创新企业在一定程度上将控制多个技术领域或全产业的发展，奠定自身的领袖地位。国际上许多著名的大公司正是通过这种途径发展壮大的，如美国杜邦公司通过对人造橡胶、化学纤维、塑料三大合成材料的自主创新，牢牢地占据了世界化工原料市场，推出和控制了合成橡胶、乙烯、尼龙、的确良、塑料新产品等一系列有重大意义的化工新产品，引起了世界汽车业、服装业等行业的深刻变化，公司依靠这些新产品获得了巨额利润，也大大增强了自己在化工领域中的核心地位。

（2）生产优势

在生产制造方面，自主创新企业启动早，产量积累领先于跟进者，能够优先积累生产技术和管理方面的经验，较早建立起与新产品生产相适应的企业核心能力，因此自主创新企业能先于其他企业获得产品成本和质量控制方面的竞争优势。根据国外的研究，企业产品单位成本与其积累产量之间呈负相关关系，即在同样生产环境下，先行者生产成本较跟随者低，在激烈的市场竞争中，有时产品成本方面的微小差别往往会对竞争的胜负产生重大影响。

（3）市场优势

在市场方面，自主创新一般都是新市场的开拓者，在产品投放市场的初期，自主创新企业将处于完全独占性垄断地位，可获得大量的超额利润，如艾滋病检测试剂刚上市时每支的售价是其生产成本的30～50倍。通过转让新技术专利和技术诀窍，自主创新企业亦可获得相当可观的收入，如日本日立公司在国内的技术转让费收入，这一项就是公司研究开发投资的4倍。自主创新的市场优势还在于：由于其在技术方面的率先性，其产品的标准和技术规范很可能先入为主，演变为本行业或相关行业统一认定的标准，迫使后来者纳入到该标准和技术规范中来，成为自主创新企业的跟随者。统一标准的确定将奠定自主创新企业在行业中稳固的核心地位，无形中极大地增强企业的竞争力。自主创新企业还能够较早地建立起原料供应和产品销售网，率先占领产品生产所需的稀缺资源，开辟良好的销售渠道，使得创新产品在组织生产和市场销售方面有较强的保障。

此外，自主创新通过其产品对用户有先入为主的影响，使得用户在使用技术和产品过程中的经验技能积累专门化，这样用户要淘汰自主创新者率先投放市场的产品，所面临的不仅仅是实物硬件投资方面的损失，而且必须废弃掉已经熟练掌握的经验技能，开始新技术领域新的操作和使用技能经验的艰苦积累。面对这样巨大的有形和无形转换成本，许多用户往往会选择继续使用率先者推出的产品系列，而对其他企业推出的同类产品较少过问。例如，汉字"五笔字型"计算机输入技术是我国汉字录入方面的一项成功的自主创新，"五笔字型"的面市，使汉字计算机输入方式发生了质的变化，计算机录入人员经长期训练，使用"五笔字型"输入汉字能达到相当高的速度，因而为大家所广泛使用。继"五笔字型"之后，相继又有许多新的汉字输入技术面世，且各具特色，但许多录入人员由于已习惯于使用"五笔字型"输入法，不愿意尝试使用新的输入法，记忆新的输入规则，训练新的操作技能，致使这些输入法较难推广，而"五笔字型"的应用在相当长的时间占据着主导地位。

自主创新是当今国际上一些成功的大企业为在竞争中取胜经常采用的创新战略。例如，美国杜邦公司成立至今 200 多年来，始终将"重视研究开发和市场，开发独自的新产品"作为自己的经营哲学，早在 1981 年杜邦公司就有从事研究与开发工作的科学家和工程师近5 000 人，其中 3 500 人拥有博士学位。日本日立公司的经营者也将开发自主技术作为公司发展的基本理念，其 35 个研究所的 1.7 万名研究人员夜以继日地从事各种研究，研究项目包括电子技术、计算机软件技术、宇宙关联技术、遗传工程、光导纤维、智能机器人、原子能利用、铁路运输控制系统、有关材料开发的基础研究和应用技术研究等。日本索尼公司的历史可谓是不断地向新领域进军，不断为社会创造新的热门商品的历史。如 1950 年，首创手提式磁带录音机，1955 年首创晶体管收音机，1960 年首创盒式录音机，1968 年首创单枪三束彩色电视机，1973 年在世界上最早制成大角度（122 度）20 英寸彩色电视机等。索尼公司的创始人、名誉董事长井深大说过："索尼成功的秘诀是决不模仿他人。这适用于一切商业、科学研究和技术开发领域，这也是我的哲学。""一般的日本企业经营的基本方法是大量生产、大批销售，索尼不想走这条路。索尼首先投资开发研究，创造出其他公司不能模仿的产品，即使这种商品被其他公司赶上了，还有新的产品出现。依靠技术开拓新的市场，这就是索尼的基本精神。"

2）自主创新的缺点

（1）技术劣势

自主创新战略的主要缺点在于其高投入和高风险性。在技术方面，新技术领域的探索具有较高的复杂性。为了获得有效的技术突破，企业必须具备雄厚的研究开发实力，甚至需要拥有一定的基础研究力量。为此，企业不仅要投巨资于技术研究与开发，而且必须保有一支实力雄厚的科研人员队伍，不断提高研究与开发能力。这对企业而言，一方面固然是一种人力资源储备的优势，但另一方面也是一种较为沉重的财务负担。新技术领域的探索又具有较高的不确定性，能否产生技术突破、何时产生技术突破，往往都是企业难以预料的。事实上，自主研究开发的成功率是相当低的。据统计，在美国，基础性研究的成功率为 5%，技术开发的成功率一般为 50% 左右。而开发产出在时间上又是高度不确定的，短则数月、数年，长则十几年。为了有效降低这种率先探索的风险和产出的不确定性，自主创新企业往往需要进行多方位、多项目的组合投资，因此自主创新研究开发投资的负担和风险都是很高的。

（2）生产劣势

在生产方面，自主创新企业一般较难在社会上招聘到现成的熟练技术工人，而必须由企业投资对生产操作人员进行必要的特殊培训，并帮助相关生产协作单位提高生产技术能力。此外，新工艺、新设备可靠性的风险也必须由自主创新企业承担，这在一定程度上增加了自主创新的生产成本和质量控制风险。例如我国自主开发的第一代汉字激光照排系统"华光Ⅱ"型就存在稳定性差、体积庞大等缺点，1987 年 4 月起用于正式排《经济日报》曾出过几次排版脱期的问题，后来随着"华光Ⅲ""华光Ⅳ"等系统的推出，产品质量才逐渐稳定下来。

（3）市场劣势

自主创新企业需要在市场开发、广告宣传、用户使用知识普及等方面投入大量的资金，以挖掘有效需求，打开产品销售的局面。由于这种广告宣传对用户所起的作用在很大程度上是一种新产品概念和消费观念的导入，因此其投入具有很强的外溢效果，即相当部分的投资收益将被模仿跟进者无偿占有。此外，市场开发有时具有较强的迟滞性，如曾风靡全球的3M"报事贴"便条纸，在投放市场的初期备受冷落，直到十多年后才转变为热门畅销的产品。戴姆勒和本茨19世纪末发明的汽车，由于成本高昂，迟迟不能为广大消费者所接受，而只能作为贵族的玩物，直到后来福特公司生产出每辆售价500美元左右的小汽车，汽车才开始成为普通的交通工具，进入大批量生产时代，形成巨大的市场。

可见，自主创新的风险性是很高的。根据曼斯菲尔德对美国三家大公司自主创新的调查分析，60%的创新项目通过研究开发能获得技术的成功，只有30%的项目获得了商业上的成功，而最终只有12%的项目给企业带来经济收益。当然，自主创新一旦获得成功，其盈利性又是巨大的。有时一项自主创新成功所带来的收益能够足以抵消企业在其他创新项目上的投资损失。

2. 模仿创新

所谓模仿创新，是指企业通过学习模仿率先创新者的创新思路和创新行为，吸取率先者的成功经验和失败的教训，引进购买或破译率先者的核心技术和技术秘密，并在此基础上改进完善，进一步开发，在工艺设计、质量控制、成本控制、大批量生产管理、市场营销等创新链的中后期阶段投入主要力量，生产出在性能、质量、价格方面富有竞争力的产品与率先创新的企业竞争，以此确立自己的竞争地位，获取经济利益的一种行为。

模仿创新的优点如下。

（1）技术优势

在技术开发方面，模仿创新不做开拓探索者，而是做有价值的新技术的积极追随学习者。率先创新必须独自承担技术创新的风险，而模仿创新者却可以观察率先创新者的创新行为，向多个技术先驱学习，选择成功的率先创新进行模仿改进。模仿创新的研究开发活动不涉足未知的探索性领域，而主要从事渐进性的改进、完善和再开发。因此，模仿创新能够有效回避研究开发探索的风险。模仿创新同时又能够回避研究开发竞争的风险，研究开发的竞争是具有强烈排他性的，一项新技术开发的竞争中，最终法律上的成功者只能有一个，只有率先申请专利保护的成功者才能合法使用其开发出的成果，其他晚一步开发成功或晚一步申请专利者，非但其成果得不到保护，而且自己也不能够合法使用。模仿创新由于不涉足率先研究开发竞争的角逐，有效地回避了这方面的风险。由前面的分析可知，模仿创新企业的研究开发投资具有高度的方向性、集中性和针对性，能够免费获得的公开技术或能够以合理价格引进购买到的技术则不再重复研究，无法获得的关键技术和核心技术则集中投资和进行攻关。这种研究开发的投入模式具有投入少、效率高的特点，对模仿创新企业是较为有利的。

（2）生产优势

在生产方面，模仿创新的优势主要表现在如下几个方面：首先，产品的质量、性能、价格是其能否吸引用户的最直接因素，是产品竞争力的最直接体现，模仿创新产品在这几方面可能较率先创新更佳，这是因为模仿创新企业由于不能够在研究开发方面占优势，只能将竞争取胜的希望后移到生产制造等环节。因而对产品性能的改进、工艺的进步、产品质量的提高、生产成本的降低、生产效率的提高等方面予以极高的关注，在生产制造等方面注意培植自己的能力。能够细致而充分地研究市场需求，根据市场需求的反馈信息迅速调整产品生产，改进产品工艺设计，使自己的产品更具竞争力。从客观上看，由于模仿创新免除了研究开发探索的大量投资，也能够在生产制造等方面投入较多的技术力量和资金，在产品质量、性能、价格等方面建立自己的竞争优势。日本许多企业成功的秘诀正在于此,日本的许多产品引入市场晚于欧美国家,如照相机、复印机、汽车等,但在质量、性能、价格方面都有着欧美国家产品难以匹敌的优势,正是这种优势使得日本产品在国际市场上拥有很强的竞争力。

除了对质量、性能、价格的主动关注外,模仿创新在生产方面的优势还得益于后发者的跟随学习效应。新产品的生产成本受到设备购置成本、原辅材料成本、生产效率等多方面因素的制约。相对于率先创新者而言,模仿创新可能购置到性能更趋稳定、价格更低的设备,也能够一开始便享受原辅配套材料产业规模经济的效益。在生产效率方面,随着操作工人生产熟练程度的提高,单位成本将不断地下降,因此新产品单位成本一般随积累产量呈下降趋势。

一般观点认为,率先创新由于起步早,产量积累领先于模仿创新企业,因而单位产品成本总低于模仿创新者,在价格方面具有跟随者所无法超越的优势。其实这种看法有一定的片面性,实际情况往往是模仿创新的成本曲线较率先创新的成本曲线的下降速度要快得多,原因有三:其一,率先创新其生产操作人员只能从自己的生产实践中探索摸索,总结经验教训,增加操作的熟练程度和班组间的管理协调水平,其中不可避免地要发生许多探索中的失败和挫折。因此,率先创新其"干中学"的效率是较低的,而模仿创新不仅可以从自身的实践中学习总结,而且可以向率先创新者学习,大大提高学习效果和效率。其二,模仿创新企业还可通过雇佣率先创新企业中的熟练工人,移植率先创新企业的生产积累经验,加快产品成本的下降。其三,模仿创新企业一般更注重成本的控制和工艺的改进,这种控制和改进有时能够大幅度地降低企业的生产成本,导致单位成本曲线急速下降。不仅如此,由于同样的原因,模仿创新产品的性能、质量随积累产量提高的步伐往往也较率先创新产品快。因此,模仿创新产品可能具有较率先创新产品更高的竞争力,形成一定的后发优势。

(3)市场优势

在市场方面,模仿创新产品的优势主要表现在如下几个方面:首先,新市场的开辟具有很高的风险,在率先创新推出的诸多产品中,虽不乏市场期盼已久一上市就能引起轰动的产品,但大部分产品都必须经历一个被用户逐步认识、逐步战胜替代品的过程,其性能和价格要为用户接受也需一定时间。此过程有时需要几个月,有时则长达数年、数十年,这种或长或短的"沉默期"往往会使率先创新企业陷入困境,甚至因资金无法收回而破产。模仿创新产品由于进入市场晚,特别是可以观望市场的发展和演变,选择适当的时间进入,因而可以有效回避市场沉默期所导致的损失。

进入市场的适当滞后还可避免市场开发初期需求和市场行为不确定性的风险,圆珠笔引入市场的过程就是一个典型的例子。最早的圆珠笔是由Eversharp等公司引入市场的,由于产品新颖,在最初一两年销售情况很好,但由于生产技术尚未过关,产品存在漏油、划纸等毛病,且售价过高,用户很快对这一"新鲜玩意"失去了兴趣,圆珠笔的市场销售总额开始急速下降,到1949年圆珠笔在市场上近乎绝迹。直到后来,由于模仿创新者对产品性能和制造工艺的不断改进,价格不断下降,圆珠笔才又逐步成为畅销的产品。从圆珠笔的例子可以看出,过早进入新产品市场对企业未必有利。在特别的情况下,率先进入市场甚至会给企业带来灾难性的损失。因为任何一项新产品都要经过一个性能质量逐渐完善的过程,许多原料、工艺、设计方面的问题可能具有一定的隐蔽性,常常要在投放市场后,在用户使用过程中暴露出来，在企业与用户间不断信息反馈中加以改进，率先创新企业必须对这一"探索—完善"过程中不可避免的失误承担责任，而跟进者却因此而免走了许多弯路。例如世界上第一架喷气式客机是由英国实力雄厚的 deHavilland 公司于 1952 年推出的，该公司的喷气机投入市场前曾进行了大量的试飞，确定无误后投入商业使用，但一年以后频频发生空中爆炸或坠毁等恶性事故，各航空公司不得不关闭所有的喷气机航线。后经检查发现事故是由机身材料的潜在问题引起的，这种问题只有在飞机累计高速飞行很长时间后才会出现。deHavilland 公司马上采取措施，杜绝了此类事故，但由于事故在人们心目中所造成的阴影，该公司的商用喷气机市场份额从此一落千丈，不得不从市场上退出。

其次，从市场投入方面看，率先创新的企业需要投入大量的人力、物力进行开拓新产品市场的广告宣传，这种投入一方面是必不可少的，另一方面又存在着很强的外溢效益，因其广告宣传中相当一部分必须是对消费者的消费观念引导和对消费知识的普及宣传。例如微波炉刚刚上市时，消费者对其功能、作用缺乏了解，对其微波辐射存在畏惧心理，害怕它会有损健康，也不知道如何利用微波炉做美味可口的食品。为了教育引导消费者，率先创新企业 Raytheon 公司曾投入巨量的广告宣传资金。很显然，这样的宣传教育费用投入，其受益者绝非率先创新企业自身，在相当程度上其效益将由模仿跟进的企业所得。模仿创新产品由于进入市场晚，因而可充分享受率先创新者新市场开拓的溢出利益，可节约大量的先导资金投入，而集中投资自己产品品牌的宣传，这对模仿创新产品的成功是十分有利的。

最后，消费者的消费偏好有时对模仿创新产品也是十分有利的。由于消费者的消费心理、消费习惯、消费能力千差万别，消费者并非千篇一律地对率先创新产品更感兴趣。在许多情况下，相当一部分消费者往往会等待一段时间，等市场上出现价格较低、性能完善、质量趋于稳定、设计相对定型的产品才加以购买。由于这部分消费群体的存在，为模仿创新产品创造了良好的需求。此外，由于地域、文化等因素造成的市场分隔，也会向模仿创新产品提供特定的需求机会，如在家用电器购置方面，同样条件下，消费者往往愿意购买本地区的产品，这样模仿创新产品一般会在本地区拥有较高的市场需求。

由于上述技术、生产、市场几方面的原因，使得模仿创新产品能够以较低的成本、较低的风险性、较高的性能投向市场，并很快为市场接受。因而，模仿创新战略具有其独特的优势。

3. 合作创新

合作创新是指企业间或企业、科研机构、高等院校之间联合创新的行为。合作创新通常以合作伙伴的共同利益为基础，以利益共享或优势互补为前提，有明确的合作目标、合作期限和合作规则，合作各方在技术创新的全过程或某些环节共同投入，共同参与，共享成果，共担风险。合作创新一般集中在新兴技术和高科技产业，以合作进行研究开发（R&D）为主要形式。

1）合作创新的优势

① 合作创新有利于在不同的合作主体间实现资源共享、优势互补。随着世界全球性的技术竞争不断加剧，企业技术创新活动中的技术问题越来越复杂，技术的综合性和集群性越来越强。即使是技术实力雄厚的大企业也会面临技术资源短缺的问题，单个企业依靠自身能力取得技术进展越来越难。因此，以企业间分工合作的方式进行重大的技术创新，通过外部技术资源的内部化，实行资源共享和优势互补，成为企业技术创新的必然趋势之一。

② 合作创新有助于缩短创新时间，增强企业的竞争地位。在存在竞争性创新的情况下，创新时间的长短对创新的成败起着决定性作用，合作创新可以缩短收集资料、信息的时间，提高信息质量，增加信息占有量，降低信息费用。合作创新可以使创新资源组合趋于优化，使创新的各个环节能有一个比较好的接口环境和接口条件，从而缩短创新过程所需的时间。合作创新可以通过合作各方技术经验和教训的交流，集中各方智慧，减少创新过程中因判断失误所造成的时间损失和资源浪费。

③ 合作创新能使更多的企业参与分摊创新成本和分散创新风险。合作创新对分摊创新成本和分散创新风险的作用与合作创新的规模和内容有关，一般来说，创新项目越大，内容越复杂，成本越高，风险越大，合作创新分散风险的作用也就越显著。

④ 合作创新是企业适应世界产业结构变化和世界经济区域一体化趋势的战略措施。随着产业更替和新产业形成的速度不断加快，产业技术构成不断提高，产业转换和技术转换成本不断上升，是世界产业结构变化的总趋势。合作创新有助于企业打破产业壁垒，以比较低的成本进入新产业。在区域一体化趋势中，区域一体化能促进区域内经济资源的流动，也会形成阻止区域外企业进入的保护性壁垒。对于一个区域内的企业来说，合作创新有利于共同开发区域内市场。对于区域外的企业来说，与区域内的企业合作创新有助于进入该区域的市场，打破区域一体化形成的进入壁垒。

2）合作创新的不同体制

合作创新的体制一般有如下三种。

（1）政府主导企业参与合作体制

政府主导企业参与的合作创新体制，简称 GCS 体制，在这一体制中，政府不仅是创新目标的制定者而且是创新过程的主导者、创新资源的投入者和创新成果的所有者。这一模式首先在日本得到应用，随后在欧洲联盟也得到广泛应用。政府主导企业参与的合作创新有分散式合作和集中式合作两种方式。分散式合作创新中各创新小组分布于不同的单位，由合作协调小组协调各单位的创新活动，常常由政府委派相关人士或委托参与单位的专家担任协调小组的组长。分散式合作创新适用于一些时间要求不紧的中小型创新活动。政府主导的合作创新具有较大的强制性，具有目标明确统一、资源结构较合理、合作创新组织形成快、稳定性好等特点。但也可能出现监督困难、人浮于事、效率低下等问题。政府主导的合作创新成果一般由政府所有，参与合作的企业往往有优先许可权，但必须向政府缴付一定的许可费。

（2）政府诱导企业自主合作体制

政府诱导企业自主合作创新体制，简称 ECS 体制。这一体制中，企业既是创新目标的制定者又是创新过程的组织者和参加者，既是创新资源的投入者又是创新成果的所有者。政府通过经济政策主要是金融政策和税收政策来诱导企业进行合作创新。这一体制在日本、美国和欧盟都得到了广泛应用。这种体制下，企业在合作创新的全过程中起主导作用，在有大学或科研机构参与的情况下，合作方式的选择由大学或科研机构参与共同决定。合作创新方式也有两种：分散式合作和集中式合作。但合作体的组织结构由企业及其他参与单位共同确定。合作体一般有管理委员会或董事会和技术委员会，由参与单位的行政领导和技术专家共同组成。行政首长一般来自合作体成员单位之外，技术首长一般来自合作体成员单位。

资金来源有四类：一是成员单位（主要是企业）缴纳的入门费和项目参与费；二是合作体承接外部创新项目（主要是政府项目）的收入；三是政府提供的优惠贷款；四是技术许可

收入和其他经营收入。合作体的形成以自主、自愿、自治为原则，合作体的资源结构与参与单位直接相关。合作创新的成果一般由合作体所有，参与单位有优先许可权，但要付许可费。也可能由合作成员共同所有，但单个成员无权发放技术许可证。

（3）政府倡导企业自由合作体制

政府倡导企业自由合作体制，简称 FCS 体制。这一体制中政府既不参与也不诱导，政府只在舆论上倡导企业合作创新。企业合作创新完全是自由形成的，企业是创新活动的发起者、组织者，同时又是主要资源投入者、过程参与者和成果所有者。这一体制在国内、国际合作创新中得到了广泛应用。合作创新方式有两类：分散式合作和集中式合作。合作体的组织结构由企业与其他参与单位共同确定，组织结构的构成与 ECS 相似。资金来源有三类：一是成员单位（主要是企业）缴纳的入门费和项目参与费；二是合作体承接外部创新项目的收入；三是技术许可收入和其他经营收入。合作创新的成果一般也是由合作体所有或由合作体成员共同所有，合作体成员通过缴纳许可费可取得优先许可权。

4.3　技术创新理论

1. 创新动力论

创新动力论是研究技术创新驱动动力的理论。关于驱动创新的动力机制，各国学者进行了多层次的实证分析和理论推理，从不同视角提出了一元论、多元论、技术轨道推进论等各种观点。

（1）一元论

一元论有两派观点：一是技术惯性论；二是需求拉动论。技术惯性论由英国的 E. A. 哈艾福纳提出。该理论认为，科学技术的发展是一种永不停息的过程，它一方面因其惯性而持续发展，另一方面也不断地在生产化和商业化中寻找出路，从而推动技术创新。

需求拉动论由英国的 V. 莫尔、迈尔斯、马克斯、布鲁斯等人提出。该理论认为某个社会的技术创新，主要是由广义的需求引发的。广义需求包括市场需求、政府或军事需求、企业经营发展需求及社会需求等。

（2）二元论

二元论的代表人物有英国伯明翰大学的罗纳德·何曼和朱利安·库柏、美国的曼斯菲尔德等。二元论认为技术创新可以是技术发展推动的，也可以是广义需求拉动的，成功的技术创新往往是二者共同作用的结果。

（3）三元论

三元论认为最成功的技术创新是技术推动、需求拉动和政府行为共同作用的结果。其中政府行为包括政府的规划和组织行为，以及政策和法律行为。

（4）四元论

四元论的主流学派代表人物是英国的肯尼迪、冯·威扎克、费尔普斯等。四元论者认为在任何创新的过程中，创新的主体都是企业家。企业家的创新偏好，激励着创新的过程。于是，技术创新的主要动力来源于技术推动、需求拉动、政府支持及企业家偏好。其中技术推动供给创新的技术源，需求拉动构成创新的商业条件，政府支持提供创新的政策与管理环境，企业家创新偏好使创新者内在潜能得以发挥，四者共同促进技术创新。

（5）五元论

五元论者认为，技术创新的动力因素中，除了上述四个方面还包括社会、技术、经济系统的组织作用。

（6）技术轨道推进论

20 世纪 80 年代初，英国经济学家多斯提出了技术轨道的概念。他认为，根本性创新会带来某种新观念，这种观念一旦模式化，就会形成技术典范，某种技术典范如果在较长时间内发挥作用、产生影响就相对固化为技术轨道；一旦形成某条技术轨道，在这条轨道上就会有持续的技术创新。这就是技术轨道推进论。

2. 模仿及技术创新扩散模式论

美国经济学家爱德温·曼斯菲尔德就如何推广新技术提出了创见。他认为在一定的假设条件下，在一定时期内，一个部门中新技术的扩散速度由以下 3 个基本因素决定。

① 模仿比例，即一定时期内某一部门中采用新技术的企业数与总企业数之比。模仿比例越大，意味着采用新技术的情报和经验越多，模仿的风险就越小，对其他未采用该种新技术企业的推动力也越大。

② 采用新技术企业的相对盈利率，即相对于其他投资机会而言的盈利率。相对盈利率越高，模仿的可能性就越大，企业越愿意采用新技术。

③ 采用新技术所要求的投资额。在相对盈利率相同的条件下，投资额越大，资本供给与筹集就越困难，模仿的可能性就越小。此外，他还分析了影响某一项新技术在同一部门内企业间扩散的 4 个补充因素：旧设备被置换之前已被使用的年数；一定时期内该部门销售量的年增长率；该部门采用某项新技术的最早年份；该新技术初次采用时在经济周期所处的阶段。

英国学者斯通曼等也对技术创新扩散进行了开创性研究，指出技术扩散主要包括 3 个方面：部门内的扩散；部门间的扩散；国际间的扩散。部门间技术扩散的主要途径是：某一部门新性能、新质量的原材料、燃料为另一部门所采用；某一部门的通用性设备为另一部门购置；某一部门的熟练工人转移到另一部门谋取职位。影响这类扩散速度的基本因素仍然是投资的相对利润率和模仿的投资阈值。曼斯菲尔德等分析了国际间技术扩散的障碍，认为国际间技术扩散的主要障碍来自 4 个方面：观念障碍，即对新技术、新产品、新生活方式的不同评价和价值取向；制度障碍，如不同社会体制间法律制度的不协调，投资缺乏安全和利益保障，人为设置的扩散壁垒；经济障碍，如资本匮乏、劳动力短缺、市场容量过小和市场垄断；技术障碍，即一国技术对他国的适应性。技术扩散最应关注的是经济障碍和技术障碍，即经济与技术的结合及可行性问题。

3. 市场结构与企业规模论

美国经济学家卡曼和施瓦茨从垄断竞争的角度对技术创新过程进行了研究。他们认为，决定技术创新有 3 个变量：竞争程度，它决定技术创新的必要程度，因为技术创新能获得比竞争对手更多的利润；企业规模，它影响技术创新所开辟的市场前景的大小，企业规模越大，技术创新所开辟的市场越大；垄断力量，它决定技术创新的持久性，垄断程度越高，对市场控制越强，越不易被人在短期内模仿，技术创新便越能持久。因此，最有利于技术创新的市场结构是介于垄断和完全竞争之间的所谓"中等程度的竞争"的市场结构。

20世纪70年代初，美国经济学家戴维进一步研究了技术创新与企业规模的关系，提出了采用新技术的企业"起始点"在技术推广过程中的作用。他认为，一个企业如要采用某种新技术，那么它至少要达到某种规模，这种规模称为"起始点"。也就是说，采用一项新技术是否合算，要看它是否达到一定的规模，并实现规模效益。如果达不到这一点就不适宜采用新技术，而降低规模的"起始点"是推广某些新技术的关键。

4. 经济增长论

技术创新对经济增长的作用是技术创新理论研究中最早引起重视的问题之一。熊彼特把技术创新置于经济发展的核心地位，认为资本主义经济增长并不是由于资本、劳动等生产要素引起的，而是技术创新引起的。后来他又把技术创新与经济发展周期联系起来，认为技术创新是资本主义经济繁荣、衰退、萧条和复苏周期过程的决定因素。20世纪70年代美籍德国经济学家格·门施继承和发展了熊彼特的长波技术论，提出了技术创新的前提和环境，以及长波变形模式。他通过考察112项重要的技术创新发现：技术性创新集中出现于18世纪60年代，19世纪20年代、80年代和20世纪20年代前后，这些年代从经济上看均接近萧条期。由此可见，技术创新的周期与经济繁荣周期成"逆相位"关系，经济萧条是技术创新高潮最重要的动力因素，而技术创新则是经济发展新高潮的基础。

格·门施认为技术革新是经济增长和长期波动的主要动力。门施认为技术僵局是技术创新的前提，不稳定的经济结构是技术创新的环境，所以经济的长期波动不是连续的波形，而是断续的S形，即长波变形模式。门施变形模式认为，在工业经济发展中，特别是在资本边际效率上，连续的上升会表现出突然的崩溃，形成曲线的突然断开和下跌。一般来说，工业经济和资本边际效率的突然崩溃出现在大危机期间，危机又成为创新群体涌现的酝酿期。于是，由技术创新克服危机，增长再度出现上升。大批技术创新的出现则成为经济发展新浪潮的基础。

5. 源泉论

美国著名学者德鲁克系统阐述了技术创新机会的7个来源及创新的原则与策略。他认为，系统的创新就在于对各种变化进行有目的的跟踪分析，也即对创新机会的7个来源进行监测。这7个来源是：意外事件，包括意料之外的成功、意料之外的失败、意料之外的外部事件等；不一致性，指各种经济现实情况之间的不一致性，实际情况与人们对它的假设之间的不一致性，企业的努力与顾客的价值和期望之间的不一致性，某个过程的节奏或逻辑上的内部不一致性等；过程的需要，指成功的创新，包括5个基本要求，即一个独立完整的过程、一个清楚的关于目标的定义、"薄弱"环节剖析、明确解决问题办法的具体要求、具有高度的可接受性；工业和市场结构的变化；人口结构的变化，如人口数量、年龄结构、组成、就业、受教育及收入等方面的变化等；观念的变化，如感受、情绪和理解上的变化；新知识，包括科技知识、社会知识等一切新知识。

源泉论的基本观点认为技术创新的机会大量存在。在开展技术创新活动时，应该有目的、有针对性、有组织地寻找机会、确认机会、利用机会。对提供创新机会源泉的次序可按可靠性和可推断性递减来排列，但这7个源泉之间的界限是模糊的，它们之间有大量的重叠，在具体分析时要加以灵活处理。

6. 方法论

继熊彼特之后，各家学派关于技术创新的研究更多地应用了经济理论、经济史、经济统计及各种管理科学理论合一的研究方法。例如运用经济增长理论分析技术创新与经济发展的良性循环；运用宏观经济理论，分析政府和市场对于技术创新的影响；运用行为科学理论研究技术创新的主体及相关群体的创新行为与激励机制；运用管理理论，研究技术创新的运行机制与体制；运用数理统计分析方法，研究创新活动的规律及对成败的相关因素进行定量分析等，从而使技术创新的理论研究进入了综合及注重实用的阶段。

7. 选择论

由于技术创新，特别是自主创新存在较大的技术风险、制造风险及市场风险，因此选择论认为，应对技术创新项目进行选择，以减小风险，创造预期的经济效益。技术选择的常用方法有很多，这里主要介绍三种。

（1）利润风险相结合的方法

该方法是由安索夫（Ansof）在 20 世纪 60 年代提出的，主要运用利润评价指标和风险评价指标对技术创新项目进行综合评价，其主要计算方法如下。

① 利润评价指标（R_f）。计算公式为

$$R_f = \frac{(M_t + M_b)E_1 P_t P_m S_f}{C_d + J} \tag{4-1}$$

式中：M_t——技术上的优势（选取 1～1.5 的值）；

$\quad M_b$——经营上的优势（选取 0.8～1.2 的值）；

$\quad E_1$——整个产品生命周期中的收益；

$\quad P_t$——项目的成功率；

$\quad P_m$——市场渗透率；

$\quad S_f$——本项目与其他项目、产品和市场在经营上的协调程度（选取 0.8～1.2 的值）；

$\quad C_d$——开发费用（包括资金和设备）；

$\quad J$——由于使用现有设备而带来的节约。

② 风险评定指标（R_t）。计算公式为

$$R_t = \frac{C_o}{C_r P_f} \tag{4-2}$$

式中：C_o——整个应用研究的支出；

$\quad C_r$——整个资源的支出（包括设备、人员的开支等）。

（2）多因素评定指标法

这种方法是在 20 世纪 70 年代由曼斯菲尔德提出的。其计算公式为

$$L_m = P_n P_v \tag{4-3}$$

式中：L_m——项目成功度；

$\quad P_n$——商业上的成功率；

$\quad P_v$——技术上的成功率。

其中，技术上的成功率不再细分，而商业上的成功率则要进一步划分为 12 个因素来分别加以考虑，其中①～⑥为经营吸引力因素，⑦～⑩为企业优势因素。

① 销售和盈利上的潜力。主要考虑能使企业销售额增长的能力和投资回收能力。

② 销售额增长速率。

③ 竞争状况。应考虑的问题包括：竞争者的反应，即当市场受到其他新开发产品的威

胁时，企业能否采取有效措施；专利地位，即创新产品是否足以排除竞争对手，至少在进入市场初期能以压倒优势撇开竞争对手；技术活力，即指在这个领域里的技术变革速度对创新产品的生命周期的影响。

④ 风险分布。从营销或制造角度来看，新开发的创新技术可能有多个应用面，而各个应用面均可能出现被竞争产品所替代的风险。是否被替代或替代面多大，表明了风险分布的情况。如果只有其中某一方向被竞争产品所取代，那么它还具有生命力。

⑤ 产业结构变革的机会。理想状况是能在一个产业部门进行重要的技术开发，并使产业结构产生变化。

⑥ 特殊因素影响。包括政治、社会和经济、环保等方面的影响。

⑦ 资金的需要和充足程度。需要资金少的项目比需要资金多的项目具有较小的风险度，而充足的资金是使企业在创新项目选择上处于优势地位的一项重要保证。

⑧ 营销能力。如果新开发的技术能配以强有力的营销、推销和技术服务能力，则创新产品商品化的时间可大大缩短，成功率可大大提高。

⑨ 制造能力。较强的制造能力能缩短新技术商品化的时间，并减少达到商业化的费用。

⑩ 技术基础。主要考虑市场、制造、产品维护、应用研究开发和新部件开发等方面对项目开发的支持能力。

⑪ 原材料供应。

⑫ 管理与其他技巧。为了有效地实现创新产品的商业化，管理方面的水平和技巧对于项目的支持也非常重要。对上述因素的评估可以采用打分的方法来说明其对项目的支持程度，然后可以用菱形评分模型把各项目的评分结果加总以后描述在图上（见图4-1）。

这种图亦称"曼斯菲尔德钻石形图"。其中 A 轴表示营销上的吸引力，B 轴表示企业的优势。根据对这个模型的实际应用经验，将该图划分为2个区域。

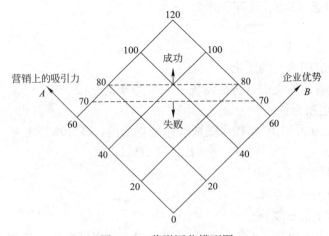

图4-1 菱形评分模型图

例如，甲企业有 A、B、C 三个新产品开发方案，A 方案为甲企业独自开发；B 方案为联合乙企业一同开发；C 方案为联合乙、丙两个企业一起开发。对3个方案的分析评分数据如表4-1所示，试比较分析3个方案在商业上的成功率。

表 4-1　A、B、C 三个不同方案的分析评分数据

项目	得分值	项目	A	B	C
Ⅰ. 经营吸引力		Ⅱ. 企业优势			
1. 销售与盈利潜力	10	1. 资金需求量	☐0	10	10
2. 增长率	10	2. 营销	☐0	☐2	8
3. 竞争分析	8	3. 制造	☐3	☐5	7
4. 风险分析	6	4. 技术基础	☐5	6	6
5. 产业结构变化	8	5. 原材料	10	10	10
6. 生态方面等	7	6. 管理	☐4	6	8
合计	49	合计	22	39	49

注：带方框的表示缺少优势，须增强实力。

由表 4-1 中的评分可以发现，甲企业独自开发时，在资金、营销能力、制造能力、技术基础及管理方面还存在问题；联合了乙企业以后，虽然解决了一些问题，但在营销和制造方面仍然缺少优势；联合乙、丙两个企业后，各方面的问题才得到了解决。根据表 4-1 中数据，可绘出菱形评分模型图，如图 4-2 所示。

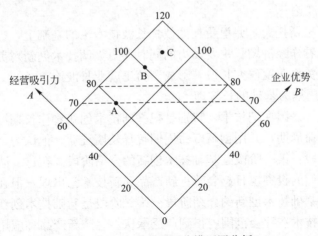

图 4-2　方案菱形评分模型图分析

由图 4-2 可见，A 方案刚好在失败区临界线附近，B 方案和 C 方案则都在成功区域，且 C 方案的成功率较 B 方案高。通过这些分析可知，C 方案和 B 方案的成功率高，但由于乙、丙企业的介入，必须要分享新产品开发的收益，从而降低了产品在经营上的吸引力，因此甲企业需要在两个方面进行权衡，寻找较满意的方案。

（3）项目组合评价

项目组合评价是对企业所要选择的全部项目进行综合分析评价，揭示各项目间的相互联系和相互制约关系，确定创新重点和排序，使有限的资源得到最合理的利用，所选的技术创新项目达到总体最优。项目组合评价具体包括以下内容。

① 衡量每个项目研究与开发的主要成果及其与企业经营目标的吻合性。

② 研究创新成果实现后对企业带来的经济效益。

③ 评估技术和市场环境方面的不确定性，分析技术成功率与商业成功率。

④ 将评价方法用于项目结合的各个部分，协调和评价项目之间的"组合效应"。

创新项目的财务评价一般采用费用效益比分析法、投资回收期法、现值法、内部收益率法等。由于技术创新具有风险性，因而在计算其费用效益比时应考虑其技术上和商业上的成功率等因素，具体的计算公式如下。

$$创新项目费用效益比 = \frac{(P-C)QLP_vP_n}{C_d}$$

(4-4)

式中：P——创新产品单价；

C——创新产品的单位成本；

Q——年销售量；

L——产品的经济生命周期（年）；

P_v——技术上成功的概率；

P_n——商业上成功的概率；

C_d——创新产品的开发费用。

8. 其他创新理论

（1）劳工就业长波论

英国经济学家克里斯托夫·弗里曼在熊彼特长波技术论的基础上，提出了劳工就业长波论。他在把技术创新看作经济增长主要动力的同时，更强调技术创新对劳工就业的影响，从技术创新与劳工就业关系角度研究长波，形成了劳工就业长波论。

（2）以创新寿命周期为基础的长波理论

荷兰经济学家冯·丹因在把技术，特别是把基础技术创新看作长期波动的主要原因的基础上，提出了创新寿命周期，并用创新寿命周期解释长期波动。他认为，任何一次基础技术创新都要经历四个阶段：第一阶段是基础技术创新的介绍阶段。在这一阶段，随着旧产品和旧技术的衰落，对它们的投资也日趋衰落；新产品和新技术已出现，但在整个社会范围内尚未被认识，因而形成基础技术创新的介绍阶段。第二阶段是基础技术创新的扩散阶段。在这一阶段，创新产品和技术在社会范围内得到广泛承认。生产新产品和应用新技术的企业利润丰厚。于是，对新产品和新技术的投资风靡一时，新企业一个个建立，基础技术创新得到扩散，逐步形成新的产业部门。第三阶段是基础创新的成熟阶段。这时新产业的发展达到顶峰，基础技术创新经过改进日趋成熟。第四阶段是基础创新的衰落阶段。在这一阶段新兴产业已经饱和，出现过剩产品和过剩生产能力，投资萎缩。原来的新产品、新技术变成旧产品和旧技术，进入衰落阶段。

丹因认为，在创新介绍阶段新产品出现，消费者开始认识并使用新产品，随着消费者习惯和熟悉新产品并为新产品开辟了市场，新兴产业出现，经济发展进入上升波。在创新的扩散阶段，随着对新产品的需求扩大，新兴产业利润提高，生产进一步扩大，通过经济结构内乘数加速器的作用，整个经济高速发展，达到繁荣的顶峰。在经济达到顶峰后，创新进入成熟阶段。之后出现了产品和生产能力的过剩，长波进入衰退阶段。当创新进入衰落阶段后，投资进一步萎缩，产品和生产能力过剩严重，出现危机。当新技术再次出现，创新介绍阶段开始时，设备更新出现，投资额上升，经济中乘数加速器结构开始运转，长波再次趋于上升，如此周而复始。

4.4 技术扩散

1. 技术扩散的含义

技术扩散是指技术创新通过市场或非市场渠道的传播，使创新的产品、技术被其他企业通过合法手段采用的过程，是技术的时空传播、渗透和交叉作用。

技术扩散与技术创新的主要区别如下。

技术创新是新的科技成果的首次商业化过程，转化的是没有实现商业利润的科技成果。如果某科技成果已为某企业所采用并实现了商业利润，则其他企业的再次采用只能称为技术扩散。

技术扩散是技术创新取得社会经济效益的源泉。技术创新一经出现就会在社会上产生巨大的示范作用，那些未获得潜在的超常规利润的企业，便会纷纷渴望分享其利，从而形成巨大的模仿高潮。模仿之所以能实现，是因为任何技术，包括复杂的技术，总是可以被学习的。模仿者可以通过反求工程，去模仿创新者的产品；也可以通过合法购买创新者的专利技术或专有技术来模仿。模仿同创新相比，具有省力气、投资少、风险小、进入快等优点。因此，可以说世界上没有一种产品是不被别人模仿的，同时也没有一个企业（包括研究开发实力极其雄厚的企业）不模仿别人的产品。模仿者之所以能分享到创新者的利益，是由于任何一种新产品上市，其生产规模总是有限的，短期内不可能满足所有用户的需求，这就为模仿者提供了市场机会。高明的模仿者甚至还可能后来居上，形成后发优势，比创新者占领更大的市场份额。例如电视机和录像机是美国企业首创的，而日本的索尼和松下公司通过模仿，掌握了这些创新产品技术，并对原有产品进行改善，使性能和成本更优于原有创新者的产品，最后这两家公司成为了世界上规模最大、质量最优的电视机和录像机的供应商。这给人们一种印象：日本是一个由模仿而发展起来的国家，它具有较强的消化、吸收能力。事实正是这样，日本企业通过自主技术与外来技术的巧妙结合，能在模仿的基础上再改进，从而在模仿和创新之间架起了一座桥梁。因此，日本人敢于自豪地讲：一号机模仿（引进），二号机国产化，三号机出口。

2. 企业内技术扩散

西方经济学者对于企业内技术扩散的研究主要有两种理论，即 Mansfield 模型和 Bayes 模型。

（1）Mansfield 模型

Mansfield 模型是由 Mansfield 于 1968 年提出的。其基本公式为

$$W_{it} = \frac{S_{i,t+1} - S_{it}}{S_i^* - S_{it}} \tag{4-5}$$

式中：W_{it}——企业 i 在时间 t 时新技术增加的资本存量占技术扩散完成后资本存量增加额的比重；

S_i^*——技术扩散完成后企业 i 的新增资本存量；

S_{it}、$S_{i,t+1}$——企业 i 在时间 t 和 $t+1$ 时由于技术扩散所增加的资本存量。

由于 W_{it} 与企业 i 对于技术扩散所产生的期望赢利能力（E_i）、技术扩散所引起的风险（U_{it}）、企业的流动性（C_i）及企业规模（I_i）等因素有关，而风险 U_{it} 又取决于新技术第一次在企业中扩散的时间（L_i）、企业在时间 t 完成技术扩散的程度（S_{it}/S_i^*）等因素，因此式（4-5）可以扩展为

$$W_{it}=\frac{S_{i,t+1}-S_{it}}{S_i^*-S_{it}}=h\left(E_i,\ C_i,\ I_i,\ L_i,\ \frac{S_{it}}{S_i^*}\right) \tag{4-6}$$

运用微分方程整理式（4-6），得到企业内技术扩散速度的线性组合为

$$S_{it}=\frac{S_i^*}{1+\exp(-\phi_{it}-\eta)} \tag{4-7}$$

其中

$$\phi=\alpha_1+\alpha_2 E_i+\alpha_3 C_i+\alpha_4 I_i+\alpha_5 L_i+\varepsilon$$

$$\eta=\ln\left(\frac{S_{i0}}{S_i^*-S_{i0}}\right)$$

上述模型预示以下结论。

① 企业内的技术扩散曲线呈现 S 形，而且这个 S 形曲线是一个对数曲线。

② 一个企业在时间 t 内应用新技术的水平将与其赢利预期、初次应用时间、企业流动性及技术扩散完成后企业的新增资本存量正相关。

③ 企业内的技术扩散速度是其赢利预期、初次应用时间、企业流动性及企业规模的线性函数，其扩散快慢将随着不同企业上述变量的不同而不同。

Mansfield 模型表明，企业内没有受到技术扩散影响的部分越容易被扩散到，说明企业内部受到技术扩散的部分越多。技术扩散转移的程度决定于利润和成本等财务特性的预期。

（2）Bayes 模型

Bayes 认为，改变技术应用水平需要有调整费用，因此当一项新技术出现时，企业实际上面临着采用新技术还是继续使用旧技术的决策。

假定企业按照均值方差进行技术决策，则在时间 t 时，企业家对于采用新技术（n）和继续使用旧技术（o）的预期收益呈现如下正态分布。

新技术（n）的预期收益：$N(\mu_{nt},\ \sigma_{nt}^2)$

旧技术（o）的预期收益：$N(\mu_{ot},\ \sigma_{ot}^2)$

① 当调整费用等于 0 时。在没有调整费用的情况下，技术扩散速度遵循以下关系式。

$$a_t=a_t^*=\frac{\mu_{nt}-\mu_{ot}+b(\sigma_{ot}^2-\sigma_{not})}{b(\sigma_{nt}^2+\sigma_{ot}^2-2\sigma_{not})} \tag{4-8}$$

式中：a_t——新技术扩散的实际水平；

a_t^*——新技术扩散的期望水平；

σ_{not}——按照适当比例使用新旧技术时产生收益的协方差；

b——参数，$b>0$。

② 当调整费用大于 0 时。当存在调整费用时，技术扩散速度遵循以下关系式。

$$\frac{\mathrm{d}a_t}{\mathrm{d}t}\frac{1}{a_t}=\frac{1}{\theta}\left[\mu_{nt}-\mu_{ot}+b(\sigma_{ot}^2-\sigma_{not})\right]\times\left(\frac{a_t^*-a_t}{a_t^*}\right) \tag{4-9}$$

上述模型预示出以下结论。

① 新技术扩散的速度取决于企业家对风险的态度、初次使用新技术所带来的不确定性、调整费用的大小及收益的协方差。

② 通常情况下，新技术的实际利润越大，扩散的速度就越快。

③ 调整费用的存在，使得技术扩散的速度不可能太快，新技术扩散的水平取决于企业家效用最大化的决策。

3. 部门内技术扩散

部门内技术扩散的研究主要有三种理论，即 Mansfield 理论、概率理论和博弈论。

（1）Mansfield 理论

此理论由 Mansfield 于 1969 年提出，主要研究部门内采用新技术的企业数量的扩散，而不研究新技术的使用程度，并且要求扩散通过所有权的扩展进行。其基本公式为

$$N_t=\frac{N^*}{1+\exp(-\phi_t-\eta)} \tag{4-10}$$

其中

$$\phi_t=b_1+b_2E+b_3K+\varepsilon$$

$$\eta=\ln\left(\frac{N_0}{N^*-N_0}\right)$$

式中：　N_t——时间 t 内采用新技术的企业数量；

　　　　N^*——部门内最终采用新技术的企业数量；

　　　　E——采用新技术的利润；

　　　　K——采用新技术所需要的投资；

　　　　b_i——参数（$i=1$，2，3）；

　　　　ε——误差项；

　　　　N_0——新技术初次出现采用的企业数量。

由此得出的结论是：部门内的技术扩散将按照一条逻辑曲线运行；具有较高预期利润和较低投资的技术扩散最快；从一项技术中获得较高利润的部门会将新技术较快地扩散开来；某部门技术存量的耐久性、销售量的增长速度及部门发展在商业周期中所处的阶段都会影响扩散速度。

Mansfield 理论要求采用新技术的利润与投资对于每个企业不随时间变化，这就使得该模型在实际应用时会出现一些局限性，主要有：在部门内部，基于非正式方式传播的信息速度比企业间通过正式方式传播的要快；信息在传播过程中有很大的时滞。

（2）概率理论

该理论由 David 于 1969 年提出，主要研究某个部门中个别企业的特性，不仅指出其扩散曲线，而且能够说明采用新技术企业的先后顺序。

该理论认为，由于鼓励企业采用新技术的"刺激变量"或"临界水平"不是一个对于所有企业都相同的数值，而是存在一个不同数值的分布，因此在一项新技术问世后的任一时

刻，只有潜在采用者中的一部分能够越过"临界水平"采用新技术。其基本公式为

$$\frac{N_t}{N^*} = \int_{X_t'}^{\infty} f(X_i) dX_i \qquad (4-11)$$

式中：N_t/N^* ——时间 t 时率先采用新技术的企业比例；

$\qquad X$ ——刺激因素变量；

$\qquad X_t'$ ——时间 t 时刺激因素变量的临界值；

$\qquad f(X_i)$ ——刺激因素 X 的分布密度函数。

根据呈现分布的不同，David 分析了两种技术扩散的形式。

① $f(X_i)$ 呈对数正态分布。如果刺激企业采用新技术的临界值呈对数正态分布，则说明新技术属于那些需要投资不多而且相对简单的技术，这种技术往往在开始几年内会给企业带来较大利润，而随着时间的推移利润会迅速减少。这时技术扩散的形式将按照累积对数时间曲线而变化。

② $f(X_i)$ 呈正态分布。如果刺激企业采用新技术的临界值呈正态分布，则说明新技术属于那些相对昂贵并且比较复杂的技术，这种技术通常在引进若干年以后还会对企业的经营状况有较大的改善。这时技术扩散的形式将按照累积正态时间曲线而变化。

概率理论认为，部门内的技术扩散受以下因素的影响：部门中的企业数量；同采用新技术相对应的投资回收期；部门的劳动密集程度及部门的增长速度等。

（3）博弈论

该理论是由 Reinganum 于 1981 年提出的一个假设扩散模型。他认为，如果有一项新技术在扩散过程中遵循以下规律：随着已采用新技术的企业数量的增多，引进新技术的利润将下降；采用新技术越晚，投入的费用越低。这样就会存在一个采用新技术日期的 Nash 均衡，使得部门内的所有企业均会在不同时期采用新技术。

4. 经济领域和国际上的技术扩散

关于新技术在经济领域和国际上扩散的研究，主要有四种理论，即 Schumpeter 理论、名牌产品理论、存量调整理论和国际技术扩散理论。

（1）Schumpeter 理论

该理论主要研究由于技术扩散引起的经济活动的长期波动现象。该理论认为，当经济处于循环的波谷时，新技术就产生了，而这些新技术的最先应用是由企业家完成的。由于这些先期采用者可能从早期的技术扩散中获得"超额"或"倡导"利润，从而对于未采用新技术的潜在使用者起到"诱导信号"作用，后者会纷纷仿效，技术扩散的水平就提高了，经济开始繁荣。而随着采用新技术的人数的增加，新技术的赢利能力逐渐下降，技术扩散的速度会减退，于是经济繁荣消失，进入萧条期，由此引发新技术的再度出现，经济进入再一次波动。

（2）名牌产品理论

名牌产品理论描述了以下两种技术扩散形式。

① 要素价格不变，技术发生变化。在这种情况下，下一时期的新技术可能在现行价格下获得超额利润，通过投资于这样的新技术，即技术扩散可以增加生产能力，直至增加到产品价格下降到不可能再有超额利润的情况。这时，一系列的新技术将导致旧设备的淘汰，并由新设备取代。

② 技术没有变化，要素价格变化。在这种情况下，一些新技术可能不存在超额利润，此时企业家继续采用旧设备则是合理的，即使是已经存在了最佳的操作技术。因此，如果采用新技术的运行价格超过了运营费用，旧设备就能继续为创造利润作贡献。只有当新技术出现使价格降低到运营费用以下时，旧技术才会被更新，新技术才开始扩散。

在完全竞争的情况下，技术扩散的程度取决于以下因素：现有资本存量的结构；新技术的改进速度；相对价格的变化。三者结合就可以产生 S 形技术扩散曲线。

（3）存量调整理论

该理论认为，如果某一时间企业的期望资本存量与实际资本存量存在差额，则企业在该时间的投资通常是该差额的一部分。

（4）国际技术扩散理论

该理论认为，技术转让费用，即为成功完成一项新技术在国际间转让所需支付的资源价值，是影响国际技术扩散速度的重要因素之一。

技术转让费用包括：设计前的技术交流费用；转让有关设计的工程费用；转让过程中研究和开发人员的费用；投产前的培训费用及投产、学习、调整费用。

同时还应该明确，新技术的获利能力通常是技术受让方作出决策的首选因素，也是决定技术在国际间扩散速度的关键因素，而技术转让费用只是影响其获利能力的因素之一。

应注意的是，创新、扩散、再创新、再扩散是技术发展的客观规律。技术扩散虽然与技术创新有着密切的联系，但是在很多情况下，虽然技术创新已经发生，但其影响只有随着新技术的不断扩散才显现出来，不将创新技术广泛地转移扩散，其经济效益总是有限的。从一定意义上讲，学习本身就是一种扩散。因此应当充分利用现在良好的国际科技环境，有选择地对国外的适用先进技术进行引进、学习，推进其国产化进程，然后迅速扩散，提高我国的整体技术水平。另外，技术扩散的经济效益受到多重因素的影响，某项新技术的收益也会随着时间发生变化，因此企业在不同时期，应根据新技术所能带来的预期利润的多少决策使用新技术的程度。

习　　题

1. 什么是技术创新？它有什么特征？

2. 如何选择技术创新策略？

3. 分析说明技术创新与产品生命周期的关系。

4. 简述技术扩散与技术创新的关系。技术扩散的基本理论有哪些？

5. 对比自主创新、模仿创新及合作创新的区别和优劣势。

6. 某新产品开发项目有关资料如下：研究开发费用 900 万元，产量 10 000 台/年，产品销售价格 900 元/台，成本 600 元/台，产品生命期 6 年，技术成功概率为 0.9，商业成功概率为 0.8。试用费用效益分析法分析该项目在经济上是否可行。

7. 某企业的新产品开发有两个方案，A 方案为企业独立开发，B 方案为与另一企业合作开发，试用下述资料作出菱形评分模型图，并比较分析 A、B 方案的商业成功率（见

表 4 - 2)。

表 4 - 2　A、B 两方案的分析数据

项　目	评分值	项　目	A 方案	B 方案
一、经营吸引力		二、企业优势		
1. 销售与盈利潜力	9	1. 资金需要量	2	10
2. 销售额增长率	9	2. 营销能力	2	8
3. 竞争分析	8	3. 制造能力	5	8
4. 风险	6	4. 技术基础	5	7
5. 产业结构变化	7	5. 原材料	9	9
6. 环境保护	8	6. 管理	5	7
合　计	47	合　计	28	49

第 5 章

技术市场与技术贸易

引例

无锡小天鹅与松下电器合资经营 11 年亏损累累

1995 年无锡小天鹅与松下电器合资成立了无锡松下冷机有限公司（以下简称"无锡冷机"）和无锡松下冷机压缩机有限公司（以下简称"无锡冷压"）两家合资企业。合资企业的总经理由松下派驻，松下方面共占合资企业 80% 的股份，其余 20% 归小天鹅。

合资企业投产后冰箱和压缩机的产量、销量和销售额步步攀升，其中冰箱的产量和销量从投产后第三年（1998 年）的 17.4 万台和 16.8 万台增加到了 2007 年的 41.7 万台和 41.6 万台，销售额从 1998 年的 4.31 亿元增加到 2006 年的 7.76 亿元；压缩机的产量和销量从投产后第三年（1999 年）的 83.1 万台和 80.9 万台增加到了 2006 年的 283.8 万台和 290.5 万台，销售额从 1999 年的 2.16 亿元增加到了 2006 年的 6.02 亿元。

但合资企业的利润却并未同步增长。无锡冷机 11 年间，仅 2002 和 2003 年实现盈利，其余年份均大幅亏损；无锡冷压从 1997 年以来的 10 年间，除 2002 年微利外，一直处于亏损之中。小天鹅股份公司的年报显示，早在 2004 年，它在无锡冷压的初始投资 0.43 亿元已丧失殆尽；而它在无锡冷机的初始投资 0.72 亿元，截至 2005 年底仅剩 0.28 亿元。

在合资合同的《技术转让合同》9.1 款中，松下的技术贸易定价方法是：无锡冷机向松下支付按本合同制造并且在中国国内外销售的所有"合同产品"的"销售价格"乘以 3.5% 的技术提成费"；无锡冷压需按压缩机销售价格的 5% 向松下支付技术提成费。从 1996 年到 2006 年的 11 年间，松下共从无锡冷机收取技术提成费（工商登记资料中为"技术转让费"）1.659 1 亿元；从 1997 年到 2006 年的 10 年间，松下共从无锡冷压收取技术提成费 1.439 6 亿元。合资 11 年来，松下从那里获取的技术提成费却高达 3.098 6 亿元。

尽管合资亏损累累，但数名日方高管的工资却很高。2006 年，无锡冷机共有员工 1 491 名，其中日方常驻人员 4 名，合资公司为这 4 个人支付的工资、所得税等费用 591 万元，占到了全部人员费用的 12.49%；无锡冷压共有员工 1 149 名，其中日方常驻人员 5~6 名，合资公司为他们支付的工资、所得税等费用 704 万元，约占全部人员费用的 17.42%。而这两个企业的中方员工平均月收入，扣除必须缴纳的社保费后不足 800 元。

2007 年 8 月 13 日，无锡小天鹅与松下签署了股权转让合同，无锡冷压及无锡冷机成为无锡的独资企业。

分析与讨论：技术贸易定价对贸易双方利益的影响。

5.1 技术市场

技术市场是将技术作为商品进行买卖并使之变为现实生产力的一种交换关系的总和，包括技术交易的主体、场所、交易规则和市场管理等诸方面。

1. 我国技术市场的形成过程

我国技术市场是逐步形成的。在 1978 年召开的"全国科学大会"上，邓小平发表了科学技术是第一生产力的观点，为技术商品化、开放技术市场做了舆论准备。在这以后，技术市场的发展大体经历了以下几个阶段。

（1）技术市场的萌芽阶段（1980—1985 年）

十一届三中全会以后，科研单位开始向企业有偿转让技术成果。1980 年沈阳市建立了技术服务公司，1981 年武汉市也成立了这样的公司，同年武汉、沈阳、天津创办了科技交易会。1981 年，天津市创办了《中国技术市场报》，在全国产生了比较大的影响。

1983—1985 年年初，全国开始涌现出大量的科技中介服务机构，覆盖了全国 150 多个大中城市。同时，各城市之间的技贸机构已打破行业、地区界限，形成多层次、多成分、多形式的全国性的技术交易网。技术市场的交易形式逐步多样化，如技术交易会、技术难题招标会、科技信息发布会等新形式，提高了交易质量，受到了社会的广泛欢迎。

（2）技术市场初步形成规模阶段（1985—1988 年）

1985 年，中共中央发布了《关于科学技术体制改革的决定》，把开放技术市场、推广技术成果商品化作为科技体制改革的突破口。这一时期技术市场发展的新特点是：从单项技术转让发展到联合开发、合资经营；从个别单位之间的合作发展到几个部门的联合；从单纯利用国内技术发展到与引进国外技术相结合；技术交易已不只限于计划外的零星项目，而是包括计划内项目，市场机制在补充计划的不足方面已显示出优势；银行和投资公司等金融机构开始进入技术市场，以资金和信贷支持交易项目，技术市场与金融市场开始结合；全国开始出现定期、定点和固定中介人的技术交易场所，使技术交易经常化。

（3）技术市场迅速发展阶段（1988 年以后）

这一时期，技术市场迅速发展，技术合同交易额逐年大幅度增长。在高速发展的同时，技术市场向正规化、法制化方向发展，高新技术、现代传播手段的应用改变了技术市场的形象。技术合同认定、仲裁、技术评估等业务为技术市场增添了新的功能。

2. 技术市场的作用

（1）推动科技体制改革

发展技术市场是科技体制改革的重要内容，技术市场的发展又促进了科技体制改革。中共中央 1985 年发布了《关于科学技术体制改革的决定》（以下简称《决定》）。《决定》明确指出："技术市场是中国社会主义商品市场的重要组成部分"，要"促进技术成果的商品化，开拓技术市场，以适应社会主义商品经济的发展。"《决定》把开拓技术市场作为科技体制改革的突破口。大量技术成果通过技术市场流向生产领域，科研机构由单纯开发型向经营型市场主体转变，有的科研机构进入市场，成为科工贸一体化的企业集团。

（2）促进企业技术进步

企业既是技术成果的主要应用方，也是技术成果的重要来源。技术市场政策鼓励企业从事技术贸易和技术开发。在市场机制的驱动下，企业自身的科技意识加强，企业内部的科研力量被调动起来，投入技术市场活动。企业是经济的重要支柱，其长期稳定的发展有赖于科技进步，要不断改革创新、增强企业发展后劲。每年技术市场交易额一半以上由工商企业作买主，这些技术融入企业后，促进了企业技术进步和产品升级换代，给企业发展带来了生机和活力，也促进了产品市场的繁荣和经济结构的调整。

（3）促进社会观念变革

技术市场的发展使更多的人认识到依靠科技致富兴国的重要性，企业经营者认识到掌握先进技术是增强市场竞争力的源泉。

技术成果作为有价值的商品，是中国科技体制改革在理论和实践上的一大突破，也是中国社会观念的又一重大更新。这些观念的变化调动了科技人员开发新产品、新技术的积极性，增加了科研单位的收入，也促进了整个社会生产力的发展。

（4）促进社会主义市场经济体系的完善

技术市场是社会主义市场经济的重要组成部分，它的发展与成熟是社会主义市场经济体系完善的重要内容。同时，技术市场在其发展过程中也促进了其他市场的发育与发展。技术成果商品化增进了科研人员的分流和组合，促进了人才在机构内部和机构之间的流动，促进了技术人才向生产领域的流动。技术交流本身要求信息的传播，技术的应用则需要资金的支持，技术市场的发展也促进了信息和资金市场的发展。

3. 技术市场的管理系统

国家对技术市场的管理是由多方面的管理力量互相配合的，进而构成了一个管理体系。这个体系是由以下几方面的力量组成的：一是国家和各省市设置的技术市场管理机构；二是银行；三是财政；四是工商行政管理局；五是专利管理机构和科委的成果管理机构。

为了加强技术市场的管理，中央和各地已经成立了技术市场管理机构。各级技术市场主管机关的职责是：贯彻、组织实施和拟订有关技术市场的法律、法规和政策；监督、检查有关技术市场法律、法规的实施，及时处理实施中的问题；技术贸易机构的审查批准工作，并监督检查其技术贸易活动；技术合同的认定登记和监督检查；技术贸易活动的组织协调、管理和检查；技术市场统计；技术市场的表彰和奖励；对违规行为进行追责，按规定予以处罚；其他技术市场管理工作。

银行对技术市场监督管理的具体内容主要有以下几个方面：加强现金管理，严格结算纪律，促进和监督技术商品的生产和流通；用控制贷款发放的办法，防止那些不成熟、不可靠的技术进行交易和投入实施；提供市场信息，指导技术市场健康发展。银行与国民经济各个部门、各个企业有着密切的联系，它不仅能反映一个企业、一个行业、一个部门、一个地区的经济活动情况，而且能及时、灵敏、比较全面地反映整个国民经济的变化趋势。这些信息对于技术市场的买方、卖方、中介方的决策有重要作用，对技术市场的宏观控制也有重要作用。

财政对技术市场的监督管理主要表现在以下几方面：监督买方、卖方、中介方在市场经营活动中贯彻执行财政政策、法令和规章制度，遵守财政纪律，督促财会人员履行职责；通过对企业经济活动的监督，督促企业履行技术合同。例如，在技术转让价款的支付方式中，有一种分成支付方式（按销售额分成或按利润分成），买方常常用缩小销售额或利润额的办法来减少价款的支付，从而使卖方蒙受损失。而财政在征收营业税时，对企业主要产品的营业额比较清楚，在征收所得税时对企业的利润情况比较清楚，用财政部门提供的数据来计算技术转让的价款就比较接近实际，从而保障了卖方的利益；利用税收杠杆进行宏观控制。国家财政部门可以利用税种的开征与停征、税目的增加与减少、税率的提高或降低、税收的加征或减免来对某一方面的经济活动进行限制或扶植，使微观的经济技术活动和宏观要求协调一致。

专利管理机构和科研成果管理机构是管理技术商品的部门。科研成果管理机构负责成果推广、应用的整个过程。专利管理机构管理申请专利和享有专利权的成果的审查和实施过程。它们的业务范围都涉及技术市场的管理内容。

5.2 技术商品

1. 技术商品的形成条件

技术商品是指通过在生产中的应用，能为应用者创造财富的具有独占性的用于交换的技术成果。技术商品形成的条件是：技术逐渐从直接生产者的天赋、经验、技巧中分离出来，出现了独立的技术研究部门；技术成果的买卖对于买卖双方都是有利可图的事；有相应的商品经济发达程度。

（1）技术和生产操作者的分离是技术成为商品的前提

亚当·斯密在《国富论》中描述了制造别针的实例。一个所有工序全由自己独立操作的老式工人，用手工每天生产 20 支别针。在这种情况下，技术凝结在他的手和脑之中，他一个人懂得全部制作过程的技巧。后来分成 18 道工序，由 10 个专业化的工人，每人只操作其中的一两道工序，生产效率提高了，平均每人每天生产 480 支。但是，在这种情况下，只有专门负责技术的人才懂得制造整个别针的技术，每个操作工人只懂得一个局部。技术从每个操作工人的手中"分离"出来了。技术从生产过程中"分离"出来，成为可以独立存在、独立转移的产品，因而出现了专门从事技术开发的单位。有些技术开发的成果往往不是为了自己实施，而是为了出售。这是技术成为商品的重要条件之一。

（2）技术成果的买卖对于买卖双方都有利可图，技术才能成为商品

技术之所以能成为商品，必须使买卖双方都有利可图。发明家对自己的发明可以通过两个途径实现利益。一是自己实施。其局限性是：直接实施研究成果，必须有资本，必须有一定的物质条件，这对有些发明者是无法实施的；职业研究者的优势在于发明创造而不在经营办厂，如果研究单位办工厂，势必分散精力，从而削弱了自己的发明创造优势；实施发明还会延长资本的周转周期，这会降低利润率。二是直接出卖自己的研究成果。主要包括这样几种情况：没有资金能力或经营能力的研究单位将成果转让给其他人实施，由实施者向他支付一定的费用；企业的研究机构除满足本企业的技术更新和产品更新以外，将其剩余成果有偿

地转让给他人实施；自己实施的研究成果，只要该技术所对应的实物商品的市场容量很大，出卖技术不会影响自己实物商品的销售，在自己实施的同时（或在实施后的某一时期）也出卖自己的成果。

（3）技术的供方和受方是相对独立的商品生产者

就接受技术的一方来说，如果不是一个有相对独立经济利益的商品生产者，它就不可能感受到市场经济给它的强大竞争压力，不会产生对技术的强烈需求，更不愿意去花钱买技术。就出让技术的一方来说，如果它是一个依靠国家无偿拨款来补偿科研耗费的科研单位，它就不是一个相对独立的商品生产者，它就不需要通过出卖技术成果来维持自己的生存和发展。只有双方都是具有独立经济利益的商品生产者，它们才懂得技术成果是一种财富，卖方不愿意无偿转让，买方也愿意花钱去买，这样技术成果才可以成为市场上的交易对象——商品。

2. 技术商品的生产

技术商品的生产是技术成果的研究和开发，是一种特殊的生产。技术商品的特殊性决定其生产的特殊性，它创造的不是直接的物质财富，而是创造取得物质财富的手段，它的生产过程不是改造自然，而是通过认识自然取得改造自然的方法。

（1）技术商品的生产要素

技术商品的生产者是知识分子。科研是在前人的基础上作出进一步创造的过程，具有很强的接力性。劳动者一要继承前人的知识，二要吸收国内外同行创造的新知识，三要吸收其他专业、其他学科的新成果来丰富自己。技术产品的数量和质量在很大程度上取决于科技人员的知识水平、知识结构及研究集体的智力构成，因而在劳动者这个因素中，科研集体的人才结构是保证技术商品生产的重要条件。此外，在一个研究集体的人才配置上还要考虑性格、思维方法等多方面的因素。

技术商品生产的生产资料分为信息和物质两大类。实验技术装备是技术商品生产的重要生产资料。实验技术装备作为生产工具，是科研生产者手的扩张和延长；作为检测手段，是科研生产者感觉器官的扩展。图书和情报资料也是重要的生产资料。

技术商品生产对象分为：研究客体和社会上积累的知识。在研究开发过程中，任何研究客体都不是用来进行加工而变成预定实物商品的原料，而是用来进行实验以获得实验结果的信息源。在整个研究过程中，被引入的原有的知识得到充实、改造、升华并且与新生的知识相结合，从而形成了一种全新的知识体系——新技术。

信息既是生产资料，又是生产对象。作为生产资料的信息，一部分是生产者头脑中积累的，而大部分是在生产过程中不断查询的，它是前人提供的知识，包含在图书和情报资料之中。作为生产对象的信息，包括：生产过程的特性参数、技术难题、关键技术、新产品的设计任务书等。投入的是信息，产出的还是信息。投入的信息是庞杂的、散乱的、过去的，而生产出来的信息是新颖的，可以用于明确的目的，与一定的物质条件相结合，能产生出巨大的财富。

（2）技术商品的生产是社会化生产

由于科学技术的日益发展、科研劳动的日益复杂、科研劳动的集体性日益增长，现代重大科研课题的突破往往需要多学科、多专业进行广泛的、密切的协作。在实用技术方面集体研究发展更为重要。美国载人登月的阿波罗计划是大规模组织科学技术活动的一个典型事例。这项计划从 1956 年开始，到 1972 年结束。为完成这一计划，组织了两万多家中小型公司和工厂，120 所大学和科研机构，共 42 万人参加了研究和制造。

技术商品生产的社会化，是社会技术进步的标志，也是进一步推动社会发展的动力。通过组织大范围的技术力量，可以提高整个社会的科学技术能力，大大提高技术商品的劳动生产率，加快社会技术进步的步伐。

（3）技术商品的生产是商品生产

技术商品的生产既包含一般科研的特点，但和一般的科研又有不同之处。技术商品的生产应遵循以下原则。

① 要按照市场的需要组织生产。要保证交换能正常进行，必须有买主，否则研究成果就会成为展品、礼品、样品。技术商品的价值得不到实现，科研劳动耗费就得不到补偿。因此，在选题以前必须进行市场调查和市场预测。

② 要坚持独立核算原则。技术商品的研究单位是一个相对独立的商品生产者。对这种类型的研究单位，必须通过出卖自己的研究成果来补偿自己的科研耗费。单位的生存发展和职工的利益将取决于本身的经营效果。

③ 要讲究投入产出的比例，注重生产的经济效益。作为一个独立的商品生产者，必须保证投入的资金在一定期限内回收。因此，要讲究投入产出的比例，实现产出大于投入。

3. 技术商品的流通

技术商品的流通又称技术转移，是指使技术从一个领域传向另一个领域，从一个地区传向另一个地区。

（1）技术转移的类型

技术转移有多种类型，归纳起来主要有四种。

① 向复合产品转移。即为了创造出某一新功能，利用现有技术组合成新产品。例如用数控技术和机床制造技术，组合成数控机床技术。

② 向新的应用领域转移。即将某项技术用于陌生的行业，例如利用空间技术勘探地球表面。

③ 向低生产率的部门转移。即用高新技术改造落后的产业部门或中小企业。

④ 从先进地区向落后地区转移，如从技术发达国家向发展中国家转移、从我国的沿海向内地转移。

（2）技术转移的一般规律

① 向技术梯度最小的方向转移——梯度最小律。梯度是指某物质的空间分布在一定方向上有规律的递增或递减现象。实物和能量是沿着梯度最大的方向移动的，水向落差最大的方向奔腾，电向电位差最大的方向流动，热量向温差最大的方向传递，商品向最稀缺的方向流通等。由于技术商品是一种特殊商品，如果接受的一方没有相应的技术水平，技术就很难转移过去。也就是说，谁最容易掌握这种技术，技术就向谁转移最快。因此和物质转移的方向相反，技术商品是沿着技术梯度最小的方向转移。

② 向引力大于斥力的方向转移——引力最大律。一个地区，一个行业，一个单位，对新技术既有吸引力，又有排斥力。吸引力意味着市场竞争驱动着企业不断地更新产品，更新技术。技术先进，可以取得较多的超额利润；技术落后，在竞争中就处于劣势。因此，企业有吸引新技术的动力。一个国家，一个地区，为了提高自己的实力地位，也有提高技术水平的愿望，因此对新技术都有吸引力。排斥力来自多方面。一是来自采用旧技术的惰性和采用

新技术的风险。新技术使用之初有可能带来生产和市场的不稳定，新技术的使用还和原有的管理制度、习惯发生冲突。二是来自初次投资过大的障碍。采用一项新技术，除了要付技术转让费以外，还要进行人员培训，在设备上甚至厂房上进行更新改造，因而初始投资比较大，这为企业采用新技术带来困难。三是凝结新技术的产品初始阶段价格往往比较高，采用新技术会遇到市场障碍。如果排斥力大于吸引力，技术转移就难以进行。

③ 原技术必须经过适应性改动才能在新环境下发挥作用——适应性改动律。技术转移需要经过四个阶段：寻找适用技术（搜索阶段）、学习掌握新技术（学习阶段）、改造原技术以适应新环境（改动阶段）、实际运用新技术（运用阶段）。适应性的改动一般发生在以下几个方面：为适应接受方的原材料而进行的改动；为适应接受方的使用要求而进行的改动；为适应接受方的管理水平而进行的改动；为适应接受方的气候等自然条件而进行的改动。这些改动不是原理、基本要素的改动，一般只是在参数上改动。通常所说的对引进技术的消化吸收，最关键的是对引进技术作适应性改动。引进技术的"国产化"，也属于适应性改动的范畴。

④ 技术转移方式要和生产力发展水平相适应——转移方式和生产力水平适应律。一般来说，根据接受技术的能力不同，引进技术的方式可以分为以下不同的层次：引进成套设备、引进关键设备、买专利许可证及设计图纸、买试验中的技术抢先生产、对等技术交换。接受能力低的部门、地区，如填补空白的行业可以适当地引进一些成套设备。能制造大部分设备的，一般可买专利许可证或设计图纸。水平较高的行业和地区，可以买进国外属于试验阶段的技术，自己抢先生产。有条件的行业和地区也可以和国外实行对等技术交换。

⑤ 经营技术转移的特殊规律——经营技术特殊律。经营技术转移是技术转移的一项重要内容。例如企业会计、效益与成本计划、经营分析、组织管理、经营战略决策方法等，都属经营技术。

（3）技术商品流通的保证条件

① 交易双方的技术梯度不能太大。技术商品的买卖双方是应该有技术梯度的，如果卖方的技术水平不比买方高，技术交易就没有意义。但是这种技术梯度要限制在一个合理的范围之内，技术商品的流通才能顺利进行。这个技术梯度必须保证：一方面要保证买方通过技术交易取得足够大的技术进步（从这方面看，技术梯度越大越好），另一方面又得使买方能在短期内掌握并实现所买的新技术（从这方面看，技术梯度小一些好）。

② 减少对新技术的排斥力，增强对新技术的吸引力。这涉及经济政策、技术政策上一系列的问题，需要从多方面采取措施。

③ 建立完善的法律保证，克服保密与传播的矛盾。

④ 在技术转移过程中，采取多种形式的人才流动。让拥有技术的人才流动去保证技术商品的有效流通。

⑤ 卖方主动地根据买方使用条件，将原技术进行适应性改动，便于买方消化、吸收；买方采取多种措施提高自己消化吸收新技术的能力等。

4. 技术商品的消费

（1）技术商品消费的特点

技术商品消费和实物商品消费相比有以下几个特点。

① 技术商品被消费之后本身不会消失。技术商品在消费过程中本身不会消失，还会保

持着本身的形态、质量、数量，只是从不同的载体上不断转移。一种计算机软件的消费只能磨损它的物质载体（磁盘等），而软件本身没有任何变化，如果没有无形磨损，它可以重复使用千百次而不影响其使用价值，也不减少其价值。

② 技术商品在消费过程中会增生。技术商品不仅不会在消费过程中消失，而且会在消费过程中增生。技术商品的消费过程是知识的运用过程，是脑力劳动的创造性劳动过程。通过对原有知识的消费，出现了两种形式的增生：一是知识增生，是指通过对技术商品的消费，使知识增加；二是价值增生，是指通过对知识商品的消费，创造出新的价值。

③ 技术商品的消费过程是创造过程。消费的结果不仅带来数量上的增加，更重要的是带来质的飞跃，使产品更新换代，工艺推陈出新。

④ 消费的多层次性。即同一技术商品对不同知识水平的消费者会产生不同层次的消费效果。

（2）技术商品的消费结构

技术商品的消费结构是指在技术商品的社会消费中，各种不同类型的技术各占多大比例。对各种不同类型的技术在消费过程中相互之间的配合、替代、制约关系的研究，是技术商品消费结构的研究内容。技术商品的消费结构是由多种因素决定的，主要有以下几个方面。

① 社会生产力发展水平和科学技术发展水平。不同的生产力水平和不同的科学技术水平，就有不同的技术商品消费结构。手工业时代对技术的需求构成不可能和大机器工业时代相同，而在大机器工业时期的需求结构中，也不可能包含信息时代的技术。每次产业革命都使社会对技术的需求结构发生重大变化。

② 产业结构。产业结构对技术商品的消费结构有着重大影响。从横向来说，社会上有多少个产业就消费多少种技术，强大的产业对技术的消费相对较大，弱小的产业对技术的消费相对较小。从纵向来说，各个产业所处时期不同，对技术商品的消费在数量和品种上也不一样。在萌芽期对工艺、加工方法、生产保证技术的消费多于产品设计技术，而在衰老期则较多地需要用新产品更新老产品。在发展期和成熟期对技术商品的消费量较少，成熟期则更少。

③ 投资结构。投资结构对技术商品的消费结构有着直接影响，资金投向哪个方面，就会提高哪个方面技术商品的消费；而另一个方面虽然很缺乏技术，如果没有投资，也不会形成消费。

④ 行政干预。行政干预包括政府的政策、法令和行政组织力量。政府提倡发展什么技术，就会使这类技术在消费结构中所占的比例相对提高，其他技术的比例则相对缩小。

⑤ 实物商品的消费结构。技术商品的消费结构和所对应的实物商品消费结构是相关的，但是有一个超前期。例如，某一实物商品在消费结构中所占的比重较大，那么与这种实物商品相对应的设计和工艺在前几年就会有较大的消费。

（3）消费在技术商品再生产中的作用

技术商品的消费是技术商品再生产的最终环节，也是再生产的出发点，它在再生产过程中的主要作用如下。

① 消费使技术商品的再生产过程得以最后完成。消费是技术商品再生产过程的最终环节，没有这个环节，再生产过程就不能最后完成。即技术商品的生产应该以其产品能否进入

消费领域为检验标准。

② 消费是技术商品再生产的导向。技术商品的消费过程，就是对它进行实践检验的过程。通过实践的检验，发现它的不足，从而明确进一步发展的方向，提出新的研究开发课题。消费作为生产的导向，使技术商品的生产不断向新的更高的水平发展。通过消费—生产—消费—生产的多次循环，把生产和消费推向越来越高的水平。

③ 消费为再生产创造新的需要。通过消费为社会再生产创造新的需要，从而形成社会需求的拉力，直接带动生产的增长。例如，发动机技术在火车上"消费"以后，火车可以比原来跑得更快了。但是，实际上不能跑得太快，原因是钢轨的接头太多，速度一高，振动就很严重，使车辆设备和乘客难以承受。这样，对发动机技术的消费提出了新的需求：要求发明一种把钢轨连接在一起的技术，无缝钢轨满足了这一需求，火车的速度提高了。这时，又提出了新的需求，如何使高速运行的列车停下来，新的需求带动了新的生产，不久又发明了空气制动技术。

④ 消费规模和速度是决定流通规模和速度的重要因素。技术大规模采用和快速更新带动技术的快速转移，进一步带动新技术的快速开发，对于社会发展起着重要的促进作用。每一次产业革命都是一次大规模的消费新技术的过程，是旧技术快速更新的过程。在产业革命中，技术大规模的、快速的流通，技术迅速进步，生产力水平迅速提高。与此相反，如果技术商品的消费规模很小，速度很慢，技术商品流通不畅，则社会发展必然缓慢。

5.3　技术贸易

1. 技术贸易的特征

技术贸易是一种以货币为媒介的技术商品交换过程。技术商品的特殊性决定了技术贸易具有以下特征。

（1）在交易中很难实现使用价值的让渡

技术商品是一种知识，在买方得到知识的同时，卖方并不会失掉知识：他还保留着这一知识的使用价值。买知识的人可以使自己聪明起来，卖知识的人并不会因此而愚蠢。这样，如果不加限制，卖方可以一次再一次地出卖，它的买者也可以一次又一次地转手出卖，直到所有人掌握这种知识为止。知识的加速传播对社会技术进步是有利的，但是这将使技术商品的商业寿命很快终结，因而这种技术商品所有者的利益会受到损害，也会使采用这种技术来制造实物商品的市场很快饱和，使这种实物商品生产者的利益受到损害。因此，在市场管理上要兼顾社会利益和技术所有者的利益，兼顾买方和卖方的利益，制定相应的法规，否则技术贸易难以进行。

（2）技术贸易是有限的垄断贸易

技术商品是唯一的，即同种技术在市场上是独一无二的，它没有自己的竞争者，这一点决定了它的自然垄断性。技术贸易的垄断性表现在以下几个方面：①对转移和实施的垄断。技术商品的所有者对其技术商品的转移和实施有一定限度的垄断权，他可以决定该技术的转移方向，也可以控制该技术的转移；他可以允许某单位实施，也可以不允许某单位实施。②对价格的垄断。在决定成交价格时，卖方处于有限的垄断地位。卖方力图利用自己的垄断地位抬高价格，以求获取高利润。但是，它还不能构成绝对垄断。原因是：这种技术商品虽然是唯一的，但是解决同一问题的可以替代的技术还是可以寻求的；技术商品由于快速的无形磨损，卖方不可能沉淀；其价格还要受到其应用后产生的经济效益的制约。③该技术所对应的实物商品市场的垄断。在技术贸易中，用这种技术制造的实物商品在什么地区销售，在出卖技术时一般都有市场的划分。在技术转让合同中的限制条款，一般有销售范围的限制。

（3）技术贸易中的交易双方是一种长期合作关系

技术贸易是一种长期交易，一般技术转让合同有效期都在 5 年以上，有的长达 10 年或更长一些。因此，技术贸易不仅仅是单纯的买卖关系，也是一种长期的合作关系。技术贸易过程是买卖双方密切合作的过程，技术商品的生产者和消费者必须直接接触，而且接触的时间相当长。技术贸易虽然不可缺少中介，但是技术贸易的中介不是使生产者和消费者隔离，而是使生产者和消费者更密切接触。

（4）在技术贸易中，同一技术可以同时向多家买方出售使用权

在实物商品贸易中，同一商品只能有一个买主，在实物租赁业务上，一件物品也只能租给一家客户使用。由于技术商品具有共享性，同一技术商品可以向多家买方出售。

2. 技术贸易的形式

技术贸易根据伴随者、承载者的不同，可以分为四种基本形态：信息型、劳务型、实物型和资金型。以这四种形态为基础展开的技术贸易有以下几种形式。

（1）许可证交易

通过许可证交易实现技术转让，是国际上最常用的做法。它是指专利权人或商标所有人、专有技术所有人作为许可方，向被许可方授予的某项权利，允许其按许可方拥有的技术实施、制造、销售该项技术下的产品，为此被许可方要支付一定数额的报酬。许可贸易有 3 种基本类型：专利许可、商标许可和专有技术转让（许可）。在技术贸易中，3 种方式有时单独出现，如单纯的专利许可、单纯的商标许可或单纯的专有技术转让，但多数情况是以某两种或 3 种类型的混合方式出现。计算机软件技术转让与专利许可相似，主要是给予使用权问题，所以也称许可协议。

（2）包建项目

包建项目在国外称之为"交钥匙"（turn-key）工程。它是由技术引进方与国外企业或财团签订协定，由它们承包建造某个工业项目。这个工业项目是由许可证合同、设计合同、公共工程、土木工程及机械工程合同等构成的一个复杂的整体。国外的承包企业，承担按照规划或设计合同建造该工厂项目的全部责任，并且承担保证工厂的开动、效率和消耗指标的义务，保证引进方在接收工厂时（接收的时间一般是在安装即将完成时），能按合同规定的效率顺利开动整个工厂，顺利投产。因此，一个承包工程项目，不仅包括成套设备的引进，而且往往要包括技术援助、技术指导、职工培训及经营管理的指导等。采用包建项目这种方式，易于提高生产能力或填补产品空白，但要花费大量外汇，且往往学不到关键技术。

（3）合作生产或合作科研

合作生产是指与其他企业或科研单位分工合作共同生产一套设备或研究一个项目。合作生产可采取以下 3 种方式。①双方各按自己的设计制造，然后配套。②采用一方的技术设计图纸，分工制造，必要时可请该方培训人员或派人指导，某些技术可由其总负责。③将合作任务按产值一分为二，各自承担部分零件制造，按价值对等交换，不互支费用。合作生产的

双方不仅是贸易关系，而且在技术、生产、销售等方面进行专业化分工与协作。双方应签署合同，明确各方的权利与义务，规定部件和产品的定价、技术标准、质量要求、数量与交货期及原材料供应方法等，以保证合同项目的实现。与上述合作生产的做法相似，合作科研是就某一科研项目，双方分工合作进行研究、开发、试验、成果共享。这样，可以扬长避短，并能节约研制经费，给双方带来好处。

（4）产业合作

产业合作是指以技术转让为中心，以产业界为主体，在国与国（地区与地区）之间进行资金、技术、生产和经营管理知识相互交流的一种组织形式。具体内容是：就地办厂，建立合营企业，对外投资或吸收外资；提供技术、引进技术和共同开发技术；共同负担对第三国的工厂建设，提供相应设备和服务；委托加工。

开展产业合作的好处是：通过提供资金、技术、信息、生产和经营管理知识，可以避免单纯出口而产生的贸易摩擦，有利于对付贸易保护主义，从而扩大市场；通过共同开拓的第三国市场，减轻对大型项目所需的巨额资金负担，因而可把风险减少到最低程度；通过共同开发和相互交流，可以更有效地吸收世界先进技术，以便在短期内用较少的费用提高技术水平；通过委托加工，可以进一步发展成合营生产或许可证生产。

（5）技术咨询服务

技术咨询服务是指聘请咨询服务机构或专家从事工程技术方面的咨询服务或劳务。其主要的业务有以下几种。①设计与工程咨询。这是指对工程项目的机会研究、可行性研究、招标文件的拟订、设备安装与施工中的监理工程工作、试产监督和投产初期的协助等。②技术咨询。主要是指对自然资源及原料的考察、勘探，新技术、新工艺、新方法的评价、推广应用、改进创新及人员培训等。③经营咨询。它主要包括技术经济预测、行业调查、项目分析、投资环境、交易方式、交易价格、资金来源和效益评价等方面的咨询业务。④管理咨询。这主要是指企业诊断，组织设计，对某一特定项目或目标的预测决策、审查评价、计划执行与控制，管理方法、工具、手段应用与推广，管理规章制度的建设等。

（6）结合各种灵活贸易方式进行技术转让

例如开展来料加工及装配业务、补偿贸易、合作经营等。①装配生产。装配生产有两种方式：一种叫全分解装配，即由卖方将零件提供给买方组装成整机；另一种叫半分解装配，即由卖方将部件或部分零件提供给买方组装成整机。②补偿贸易。用一般商品支付引进技术、进口货物货款的贸易方式，叫补偿贸易。有两种方式：一种是产品返销，是指引进技术或进口货物的一方，用这些技术或设备生产的产品，去偿付技术引进或进口设备的全部（或部分）贷款。加工贸易、合作生产等常与产品返销结合。如果用与技术引进或进口设备无直接关系的商品去支付技术或设备的费用，就称为抵偿贸易或回购贸易。③合资经营。有两种方式：一种称为合股经营，是由两个或两个以上的公司共同投资创建另一个公司（或企业），它具有独立法人地位，是独立的经济实体，由双方共同投资入股，共同经营、共担风险、共负盈亏。另一种称为合作经营或契约合营，它不是另建一个具有独立法人地位的企业，双方也不按比例投资折股，而是按双方达成的一种协议去共办某一件事或共同经营某一种企业。双方共同合作经营的内容、目标、义务、权利、责任、盈亏处理等，都按协议规定的执行。合资经营中，以技术作价作为投资入股即技术入股，亦可称之为技术资本化或工业产权资本化。许多国家的法律允许把技术作价作为投资入股，我国的法律也规定了合营者可以其工业产权、专有技术等作为出资，包括：对发明专利、实用新型、外观设计和商标取得所有权的工业产权；以图纸、技术资料、技术规格等形式所体现的工艺流程、配方、产品设计等方面的专有技术；对企业技术改造、生产工艺或设计的改造、质量控制、企业管理等方面所提供的技术服务。

5.4 技术定价

技术定价即为技术商品确定价格。技术商品价格是指技术有偿转让中，买方为取得技术使用权向卖方支付的价值或报酬。价格的高低直接关系到技术转让双方的利益。

1. 技术定价原理

技术作为商品，其定价不能脱离劳动价值论的基本原理，但技术商品的特殊性又决定了技术定价时必须综合考虑由其特性所决定的各种影响价格的参数，这就使技术定价比一般物质商品要复杂得多，经济学家及企业家们在研究分析技术定价时，有以下观点。

（1）技术使用价值是技术价格的承担者

这种观点认为：技术价格主要不是按其"物化"的价值，而是由其"带来"的价值决定，即根据技术应用能带来多大收益决定。技术在应用中创造的经济效益越大，技术要价也越高。技术价格的实质是技术所有者从技术使用者那里得到的一份超额利润，而超额利润的源泉正在于技术的应用。一方面，技术应用于生产过程，可以提高劳动生产率，节约原材料、能源消耗，使生产者以低于"社会必要劳动时间"生产产品，从而改变了产品的价值构成，使物化劳动（C）和活劳动（V）耗费降低，剩余价值（M）提高；另一方面，技术应用可以改善产品质量，提高产品功能，填补产品空白，从而使产品因新增加了使用价值，而提高附加值。综合分析，既然技术的应用带来了一个超于其自身"原始"价值的价值——超额利润，那么将其中一部分超额利润转化为技术的价值，也就是由其使用价值来决定价值，并不悖于劳动价值论。

（2）技术转让双方利益均衡是技术定价的基础

这种观点认为：科技与生产结合，才能转化为直接生产力。技术的使用价值由科技劳动创造，但要经由企业生产经营劳动，或者说经由科技劳动、生产劳动、经营管理劳动的协作才能实现。正因为物质财富是科技劳动者与生产经营者共同创造的，由技术使用价值带来的经济效益（超额利润）并不就是技术价格的本身，技术价格只是整体效益中的一个分成，这种分成体现了科技部门与生产经营部门的互惠互利、利益均衡的客观要求，其分成比例取决于各方对创造的使用价值和实现使用价值的贡献。具体地说，要综合考虑如下因素：技术商品的质量与水平（先进性、适用性、成熟性）；技术成果研究、开发难度与垄断性；技术成果研究成本与交易成本；技术使用权益的大小（独占、排他或普通许可）；技术商品的市场供求关系与竞争力；技术售后服务、协作与提供改进技术的状况；技术转让的机会成本；技术引进、消化、吸收的力度与投入（包括人、财、物资源的投入）；技术风险性与产业化、市场化风险分析；技术应用经济效益评估及各项技术经济指标分析，如劳动生产率、成本降低率、质量提高度、新产品利润率、投资利润率、市场占有率等。技术交易是一种理性行为，利益均衡机能否实现，价格是否合理，又取决于技术交易双方的谈判地位、对技术的认知和谈判策略。

（3）成本分析在技术定价中具有很大弹性

成本核算分析是一般物质商品定价的基础，在技术定价中则具有弹性，其原因如下。①对企业来说，其技术发明及技术交易的动因与一般商品有所不同，一般商品开发着眼于市场，一旦新产品开发成功即抢先投放市场，谋求"以新取胜"，而企业科研则往往首先着眼于本企业内部技术进步、技术创新的需要，一项新技术绝不会轻易转让别人，而首先应用于本企业的产品创新、工艺创新进而市场创新，以获得更多利润。只有该项技术趋于成熟，且已有更新技术问世，无须倚仗该项技术掌握领先优势，才进行技术转让。这时企业研制该技术的成本早已从商业化盈利中收回，转让技术的收入是一笔"额外的"或"附加的"收益。②技术可以多次转让，从而技术所有方可以在一次交易中收回成本，也可以分次收回成本，如设某项技术可成交 n 次，其成本（c）为 1，则 c 可视技术成交的次数，在 $1 \geqslant c \geqslant 1/n$ 的幅度中取值，这并不影响技术拥有方收回垫支的成本，反而可促进"薄利多销"。③技术成本难以全部确切计算。④技术定价以使用价值为主要参数。

（4）技术商品的垄断性导致价格的垄断性

由于新技术是独家首创，技术所有方在市场具有垄断地位，从而易于形成垄断价格，使技术所有方获得高额的超额利润。但这种垄断价格既不是由生产价格决定，也不是由商品的价值决定，而是由购买者的需求和支付能力决定，因而其最终仍服从于市场法则。

（5）技术商品的特性使技术定价要与技术贸易的技术经济分析紧密结合

技术贸易不同于一般商品贸易的明码明价，其价格是在买卖双方对技术使用价值的技术经济分析预测的基础上议定，因而定价的过程较长，与技术贸易的可行性研究相辅相成。例如，从技术上，可行性研究要对转让技术的先进性、适用性、成熟性，技术应用的风险度，技术发展前景及替代性等作出评价，这正是分析技术使用价值大小的基础。从经济上，可行性研究要综合分析技术应用后的投入产出比、资金利润率、劳动生产率、成本降低率、机会成本及质量、品种等一系列技术经济指标，最终对实现超额利润的大小作出评估，这正是具体确定价格的依据。从市场供求关系上，可行性研究要综合分析该技术商品及可替代技术商品的市场供求状况，以及应用该技术生产物质商品的市场供求状况，进而对市场竞争结构、发展前景作出评价，这也是技术定价时要充分考虑的问题。可见，技术定价的过程也就是双方进行综合性技术经济分析的过程。

2. 影响技术商品价格的因素

（1）新技术节约的劳动量

设采用新技术的企业所节约的总劳动量为 R，采用新技术企业的个别劳动时间为 T_g，没有采用新技术时实物商品的社会必要劳动时间为 T_{so}，这种新技术的商业寿命为 Y_E，采用新技术的企业实物商品的总产量为 N，则

$$R = \frac{1}{2} Y_E N (T_{so} - T_g) \tag{5-1}$$

式（5-1）中，Y_E 可以参照发明专利的保护期限和专利权的实际平均保护年限来确定，我国法定的专利保护期限为 15 年。Y_E 确定以后，总产量 N 可以根据设计的年产量和 Y_E 的乘积而定，如图 5-1 所示。

图 5-1 中△ABE 所包含的面积再乘以总产量 N，就是采用新技术的厂家所节约的劳动

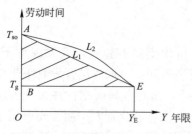

图 5-1 新技术投入使用的年限与劳动量的关系

量的近似值。如果需要更精确的数字，则可求曲线 L_2 和直线 AB、BE 所包含的面积。显然，曲线包含的面积比 $\triangle ABE$ 所包含的面积要大一些。为了避免复杂的计算，可以用一个修正系数 K 来解决问题，式（5-1）就变为

$$R = \frac{1}{2} K Y_E N (T_{so} - T_g) \tag{5-2}$$

在一项技术投入应用时，往往需要添置设备，改造厂房，因而需要投资。设该项投资的本息为 G。在计算这项技术节约的劳动量时，必须扣除 G，即

$$R = \frac{1}{2} K Y_E N (T_{so} - T_g) - G \tag{5-3}$$

采用新技术后，其个别劳动时间低于社会必要劳动时间（$T_g < T_{so}$），新技术所节约的劳动量就是超额利润。

（2）技术商品的转让次数

一项新技术可以多次转让，但多次转让的价格总和是以这项技术应用后所节约的社会劳动总量为基础的。因此，每一次转让价格是总价格的一部分。这个份额等于这次转让的受方将要生产的实物商品的产量占这实物商品市场总容量的份额。在式（5-3）中，如果 N 为这一实物商品的市场总容量，即由一家独占市场，则这一转让价格最高，其数量和这一技术节约的社会劳动量相对应。如果 N 仅为市场总容量的 1/10，则这一次转让价格就和节约社会劳动量的 1/10 相对应。转让次数实质上是这一技术对应的实物商品的市场划分，而这一实物商品的产量 N 就是市场划分的结果。

（3）该技术的寿命周期

寿命周期长短影响技术应用后节约劳动量的大小。所以寿命长，价格就高，寿命短，价格就低。在其他条件不变的情况下，Y_E 越大，为技术的买方创造的超额利润越多；反之，创造的超额利润越少。

（4）技术商品的成熟程度

如果一项技术很新但不够成熟，还需要买方进行一段时间的生产试验，则价格就低于比较成熟的技术。因为在式（5-3）中，如果技术不够成熟，那么 G 除了购买设备、改造厂房的投资以外，还需要包括继续开发的投资。

（5）市场机会补偿价值

如果技术的卖方是工厂企业，它所出卖的技术是本企业正在采用的技术。它将这项技术卖出去，就意味着失掉原来的一部分市场或潜在的市场。为此，卖方要求得到相应的一笔补偿费。但是，与此相对应的是，企业出卖自己正在应用的技术，说明这技术的寿命周期已经过了一段时间，所以 $Y < Y_E$，该工厂的产品已经占领了一部分市场，这将使该技术价格降低。因此，必须将以上两方面综合考虑。

3. 技术定价方法

技术贸易中的许可贸易和专有技术转让有 3 种计价方法，即一次总算法、提成法、入门费加提成法。

1）一次总算法（lump sum payment）

一次总算法是指技术供方（输出方）与技术受方（引进方）在成交时，将技术转让的一

切费用，包括购买专利、专用技术费用、资料费、专家费、培训费及提供设备、零部件、原材料的费用等一次算清为一笔固定的金额，由技术受方（引进方）一次付清或分期付清，又称一次买清法。

在实际业务中，一般都是一次算清，分期付款，分期支付的时间及是否支付利息在合同中约定。一般在合同签订后不久就开始支付，大体在使用所引进技术生产出合格样品后完成最后一次支付，具体参见表 5-1。

表 5-1 技术价款支付时间

技术价款支付时间	支付合同金额的比例
合同生效后 30 天内	10%
合同生效后 3 个月内，收到第一批资料后	15%
合同生效后 12 个月内，完成技术培训后 30 天内	15%
合同生效后 13 个月内，收到第二批资料	15%
合同生效后 24 个月，完成产品考核验收	20%
合同生效后 36 个月	10%
合同生效后第 4 年至第 6 年，每年	5%

一次总算的支付方式，对技术贸易的双方各有利弊，但总的来说对技术受方弊大于利。虽然一次总算的支付金额，不随币值动荡而变化，也不随引进技术收益大小而变动，技术受方虽可避免币值动荡对支付产生的风险，但在实际生产前就要支付大笔费用，承担了引进技术是否适用的全部风险。而技术输出方的收入稳定，不受技术受方生产或销售量变化的影响；技术输出方对技术受方是否真正能从技术引进中获得预期效果，也可以不关心，往往缺乏帮助引进方有效地掌握技术或继续提供改进技术的积极性。因此，技术受方一般在非尖端技术转让或不需要技术输出方继续提供技术援助的项目时，才采取这种支付方式。

2）提成法（royalty）

提成法是指技术受方利用引进技术开始生产之后，以使用引进技术生产产品的销售额、产量或利润为基数，在一定年限内逐年提取一定百分比的提成费，作为购买技术的费用。提成法是国际技术贸易中常用的支付方式。

提成支付是一种事后计价的方式，与引进技术的使用效果直接相关。一般规定技术输出方除初次移交技术外，还要陆续提供改进技术的资料。采用这种方式，技术输出方因其收益大小取决于技术受方应用引进技术生产产品的品质、数量与市场经营状况，因此具有继续提供技术援助的积极性。对技术受方来说，则不仅可以避免在技术尚未取得预期效果之前，就需确认支付全部费用的风险，还可在"动态"中取得技术输出方对改进技术的帮助，有利于实现引进技术的目标。

在提成支付中，提成基数、提成率、提成支付期限等的确定，都直接关系到技术贸易双方的利益，是磋商谈判及签订合同中的重要条款内容。

（1）提成基数

提成基数分为按产量提成、按销售额提成、按利润提成 3 种做法。

① 按产量提成。即以引进技术后所制造的产品的单位数量、单位重量、单位体积等为

基数来计算提成费。按产量计算提成费的比例是固定的，不因成本、售价或币值的变动而变化。因此，输出方只需了解技术受方的总产量，并只要受方进行生产，就可确保获得一定的收益；而生产量越大，技术输出方所获收益越多，故技术输出方对受方提供技术协助比较积极主动。但是，使用这种方式要注意以下问题：在计算总产量时，要扣除与引进技术无关的产量，以及由技术输出方提供零部件或中间产品等所导致的产量增量。

② 按销售价格提成。即以产品销售价格为基数计算提成费，并不考虑所售产品能否获利。价格又可划分为总销售价和净销售价。根据有些国家有关技术转让的法规，总销售价是指实际销售产品或提供劳务的发票价值。以总销售价为基数计算提成费对技术受方不利，因为价格中不但包含利用引进技术所创造的价值，也包含了不属于引进技术所创造的价值，这对技术输出方来说则增加了额外收益。净销售价，即从总销售价中减去与技术输出方提供技术所创造价值无关的其他方面的成本、价值或费用后而得出的价格。一般应扣除的项目有：包装费用；保险费用；运输费用；出口税、进口税、海关关税；营业税或销售税；普通商业折扣；退回的货物价款；在产品使用地的安装费用；产品中没有应用技术输出方提供的技术而购入的设备的价值；技术输出方供应的零部件、原材料或中间产品的价格；产品价格中反映提成费的部分；技术输出方为维持专利或商标的效力而付出的费用。按净销售价为基础计算提成费比较合理。

③ 按利润提成。即以技术受方引进技术所生产的产品销售利润为基数来计算提成费。在企业亏本或产品无利可图时，则可以不计提成费。因此，技术输出方一般不愿接受这种做法。

（2）提成基价

提成基价是指计算销售价格的价格标准。一般做法是：如果产品出口销售，可按国际市场价格计算；在国内销售，则由双方商定。提成基价在合同期内如固定不变，叫固定基价。根据工资、物价指数而计算的价格，叫滑动基价。计算滑动基价的公式如下。

$$P_i = P_0 \left(0.2 + 0.45 \frac{M_i}{M_0} + 0.35 \frac{L_i}{L_0} \right) \qquad (5-4)$$

$$P_i = P_0 \left(0.5 + 0.5 \frac{L_i}{L_0} \right) \qquad (5-5)$$

$$P_i = P_0 \left(0.5 + 0.2 \frac{L_i}{L_0} + 0.3 \frac{M_i}{M_0} \right) \qquad (5-6)$$

式中：P_i，P_0——当年和签订协议时的提成基价；

M_i，M_0——当年和签订协议时的材料费用指数；

L_i，L_0——当年和签订协议时的最低工资指数。

上面 3 个公式中，式（5-5）、式（5-6）常数大，可变值小，对引进方有利。在工资上涨幅度大于材料费用上涨幅度时，采用式（5-6）引进方更有利。

（3）提成率

提成率是指从提成基数中提取提成费的百分比。当提成基数确定后，提成率的高低就直接影响着技术输出方收益的大小。国际技术贸易的双方在商定提成支付中的提成率时，一般要综合考虑所转让技术的先进性、开发难易度、利用技术生产产品的产量及经济价值等因素，并掌握在 1％～5％的幅度内。

提成率分为固定提成率和滑动提成率。固定提成率是在整个合同执行期间内，按产销量（提成基数）确定一个固定的提成百分数计算提成费用。滑动提成率是随着产销量的增加，提成率逐步或逐年降低，又称递减提成率。这种提成率比较合理，因为产销量的增长，主要是技术受方努力经营的结果，提成率应有所降低。但降低幅度要注意不影响技术输出方的收益，一般是提成率虽有所递减，但技术输出方的收益（提成费金额）并不减少还稍有增多，这样做易于为技术输出方接受。

（4）提成期限

提成期限是指提成支付的合同期限。一般不超过 10 年，不宜定得太长。如果提成交付的期限长，则提成率要低一些，而且当累计支付额达到贸易双方所确定的费用金额后，应停止提成。

3）入门费加提成法

入门费加提成法是指在合同签约后先付一笔入门费，投产后再支付一定年限的提成费。这种方式实际上是一次总算与提成交付方式的合一。入门费又称预付定金，国外一般认为这是转让技术的准备费用，如组织人力、准备资料、出国差旅费用等。入门费在总费用（或总价格）中所占比例，在国际上无统一规定，由双方洽商，一般是 10％～15％，而且有越来越少，甚至不付的趋势。因此，技术受方应在合同签订并经转让技术的双方政府批准生效后，才能支付入门费。入门费要计入技术受方支付的技术引进总价中。如果输出方要求入门费，则要相应降低提成率和提成年限。

4. 技术定价综合模型及实用方法

1）技术定价综合模型

技术定价综合模型的建模原理是在综合考虑技术应用预测收益、技术成本、技术水平与功能、技术供求与转让状况、技术风险等因素的基础上，按照公平、合理的原则建立的技术定价数学模型。其基本公式为

$$P = \beta [TC'N(1 + it + X_1)] + C_b + C_j + \alpha n'R(1 - X_2) \qquad (5-7)$$

式中：P——技术价格；

β——技术综合评价系数（0.5～2）；

TC'——技术重置成本；

N——技术成本分摊系数，设 X 为该技术转让次数，则 N 在 $1 \sim \dfrac{1}{X}$ 间取值；

C_b——技术供方为交易而付出的费用；

C_j——技术转让机会成本；

i——技术研制费用时间增值率（可取银行存款利率或行业平均利率）；

t——技术研制时间（年）；

α——技术供方对技术增值利润的分成率（％）；

n'——增值利润分成期限（年）；

R——技术受方应用技术所获增值利润；

X_1——技术研制开发风险率（可取 8％～15％，对难度大、风险大的高新技术要取得高一些）；

X_2——技术应用（受方）风险率，可在1%～10%中取值。

从上述基本公式可见：①公式反映了技术定价是技术、经济、市场供求等的复合函数；②公式体现了商品定价兼顾成本及利润的一般原则；③公式充分考虑了技术水平、质量、功能对价格的影响；④公式表明技术供方所获利润实质上是技术应用后新增利润的一个分成，进而体现了技术转让中供方、受方的利益联结；⑤公式表明根据技术可以多次转让，对成本分摊问题做了技术处理，即通过TC'、N，使技术研制成本的回收有了一些弹性，可以在本次转让中一次回收，也可以分次回收。其转让次数X的确定，可以是已发生值加预测值，也可以是预测值，N值的大小建议在$1～\dfrac{1}{X}$中取值；⑥公式考虑了技术风险对价格的影响；⑦公式的应用需要列出各项详尽分解的相关数值，其各项参数选择又均具有一定弹性，因此在应用中难度较大。

2) 实用方法

即国际上通称的"LSLP"法（licensor's share on licensee's profit），其核心是认为技术使用费（即技术价格）应是"技术受方收入或利润的一部分"，应从受方的总收入中支付，即技术供方占技术受方利润的份额。这个方法，现已成为国际和国内技术贸易最常见的计价方式。

（1）利润分成的计算

技术供方占技术受方利润的份额通常以一个固定的百分比表示，该百分数通称为提成率（royalty rate）。提成率的计算公式如下。

$$提成率 = 技术供方在技术受方利润中的份额 \times \frac{技术受方的销售利润}{技术受方的产品销售价} \qquad (5-8)$$

假设技术供方欲得到技术受方利润的20%，利用引进技术生产产品的售价为5美元/kg。估计技术受方的利润为1.5美元，则提成率为

$$20\% \times \frac{1.5}{5} = 6\%$$

也就是当合同中规定提成率为6%时，技术供方在技术受方利润中所占的使用费比率为20%。但是，准确规定利润的定义或让技术受方披露其真实的利润水平是比较困难的，故实际业务中利用产品的销售价格来计算提成率比较方便。因此，可将提成率的计算公式改为

$$提成率 = \frac{支付给技术供方的使用费}{产品的净销售额} \times 100\%$$

$$= \frac{1.5 \times 20\%}{5} \times 100\% = 6\%$$

如果技术受方不愿接受技术供方占有产品利润的20%，而只愿接受供方占有产品利润的10%，那么可接受的提成率应为

$$提成率 = \frac{1.5 \times 10\%}{5} = 3\%$$

提成率可以表明供方在受方利润中所占份额这一实质问题，但并未说明使用费的绝对金额是多少，亦即技术受方总计支付多少使用费才较合理。因此，在技术转让洽谈中，仅就提成率的多少讨价还价并无实际意义。应先讨论受方准备给予供方的利润百分数，再确定提成

率，才更切合实际。现以表 5-2 说明供方所占利润份额与提成率的关系。

表 5-2 供方所占利润份额与提成率关系 单位:%

提成率	技术受方的销售利润	技术供方在技术受方利润中份额
2	10	20
	20	10
	30	6.6
3	10	30
	20	15
	30	9.9
5	10	50
	20	25
	30	16.5

（2）实际使用费的估定

从估定实际使用费角度，必须将提成率、提成基价（净销售价）、提成年限、各产业部门的利润率水平及影响价格的各种因素进行综合性考虑，并选择对价格影响最直接的因素重点考虑，综合平衡，才能获得拟转让技术使用费的比较合理的水平。

习　题

1. 简述技术市场的作用。
2. 技术转移的一般规律是什么？
3. 技术定价的主要依据是什么？
4. 技术贸易有哪些主要方式？
5. 技术提成方法的主要思路是什么？

第6章

技术引进与评价

中国高速铁路动车组技术的引进

为了快速提升铁路技术装备水平，铁道部于 2003 年 11 月审议通过了《加快机车车辆装备现代化实施纲要》。2004 年 4 月国务院又召开专题会议，印发《研究铁路机车车辆装备有关问题的会议纪要》，明确提出"引进先进技术，联合设计生产，打造中国品牌"的基本方针，确定了引进少量原装、国内散件组装和国内生产的项目运作模式，开启了中国高速列车引进、创新、超越的发展新路。

2004 年 7 月 29 日，国家发展改革委员会与铁道部联合印发了《大功率交流传动电力机车技术引进与国产化实施方案》和《时速 200 公里动车组技术引进与国产化实施方案》。根据具体实施方案，中国铁路在引进中要坚持"先进、成熟、经济、适用、可靠"的技术标准，由铁道部统一招标，发挥国内企业的主体地位，引进核心技术进行消化吸收再创新。2004—2005 年，在铁道部的组织下，中国南车旗下的青岛四方、中国北车旗下的长客和唐车先后从加拿大的庞巴迪、日本的川崎、法国的阿尔斯通和德国的西门子引进技术，开始联合设计、生产高速动车组。

通过引进消化吸收，到 2007 年，中国企业掌握了时速 200～250 公里的高速列车制造技术，代表性车型包括 CRH1 型、CRH2 型、CRH3 型、CRH5 型等中国第一代高速列车。在此基础上，中国企业自主研制生产了时速 350 公里及以上的第二代高速列车，代表车型为CRH380 系列，这一代高速列车是高新技术的系统集成，实现了众多技术创新与系统优化。第三代产品是通过正向设计而创新研制的"中国标准"动车组（CEMU），标志着中国高速列车技术达到了世界先进水平。

分析与讨论：高铁动车组技术引进对我国高铁发展的作用。

6.1　技术引进的意义

技术引进是指为提高科学技术水平、发展经济，在国际技术转移活动中，通过各种方式从别国取得本国需要的先进技术和设备的经济活动。

1. 技术引进的内容

技术引进的内容包括：购买专有技术和专利使用权；进口先进设备；通过国际技术贸易的方式，引进技术知识（包括产品设计、材料配方、制造工艺、合作生产、合作科研、技术咨询等）；以及通过国际间的情报交流和学术交流，政府之间及民间的技术合作或援助等方式引进技术。技术引进的途径，主要有产品贸易、许可证贸易、合作研究与合作生产、灵活贸易、包建项目、技术咨询与技术服务等。例如灵活贸易途径，是通过来料加工、补偿贸易、合作经营等国际间通行的方式引进技术。包建项目是指技术输出方、技术供应方按许可证合同、设计合同、土木工程合同及机械工程合同等所建造的一个工程整体，并承担保证该工程的完成及开动、效率和消耗指标的义务。

2. 技术引进的产生原因

科学技术的发展，在不同地区、不同国家之间，往往是不平衡的。这种不平衡是由于世界各国的科技力量、经济实力的强弱不同造成的。这种在一定时期内，科学技术发展的不平衡，可在世界范围内形成一个由高至低，具有一定顺序的技术差距。

首先，技术差距表现在世界各国对现代高新技术的拥有量和水平上（即物质技术上）。比较世界各国对现代高新技术的拥有量与水平，排在首位的是美国，其次为日本、德国、英国和法国。发展中国家与发达国家之间的差距，不仅表现在技术革命领域，而且还表现在技术应用领域。其次，技术差距还表现在管理技术上。一国只有既保持物质技术的先进水平，又同时具备先进的现代化管理技术，才能真正在技术上保持绝对领先地位。物质技术与管理技术共同反映一国的技术水平，缺一不可。最后，技术差距还必须用一项新技术从技术创新国到该项新技术被他国掌握所需要的时间来衡量。这段时间，主要指从创新国的新技术创新到其他国家的仿效技术，并被他国掌握制造出产品的时间。此段时间的长短，也可以看出国与国之间的技术差距。

各国技术差距的客观存在，是导致技术转移的基本原因。特别是随着高技术的迅速发展，任何一个国家都难以在诸项高技术领域保持全面的优势，从而使国际间的技术转移发展迅速。

3. 技术引进与经济增长

1950—1974 年，日本引进甲种技术（用外汇支付并且期限超过一年的引进项目）共15 289 项，其中对赶超美国、西欧起到重要作用的约为 3 000 项。大量的技术引进，带来了显著的效果：一是节省了大量的科研经费。据推算，在 20 世纪五六十年代，日本引进技术及消化吸收、推广应用的费用，共计 60 亿美元左右，而发明这些技术所需费用则为1 800 亿～2 000 亿美元。二是争取了时间。据估计，日本从 1950—1971 年，掌握引进的9 870 项甲种技术所需的时间，大约相当于日本从头搞起所需时间的 1/5，也就是说，日本通过引进技术，只用了 10～15 年时间便走完了美国、西欧半个世纪的历程，赶上了世界先进水平，并由 20 世纪 50 年代中期排行第七的位置，跃居到 1967 年的资本主义第二经济大国，形成了非常强的国际竞争能力。日本成为经济大国后，引进技术的势头并未减弱并将引进先进技术的重点放在高技术领域，推动了日本高技术的开发，从核反应堆发电、电子计算机、半导体到机器人等高技术，日本无一不是通过引进方式发展起来的。日本成功地引进先进技术的经验表明，像日本那样一个资源贫乏、人口负担很重、国土狭小、技术落后的国家，只要很好地运用技术引进的手段，也同样能够高速度地发展壮大起来。

重视引进，并在引进技术后注重技术的消化创新，是日本技术引进成功的秘诀。几十年来，日本的引进始终沿着引进—消化—吸收—创新—产生更大生产力的良性循环轨道前进。日本重视引进技术的消化吸收，可从其支付的引进费用和消化吸收费用来说明。据统计，从 20 世纪 50 年代到 70 年代，日本全国技术引进费用增加了 14 倍，而主要用于消化、吸收、创新上的科研费用却增加了 73 倍。日本引进技术的消化吸收费用，往往是引进技术费用的 2～3 倍之多。有时为消化和发展引进的技术，甚至要花费 20 倍于引进费用的资金。日本对消化吸收以致创新的重视程度，还可以从其注重引进技术后国产化的效果来说明。日本一般只允许引进后 5 年内能使国产化率达到 90% 的企业引进技术，据日本科技厅统计，在 1950—1966 年间，日本 1 500 家公司中，有 83% 对引进技术进行了不同程度的消化吸收和创新。

除日本这一发达国家引进技术的成功典型外，作为发展中国家的技术引进成功经验，亚洲新兴工业经济体就是突出的例子。它们在 20 世纪 60—80 年代的 20 多年时间里，迅速推进工业化进程，并取得了很大的经济成就，出口增加了 100 倍，出口结构从初级产品和劳动密集型的简单工业品转向技术尖端的资本密集型和技术密集型工业品，平均经济增长率大大超过了同期的日本。亚洲新兴工业经济体的经验是把自身的技术能力与引进技术相结合，逐步扩大和增强其自身的工业实力。其经验集中表明，引进技术仅起到借鉴作用，技术能力基本上还是靠自己创造。这就是说，在技术进步中，引进技术确实起了重要作用，但更重要的是对它进行有意识的消化吸收，在此基础上提高自己的技术水平和技术能力，从而使引进技术越来越集中于尖端技术。正是由于本国技术与外国先进技术的不断融合、发展，推进了工业化进程，使它们的产业结构由轻型走向重型，增强了出口能力。

韩国始终很重视引进国外先进技术，通过对引进技术的消化、吸收，不断地进行技术更新与改良，进而创新与自主研究开发。1962—1987 年，韩国共引进约 5 000 项技术，其中机械工业占 27.8%，电子工业占 20.9%，石化占 16.4%，这三项技术占整个技术引进的 65.1%。这些技术在韩国各个工业化阶段，对产业结构升级发挥了不可忽视的作用。韩国的技术引进是一个根据自身基础（经济发展阶段与技术能力），有计划、有重点地逐步引进的过程。20 世纪 80 年代是韩国科学技术发展的重大转变时期，这一时期韩国在引进技术、开阔眼界、技术水平与能力有所提高的基础上，开始了真正意义的自主研究开发，其科技政策中有一个比较突出的特点是促进引进重点技术的国产化进程。为促进重点技术的国产化，韩国首先确定了半导体、计算机、精密化学、遗传工程、机械电子为重点开发领域。自主研究开发有效地促进了上述领域的发展，极大地增强了该国的经济实力。目前，韩国的电子技术、半导体技术已达到世界先进水平，其钢铁技术、造船技术及化纤技术等，也都达到了相当高的水平。这些都是与韩国政府重视引进先进技术，并投入高额开发资金，不断地开发高新技术分不开的。

新中国成立后，中国的技术引进工作也取得了较大的成果，在国民经济建设中，在工业体系的形成上，发挥了巨大的作用。"上海贝尔"这个中国现代通信事业的先行者，是成功引进技术的典型。20 世纪 80 年代初，为建立我国自己的程控交换机产业，国家决定引进国外先进技术，成立上海贝尔公司。中方同比利时贝尔公司最初的谈判中强调三个必须：技术必须是最新的；生产必须最终国产化；中方必须控股。由于中方始终坚持三个"必须"的立场，在合资之初，就拿到了贝尔公司最先进的 S12 技术。1992 年，在原合同规定的所有技术内容全部实施完成的基础上，又将技术转让的内容扩展到新一代 S12 数字交换技术的全部软硬件技术和生产 0.8～1.2 微米大规模集成电路技术、GSM/CDMA 数字移动通信技术等，使我国在程控交换机行业、集成电路行业与国外的技术差距大大缩小。在成功引进的同时，该公司又注重吸收和消化国外的先进技术，并大力推进国产化进程，在最短的时间内从散件组装过渡到国产化自行生产，并伴随着国产化水平的不断提高，产业化水平与规模也逐步提高。

6.2 技术引进评价

技术引进评价就是从市场需求、技术选择、经济分析、效益评价等方面对技术引进项目的技术先进性与经济可行性进行综合分析评价，以期达到引进先进技术为我所用、促进科技进步和提高经济效益目的。技术引进评价是技术引进选择的关键环节。

技术引进评价的类型包括三部分：一是预分析，即技术引进的可行性研究，它是技术引进科学立项的依据，是技术引进评价工作中最基本、最常见的形式；二是期中分析，即对引进项目的实施过程，从技术与经济两个方面进行程控式的跟踪分析，着重于对引进技术吸收消化创新状况及使用价值实现状况的分析研究，揭示矛盾与解决矛盾，保证先进技术的实施；三是事后分析，即对引进项目实施后的技术经济综合经济效益作出评价，总结经验教训，促进技术创新扩散。

技术引进项目的评价内容主要是其资金来源及综合经济效益评价。技术引进项目的资金来源大致可分为借用外资及国内资金两个渠道，这里主要分析外资利用规模。

1. 外资利用的需求规模

外资利用的需求规模是指一个国家在国内资金短缺的情况下，为了最大限度地调动国内资源、实现预期的经济增长目标所需要引进的外资数额。

钱纳里等人认为：一国的经济要均衡增长，必须保持储蓄缺口等于外汇缺口，当国内出现储蓄缺口即资金短缺时，必须用外汇缺口来平衡，当两个缺口本身不具备互补能力而自动均衡时，就应该采用从国外引进外资的办法来使两缺口在保持国民经济不断增长的前提下实现平衡。该理论虽然能够用来分析出一定时期内一国的外资需求量，但却存在着一些不可弥补的缺陷，主要在于：侧重于国际收支均衡分析，因而提出的外资规模并不完全是经济增长所需要的规模；模型中把国内储蓄率或边际储蓄率倾向作为已知量，因而实际操作性差。在这种情况下必须找出一种新的工具来正确估计一国的外资利用规模。

（1）经济增长速度模型

经济增长速度模型可以从马克思的再生产理论中直接导出，根据马克思关于社会总产品价值构成理论，社会总产品在价值上是由 C（生产资料价值）、V（劳动力价值）、M（剩余

价值）三个部分构成的，如果设 W_t 为某一部门第 t 年的社会总产品价值，并假定再生产周期为一年，那么就有

$$W_t = C_t + V_t + M_t \tag{6-1}$$

再定义：第 t 年生产投资为 S_t，则 $S_t = C_t + V_t$；第 t 年的国民收入为 Y_t，则 $Y_t = V_t + M_t$；第 t 年的积累率为 j，积累额为 F_t，则 $j = \dfrac{F_t}{Y_t}$，$F_t = jY_t$；第 t 年的利润率为 I，则 $I = M_t/S_t$ 或 $M_t = IS_t$，则有，

$$W_t = C_t + V_t + IS_t = S_t + IS_t = S_t(1+I) \tag{6-2}$$

当社会扩大再生产进行到下一年（即 $t+1$ 年），这时式（6-1）的时间变量 t 也要滞后一期，即

$$W_{t+1} = C_{t+1} + V_{t+1} + M_{t+1} = S_{t+1} + M_{t+1}$$

其中，

$$S_{t+1} = S_t + F_t = S_t + jY_t$$
$$M_{t+1} = IS_{t+1} = I(S_t + jY_t)$$

故

$$W_{t+1} = S_t + jY_t + I(S_t + jY_t) = (S_t + jY_t)(1+I) \tag{6-3}$$

设社会总产值的经济增长速度为 G'，则

$$G' = \frac{W_{t+1}}{W_t} - 1 \tag{6-4}$$

将式（6-2）、式（6-3）代入式（6-4）有

$$G' = \frac{Y_t}{S_t} \times j$$

式中 Y_t/S_t 为单位投资所带来的国民收入，简称为投资收益率，并用符号 δ 表示，则

$$G' = \delta \times j \tag{6-5}$$

由式（6-5）可见，社会总产值增长速度关键是由投资收益率（δ）和积累率（j）两大分力因素的相互作用所决定的。如果投资收益率和积累率同时上升，那么经济增长速度就加快；反之，如果投资收益率和积累率同时下降，那么经济增长速度就会随之下降。

（2）实际积累能力的决定模型

一定的经济增长速度需要一定的积累（投资）来支持，但积累能力的大小在一定时期内却不是一个可以任意放大的经济变量，因为它要受许多客观经济因素的制约，这些因素是：

① 已有人口的消费水平不能降低；

② 新增人口的消费水平必须保证；

③ 全体社会成员的生活水平应该逐年有所提高；

④ 国民收入使用额必须保证有一定幅度的增长；

⑤ 社会总产品能够在实物上和价值上得到双重补偿。

设 j_{st} 为实际的积累率（即最大的积累能力），X_t 为基期人均消费水平，X' 为计划期人均消费水平增长率，Q_t 为基期人口总数，q' 为计划期人口自然增长率，Y_t 为基期国民收入使用额，Y' 为国民收入增长率。那么，计划期潜在积累率 j_{st} 就是

$$j_{st} = 1 - \frac{X_t(1+X')Q_t(1+q')}{Y_t(1+Y')} \tag{6-6}$$

(3) 利用外资需求规模模型

根据式（6-5）、式（6-6）两个模型，可以推导出利用外资需求规模的决定模型。其方法如下。

依据经济增长速度模型，可以确定出一定时期内实现预期经济增长速度所需要的积累率及其积累规模（投资规模）。如果令第 t 年必要的积累率为 j_{Dt}，则由式（6-5）经济增长速度模型可得到必要的积累率为

$$j_{Dt} = \frac{G'_t}{\delta_t} \tag{6-7}$$

用式（6-6）和式（6-7）作比较，便可求出必需引进的外资规模。令 j_{ct} 为投资需要与投资供给之间的相对差额，于是有

$$j_{ct} = j_{Dt} - j_{st} = \frac{G'_t}{\delta_t} - \left[1 - \frac{X_t(1+X')Q_t(1+q')}{Y_t(1+Y')} \right]$$

则外资需要的绝对规模则为

$$F_{Dt} = Y_t \times j_{ct} = \frac{Y_t G'_t}{\delta_t} + \frac{X_t(1+X')Q_t(1+q')}{(1+Y')} - Y_t \tag{6-8}$$

式（6-8）就是外资利用需求规模的决定模型。

2. 外资利用的安全规模

(1) 确定安全规模的理论前提

外资利用的安全规模是指保证外资利用国在利用外资以后能按要求还本付息，不至于陷入债务危机的外资利用规模。

国际上衡量一个国家外资利用规模是否安全主要有两个指标，一是债务率，即一国的债务余额与同期商品和劳务总额的比例；二是偿债率，指当年还本付息额与同期商品和劳务出口总额的比例。国际上已将这两项监控指标作为一国债务承受能力的"两道安全线"（也称"国际警戒线"）。并且提出，只要债务率不高于100%，偿债率低于20%，一般不会发生债务危机，如果超过这两道安全线，则将会发生债务困难。"两安全线"判定法虽然是目前国际上通用的判定方法，但是其本身存在着较大的缺陷：①缺乏经济关系内在的逻辑依据。两道安全线是建立在部分国家某个时期有限的经验数据和对表面现象的归纳上的，没有可靠的理论逻辑为依据。②判断标准二元，不利于操作。现实中可能存在这样的情况，即一国只突破了两条安全线中的一条，而没有突破另一条。那么，在这种情况下应该如何判断一国的外资利用规模是否安全呢？③实践中并不可靠。根据世界银行1986年对50多个发展中国家债务状况的分析，在债务率超过100%的36个国家中，25个国家面临着不同程度的偿债困难，偿债率超过20%的27个国家中，15个国家出现了债务问题。虽然它们的债务率或偿债率超过了安全线，却没有发生相应的债务危机。这说明了在实践中安全线不是十分可靠的。

由于"两道安全线"判定法存在着上述各种缺陷，因此应对一国的外债安全规模给予重新界定。一个国家外债安全规模的界定，必须建立在一定的理论基础之上，其理论基础主要有以下四个：①以偿债率为基础。一个国家在确定自己的安全外债规模时，主要应从偿债的角度出发，着眼于它的偿债规模及与此密切相关的偿还能力。②以广义偿债率为内容。广义偿债率既包括国民收入偿债率，即债务国一定时期偿付外债本息额与国民收入的比例，也包括外汇收入偿债率。③由于在两条国际安全线之间存在着一定的操作空隙，增加了操作的难

度。因此，仅仅从应用的目的出发需要将国民收入偿债率和收入偿债率统一在一个模型中。④要保证国民经济的宏观动态均衡。在市场经济的前提下，国民经济的宏观动态均衡是实现经济持续稳定发展的重要条件。而要实现国民经济的宏观动态均衡，就要保证社会总供给与社会总需求的相等。从宏观均衡的角度来看，也就是新增储蓄要等于新增投资。

（2）外债安全规模的通用模型

设 Z 为当年还本付息额，R 为外汇收入，i 为国民收入增长率，r 为外汇收入增长率，j 为积累率，Z_R 为外汇收入偿债率，Z_Y 为国民收入偿债率，$\Delta I/Z$ 为偿债投资比，ΔI_Y 为增量投资生产率，t 为时间参数。因为

$$Z_R = \frac{Z}{R} \tag{6-9}$$

$$Z_Y = \frac{Z}{Y} \tag{6-10}$$

并令

$$\Delta I_Y = \frac{Y}{\Delta I} \tag{6-11}$$

由式（6-9）得到

$$Z_R = \frac{Z}{Y} \times \frac{Z}{R} \times \frac{\Delta I}{Z} \times \frac{Y}{\Delta I} \tag{6-12}$$

式（6-12）右端为国民收入偿债率、外汇收入偿债率、偿债投资比和增量投资生产率四项的乘积。由以上这四项因素共同决定的"外汇收入偿债率 Z_R"称为"复合偿债率"。确定复合偿债率的安全界限，关键是确定这四项因素的安全界限。

第一，Z/Y 的确定。$Z_Y(Z/Y)$ 的确定要遵循下列原则，即每年还本付息后，不影响一个国家现有的经济发展规模和国内居民的现有消费水平，同时还要保证有一定规模的扩大再生产。因此，当年还本付息额的最高限额就是新增积累额。依据这一约束条件，则有

$$Z_Y = \frac{ij}{1+i} \tag{6-13}$$

第二，Z/R 的确定。$Z_R(Z/R)$ 的确定原则是，当年外债偿还本息额应该小于或等于当年外汇收入增长额。正常情况下，外汇收入在满足偿付外债本息后，还能够满足进口增长对外汇的需求，以保证国民收入的增长。因此，当年还本付息额的上限就是新增外汇，依据这一约束条件，则有

$$Z_R = \frac{r}{1+r} \tag{6-14}$$

第三，$\Delta I/Z$ 的确定。实现国民经济宏观均衡的条件是储蓄（积累）等于投资。从动态看，就是新增储蓄（新增积累）等于新增投资，即

$$\frac{\Delta I}{Z} = 1$$

第四，$Y/\Delta I$ 的确定。$Y/\Delta I$ 又称为增量投资乘数，它基本上是一个比例常数，可以根据各国不同时期的样本资料求出，并取自一定时期的样本平均数。若设增量投资乘数为 K，则

$$Z_R = K \cdot \frac{ijr}{(1+i)(1+r)} \tag{6-15}$$

式（6-15）就是所构造的安全外债规模通用模型。通用模型表示，一个国家的安全外债规模由复合偿债率决定，而复合偿债率由一定时间的国民收入增长率 i、积累率 j、外汇收入增长率 r 和增量投资比例常数 K 等因素共同决定。

3. 外资利用的适度规模

（1）外资利用适度规模的确定规则

外资利用的适度规模，是指一个国家在外资对内资只起补充而不起替代作用时国内经济增长所需要的具有偿还能力的外资规模。外资利用的适度规模不同于外资利用的需求规模和安全规模，它具有以下特征。

① 外资利用的适度规模是由外资需求与外资偿还两部分因素共同决定的。

② 外资利用的适度规模同时反映外资安全规模和需求规模的要求，也就是说，如果一个国家的外资利用规模是适度的，那么就可以肯定这个国家此时的外资利用规模既是安全的，又是所需要的。

③ 从投资国和资本引进国对外资规模所持态度来看，外资利用的适度规模是投资国和资本引进国都乐于接受的规模。因为在外资利用的适度规模下，资本投资国和引进国双方的风险都达到了最小限度。

外资利用适度规模的确定有两个规则：一是理论恒等规则，即从理论上看，外资利用的适度规模是在外资需求规模与外资安全规模二者相等时的外资数额；二是实际取小规则，即从实际操作过程来看，外资利用的适度规模总是等于外资需求规模和外资安全规模中那个较小的规模。

（2）外资利用适度规模的分析指标

判断一个国家外资利用规模是否适度，国际经济学界通常使用以下指标。

① 债务负担。债务负担是判定一个国家外资利用规模是否适度的一项重要指标，通常用一国在一定时期的外债总额与国民生产总值的比例来衡量。一个国家的债务量大小必须遵循的一个基本原则是：到期的债务量应小于国民生产总值增长后提供的国内储蓄量，只有国民生产总值增加并提供了足够的追加储蓄，才能在偿还到期债务后有比过去多的储蓄来支持投资增长和经济增长，否则就会减慢经济增长。

② 外资的利用效率。如果一个国家外资利用效率很高，则表明此时的外资不仅可以促进经济增长，而且还可以增强其偿债能力，因而是适度的规模。外资利用效率的高低可以用外资在国民生产总值中比重的变化来衡量。在一定时期内，如果债务在国民生产总值中的比重逐渐变小，表明外资利用效率高，偿债能力增强；反之则减弱。

③ 偿债比率。即到期还本付息的债务在债务总额中的比率。一般认为这一比率保持在 15%～20% 是适度的。如果超过了这一额度，就认为其外资规模过大，反之则认为其过小，不足以支持经济的正常增长。

④ 偿债能力。一般认为，只要当外汇偿债率低于国际安全所规定的 20% 的上限时，其外资利用规模就是适度偿债规模。因为如果超出这一比例，将会产生债务方面的困难，影响一国的国际收支平衡，并进而引起外汇更加短缺、经济增长依赖于更多的外资来推动的不良情况。

4. 技术引进项目的综合经济效益评价

技术引进项目除了进行资金分析以外，还需要对其技术性能、消化掌握能力、市场销售能力及生产能力等进行综合评价，其内容及评分见表6-1。

表6-1 技术引进方案综合评价表

评价项目		评价等级	评价标准	评价分数
技术优势	产品性能	与竞争产品相比：① 各方面都超过 ② 超过的地方不多 ③ 不相上下 ④ 某些方面还超不过	14 10 6 3	
	用户反映	① 很满意 ② 满意 ③ 一般 ④ 不受欢迎	12 10 6 3	
技术消化掌握能力		① 用现有的人才、技术和设备就能消化掌握 ② 要采取若干措施才能消化掌握 ③ 要采取相当措施才能消化掌握 ④ 采取措施后仍有困难	12 10 6 3	
销售能力	市场预测	① 在进入成长期之前市场规模就很大 ② 在成长初期具有中等规模市场 ③ 在成长期的规模很小 ④ 竞争产品多在成长末期市场迅速减少	14 10 6 3	
	销售措施	① 用现有人员和消费网点就可能达到销售目标 ② 要采取若干措施后才能达到销售目标 ③ 要采取相当措施后才能达到销售目标	12 10 5	
生产能力	生产目标	① 不采取特殊措施就能达到生产目标 ② 要增加人员后才能达到生产目标 ③ 虽有生产力，但在资金、材料、人才方面仍有困难 ④ 需要增加一定生产能力后才能达到生产目标	12 10 6 3	
	设备投资	① 用现有设备基本可行 ② 必须增加若干专用设备 ③ 必须增加若干生产线 ④ 需要大量增加设备	12 10 6 3	
经济效益		预计投资 利润可达 ① 30%以上 ② 25%以上 ③ 20%以上 ④ 15%以上	12 10 6 3	
合 计		（将每项评价分相加）	100～26	

习 题

1. （LSLP法的应用分析）某厂生产A产品，年产量为17万件，净销售价为500美元/件，该厂从国外引进技术可使该产品每年增产20%。谈判商定引进方交入门费30万美元，按提成法支付引进费用，提成期为 10 年。如引进方拟以增加利润的 20％ 付给输出方，求提成率、输出方利润分成率及投资利润率各是多少？

2.（对同一项目采用不同计价方法的比较分析）引进某项技术，输出方提出一次总算售价为 20 万美元；入门费与提成结合支付为 28 万美元，其具体条件为：签订合同后付定金 4 万美元，3 年项目建成投产后，按产品年净销售额 48 万美元的 5％，为期 10 年付提成费 24 万元，问采取何种支付方式有利于引进方（年利率 10％）？

3.（对不同厂家输入技术报价比较分析）某厂引进新产品制造技术，两家外商分别报价为：A 公司报价，一次总算 80 万美元，三年内分五次付清；B 公司报价，入门费 30 万美元，提成率为销售价的 5％，提成年限同协议有效期为 7 年，预测总销售额为 1 100 万美元。利润率为 20％，资金成本率为 10％。试分析上述报价是否可以接受，如何还价定价。

4.（成本效益综合分析比选方案）从三个外国公司可引进相同生产能力的技术及装备，其技术经济指标如表 6-2 所示，试比较各方案经济效益。

表 6-2 引进技术及装备的技术经济指标

	甲	乙	丙
技术及装备费用/万美元	1 000	1 200	1 400
年经营费用/万美元	500	400	300
经济寿命/年	8	8	8
年生产能力/（台/年）	1 200	1 200	1 200
单位产品价格/（美元/台）	6 000	6 000	6 000
投资收益率/％	10％	10％	10％

5.（应用资金时间价值分析法对项目的投资及收益进行动态计算比较）某引进项目，经估算，该项目的历年投资及建成投产后收益如表 6-3 所示。

表 6-3 某引进项目历年投资及收益　　　　　　　　单位：百万美元

年份	1	2	3	4	5	6	7	8	9	10	11	12	13
投资	2	5	4										
收益				1.0	1.5	1.5	1.5	1.5	1.5	1.5	1.5	1.5	1.0

上述各年的投资均发生于年初，而收益均在年末，设年利率为 8％，试对此项目的经济效益进行分析。

第 7 章

技术预见与技术政策

引例

日本的技术预测与预见

日本是世界上最早由政府组织大规模技术预测与预见的国家。从 1971 年开始，日本每 5 年组织一次全国范围内大规模的技术预测与预见调查活动，至今已进行了 11 次。这项调查由内阁科学技术会议提供资金，原科学技术厅主管，日本科技政策研究所具体组织实施，预测与预见调查的时间跨度为 30 年。

日本的技术预测最早始于 1971 年的"技术预测调查"项目，该项目就未来 15~30 年各个领域的科技发展方向进行技术预测，为未来的科技发展提供了新方向和新目标。20 世纪七八十年代的技术预测调查以科学技术的发展为视角，描绘了通过科学技术实现舒适、方便和安全的社会。20 世纪 90 年代，社会主题设定为老龄化和全球环境问题等，科学技术逐步应用于解决社会问题和社会需求。自 2000 年以来，科学技术与社会的关系在政策制定中越来越受到重视。2001 年，日本的技术预测转变为技术预见，以应对科技创新政策方向的变化，内容从科学技术发展向描绘社会未来方向转变，从理想社会向寻找必要科学技术的方向转变。2005 年完成的第 8 次技术预见调查报告中采用的预见方法主要包括社会需求分析法、德尔菲调查法、文献计量法（引文分析）和情景分析法。2010 年完成的第 9 次技术预见以解决经济社会面临的重大问题和挑战为基础开展调查。2015 年完成的第 10 次技术预见主要研究科学技术给社会发展带来的影响，分析现有技术未解决的问题和经济发展的技术需求，构建未来技术的趋势。2019 年完成的第 11 次技术预见从科学技术和社会的双向角度预见日本未来社会发展方向。

日本的技术预见遵循需求性、全面性、可预见性和可评价性 4 条基本原则，并逐渐形成了一整套严格的调查体系，其成果为日本科技政策的制定和"科学技术基本计划"的实施等提供了决策参考与支持。

分析与讨论：日本的技术预测与预见对日本制定科技政策的作用。

7.1　技术预见与预测

1. 技术预见

技术预见是对科学、技术和经济的长期未来前景进行系统性调查，旨在识别战略研究领域及能产生最大经济和社会效益的新兴通用技术。

技术预见的特征，一是前景。通过一系列系统和全面的过程展望多种可能的未来。二是评估标准。以定量方法为主，探索主题层面的共识，依赖专家意见，不宽泛亦非具体，过程公开。

技术预见的要素包括方向设定；确定重点；情报预期；在学术界内部或者与外部资助者、执行者、使用者之间达成共识；倡导新的研究计划；学术界内部传播与教育。

技术预见的方法主要包括以下三类：定性方法、定量方法及半定量方法。

（1）定性方法

技术预见中运用的定性方法侧重从主观层面对事件进行解读，通过深入的讨论、多元观点的分享来强化对不同视角和观点的理解。其中较为常用的包括回溯预测法（back casting）、头脑风暴法（brain storming）、公民专门小组法（citizens panels）、会议/研讨会法（conferences/workshops）、论文/情景写作（essays/scenario writing）、专家小组法（expert panels）、天才预测法（genius forecasting）、访谈法（interviewing）、文献回顾法（literature review）、形态分析法（morphological analysis）、关联树/逻辑图法（relevance trees/ logic charts）、角色扮演/表演法（role play/ acting）、扫描法（scanning）、情景分析/愿景工作坊（scenario/scenario workshops）、科幻小说法（science fictioning）、模拟游戏法（simulation gaming）、调查法（surveys）、SWOT 分析法（SWOT analysis）、弱信号法（weak signals）等。

（2）定量方法

技术预见的定量方法指的是对可靠、有效的数据（如社会经济指数）进行变量的测量和统计分析时所涉及的方法，如标杆分析法（bench making）、文献计量（bibliometrics）、模型分析法（modelling）、趋势外推法/影响分析法（trend extrapolation/ impact analysis）等方法。

（3）半定量方法

技术预见的半定量方法指的是应用数学原则对主观性内容、理性判断和专家及评论员的观点进行量化分析所采用的方法，如交叉影响/结构分析法（cross‐impact/ structural analysis）、德尔菲法（Delphi）、关键因素分析法（key/critical technologies）、多准则分析法（multi‐criteria analysis）、投票选举法（polling/voting）、定量情景分析法（quantitative scenarios）、技术路线法（road mapping）、利益相关者分析法（stakeholder analysis）等。

2. 技术预测

技术预测是预测有用的机器、过程或者技术的未来特征，技术并非局限于硬件，也包括知识和软件。

　　技术预测不同于评估，它以定量方法为主，无须达成共识，较少依赖专家意见，主要是对可能的未来进行识别。

　　技术预测的要素有预测的时间、预测的技术、技术特征说明、预测出现的概率说明。

　　技术预测的方法，可追溯至 20 世纪 50 年代，当时美国国防部及兰德公司的研究员已开始相关研究，经过 60 多年的发展，更多技术预测方法得以被开发并日趋完善，逐渐成为一个重要的研究领域。从研究目的来说，技术预测方法主要分为三类：探索性技术预测方法（exploratory）、规范性技术预测方法（normative）及二者相结合的方法（normative/ exploratory）。虽然三类方法都为技术预测所用，但各类方法的定义和特征存在一定差异。

　　探索性技术预测方法致力于对未来可能出现的先进技术进行预测，其主要特征是：基于既往和现今的知识和方法的积累，对未来事件进行预测，更侧重于预测新的技术如何基于一个预设的曲线（如 S 曲线）进行演进。从某种意义上说，探索性技术预测方法强调对必然发生的未来趋势的客观描述，因此几乎不能通过规划来影响或者改变未来趋势。

　　规范性技术预测方法首先对未来的目标、需求及任务等做出评估，继而在此基础上对当下的相关事件进行分析，找出有利于实现未来目标的必要步骤及实现的概率。规范性技术预测方法旨在为实现组织目标涉及的技术投资、人力资源投入等方面提供相应的指导。

　　除了探索性技术预测方法和规范性技术预测方法之外，还存在将两种方法相结合，充分发挥两种方法的特长和优势来进行技术预测的方法。

3. 技术预见与技术预测的差异

　　20 世纪 40 年代，为了适应军事和经济竞争的需要，技术预测开始兴起，以定量为主的技术预测方法于 70 年代发展成熟；20 世纪 80 年代，随着技术、商业、社会等的不确定性增加，以定性方法为主的技术预见逐步受到关注，日益发展成国际潮流。随着科技创新日益成为当今世界经济与社会发展的决定性力量，技术预测与技术预见活动相继在世界主要国家广泛开展。

　　1962 年，技术预测领域的先驱之一 R. C. Lenz 对技术预测概念的外延做出了明确的界定，其定义是强调对机器的发明、特征、尺寸或性能的预测。继 R. C. Lenz 之后，众多学者从技术特征、技术转移、技术应用等不同视角对技术预测的内涵做出了界定。基于以上学者的定义，Yonghee Cho 和 Tugrul Daim 将技术预测界定为：在分析技术变迁中面临的机遇和威胁的基础上，对既定时间框架下出现新技术的性能参数、进展时机、新的内涵、产品、过程、市场占有率和销售进行分析和评估，做出具有较高可信度的概率陈述，为研发决策水平的提升提供有价值的信息。由此可见，技术预测更侧重于技术的维度，强调在未来某段时间内对技术发展的方向、速度等特征进行预测，基本很少涉及战略和政策层面的考虑。

　　技术预见，也叫国家或区域预见，在内涵和特征等维度与技术预测存在一定差异。J. F. Coates 将技术预见定义为通过对未来的展望，实现对不同可信度、完整性和科技合理性信息的理解和欣赏的过程。B. R. Martin 将技术预见视为对科学、技术和经济的长期未来前景进行的系统性调查。

　　总的来说，技术预见强调对科学、技术和经济的长远前景进行系统性调查，旨在识别战略研究的领域及能产生最大经济效益和社会效益的新兴通用技术。在关注层面上，技术预测的关注点在于对突破性技术的识别，而技术预见着眼于国家层面，强调政府在识别社会理想的技术（social desirable technologies）中所起的重要作用；在时间维度上，较之于技术预测，技术预见关注更为长远的未来和更侧重于战略性的决策。

7.2　技术预见及预测的实践

1. 美国兰德公司

自 1996 年开始，美国国家情报委员会（NIC）出资赞助兰德公司针对世界科技领域的重点发展方向进行预测和预见，分别于 1996 年、2001 年和 2006 年出版发布了三次全球技术革命报告（global technology revolution）：《展望 2010 年全球发展趋势》、《生物、纳米、材料及信息技术全球发展趋势 2015》和《全球技术革命深度分析 2020》。

其中，2006 年发布的《全球技术革命深度分析 2020》属于典型的技术预见报告，不仅跟踪了先前趋势预测的进展并在此基础上寻找新的科技趋势，而且通过描述潜在的技术应用来向大众传达重大技术前沿的潜在影响，以期帮助决策者制订更好的战略计划。该报告中进行技术预见的方法主要如下。

首先，利用平行分析法（parallel analysis）对全球重要技术趋势的现有水平及其如何被应用到特定领域进行分析。在分析过程中，通过梳理主要的科技期刊，了解研发实验室的实际研究进展程度、对这些趋势的兴趣和投资程度，以及专家判断这些待评估的技术趋势能否在全球范围内产生重大影响，来评估技术趋势的可行性。其中，由兰德公司的若干技术专家撰写技术背景，分析 2020 年在其专业领域可能出现的技术趋势，这也是报告中描述的技术应用和实施分析的基础。

其次，将技术趋势和领域专家确定的问题联系起来。这项分析评估了哪些技术应用将在世界上的哪些地区（基于区域需求、投资、政治和文化驱动、资源和其他因素）是重要的。几位领域专家根据自身的专业知识和丰富经验审查了确定的技术应用，与这些领域专家的互动形成了讨论的基础。

最后，考虑了科技能力全球变化的影响及在技术发展的应用和实施过程中起决定性作用的环境因素。针对由技术预见分析（foresight analyses）得到的至 2020 年能够产生广泛社会影响的代表性技术应用（technology application，TA），进一步评估其实施的相对潜力及其在重要政策领域（如经济发展、公共和个人健康、资源利用和环境、国防、公共安全和国土安全、治理和社会结构）可能产生的影响。根据现有资源和能力，报告对科技能力方面具有典型国际差异的 29 个国家进行了这项分析，同时也包括对这些技术应用在实施过程中的驱动力和阻碍因素的分析。

2. 俄罗斯

俄罗斯尝试技术预见要追溯到 1990 年。2007 年，俄罗斯教育和科学部发起"2025 年科技发展预见项目"，主要包括三大部分：俄罗斯经济的宏观经济预见、科技预见和工业预见，其目的是为最不发达的经济领域技术发展找出一个可行的方法。该调查涵盖俄罗斯各个地区的 40 多个领先科学组织、学术机构和研究所的 2 000 多名专家，涉及 10 个领域，800 多个科技课题，对 100 多家大企业进行了调查，并对这些技术的当前和未来需求进行了分析。2008—2009 年发布的第二次报告主要对经济和科技领域的发展进行了分析，在此基础上对全球经济的未来市场进行了评估。2011 年，俄罗斯又发布了第三次报告，其科技预见的主要方法如表 7-1 所示，方法更为系统和完善。

表 7-1 技术预见主要方法

方 法	目 标
全球趋势和重大挑战分析法	识别优先领域的科技发展及经济关键领域的驱动因素和趋向
文献和专利分析法	确定未来科技前沿领域，包括实施科技前沿的工具
利益相关主体分析法	识别未来科学和创新市场等领域的相关信息聚合中心
量化模型和情景分析法	基于俄罗斯经济形成一个宏观经济预测
定性模型分析法	评估关键技术的特征来选定科技发展和经济领域
技术路线图	为科技和经济优先发展确立初级市场、产品、技术和管理方案
专访、焦点小组访谈、专家小组访谈、问卷调查	广泛组织各领域专家，收集相关信息，用于形成预测和愿景，同时形成基础研究领域的长期预测
研讨会等（包括国际性的）	论证取得的中长期研究成果和最终研究成果

3. 英国

英国的"技术与创新未来项目"（technology and innovation futures，TIF）始于 2010 年，旨在识别能促进英国未来 20 年可持续发展的技术及领域，该项目已于 2010 年、2012 年及 2017 年分别发布了研究报告。

2010 年报告中采用的研究方法主要包括访谈和研讨会等，例如对 25 名来自科研及商业领域的领军人物进行访谈，召集来自学术界、工业界、政府机关及私人机构的 150 多名专家学者召开了 5 场学术研讨会，识别 53 种推动英国经济实现未来可持续发展的技术。

2012 年报告中采用的方法除了访谈法外，又加入了问卷调查法。首先，基于 2010 报告中识别的 53 个技术领域，选出 15 名学术界及 26 名业界专家，对其进行结构化访谈，访谈围绕近期技术或其他相关的进展情况，或者未来 10 年可能出现的能够创造增长机会的相关技术。继而基于以上内容设计出调查问卷，发放给 2010 年报告的 180 多位参与者，请他们标出他们认为需引起关注的技术进展。

2017 年报告中，不仅引入了公共和私人部门专家对新兴技术的观点和意见，而且比之前的预测拓宽了信息来源。具体的数据收集如下：超过 1 000 个来自学术界和产业界技术专家的反馈；对英国知识产权局（Intellectual Property Office）超过 2 万份专利及英国创新和研究委员会（Innovate UK and Research Councils）的研究资助进行了分析；对于 2012 年后发表的约 100 篇文章进行了文献综述；召集 60 多名来自业界、学界及投资界的专家开展了 7 轮圆桌会议；对 50 多种技术进行了市场前景分析。

4. 经验的启示

（1）选择适合的方法是保证预测和预见质量的前提

在技术预测和预见活动中，方法的选择与预测或预见的质量息息相关。因此根据需求选择与特定的时间、空间、技术相应的方法尤为重要。不同类别的行业或机构，根据目标的不同，需要选择相应的不同方法；在预测和预见的不同阶段，也需要根据该阶段的目标，选择适合的方法，以完成特定的任务；根据信息的可用性、有效性及预测技术与现有技术的相似度的高低，也应选择相应的不同方法。

（2）不同方法的交叉融合是提升预测和预见准确性的基础

随着各国技术预测和预见活动的开展，以及相关方法的日益成熟，逐渐展现出各类方法交叉融合的趋势。例如英国的技术预见中既采用了专家访谈、研讨会等定性方法，同时也采纳了问卷调查、专利计量等定量研究方法。

（3）提升参与机制是预测和预见专业性的保障

从技术预测到技术预见的演变，日益凸显参与机制的重要性。传统的技术预测以定量方法为主，缺乏参与机制；随后开展的预见活动以定性方法为主，涉及来自不同行业和领域的专家参与，以及专家之间的沟通和社交网络的建立。例如英国 2010 "技术与创新未来项目"中，包括英国皇家学会（Royal Society）、英国皇家工程院（Royal Academy of Engineering）及英国皇家艺术学会（Royal Society of Arts）的多位专家参与了项目，体现了学术共同体的广泛参与。而随着各国对技术预见的日益重视及相关预见活动的开展，参与机制将起到日益重要的作用。

（4）关注新的方法：创新预测

在建设创新型国家的背景下，随着 "大数据" 时代的来临， "创新预测" 日益引起关注。在理念层面， "创新预测"（innovation prediction）更为强调 "数据驱动"（data - driven）而非传统的 "目标驱动"（objective - driven）；在方法层面， "创新预测" 以大数据研究方法为主，同时结合传统的定量和定性研究方法，围绕大数据环境下复杂的数据特征与环境，形成具备新思路和新方法的预测体系，以提升预测的准确性。

7.3　技术政策

1. 技术政策的内涵

技术政策是国家对一个领域技术发展和经济建设进行宏观管理的重要依据。它既能指导技术发展规划和经济发展规划的编制，又能指导科技攻关、技术改造、技术引进、重点建设项目的进行，还能指导生产结构、消费结构和技术结构的调整、变革和发展，使它们沿着符合客观规律的轨道进行。

国内外学者关于技术政策的定义主要是从技术创新性和应用性角度给出的。

（1）技术创新性

盛世豪、赵奇军指出， "技术政策是通过适当的有计划的研究和开发活动来提高现有技术能力，更新技术体系，最终增强工业竞争能力，其重点在于：鼓励创新；推广新技术；更换技术；注意所代替技术的过程和副作用；考虑是否要引进新技术还是由国内生产。Ergas 从工业创新和军事 R&D（不包括科学政策经费）考虑技术政策，他提出了技术政策的 3 种模式：任务导向型、知识扩散型和协同扩散型。Paul Diederen 和 Paul Stoneman 指出： "技术政策支持企业发展、适应新技术并促使新技术商业化，包括 R&D 资金、创新中心建立、技术转移和扩散、风险资本等。" Routhwell 在研究了加拿大、日本、荷兰、瑞典、英国、美国工业创新政策的基础上，指出 6 个国家技术政策在政策工具、目标趋向、政府干预程度上有所不同。Mowery 指出： "技术政策是国家或产业创新绩效政策的设计和实施，能影响某一领域新技术的发展、吸收和商业化。"Gutierrez 强调："技术政策是国外技术的吸收和创新。选择适当的技术政策将有力地促进国家经济增长和发展。"

（2）技术应用性

国家技术政策不仅包括政府对企业发展的新技术的直接或间接支持，如小企业创新计划，还包括一些具有产业发展前景的重要领域，如生物技术、信息技术和材料技术，实施国家的 R&D 计划，其目标是动员大学、研究机构和私营研究力量开展 R&D 活动，为新技术发展和创新提供源泉和支持，如 ATP 计划。从广义上讲，"技术政策是为了开发特定的技术资源和基础设施"。国家科委政策局指出，"技术政策用来回答和指导技术的发展方向、目标和任务。它是一个领域技术发展和经济建设进行宏观管理的重要依据"。E. Braun（1994）强调"技术政策的目的是支持、加强、发展技术，经常聚焦在军事和环境保护领域"。可见，技术政策更关注实际应用的技术，经常为创造商业利润而应用新的科学知识提供支持，更确切地说技术政策应支持科学的应用。

从广义上讲，技术政策包括工业政策、研究或科学政策、教育政策、竞争政策、贸易政策、结构或区域政策、基础设施政策。

根据欧盟公布的数字，在 28 个国家中共实施了 1 340 多项技术政策。技术政策大致包含以下 4 个内容：确定技术发展目标；明确行业结构（即生产结构、产品结构和技术结构）；选择技术发展方向；促进技术进步的途径和措施。

2. 技术政策的要素

技术政策的要素有两个：政策的主体和政策的客体。

技术政策的主体是中央政府、地方政府和行业主管部门，其主要功能是决定政策的目标、选择政策工具、发布政策并监督执行。它承担着确定技术政策的目标、根据实现目标的需要选择具体的政策工具、发布政策并监督政策执行等一系列任务，也就是政策从制定到完成的全过程。

技术政策的客体也就是政策的对象，是指技术活动的执行主体所从事的各种技术活动。

3. 技术政策的分类

不同的国家和地区，按照不同的标准，技术政策的分类也不尽相同。

（1）按照技术资源和技术能力分类

从技术能力现状分，可分为自力更生技术政策和引进吸收技术政策；从技术功能上分，可分为提高工业生产竞争力、发展经济的技术政策和增强技术发展潜力、提高综合技术能力的技术政策；从技术资助上分，可分为企业资助技术政策、民间自助技术政策和国家拨款技术政策。

（2）按照技术政策实际范围分类

技术政策可分为一般技术政策或国家技术政策、行业技术政策、地区技术政策和企业技术政策。国家技术政策指一个时期内指导技术研究和发展的全局性、原则性政策，主要包括技术发展的原则、目标、途径，技术的功能、地位和作用，不同层次技术研究开发的资源配置原则和地区布局原则，整体技术体系的结构特点，重点技术领域和项目的选择和评估原则。行业技术政策是关于各行业技术发展的政策，通常从产业结构政策、经济结构特点及行业内部的技术现状确定行业技术发展的目标、方式等。地区技术政策是结合区域内部的社会、经济、自然特点和科技资源现状等制定的区域性技术政策，主要强调区域的主导技术、优势技术和适用技术。企业技术政策是关于企业内部的技术研究与开发、技术创新与改造、技术资源及企业技术进步考核等方面的政策。

（3）按照技术目标分类

按技术目标分类，技术政策可分为制度政策和过程政策。制度政策主要指那些为国家的产业技术活动创造长期制度环境的法律和组织结构的政策措施，通常由立法机关以立法的形式提出。过程政策是指在设定的制度环境中主要由政府管理部门制定、实施的针对产业技术活动过程本身的政策措施，目的在于调节产业技术活动过程中的一些重要关系，如供求关系等。

（4）按照技术对象分类

按照技术对象分类，技术政策可分为 3 类：单项调节政策、结构调节政策和水平调节政策。单项调节政策是指那些旨在调节单个组织和行业或单一技术活动的政策；结构调节政策是指旨在调整不同部门、不同行业、不同地区、不同技术领域、不同创新主体之间关系的政策措施；水平调节政策是指在调节国家级技术活动中，一些重要的宏观参数的政策措施。

习　　题

1. 简述技术预见及技术预测的含义、特征及其要素。
2. 简述技术预见及技术预测的方法。
3. 举例说明国外技术预测/技术预见的实践及其方法。
4. 举例说明技术预见如何影响某产业的发展。
5. 简述技术政策的分类和主要内容。

第8章

经济预测方法

引例

IMF 对全球经济的预测

在新冠肺炎疫情影响下，2020 年 6 月 24 日国际货币基金组织（IMF）发布最新《世界经济展望》，对全球经济走势进行了预测。预计 2020 年全球经济增长率为－4.9％，比 2020 年 4 月《世界经济展望》的预测值低 1.9 个百分点。

IMF 预计 2020 年：美国、日本、英国、德国、法国、意大利和西班牙将出现经济同步的深度衰退，增长率分别为－8.0％、－5.8％、－10.2％、－7.8％、－12.5％、－12.8％和－12.8％；俄罗斯、沙特阿拉伯、尼日利亚和南非将出现经济严重衰退，增长率分别为－6.6％、－6.8％、－5.4％和－8.0％；中国经济因政策刺激，预计增长率为 1.0％。

IMF 预计 2021 年全球经济增长率将上升至 5.4％。美国、欧元区和日本经济将分别增长 4.5％、6.0％和 2.4％；新兴市场和发展中经济体增长率将升至 5.9％，其中中国经济增长将回升到 8.2％。

分析与讨论：IMF 预测全球经济可能用到的方法。

8.1 专家预测法

专家预测法是指运用一定的组织技术，将专家们个人分散的经验和知识汇集成群体的经验和知识，从而对事物的未来发展趋势作出主观预测的市场预测方法。专家预测法主要包括专家个人预测法、专家会议预测法及德尔菲法等。

1. 专家个人预测法

这是一种早期的专家预测法，是指根据专家个人的经验分析判断某种事物的发展趋势的方法。其优点是，可以尽量大地发挥专家个人的能力，能够迅速做出预测结论；缺点是，容易受到专家个人具有的知识面、信息量以及预测偏好等主观因素的影响，使得结果带有片面性。

2. 专家会议预测法

专家会议预测是指通过召开专家预测会，通过充分讨论，集思广益，做出预测结论的方法。其优点是，可以在一定程度上弥补专家个人预测的片面性，有利于得出接近于现实的预测结论；缺点是，专家面对面讨论时，容易受到一些心理因素的影响，比如由于屈从于权威的意见不愿公开发表自己的不同意见等，这些因素不利于专家们畅所欲言，从而导致预测结果的不准确。

3. 德尔菲法

德尔菲法最早出现于 20 世纪 50 年代末期，是由美国兰德公司首次采用的。以后这一方法被广泛运用于各类预测之中，逐渐取代了专家个人判断和专家会议两种专家调查法。德尔菲法是采用匿名函询的方法，通过一系列简明的调查征询表向专家们进行调查，并通过有控制的反馈，取得尽可能一致的意见，对事物的未来做出预测。德尔菲法的特点是匿名性、反馈性和收敛性。

德尔菲法的预测步骤如下。

（1）组成调查工作组

调查工作组的人数一般为 10 人到 20 人，其主要工作内容是：对预测过程作计划、选择专家、设计调查表、组织调查、对调查结果进行汇总处理并做出预测。工作组人员要求掌握一定的专业知识、统计和数据处理方面的基础知识。

（2）选择专家

选择理想的专家是德尔菲法的重要环节。选择什么样的专家一般是由所要预测问题的性质决定的。一般来讲，选择专家时，既要选择相关学科的专家，也要选择其他学科的专家学者，既要选择有名望的技术权威，也要选择从事具体工作的专家。

（3）以函询方式向专家索取预测信息

函询方式是指调查工作组为向专家索取预测信息而采取向专家们函寄调查表的方式。

（4）调查结果的汇总处理

对调查结果进行处理和表达的方式取决于预测问题的类型和对预测的要求。

① 对定量调查结果的处理。当预测结果需要用数量表示时，一般用"中位数法"进行数据处理，即分别求出预测结果的中位数、下四分位点和上四分位点。

设参加预测的专家数为 n，对某一问题各专家回答的定量值为 X_i（$i=1, 2, \cdots, n$），且 $X_1 \leqslant X_2 \leqslant \cdots \leqslant X_n$，则调查结果的中位数为

$$M_e = \begin{cases} X_{\frac{n+1}{2}}, & n \text{ 为奇数} \\ X_{\frac{n}{2}+1}, & n \text{ 为偶数} \end{cases}$$

中位数 M_e 可看作是调查结果的期望值。在 $X_1 \sim M_e$ 的答数中再取中位数即为下四分位点，在 $M_e \sim X_n$ 中再取中位数即为上四分位点。上、下四分位点之间的区域为四分位区间，区间大小反映专家意见的离散程度。区间小则说明专家意见离散程度低，即意见集中；区间大则说明意见分散，四分位区间的大小是是否进行下一轮函询的依据。

② 对评分、排序调查结果的处理。有些问题需要专家对其重要性进行评分或排序，对于这类答案的处理，可用总分比重法，即用各事项的得分在总得分中所占的比重衡量其相对重要程度。总分比重法的公式为

$$B_j = \frac{\sum\limits_{i=1}^{n} b_{ij}}{\sum\limits_{j=1}^{m} \sum\limits_{i=1}^{n} b_{ij}} \tag{8-1}$$

式中：B_j——第 j 个事项的总分比重；

b_{ij}——第 i 个专家对第 j 个事项的评分；

n——给出答案的专家数；

m——参加比较的事项数。

③ 对主观概率的统计处理。用德尔菲法进行预测，有时需要专家对某个未来事件发生的概率作出主观判断，这时需要用平均主观概率法综合处理专家的不同意见。平均主观概率法的公式为

$$\overline{P} = \frac{1}{n} \sum\limits_{i=1}^{n} P_i \tag{8-2}$$

式中：$\overline{P}$——专家集体的平均主观概率；

P_i——第 i 个专家估计的主观概率；

n——参加预测的专家数。

德尔菲法简单易行，用途广泛，费用较低，大多数情况下可得到准确的预测结果。但是，德尔菲法预测是建立在专家主观判断的基础之上，有时会使预测结果不稳定。而且，函询方式不利于专家间的意见交流，不利于激励创新。

8.2　回归预测法

1. 一元线性回归预测法

一元线性回归预测法适合于预测对象主要受一个相关变量影响且两者间线性相关的预测问题。一元线性回归模型如下。

$$y = a + bx \tag{8-3}$$

式中：y——因变量（预测对象）；

x——自变量（影响因素）；

a，b——回归系数。

由已知样本数据，根据最小二乘法原理求出回归系数 a，b。计算公式为

$$b = \frac{\sum\limits_{i=1}^{n} x_i y_i - \bar{x} \sum\limits_{i=1}^{n} y_i}{\sum\limits_{i=1}^{n} x_i^2 - \bar{x} \sum\limits_{i=1}^{n} x_i} \tag{8-4}$$

$$a = \bar{y} - b\bar{x} \tag{8-5}$$

计算相关系数 r，进行相关检验。

$$r = \frac{n \sum\limits_{i=1}^{n} x_i y_i - \sum\limits_{i=1}^{n} x_i \sum\limits_{i=1}^{n} y_i}{\sqrt{\left[n \sum\limits_{i=1}^{n} x_i^2 - \left(\sum\limits_{i=1}^{n} x_i\right)^2\right]\left[n \sum\limits_{i=1}^{n} y_i^2 - \left(\sum\limits_{i=1}^{n} y_i\right)^2\right]}} \tag{8-6}$$

$0 \leqslant r \leqslant 1$，$r$ 越接近于 1，说明 x 与 y 的相关性越大，预测结果的可信程度越高。一般可用计算出的相关系数 r 与相关系数临界值 r_0 相比较，r_0 是由样本数 n 和显著性水平 α 两个参数决定的，实际工作中可由相关系数临界值表查出。α 表示用线性方程在一定区间描述 x 与 y 的相关关系不可靠的概率。$1-\alpha$ 称为置信度，表示在一定区间用线性方程描述 x 与 y 的关系令人置信的程度。只有当 $r \geqslant r_0$ 时，预测模型在统计范围内才具有显著性，用回归方程描述 y 和 x 的关系才有意义。

求置信区间。由于回归方程中 x 与 y 之间关系的不确定性，所以对于任意的 $x = x_0$，无法确定地知道相应 y_0 值，只能通过求置信区间判定在给定概率下 y_0 实际值的取值范围。在样本数为 n，置信度为 $1-\alpha$ 的条件下，y_0 的置信区间是

$$\left[\hat{y}_0 - t_{\alpha/2}(n-2) \cdot S(y), \ \hat{y}_0 + t_{\alpha/2}(n-2) \cdot S(y)\right]$$

式中：　　$\hat{y}_0$——由回归方程求出的与 x_0 相对应的 y_0 的估计值；

　　$t_{\alpha/2}(n-2)$——自由度为 $n-2$，置信度为 $1-\alpha$ 的 t 分布的临界值；

　　$S(y)$——经过修正的 y 的标准差。

$$S(y) = \hat{\sigma} \sqrt{1 + \frac{1}{n} + \frac{(x_0 - \bar{x})^2}{\sum\limits_{i=1}^{n}(x_i - \bar{x})^2}} \tag{8-7}$$

其中，

$$\bar{x} = \frac{1}{n} \sum_{i=1}^{n} x_i, \qquad \hat{\sigma} = \sqrt{\frac{\sum\limits_{i=1}^{n}(y_i - \hat{y})^2}{n-2}}$$

在样本足够大的情况下，式中的根式近似地等于 1。当 $1-\alpha = 0.95$ 时，$t_{\alpha/2}(n-2) \approx 2$，$y_0$ 的置信区间近似为 $y_0 \pm 2\sigma$，意味着 y_0 的实际值发生在 $(y_0 - 2\sigma, \ y_0 + 2\sigma)$ 区间内的概率为 95%。当置信度取 $1-\alpha = 0.99$ 时，$t_{\alpha/2}(n-2) \approx 3$，$y_0$ 的置信区间近似地是 $(y_0 - 3\sigma, \ y_0 + 3\sigma)$。

2. 多元线性回归预测法

如果影响预测对象变动的主要因素不止一个，可用多元线性回归预测法，多元线性回归的原理与一元回归相似，但运算复杂。

(1) 多元线性回归的一般模型

多元线性回归的一般模型是

$$y = b_0 + b_1 x_1 + b_2 x_2 + \cdots + b_m x_m \tag{8-8}$$

式中：x_1，x_2，$\cdots$，x_m——互不相关的各个自变量；

　　b_1，b_2，$\cdots$，b_m——回归系数，可由已知数据求出。

(2) 多元线性回归的预测区间

在多元线性回归中，一般运用 3σ 原则近似地求预测区间。多元线性回归模型的样本标

准差 S 为

$$S = \sqrt{\frac{1}{n-m-1} \sum_{i=1}^{n} (y_i - \hat{y}_i)^2} \tag{8-9}$$

其中, $n-m-1$ 是 $\sum_{i=1}^{n} (y_i - \hat{y}_i)^2$ 的自由度, 因包括常数项截距 b_0, 所以要减去 1。这样 y 的近似预测区间是 $y = (\hat{y} - 3S, \hat{y} + 3S)$。

（3）多元线性回归模型的检验

多元线性回归常用的检验方法有 R 检验、F 检验和 t 检验。

3. 非线性回归预测法

在自变量与因变量不是呈线性关系时, 就需要运用非线性回归预测方法。非线性回归预测模型的一般式为

$$y = f_1(x_1) + f_2(x_2) + \cdots + f_m(x_m) \tag{8-10}$$

其中, $f_j(x_j)$, $j = 1, 2, \cdots, m$, 可以是多项式、指数、三角函数或其他函数形式, 实际中主要有四种, 二次曲线: $y = b_1 + b_2 x + b_3 x^2 + \varepsilon$; 指数曲线: $y = \alpha e^{\beta x} e^{\varepsilon}$; 幂函数: $y = \alpha x^{\beta} e^{\varepsilon}$; 修正指数曲线。

8.3 时间序列预测法

时间序列预测法是指根据预测对象的时间序列数据, 找出预测对象随时间推移的变动规律, 通过趋势外推预测未来的一种方法。

1. 移动平均法

移动平均法是用分段逐点推移的平均方法对时间序列数据进行处理, 找出预测对象的历史变动趋势, 并据以建立预测模型的一种时间序列预测法。其程序如下。

（1）一次移动平均值的计算

$$M_t^{[1]} = \frac{1}{n}(y_t + y_{t-1} + \cdots + y_{t-n+1}) = M_{t-1}^{[1]} + \frac{1}{n}(y_t - y_{t-n}) \tag{8-11}$$

式中: $M_t^{[1]}$——第 t 周期的一次移动平均值;

n——计算移动平均值所取的数据个数。

（2）二次移动平均值的计算

$$M_t^{[2]} = \frac{1}{n}(M_t^{[1]} + M_{t-1}^{[1]} + \cdots + M_{t-n+1}^{[1]})$$

$$= M_{t-1}^{[2]} + \frac{1}{n}(M_t^{[1]} - M_{t-n}^{[1]}) \tag{8-12}$$

式中: $M_t^{[2]}$——第 t 周期的二次移动平均值。

（3）建立线性预测模型

$$y_{t+T} = a_t + b_t \cdot T \tag{8-13}$$

式中: t——目前的周期序号;

T——由目前到预测周期的周期间隔数;

y_{t+T}——第 $t+T$ 周期的预测值；

　a_t——截距；

　b_t——斜率，即每周期预测值的变化量。

其中，

$$a_t=2M_t^{[1]}-M_t^{[2]}, \quad b_t=\frac{2}{n-1}(M_t^{[1]}-M_t^{[2]})$$

2. 指数平滑法

指数平滑法是移动平均法的改进。其思路是：在预测研究中，越近期的数值越应受到重视。时间序列中各数据的重要性由近及远呈指数规律递减，故对时间序列数据的平滑处理应采用加权平均的方法。其程序如下。

（1）一次指数平滑值的计算

$$S_t^{[1]}=\alpha y_t+(1-\alpha)S_{t-1}^{[1]} \tag{8-14}$$

式中：$S_t^{[1]}$——第 t 周期的一次指数平滑值；

　　y_t——预测对象第 t 周期的实际数据；

　　α——指数平滑系数。

（2）二次指数平滑值的计算及线性预测模型的建立

$$S_t^{[2]}=\alpha S_t^{[1]}+(1-\alpha)S_{t-1}^{[2]} \tag{8-15}$$

每次计算时，需要确定一个初始值，一般取 $S_0^{[1]}=y_1$，$S_0^{[2]}=S_0^{[1]}$。建立线性预测模型：

$$y_{t+T}=a_t+b_t \cdot T$$

其中，　　　　　$a_t=2S_t^{[1]}-S_t^{[2]}, \quad b_t=\frac{\alpha}{1-\alpha}(S_t^{[1]}-S_t^{[2]})$

如果所需要预测的变量之间不是呈线性关系，则应进行三次平滑指数的计算，建立非线性模型。

（3）三次指数平滑值的计算及非线性预测模型的建立

$$S_t^{[3]}=\alpha S_t^{[2]}+(1-\alpha)S_{t-1}^{[3]} \tag{8-16}$$

其初始值 $S_0^{[3]}=S_0^{[2]}$，建立非线性预测模型为

$$y_{t+T}=a_t+b_t \cdot T+c_t \cdot T^2 \tag{8-17}$$

其中，

$$a_t=3S_t^{[1]}-3S_t^{[2]}+S_t^{[3]}$$

$$b_t=\frac{\alpha}{2(1-\alpha)^2}[(6-5\alpha)S_t^{[1]}-2(5-4\alpha)S_t^{[2]}+(4-3\alpha)S_t^{[3]}]$$

$$c_t=\frac{\alpha^2}{2(1-\alpha)^2}[S_t^{[1]}-2S_t^{[2]}+S_t^{[3]}]$$

3. 时间回归法

时间回归法是指将时间因素作为自变量，按照线性回归预测法的思路，通过建立时间与预测值之间的线性回归预测模型，预测某一时间的因变量的方法。

4. 季节波动预测法

季节波动预测法是指对一些表现出明显周期波动的经济行为进行预测的方法。季节波动预测法的具体方法很多，主要有以下几种。

（1）年季节指数平均法

年季节指数平均法是先将各年每期的数据与全年平均数相除，得出一系列反映各期波动的变化率，然后再对不同年份中的周期变化率进行平均，求得各季节指数。其具体预测程序如下。

① 求每年数据中各季节的变化率。假设有 N 年统计数值，每年季节分段为 K，T 为数据系列总长度，则有 $T=NK$。设 y_{ij} 为第 i 年第 j 季的统计数据，则各季变化率等于本季度实际数值与全年数值平均值之比，计算公式为

$$F_{ij}=\frac{y_{ij}}{\sum_{j=1}^{K}y_{ij}/K}, \quad i=1, 2, \cdots, N; \quad j=1, 2, \cdots, K \tag{8-18}$$

式中，F_{ij} 是第 i 年第 j 季的变化率。

② 求季节指数。各季节指数等于各年该季变化率的平均值，计算公式为

$$F_j=\frac{1}{N}\sum_{i=1}^{N}F_{ij}, \quad j=1, 2, \cdots, K \tag{8-19}$$

式中，F_j 为第 j 季的季节指数。

③ 求出消去了季节波动后的统计数值。基本方法是原统计数值除以季节指数，计算公式为

$$y_{ij}'=\frac{y_{ij}}{F_j} \tag{8-20}$$

式中，y_{ij}' 是消去了季节波动因素后的统计数值。

④ 根据 y_{ij}' 重新修正统计数据表，并建立最终预测模型。应该注意的是，利用上述最终预测模型预测出的结果，是消除了季节波动后的预测值，应按照上述步骤倒推出包含季节波动因素的实际预测值。

年季节指数平均法的适用范围是，趋势变化和循环变化不显著的序列。当统计数据序列中含有明显的趋势因子时，这种方法就不适用了，需要用到趋势分离法。

（2）趋势分离法

趋势分离法的基本思路是，先分离出不含季节周期波动的长期趋势，再计算季节指数，最后建立预测模型。基本程序如下。

① 运用趋势移动平均法求出基本趋势方程。基本趋势方程的表达式是

$$y_t'=a+bt, \quad t=1, 2, \cdots, T \tag{8-21}$$

计算时，每次移动平均跨越一个完整的季节周期个数，可以很好地消掉季节波动因子，保持序列基本的趋势特征。

② 计算每个周期的周期指数 S_t。计算公式为

$$S_t=\frac{y_t}{y_t'}, \quad t=1, 2, \cdots, T \tag{8-22}$$

③ 计算平均季节指数 F_t'。计算公式为

$$F_t'=\frac{S_j+S_{j+K}+\cdots+S_{j+(N-1)K}}{N}, \quad j=1, 2, \cdots, K \tag{8-23}$$

④ 对平均季节指数进行处理，使其平均值为 1，即

$$\overline{F} = \frac{1}{K}\sum_{j=1}^{K} F'_j \qquad (8-24)$$

$$F_j = \frac{F'_j}{\overline{F}}, \quad j=1, 2, \cdots, K \qquad (8-25)$$

其中，F_j（$j=1, 2, \cdots, K$）就是所求的季节指数。

⑤ 用所求的季节指数消去统计数据中的季节波动因子，得到没有季节波动因子的统计数据，然后建立预测模型。

应该注意，上述分离波动趋势的方法，大多是对各年同一时期数值进行平均或计算趋势的比例，计算简单，但是适用范围有限，预测精度也不很理想。随着一些变动趋势极不规律的经济活动的出现，这些传统的趋势分离法的局限性便明显地暴露出来，需要用更先进的、更严密的预测方法，这些方法中较为典型的是 Census Ⅱ 分解方法。

（3）Census Ⅱ 分解方法

Census Ⅱ 分解方法是 20 世纪 50 年代中期美国商业部普查局开发的时序分解方法。其简单程序如下。

① 对原始数据进行工作日差额校正。因为各月（或季度）的工作日数不同，会影响到月度经济活动规模，比如销售额的差别等，因此，应在分解前对工作日进行调整。

② 用移动平均法作为分解工具，Census Ⅱ 分解方法往往还会反复迭代，逐级平滑，优化季节因子。

③ 运用统计原理识别数据序列中的异化值，并且加以修正，调整时间序列。

④ 识别序列中的趋势因子。

Census Ⅱ 分解方法对于传统分解法进行了精心调整，预测结果更为准确，但计算也更为严密、复杂，必须借助计算机进行。

8.4　增长曲线预测法

增长曲线预测法是以时间为自变量，以预测对象的变化规律构造预测模型并进行趋势外推的一种预测方法。从其基本原理看，增长曲线预测法也属于时间序列预测方法的范畴，但由于增长曲线多为非线性函数，计算上有其独特的特点。

1. 戈珀兹曲线预测模型

戈珀兹（B. Gompertz）是英国的统计学家和数学家，他提出的预测模型是：

$$y = La^{bt} \qquad (8-26)$$

式中：y——函数值；

　　L——渐近线值（极限值）；

　　a——参数；

　　b——参数；

　　t——时间变量。

在戈珀兹曲线拟合的前提下，L，a，b 的计算如下。

① 进行时间排序，$t=0$，$t=1$，$\cdots$

② 将时间序列分为三段，每段 n 个数据，计算各时间段内实际数据之对数和，分别计作 $\Sigma_1 \lg y$，$\Sigma_2 \lg y$，$\Sigma_3 \lg y$。

$$\Sigma_1 \lg y = \sum_{t=0}^{n-1} \lg y_t$$

$$\Sigma_2 \lg y = \sum_{t=n}^{2n-1} \lg y_t$$

$$\Sigma_3 \lg y = \sum_{t=2n}^{3n-1} \lg y_t$$

③ 计算 L，a，b：

$$b^n = \frac{\Sigma_3 \lg y - \Sigma_2 \lg y}{\Sigma_2 \lg y - \Sigma_1 \lg y}$$

$$\lg a = (\Sigma_2 \lg y - \Sigma_1 \lg y) \frac{b-1}{(b^n-1)^2}$$

$$\lg L = \frac{1}{n}\left(\Sigma_1 \lg y - \frac{b^n-1}{b-1} \lg a\right)$$

④ 建立戈珀兹预测模型，进行预测。戈珀兹预测曲线是一条渐近曲线，当预测对象的发展趋势有极限，并且有相近增长趋势时，可考虑选择戈珀兹曲线预测模型。该模型比较适合于中、长期预测。

2. 逻辑曲线预测模型

逻辑曲线是比利时数学家维哈尔斯特（P. F. Vehulst）于 1938 年在研究人口增长规律时归纳出的曲线。逻辑曲线又称生长理论曲线或推理曲线，基本模型是

$$y = \frac{L}{1 + b\mathrm{e}^{-at}} \tag{8-27}$$

式中：y——函数值；

t——时间变量；

L——模型参数、极限值；

a，b——模型参数、常数；

e——自然对数的底数。

在逻辑曲线拟合的前提下，L，a，b 的计算方法如下。

① 进行时间排序，$t=1$，$t=2$，…

② 将时间序列数分为三段，每段 n 个数据，计算各时间段内实际数值的倒数之和，分别计作 S_1，S_2，S_3。

$$S_1 = \sum_{t=1}^{n} \frac{1}{y_t}$$

$$S_2 = \sum_{t=n+1}^{2n} \frac{1}{y_t}$$

$$S_3 = \sum_{t=2n+1}^{3n} \frac{1}{y_t}$$

设 $D_1 = S_1 - S_2$，$D_2 = S_2 - S_3$。

③ 计算 L，a，b。

$$L = \frac{n}{S_1 - \dfrac{D_1^2}{D_1 - D_2}}$$

$$a = \frac{1}{n}(\ln D_1 - \ln D_2)$$

$$b = \frac{L \cdot D_1}{C(D_1 - D_2)}$$

其中

$$C = \frac{e^{-a}(1 - e^{-na})}{1 - e^{-a}}$$

④ 建立逻辑曲线预测模型。逻辑曲线预测模型比较适合于一定条件下某种耐用消费品的普及过程、累计销售额的变化情况，以及置于孤岛上的动植物增长情况等，是一种长期预测方法。

3. 指数曲线预测模型

指数曲线预测模型的一般表达式为

$$y = a\,e^{bt} \tag{8-28}$$

式中：y——预测值；

$\qquad t$——时间变量；

$\quad a，b$——模型参数、常数；

$\qquad e$——自然对数的底数。

建立指数曲线预测模型的关键是求出 $a，b$ 的值，基本步骤如下。

① 将指数曲线模型变换为线性模型。两边取对数，得

$$\ln y = \ln a + b^t$$

② 用最小二乘法求解 $a，b$。令 $\ln y = y'$，$\ln a = a'$，则模型变为

$$y' = a' + b^t$$

其中，

$$b = \frac{\displaystyle\sum_{t=1}^{T} t \cdot y'_t - \frac{1}{T}\left(\sum_{t=1}^{T} t\right)\left(\sum_{t=1}^{T} y'_t\right)}{\displaystyle\sum_{t=1}^{T} t^2 - \frac{1}{T}\left(\sum_{t=1}^{T} t\right)^2}$$

式中，T 是最近的周期序号。

③ 将未来的预测序号代入预测模型，计算得出 y'，也即 $\ln y$。

④ 对 $\ln y$ 求反对数，可得预测值 y。

指数曲线预测模型适用于预测对象的增长速度越来越快，其趋势接近于指数函数曲线，并且经判断认为其预测期限内不会出现突然变化的情况。同时，由于研究对象的增长总是有限的，因此，指数曲线预测模型一般用于预测短期或中期预测。

4. 修正指数曲线预测模型

修正指数曲线是一种渐近增长曲线，即研究对象在初期和中期增长速度较快，到了后期增长速度减慢所呈现出的增长曲线。其一般式为

$$y = K + ab^t \tag{8-29}$$

式中：K——模型参数，增长极限值；其他字母含义同前。

对于 K，a，b 的计算，需要建立三个联立方程求解。基本程序是：将数据分成三段，对每段数据进行统计分析，得到包括三个方程的联立方程，求解得出三个参数。

5. 对数抛物线预测模型

对数抛物线预测模型适用于一般产品生命周期曲线的预测对象，即预测对象在前期逐渐上升，到达一个最高点之后逐渐下降，直到最后完全退出市场，不再有变化趋势。其模型表达式为

$$y = a\,e^{bt+ct^2} \tag{8-30}$$

公式中字母含义同前。

运用此模型的关键是求解 a，b，c，基本程序同指数曲线预测模型。

① 将对数抛物线模型线性化。两边取对数得

$$\ln y = \ln a + bt + ct^2$$

② 转换为二次多项式方程。令 $y' = \ln y$，$a' = \ln a$，则模型变为

$$y' = a' + bt + ct^2$$

③ 按照二元线性回归预测的方法求解参数，可得预测模型。

8.5 需求弹性预测法

需求弹性是指需求量对某种影响因素变化的反应程度。其关系式为

$$E = \frac{Q\,\text{变动}(\%)}{X\,\text{变动}(\%)}$$

式中：E——需求弹性；

Q——需求量；

X——影响需求量的某因素。

影响需求量的因素很多，主要有产品价格、居民收入、相关产品的价格，等等。所以，需求弹性可以分为需求价格弹性、需求收入弹性、需求交叉弹性，等等。

1. 需求价格弹性预测方法

需求价格弹性是指需求量对价格变动的反应程度。其计算公式为

$$\text{需求价格弹性} = \frac{\text{需求量变动}(\%)}{\text{价格变动}(\%)} = \frac{\Delta Q/Q}{\Delta P/P} = \frac{\Delta Q}{\Delta P} \cdot \frac{P}{Q} \tag{8-31}$$

式中：Q——需求量；

ΔQ——需求量变动的绝对数量；

P——价格；

ΔP——价格变动的绝对数量。

按照价格弹性的不同，大体上可以把需求曲线划分为四类，如图 8-1 所示。

① 完全非弹性需求曲线。图 8-1(a) 的需求曲线是一条垂直的直线。它表明在这条曲线上，所有各点的弹性均为零（$|\varepsilon_p| = 0$），即不管价格多高，需求量总是保持不变，这种需求曲线称为完全非弹性需求曲线。

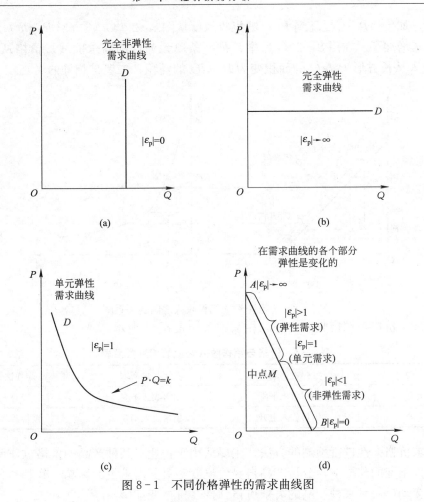

图 8-1　不同价格弹性的需求曲线图

②　完全弹性需求曲线。图 8-1(b) 的需求曲线是一条水平的直线。它表明在这条需求曲线上，所有各点的价格弹性均为 ∞（$|\varepsilon_p| \to \infty$），即只要价格稍微上升，需求量就会立刻降到零，这种需求曲线称为完全弹性需求曲线。

③　单元弹性需求曲线。图 8-1(c) 的需求曲线是一条方程为 $P \cdot Q = k$ 的双曲线。在这条需求曲线上，所有各点的价格弹性均为 1（$|\varepsilon_p| = 1$），即价格变动一定百分率，会导致需求量变动同样的百分率，这种需求曲线称为单元弹性的需求曲线。

④　弹性需求曲线。图 8-1(d) 的需求曲线是一条倾斜的直线，在该条线上，各点的价格弹性是变化的。在 A 点，$|\varepsilon_p| \to \infty$；在 B 点，$|\varepsilon_p| = 0$；在中点 M，$|\varepsilon_p| = 1$。需求曲线的 AM 部分，$|\varepsilon_p| > 1$，称为弹性需求，MB 部分，$|\varepsilon_p| < 1$，称为非弹性需求。

价格弹性与销售收入之间的关系是，如果需求是弹性的（$|\varepsilon_p| > 1$），那么提高价格会使销售收入下降；如果需求是单元弹性的（$|\varepsilon_p| = 1$），那么变动价格并不影响销售收入；如果需求是非弹性的（$|\varepsilon_p| < 1$），那么提高价格会使销售收入增加。价格弹性与销售收入之间的关系可以用图表示出来（图 8-2）。在图 8-2 (a) 中需求曲线的上半部分属于弹性需求。当价格为 P_1 时，销售收入可以用长方形 $P_1 bcO$ 的面积表示。价格从 P_1 提高到 P_2，销售收入就从长方形 $P_1 bcO$ 的面积变为长方形 $P_2 adO$ 的面积，面积显然减少了。需求曲线的下半部分属于非弹性

需求。在此，如价格从 P_1' 提高到 P_2'，销售收入就从图 8-2 (a) 长方形 $P_1'ghO$ 变为 $P_2'fiO$ 的面积，显然增加了。在图 8-2 (b) 中，是一条单元弹性的需求曲线。价格从 P_1 提高到 P_2，销售收入从长方形 P_1bcO 的面积变为 P_2adO 的面积，二者是相等的。

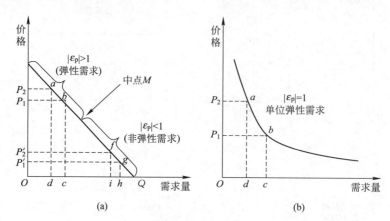

图 8-2　价格弹性与销售收入之间的关系图

归结起来，价格与销售收入之间的相互关系如表 8-1 所示。

表 8-1　价格与销售收入之间的相互关系表

价格变动	弹性需求	单元弹性需求	非弹性需求
价格上升	销售收入下降	销售收入不变	销售收入上升
价格下降	销售收入上升	销售收入不变	销售收入下降

利用需求价格弹性进行预测的方法，主要适用于企业对某种产品的价格欲作调整时，在假设其他条件不变的前提下，分析产品自身价格变动对其需求量的影响。其基本公式为

需求量变动(%)＝某种产品的需求价格弹性×价格变动(%)

价格调整后对应的需求量＝价格调整前需求量×[1＋需求量变动(%)]

2. 需求收入弹性预测方法

需求收入弹性是指需求量对消费者收入水平变化的反应程度。其计算公式如下。

$$需求收入弹性＝\frac{需求量变动(\%)}{消费者收入变动(\%)}＝\frac{\Delta Q/Q}{\Delta I/I}＝\frac{\Delta Q}{\Delta I}\cdot\frac{I}{Q} \qquad (8-32)$$

式中：I——消费者收入；

ΔI——消费者收入变化的绝对量。

具体计算时，收入弹性也有两种计算办法：点需求收入弹性和弧需求收入弹性。计算出来的收入弹性一般是正值。这是因为需求量 Q 和消费者收入 I 一般按相同方向变动，即当居民收入增加时，需求量也增加；收入减少时，需求量也减少。

在假设其他条件不变的情况下，分析消费者收入变化对于某种产品需求量的影响，可以采用需求收入弹性进行预测。基本公式为

需求量变动(%)＝某种产品需求收入弹性×消费者收入变动(%)

收入变动后对应的产品需求量＝收入变动前的产品需求量×[1＋需求量变动(%)]

3. 需求交叉弹性预测方法

需求交叉弹性是指一种产品的需求量对另一种相关产品价格变化的反应程度。

设有两种相关的产品 x 和 y，计算 y 产品的交叉弹性的一般公式为

$$交叉弹性 = \frac{y\, 产品需求量变动(\%)}{x\, 产品价格变动(\%)} = \frac{\Delta Q_y / Q_y}{\Delta P_x / P_x} = \frac{\Delta Q_y}{\Delta P_x} \cdot \frac{P_x}{Q_y} \qquad (8-33)$$

具体计算时，交叉弹性也有两种计算方法：点交叉弹性和弧交叉弹性。不同的交叉弹性的值，具有不同的经济含义。

第一，交叉弹性是正值。说明 x 产品价格的变动与 y 产品需求量的变动方向一致。这表明两种相关物品是替代品，即两种产品对消费者具有相似的效用，任何一种均可代替另一种使用，如大米与面粉、棉布与化纤布等。

第二，交叉弹性是负值。说明 x 产品价格的变动与 y 产品需求量的变动方向相反。如照相机价格提高，会使胶卷的需求量减少。这表明两种相关物品是互补品，即两种产品必须合并使用，才能对消费者产生效用，如汽车与汽油、信封与信纸等。

第三，交叉弹性是零。说明 x 产品价格的变动对 y 产品的需求量没有影响，表明这两种产品相互独立、互不相关。

在假设其他条件不变的情况下，分析某种产品价格变动对于其他产品需求量的影响时，可以利用需求交叉弹性的方法。基本公式为

y 产品需求量变动(%)=y 产品对于 x 产品的需求交叉弹性×x 产品价格变动(%)

y 产品需求量=x 产品价格变动前 y 产品的需求量×[1+y 产品需求量变动(%)]

8.6　其他技术经济预测法

1. 市场总潜力预测方法

市场总潜力预测法是在特定时期和特定环境下，对可能达到的最大销售额的测算方法。预测市场总潜力的公式为

$$Q = n \cdot q \cdot p \qquad (8-34)$$

式中：Q——市场总潜力；

　　　n——在特定条件下，某一具体市场和具体产品的购买人数或用户数，又叫顾客源；

　　　q——一个购买者的购买量；

　　　p——一件一般产品的单价。

2. 平均发展速度法

增长速度是描述经济量发展变化的动态指标。在一定时期内，如果某一经济量处在较稳定的运动状态之中，那么就可以通过对大量历史统计数据的观察分析，掌握该经济量的平均增长速度，据以对未来需求量进行预测。

采用平均发展速度进行预测，主要有以下两种方法。

（1）算术平均法

算术平均法的步骤如下。

① 先计算考察时期内各年（或季、月）的增长率 V_i。

② 再把各年（或季、月）增长率加到一起被年（或季、月）数 t 除，计算平均发展速度 $V_平$。

③ 根据平均发展速度对未来时期进行预测。应用平均发展速度法进行预测，要注意分析预测期工农业生产和行业购买力的增长速度，以及政治、经济形势等方面的因素，对预测值进行必要的修正，防止不顾客观环境条件的变化，机械地运用。

（2）几何平均法

几何平均法，就是根据考察期初与期末的统计资料，计算出经济量在该时期的增长指数，然后对指数开高次方，求出平均发展速度，据以预测未来的一种方法。

几何平均法的步骤和计算公式如下。

① 先求经济量的增长指数，其公式为

$$P = Y_t / Y_1$$

式中：P——增长指数；

Y_t——第 t 年（或季、月）的统计观察值；

Y_1——第 1 年（或季、月），即期初的统计观察值。

② 计算平均增长率，公式为

$$V_{\text{平}} = \sqrt[t-1]{P} - 1$$

③ 根据平均发展速度对未来时期进行预测，公式为

$$Y_{t+T} = Y_1 (1 + V_{\text{平}})^T$$

式中：Y_{t+T}——第 $t+T$ 期的预测值。

3. 头脑风暴法

头脑风暴法产生于 20 世纪 50 年代，是指通过专家微观智能结构之间的信息交流，引起"思维共振"，产生组合效应，形成宏观智能结构，进行创造性思维为基础的预测方法，又称"思维共振法"。

头脑风暴法可以分为直接头脑风暴法和质疑头脑风暴法两种。

（1）直接头脑风暴法

直接头脑风暴法是指根据一定规则，通过专家们共同讨论某一个预测问题，发挥宏观智能结构的集体效应，进行创造性思维活动的专家集体预测方法。

（2）质疑头脑风暴法

质疑头脑风暴法是指同时召开两个专家预测会议，第一个会议遵循直接头脑风暴法的原则程序，得出预测结论；第二个会议则对于第一个会议的设想提出质疑，从而更为全面地考虑各种环境条件变化情况，得出更为准确的预测结果。

4. 类推法

类推法的基本思路是：如果两个事件发展有共同之处，并且其中一个事件已经发生过，这时可以利用前一事件发展的时序去类推预测后一事件发展的时序。

习　题

1. 需求预测的一般程序是怎样的？

2. 据分析，历年卫生陶瓷的销售量与同期全国竣工的城镇楼房住宅面积有关，经过筛选后的 19 对数据见表 8-2，如果 1999 年住宅面积为 7 500 万平方米，试用回归预测法预测

该年度卫生陶瓷的销售量。

表 8-2　筛选后的 19 对数据

年份	陶瓷销售量/万件	住宅面积/万平方米
1973	46.6	939.4
1974	61.3	928.9
1975	46.3	1 012.2
1976	53.4	1 971.2
1977	79.9	1 849.4
1978	102.9	2 272.2
1979	141.1	2 285.3
1980	109.1	963.9
1981	49.2	537.6
1983	51.4	706.2
1984	71.2	1 073.9
1985	111.4	1 209.3
1991	59.5	1 440.0
1993	105.8	2 164.0
1994	146.5	2 055.2
1995	222.1	2 215.2
1996	202.4	2 178.0
1997	242.0	2 880.0
1998	227.8	3 377.3

3. 已知某产品 15 个月内每月的销售量如表 8-3 所示，取 $n=3$，试用移动平均法预测第 17 个月的销售量。

表 8-3　销售量　　　　　　　　　　　　　　　单位：万件

日期	1	2	3	4	5	6	7	8	9	10	11	12	13	14	15
销售量	10	15	8	20	10	16	18	20	22	24	20	26	27	29	29

4. 某建筑企业，从 2012 年至 2019 年合同完成额如表 8-4 所示，试用一次指数平滑法预测 2020 年的合同完成额。

表 8-4

序号	年份	合同完成额/亿元
1	2012	2.5
2	2013	2.8
3	2014	2.4
4	2015	2.9
5	2016	3.0
6	2017	3.2
7	2018	3.1
8	2019	3.3

第 9 章

现金流量与资金时间价值

引例

王某 5 年前以 300 万元价格在某地买入一房产，在过去的 5 年内每年获得年净现金收益 25 万元，现在该房产能以 350 万元出售。假设投资者要求的年收益率为 15%。

分析与讨论： 请分析此项投资是否合算。

9.1 现金流量

1. 现金流量的概念

在进行技术经济分析时，可把所考察的对象视为一个独立的经济系统，把投入的资金、花费的成本、获取的收益看成是以货币形式体现的该系统的现金流入或现金流出。这种特定的经济系统在各个时间点上实际发生的资金流出或流入称为现金流量，记为 CF（cash flow）。其中流出系统的资金称为现金流出，记为 CO（cash outflow）；流入系统的资金称为现金流入，记为 CI（cash inflow）；同一时点上现金流入（CI）与现金流出（CO）之差为净现金流量，记为 NCF（net cash flow）。

在计算项目的现金流量时，需要注意以下问题：一是每一个现金流量应有明确的发生时点；二是现金流量必须是实际发生的（如应收或应付账款就不是现金流量）；三是同一现金流量，从不同的角度看可能是不同的结果（如税收，从企业角度看是现金流出；从国家角度看既不是现金流出，也不是现金流入）。

2. 现金流量图

现金流量由现金流入和现金流出构成。具体的表示通常采用现金流量图或现金流量表的形式。本节主要介绍现金流量图，现金流量表在第 13 章介绍。

现金流量图是将投资方案在计算期内所发生的现金流出和现金流入按其所发生的时间顺序及一定的规则，用图的形式表示出来。现金流量图的作图方法和规则如下。

① 以横轴作为时间坐标轴，将它分成若干等份，每一等份代表一个时间单位，它可以是年、月、日等。在时间坐标轴上，0 代表时间序列的起始点，从 1 到 n 分别代表各计息期的终点。除 0 和 n 以外，每个数字都有两个含义，如对于 2 来说，它既代表第二个计息期的终点（结束），又代表第三个计息期的始点（开始）。

② 与横轴相连的垂直箭头线代表不同时间点上流入或流出系统的现金流量。垂直箭头线的箭头方向表示现金流动的方向：箭头向下表示现金流出，此时现金流量为负值；箭头向上，表示现金流入，此时现金流量为正值。

③ 垂直箭头线与时间轴的交点即为现金流量发生的时点。

④ 在现金流量图中，垂直箭头线的长度与现金流量绝对值的大小成正比，金额越大，相应的箭头线的长度越长。一般而言，现金流量图上要注明每一笔现金流量的金额。

⑤ 现金流量的方向（现金流入与流出）是对特定的系统而言的。贷款方的现金流入就是借款方的现金流出；反之亦然。通常工程项目现金流量的方向是针对资金使用者的系统而言的。

总之，要正确绘制现金流量图，必须把握好现金流量的三要素：现金流量的大小（现金数额）、方向（现金流入或流出）和作用点（现金发生的时间点）。

为了计算上的方便和统一，画现金流量图时有以下规定：若无特别说明，一般投资发生在第一年初即第 0 年末，销售收入、经营成本、税收、残值等发生在各年末。

【例 9 - 1】　某工程项目预计期初投资 3 000 万元，自第一年起，每年末净现金流量为 1 000 万元，计算期为 7 年，期末残值为 300 万元。请画出该项目的现金流量图。

解　根据现金流量图的作图方法和规则，该项目的现金流量图如图 9 - 1 所示。

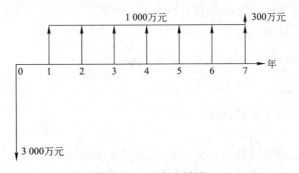

图 9 - 1　现金流量图

9.2　资金时间价值

9.2.1　资金时间价值的概念

资金的一个重要特征是具有时间价值。在不同时点付出或得到同样数额的资金在价值上是不等的，也就是说资金的价值会随时间而发生变化。不同时点发生的等额资金在价值上的差别称为资金时间价值。资金时间价值就是随着时间的推移资金在运动过程中产生的价值增值，它表示同一数量的资金在不同时点上具有不同的价值。这里的时间是指资金的运动时间。如果把资金积压起来，不投入到生产经营中，时间再长，资金也不会增值，也就不存在资金时间价值。

资金时间价值表明，在不同时点上对投资项目所投入的资金和所取得的收益，它们的价值可能是不同的。为了获得经济效果的正确评价，就必须把不同时点的资金换算成统一时点上的资金，然后在相同的时点基础上进行比较。在技术经济分析、评价中，对资金时间价值的计算方法与银行利息的计算方法相同。实际上，银行利息也是一种资金时间价值的表现形式。

9.2.2 利息与利率

衡量资金时间价值的尺度有两种：一是绝对尺度，即利息或收益；二是相对尺度，即利率或收益率。

1. 利息与利率的概念

利息是货币资金借贷关系中借方支付给贷方的报酬。从资金使用者的角度看，利息是指占用资金所付的代价；从资金所有者的角度看，利息是放弃使用资金所得的补偿。如果某人将一笔资金存入银行，这笔资金就称为"本金"，经过一段时间后，可在本金外再获得一笔资金，这笔除本金之外另获得的资金，就是利息。其计算公式为

$$I = F - P \tag{9-1}$$

式中：I——利息；

F——还本付息总额；

P——本金。

利率是在一个计息周期内所得的利息额与借贷金额之比，通常用百分比表示。其计算公式为

$$i = \frac{I_t}{P} \times 100\% \tag{9-2}$$

式中：i——利率；

I_t——一个计息周期内的利息；

P——借款本金。

用于表示计算利息的时间单位称为计息周期。计息周期通常为年、半年、季，也可以为月、周或日。根据利息的计息周期不同，利率有年利率、月利率、日利率等。除特殊指明外，一般都是指年利率。

2. 利息的计算

利息计算的方法有单利法和复利法两种。

（1）单利法

单利法是指以本金为基数计算利息，即每期均按照初始本金计算利息，先前利息不计利息。其计算公式为

$$I_t = P \times i \tag{9-3}$$

式中：I_t——第 t 个计算期的利息；

P——本金；

i——计算期利率。

设 I_n 代表 n 个计算期所付或所收的单利总利息，则

$$I_n = \sum_{t=1}^{n} I_t = \sum_{t=1}^{n} P \times i = P \times i \times n \qquad (9-4)$$

由式（9-4）可知，在以单利计息的情况下，总利息与本金、利率及计息周期数是成正比的。而 n 期末单利本利和 F_n 等于本金加上利息，即

$$F_n = P + I_n = P(1 + i \times n) \qquad (9-5)$$

式中，$(1+i \times n)$ 称之为单利终值系数。

同样本金可由本利和 F_n 减去利息 I_n 求得，即

$$P = F_n - I_n = F/(1 + i \times n) \qquad (9-6)$$

式中，$1/(1+i \times n)$ 称之为单利现值系数。

在利用式（9-5）和式（9-6）计算时，要注意式中 n 和 i 对应的周期要匹配。若 i 为年利率，则 n 应为计算的年数；若 i 为月利率，则 n 应为计算的月数。

【例 9-2】　王某现存入银行 2 000 元，存定期 5 年，若年利率为 5%，问 5 年后的今天王某能从银行取出多少钱？

解　根据式（9-5）计算

$$F_n = 2\,000(1 + 5\% \times 5) = 2\,500（元）$$

我国现行的银行定期存款和国库券的利息就是以单利计算的，计息周期一般为年。

（2）复利法

复利法是指用本金和前期累计利息总额之和进行计息，即除最初的本金要计息外，每一计息周期的利息都要并入本金进行计息，俗称"利滚利"。每期末利息 I_t 的计算可用公式表示为：

$$I_t = i \times F_{t-1} \qquad (9-7)$$

式中：i——计息期利率；

F_{t-1}——第 $t-1$ 期末本利和。

第 t 期末本利和 F_t 的表达式为

$$F_t = F_{t-1} + I_t = F_{t-1} + i \times F_{t-1} = F_{t-1}(1+i) \qquad (9-8)$$

由式（9-8）可以推导出，当期初借款本金为 P，每期利率为 i，第 n 期末复利本利和 F_n 为

$$F_n = P(1+i)^n \qquad (9-9)$$

【例 9-3】　张某以 6% 的年利率向银行贷款 2 000 万元，贷款期为 2 年，以复利计算，问 2 年后张某应支付多少利息？如果以单利计算，情况又会如何？

解　若按复利计息，2 年末本利和为

$$2\,000(1 + 6\%)^2 = 2\,247.2（万元）$$

其中

$$利息 = 2\,247.2 - 2\,000 = 247.2（万元）$$

若按单利计息，2 年末本利和为

$$2\,000(1 + 6\% \times 2) = 2\,240（万元）$$

其中

$$利息＝2\ 240－2\ 000＝240（万元）$$

从例 9-3 可以看出，在本金、利率和计算期都相同时，资金的复利利息大于单利利息，且时间越长，差别越大。在技术经济分析中，绝大多数情况是采用复利计算。在本书中，除特别指出外，所讨论的利息问题都是采用复利计算。

（3）普通复利和连续复利

复利计息有普通复利（或间断复利）和连续复利之分。如果计息周期为一定的时间区间，如年、季、月、日，并按复利计息，则称为普通复利；如果计息周期无限缩短，即按瞬时计算利息，则称为连续复利。在实际应用中，因计息期不可能无限缩短，因而都采用较为简单的普通复利计息。

3. 名义利率和实际利率

利率通常以年为基础，利息的计算以年为计息周期来划分，但在实际工作中，有时计息周期更短，如 1 个月、1 个季度和半年等。当利率的时间单位与计息期不一致时，就出现了名义利率和实际利率的概念。

（1）名义利率

名义利率是指计息周期利率 i 乘以一个利率周期内的计息周期数 m 所得的利率周期利率 r，即

$$r＝i×m \tag{9-10}$$

若计息周期为月，月利率为 1%，利率周期为年，一年内有 12 个月，计息 12 次，则年名义利率为 1%×12＝12%。很显然，计算名义利率时忽略了前面各期利息再生利息，这与单利的计算相同。所以也可以说，名义利率是按单利法计算利率周期内所得利息与本金之比。通常所说的利率周期利率都是名义利率。

（2）实际利率

实际利率（又称有效利率）是指考虑了计息期内的利息增值因素，并按计息期利率运用复利计算出来的利率周期利率，即是按复利法计算利率周期内所得利息与本金之比。

（3）名义利率与实际利率的关系

如果年名义利率为 r，一年内计息次数为 m，每次计息的利率为 r/m，则一年末的本利和为

$$F＝P\left(1+\frac{r}{m}\right)^{m} \tag{9-11}$$

其中，本利和与本金之差为

$$I＝F－P＝P\cdot\left[\left(1+\frac{r}{m}\right)^{m}-1\right] \tag{9-12}$$

按定义，利息与本金之比为利率，则年实际利率为

$$i＝\frac{I}{P}＝\left(1+\frac{r}{m}\right)^{m}-1 \tag{9-13}$$

当 $m＝1$，即每年计息一次时，名义利率等于实际利率（$i＝r$）；当 $m＞1$，即一年内计息次数大于 1 时，实际利率大于名义利率，即 $i＝(1+r/m)^{m}-1＞r$；当 $m→∞$，即相邻两次计息的时间间隔趋于零时，这时的复利计算就是连续复利计算。

在进行投资决策时常使用实际利率。

【例 9 - 4】　张某想从银行贷款 1 000 万元购买设备。现有 A、B 两家银行，A 银行贷款年利率为 6%，按年计息；B 银行贷款年利率为 5.9%，按月计息。问张某应如何决策较好？

解　A 银行贷款年实际利率为 6%，B 银行贷款年实际利率为

$$(1+5.9\%/12)^{12}-1=6.06\%$$

因 B 银行的年实际利率大于 A 银行的年实际利率，故张某应向 A 银行借款较好。

从例 9 - 4 可以看出，如果用名义利率来进行决策，会得出向 B 银行贷款较好。若这样决策，张某将要支出更多的利息。

9.3　资金等值计算

9.3.1　资金等值的概念

在技术经济分析中，为了考察投资项目的经济效果，必须对项目寿命期内不同时点发生的收入和支出进行计算和分析。在考虑资金时间价值的情况下，不同时点发生的收入或支出，其数值不能直接进行比较，只能通过资金等值计算将它们换算到同一时点上进行分析比较。资金等值是指在考虑资金时间价值因素的情况下，不同时点发生数额不等的资金在一定利率条件下具有相等的价值。

9.3.2　资金等值的计算

在对多个方案进行比较时，由于资金时间价值的作用，使得各方案在不同时点上发生的现金流量无法直接比较。利用等值的概念，可以将在一个时点发生的资金额换算成另一时点的等值金额，这一过程叫资金等值计算。资金等值计算一般是计算一系列现金流量的现值、将来值和等额年值。

现值计算是把将来某一时点的资金金额或一系列的资金金额换算成较早时间的等值金额，这个过程称为"折现"或"贴现"。在折算中使用的反映资金时间价值的参数叫"折现率"，通常用 i 表示；折现后的资金金额称为"现值"，通常用 P 表示。

将来值计算是把任何时间发生的资金金额换算成其后某一时点的等值金额的过程，与现值等价的将来某时点的资金金额称为"终值"或"将来值"，通常用 F 表示。

等额年值计算是把任何时间发生的资金金额转换成与其等值的每期期末相等金额的过程，间隔相等时期每期期末相等的金额称为"年金"或"年值"，通常用 A 表示。

根据现金的不同支付方式，下面介绍几个主要的资金等值计算公式。

1. 一次支付类型普通复利计算公式

一次支付（又称整付）是指所分析系统的现金流量，无论是流入还是流出，均在一个时点上一次发生。一次支付类型普通复利计算公式包括一次支付终值公式和一次支付现值公式。

（1）一次支付终值公式

一次支付终值公式是计算现在时点发生的一笔资金的将来值。其计算公式为

$$F = P(1+i)^n = P(F/P, i, n) \tag{9-14}$$

式（9-14）表示现有一笔资金 P，在折现率为 i 的条件下，n 期后的本利和 F 的计算公式。系数 $(1+i)^n$ 称为一次支付终值系数，也可以用符号 $(F/P, i, n)$ 表示。

一次支付终值公式的现金流量图如图 9-2 所示。

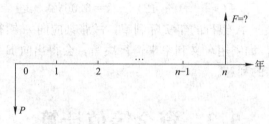

图 9-2　一次支付终值公式现金流量图

为了计算方面，将一次支付终值系数及后面介绍的各复利系数在不同的 i 和 n 情况下的值，预先算好列成表，此表称为复利系数表（见附录 A），以供计算时查阅。

【例 9-5】　现在把 5 000 元存入银行，银行年利率为 4%，计算 3 年后该笔资金的实际价值。

解　这是一个已知现值求终值的问题，由式（9-14）可得

$$F = P(1+i)^3 = 5\ 000 \times (1+4\%)^3 = 5\ 624.32(元)$$

即 5 000 元资金在年利率为 4% 时，经过 3 年后变为 5 624.32 元，增值 624.32 元。这个问题也可以查复利系数表计算。

由复利系数表可查得

$$(F/P, 4\%, 3) = 1.124\ 86$$

所以

$$F = P(F/P, i, n) = P(F/P, 4\%, 3) = 5\ 000 \times 1.124\ 86 = 5\ 624.30(元)$$

（2）一次支付现值公式

一次支付现值公式是已知终值 F 求现值 P 的等值计算公式，是一次支付终值公式的逆运算。由式（9-14）可以直接导出。

$$P = F(1+i)^{-n} = F(P/F, i, n) \tag{9-15}$$

符号意义同前。系数 $(1+i)^{-n}$ 称为一次支付现值系数，亦可记为 $(P/F, i, n)$。

式（9-15）表示为了在 n 年后得到一笔资金 F，在年利率为 i 的条件下，现在应支出的资金 P 的计算公式。其现金流量图如图 9-3 所示。

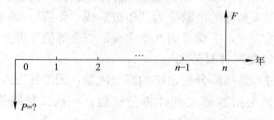

图 9-3　一次支付现值公式现金流量图

【例 9-6】　如果银行年利率为 5%，为了在 5 年后获得 10 万元，问现在应存入银行多

少现金?

解 这是一个根据终值求现值的问题,根据式(9-15)可得
$$P = F(1+i)^{-n} = 100\ 000 \times (1+5\%)^{-5} = 78\ 352.62(元)$$
即现在应存入银行 78 352.62 元。

这个问题也可以通过查复利系数表计算。从附录 A 可查得 $(P/F, 5\%, 5) = 0.783\ 53$,所以
$$P = F(P/F, i, n) = 100\ 000(P/F, 5\%, 5) = 78\ 353(元)$$

2. 等额支付类型复利计算公式

等额支付是多次支付中的一种。多次支付是指现金流入和流出在多个时点上发生,而不是集中在某个时点上。现金流量数额可以相等,也可以不等。当现金流量序列是连续的且数额相等时,称之为等额系列现金流量,它包括下述四个基本公式。

(1)等额支付终值公式
$$F = A \cdot \left[\frac{(1+i)^n - 1}{i}\right] = A(F/A, i, n) \tag{9-16}$$

式中:A 为普通年金(即现金流量从现期的期末开始),即若现金流量为即时年金(即现金流量即刻开始),应转化为普通年金,即将年金 A 乘以 $(1+i)$。$[(1+i)^n - 1]/i$ 为等额支付终值系数,记为 $(F/A, i, n)$。其他符号同前。

式(9-16)表示每年(期)末支付或收入年金 A,在复利利率为 i 的条件下,n 年(期)末一次性收回或支出的资金 F 的计算公式。其现金流量图如图 9-4 所示。

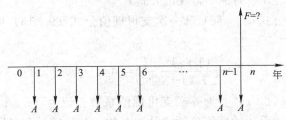

图 9-4 等额支付终值公式复利现金流量图

【例 9-7】 某工程项目总投资 10 万元,5 年建成,每年年末投资 2 万元,年利率为 7%,求 5 年末的实际累计总投资额。

解 这是一个已知年金求终值的问题,根据式(9-16)可得
$$F = A \cdot \left[\frac{(1+i)^n - 1}{i}\right] = 2 \times (F/A, 7\%, 5) = 11.5(万元)$$

【例 9-8】 王某在大学四年期间,每年年初从银行借款 5 000 元用以支付学费,若按年利率 6% 计复利,第四年末一次归还全部本息需要多少钱?

解 本题中的年金是即时年金,应将它化为普通年金后计算。
$$F = 5\ 000 \times (1+0.06) \times [(1+0.06)^4 - 1]/0.06 = 23\ 185.5(元)$$

即第四年末一次归还全部本息共需 23 185.5 元。

(2)等额支付偿债基金公式(简称偿债基金公式)

等额支付偿债基金是指为了在期末偿还债务 F 而预先准备的年金。其计算公式为

$$A = F \cdot \left[\frac{i}{(1+i)^n - 1} \right] = F(A/F, i, n) \qquad (9-17)$$

式中，$i/[(1+i)^n - 1]$ 为等额支付偿债基金系数，记为 $(A/F, i, n)$，它表示在给定的年限内为清偿单位货币而需要每年（期）存入等额存款准备基金的系数。其他符号同前。

式（9-17）也表示为了在第 n 年末得到一笔资金 F，在年利率为 i 的条件下，需要在 n 年内每年末支付的资金 A 的计算公式。其现金流量图如图 9-5 所示。

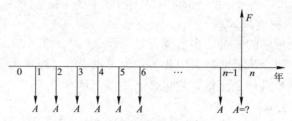

图 9-5　等额支付偿债基金公式现金流量图

【例 9-9】 某人预计第七年末需要一笔资金 1 500 万元，在年利率为 6% 的条件下，在 7 年之内每年末应存入银行多少资金？

解 这是一个已知终值求年金的问题，根据式（9-17）可得

$$A = 1\,500 \times 6\% / [(1+6\%)^7 - 1] = 178.7 (万元)$$

即每年末应存入银行 178.7 万元。

（3）等额支付现值公式（简称年金现值公式）

利用等额支付终值公式（9-16）和一次支付现值公式（9-15）可以推出等额支付现值公式为

$$P = A \cdot \left[\frac{(1+i)^n - 1}{i\,(1+i)^n} \right] = A(P/A, i, n) \qquad (9-18)$$

式中，$[(1+i)^n - 1]/[i(1+i)^n]$ 为等额支付现值系数，记为 $(P/A, i, n)$。它表示未来每年（期）提取的单位货币额的现值总额的贴现系数。其他符号意义同前。

式（9-18）表示：在年利率为 i 的条件下，为了在 n 年内每年末取得等额资金 A，现在必须投入的资金 P 的计算公式。其现金流量图如图 9-6 所示。

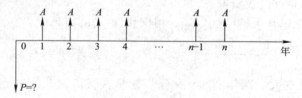

图 9-6　等额支付现值公式现金流量图

【例 9-10】 某仓库估计能用 80 年，每年末的维修费为 500 元，若年利率为 12%，仓库 80 年寿命期内的维修费的现值是多少？

解 这是一个已知年金求现值的问题，根据式（9-18）可得

$$P = 500 \times \{[(1+12\%)^{80} - 1]/12\%(1+12\%)^{80}\} = 4\,166.19 (元)$$

（4）等额支付资金回收公式（简称资金回收公式）

利用等额支付现值公式（9-18）可以推导出以下公式。

$$A = P \cdot \left[\frac{i(1+i)^n}{(1+i)^n - 1} \right] = P(A/P,\ i,\ n) \tag{9-19}$$

式中，$i(1+i)^n / [(1+i)^n - 1]$ 为等额支付资金回收系数，记为 $(A/P,\ i,\ n)$，它表示在未偿清部分按复利计息的条件下，在给定的年限内清偿单位货币时每年（期）应还固定金额的系数。其他符号意义同前。

式（9-19）表示若现在投资 P 元，为了在 n 年内收回全部资金 P，在年利率为 i 的条件下，在 n 年内每年末应收回的等额资金 A 的计算公式。其现金流量图如图 9-7 所示。

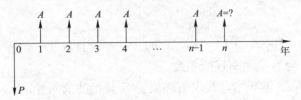

图 9-7　等额支付资金回收公式现金流量图

【例 9-11】　某工程项目投资 1 亿元，年利率为 8%，预计 10 年内全部回收，问每年末应等额回收多少资金？

解　这是一个已知现值求年金的问题，根据式（9-19）可得

$$A = 10\,000 \times \{8\%(1+8\%)^{10} / [(1+8\%)^{10} - 1]\} = 1\,490.3(万元)$$

3. 等差序列类型复利公式

在许多实际的技术经济问题中，资金的收付在各年经常是不等的，如设备的维修费用逐年增加。如果每年现金流量的增加额或减少额都相等，则称之为定差（或等差）数列现金流量。对于这种情况，前面介绍的 6 个基本公式就不适用了，当然也可用一次支付公式计算，但烦琐，且工作量大。

（1）等差序列现值公式

设有一资金序列 A_t 是等差数列（公差为 G），则有

$$A_t = A_1 + (t-1) \cdot G \quad (t = 1,\ 2,\ \cdots,\ n)$$

现金流量图如图 9-8 所示。

现将图 9-8 分解为图 9-9 和图 9-10，则

$$P = P_A + P_G$$

又

$$P_A = A_1 \cdot (P/A,\ i,\ n)$$

$$P_G = G \left[\frac{1}{(1+i)^2} + \frac{2}{(1+i)^3} + \cdots + \frac{n-1}{(1+i)^n} \right]$$

整理得

$$P_G = G \cdot \left\{ \frac{1}{i} \left[\frac{(1+i)^n - 1}{i \cdot (1+i)^n} - \frac{n}{(1+i)^n} \right] \right\} = G \cdot (P/G,\ i,\ n)$$

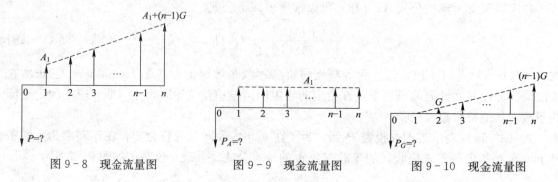

图 9-8 现金流量图　　　　图 9-9 现金流量图　　　　图 9-10 现金流量图

故

$$P = A_1 \cdot (P/A, i, n) + G \cdot (P/G, i, n) \qquad (9-20)$$

式中，$(P/G, i, n)$ 为等差序列现值系数。

注意：公差 G 从第二年开始，其现值必位于 G 开始的前两年。

（2）等差序列终值公式

由 F 与 P 的关系可得

$$F = P(1+i)^n$$

$$= A_1(F/A, i, n) + \frac{G}{i}\left[\frac{(1+i)^n-1}{i} - n\right] = A_1(F/A, i, n) + G(F/G, i, n)$$

即

$$F = A_1(F/A, i, n) + G(F/G, i, n) \qquad (9-21)$$

式中，$(F/G, i, n)$ 为等差序列终值系数。

（3）等差序列等额年金公式

由 A 与 P 的关系可得

$$A = A_1 + \frac{G}{i}\left[\frac{(1+i)^n-1}{i \cdot (1+i)^n} - \frac{n}{(1+i)^n}\right] \cdot \left[\frac{i(1+i)^n}{(1+i)^n-1}\right] = A_1 + G \cdot \left[\frac{1}{i} - \frac{n}{(1+i)^n-1}\right]$$

即

$$A = A_1 + G(A/G, i, n) \qquad (9-22)$$

式中，$(A/G, i, n)$ 为等差序列等额年金系数。

注意：以上等差序列的计算公式中，当现金流量递增时，公式中的 G 为正值；当现金流量递减时，公式中的 G 为负值。

【例 9-12】 某设备期初投资 500 万元，使用该设备每年末的费用分别为 80 万元、110 万元、140 万元……，也即每年增加 30 万元。设备寿命为 7 年，若年利率为 10%，则使用该设备总费用的现值、年值各为多少？

解　依题意可画出如图 9-11 所示的现金流量图。将图 9-11 分解为图 9-12 和图 9-13 后可以利用公式求解。则总费用的现值为

$$P = 500 + 80(P/A, 10\%, 7) + 30(P/G, 10\%, 7) = 1\ 272\ (万元)$$

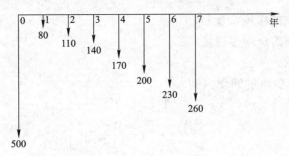

图 9-11 现金流量图

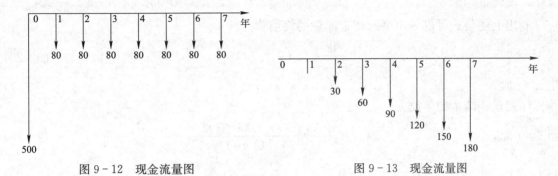

图 9-12 现金流量图 图 9-13 现金流量图

年值为

$$A = 1\,272(A/P,\ 10\%,\ 7) = 261\ (万元)$$

或

$$A = 500(A/P,\ 10\%,\ 7) + 80 + 30(A/G,\ 10\%,\ 7)$$
$$= 500 \times 0.205 + 80 + 30 \times 2.62 = 261(万元)$$

4. 等比序列类型复利公式

在许多实际的工程技术经济问题中，如果每年现金流量按一定的比例逐年递增或递减，则称此类现金流量为等比序列现金流量。等比序列现金流量图如图 9-14 所示。

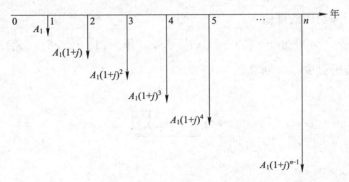

图 9-14 等比序列现金流量图

设 A_1 为第一年末的净现金流量，j 为现金流量逐年递增的比率，其余符号同前。等比序列现金流量的公式为

$$A_t = A_1(1+j)^{t-1},\quad t = 1,\ 2,\ \cdots,\ n \tag{9-23}$$

式中：A_1——第一年末的净现金流量；

A_t——第 t 年末的净现金流量；

j——等比系数。

因此，等比序列现金流量的现值为

$$P=A_1(1+i)^{-1}+A_1(1+j)(1+i)^{-2}+A_1(1+j)^2(1+i)^{-3}+\cdots+A_1(1+j)^{n-1}(1+i)^{-n}$$

当 $i\neq j$ 时，
$$P=\frac{A_1}{i-j}\cdot\left[1-\left(\frac{1+j}{1+i}\right)^n\right] \tag{9-24}$$

当 $i=j$ 时，
$$P=\frac{A_1}{1+i}\times n \tag{9-25}$$

利用上述公式可得等比序列现金流量的终值为

当 $i\neq j$ 时，
$$F=\frac{A_1}{i-j}\left[(1+i)^n-(1+j)^n\right] \tag{9-26}$$

当 $i=j$ 时，
$$F=A_1n(1+i)^{n-1} \tag{9-27}$$

等比序列现金流量的年值为

当 $i\neq j$ 时，
$$A=A_1i\,\frac{(1+i)^n-(1+j)^n}{(i-j)\left[(1+i)^n-1\right]} \tag{9-28}$$

当 $i=j$ 时，
$$A=A_1in\,\frac{(1+i)^{n-1}}{(1+i)^n-1} \tag{9-29}$$

注意：在上述计算公式中，当现金流量等比递增时，公式中的 j 为正值；当现金流量等比递减时，公式中的 j 为负值。

【例 9 - 13】 某商铺目前年租金为 3 万元（假设每年末支付），预计租金水平今后 10 年内每年将上涨 5％。若将该商铺买下来，需一次支付 40 万元，但 10 年后估计仍可以 40 万元的价格售出。按折现率 8％计算，是租划算还是买划算？

解 若租用该商铺，10 年内全部租金的现值为

$$P_1=30\,000\left[\frac{1-(1+0.05)^{10}(1+0.08)^{-10}}{0.08-0.05}\right]=245\,506.61\text{（元）}$$

若购买该商铺，全部费用的现值为

$$P_2=400\,000-400\,000\,(1+0.08)^{-10}=214\,722.61\text{（元）}$$

显然买下该商铺费用更少，买划算。

习　题

1. 什么是现金流量？
2. 资金时间价值的含义是什么？
3. 什么是资金等值？
4. 单利与复利有何区别？
5. 名义利率与实际利率有何关系？
6. 某人向银行借款 1 000 元，借期为 5 年，年利率为 6％，试分别用单利和复利计算借

款的利息。

7. 某企业拟向银行借款 1 000 万元，5 年后一次还清。甲银行贷款年利率为 4%，按年计息；乙银行贷款年利率为 3.9%，按月计息。该企业向哪家银行贷款较为经济？

8. 某人连续 5 年每年初存入银行 1 万元，年利率为 4%，按复利计算，此人第 5 年末可从银行取出多少钱？

9. 某学校准备设立一项永久性奖励基金，从明年开始每年奖励一次，每次奖金额为 50 万元，设 5% 的年利率一直保持不变，则该校现在应存入多少万元？

10. 某人向银行贷款 50 万元购买商品房，计划 2 年内每月等额还款（本金加利息），若年利率为 6%，求每月的还款额是多少？

11. 现金流量图如图 9-15 所示，考虑资金的时间价值以后，总现金流出等于总现金流入。利用各种资金等值计算系数，用已知项表示未知项。（1）已知 F_1，F_2，A，求 P。（2）已知 F_1，F_2，P，求 A（利率为 i）。

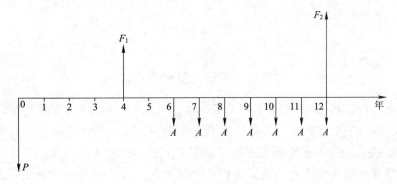

图 9-15　现金流量图

第 10 章

经济评价指标

引例

某沿海钢铁厂经济效果分析

中国的钢铁工业，从 1949 年年产不足百万吨，发展到 2005 年钢 3.5 亿吨，钢材 3.7 亿吨，钢铁产能已超过全世界的三分之一。中国已变为钢铁产品的净出口国，生产能力与年产量都位居世界首位。为淘汰落后设备、提高企业集中度、节能降耗、增强产品竞争力，我国将在沿海某地建设一座大型联合钢铁企业以替代该地区众多的小型钢铁企业。该项目设计年产烧结矿 1 010.7 万吨、球团 389.1 万吨、焦炭 233.5 万吨、铁水 898.2 万吨、转炉钢水 950.4 万吨、连铸坯 926.6 万吨、热轧商品板卷 351.8 万吨、冷轧商品板卷 505.0 万吨。项目建设期 4 年，各年建设投资投入比例分别为 15%、30%、35% 和 20%。建设投资 6 342 000.0 万元，其中 3 805 200.0 万元由人民币贷款解决，贷款年利率为 6.12%，建设期利息 442 468.7 万元；流动资金 648 969.9 万元，其中 454 278.9 万元由人民币贷款解决，贷款年利率为 5.58%。

该项目的财务内部收益率（税后）为 13.5%，投资回收期 10 年。项目资本金财务内部收益率为 16.2%，总投资收益率为 17.4%，项目资本金投资净利润率为 27.3%。项目各年的净现金流量及累计盈余资金均为正值，可保证项目财务的可持续性。其偿债能力分析显示，该项目等额还本期为 8 年，在偿还期内各年的利息备付率均大于 1，偿债备付率从投产第 2 年开始均大于 1，项目偿债能力较强。

（资料来源：建设部标准定额研究所. 建设项目经济评价案例. 北京：中国计划出版社，2006.）

分析与讨论：请问这些评价指标的值是如何计算的？

经济评价是通过计算方案或项目的若干经济指标以决定其取舍或判断其优劣的过程。经济评价指标是决定方案或项目取舍与优劣的重要参考标准，为投资决策提供依据。常见的评价指标有净现值、投资回收期、总投资收益率、资本金净利润率、内部收益率、流动比率、速动比率等，不同的评价指标反映被评价对象不同的经济属性，评价者应根据评价目的和深度选用适宜的评价指标组合进行评价。评价指标有不同的分类标准。

10.1　评价指标分类

1. 动态评价指标和静态评价指标

评价指标按其是否考虑资金时间价值可分为动态评价指标和静态评价指标。其中，动态评价指标考虑资金的时间价值，将发生在不同时点的现金流量折现后进行指标计算，该类指标符合资金随时间推移不断增值的实际情况，能比较全面地反映方案或项目在整个计算期的经济效果。静态评价指标不考虑资金时间价值，只是通过现金流量或非现金流量数据进行指标计算，计算简便、直观，但有些指标不够精确与客观。技术经济评价中以动态指标为主，静态指标为辅。常见的动态评价指标有净现值、内部收益率等，常见的静态评价指标有总投资收益率、资本金净利润率等，详见图 10-1。

2. 价值型指标、时间型指标和比率型指标

按照评价指标的量纲可以将其分为价值型指标、时间型指标和比率型指标指标。其中时间型指标是以时间单位计量的指标，以时间为量纲，常见的时间型指标为投资回收期。价值型指标则是以货币单位计量的指标，以货币为量纲，它反映资金的净盈利（或不考虑效益情况下的净支出）。净现值和费用现值是常用的价值型指标。比率型指标则反映资金盈利能力或偿债能力，该类指标无量纲。内部收益率、总投资收益率等是常见的比率型指标，详见图 10-1。

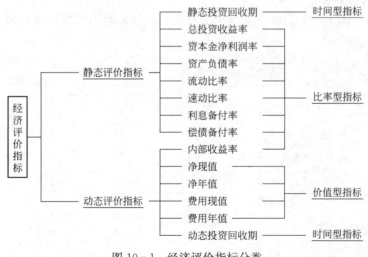

图 10-1　经济评价指标分类

3. 盈利能力评价指标和偿债能力评价指标

盈利能力评价主要分析所做投资获得的净收入及资金使用效率等，其主要指标有总投资收益率、资本金净利润率、投资回收期、净现值、内部收益率等。其中，总投资收益率、资本金净利润率及投资回收期为静态指标，净现值及内部收益率为动态指标。偿债能力评价分析的是投资主体偿还贷款本息的资金筹措能力及资金充裕性，其主要指标有资产负债率、利息备付率及偿债备付率等。

本章对经济评价指标的介绍将按照盈利能力评价指标和偿债能力评价指标分别进行介绍。

10.2 盈利能力评价指标

盈利能力评价指标较多，既包括静态评价指标也包括动态评价指标，亦可将其分为时间型指标、价值型指标和比率型指标。

1. 净现值

净现值（net present value，NPV）是将方案或项目计算期内各年发生的净现金流量按行业的基准收益率或设定的折现率 i_c 折现到投资期初的现值之和，其计算公式为

$$NPV = \sum_{t=0}^{n} \left[(CI-CO)_t \times (P/F, i_c, t) \right] \tag{10-1}$$

其中，$(CI-CO)_t$ 为第 t 年净现金流量，n 为计算期，t 为年份，i_c 为行业基准收益率或设定折现率。

若 NPV>0，说明评价对象超过 i_c 要求的盈利水平，方案或项目可行；若 NPV=0，则评价对象基本满足 i_c 要求的盈利水平，勉强可行；若 NPV<0，说明评价对象无法达到 i_c 要求的盈利水平，不可行。净现值指标考虑了资金时间价值，并全面考虑了评价对象在整个计算期内的现金流量，全面反映评价对象的经济效益，经济意义明确，评价标准直观，是技术经济分析中的重要指标。

【例 10-1】 图 10-2 为某方案现金流量图，试计算该方案的净现值并判断方案是否可行（$i_c = 15\%$）。

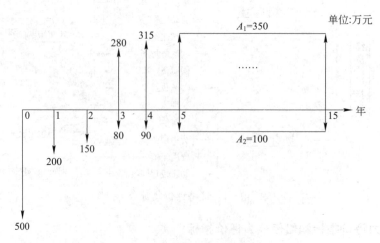

图 10-2 某方案现金流量图

$$NPV = -500 - 200 \times (P/F, 15\%, 1) - 150 \times (P/F, 15\%, 2) + 200 \times (P/F, 15\%, 3) +$$
$$225 \times (P/F, 15\%, 4) + 250 \times (P/A, 15\%, 11) \times (P/F, 15\%, 4)$$
$$= 221.02 \text{（万元）}$$

因为 NPV>0，因此该方案可行。

【例 10-2】　某设备购买价为 150 万元，使用寿命为 10 年，第一年运行收入为 30 万元，以后各年运行收入为 40 万元；各年运行费用均为 15 万元，10 年后残值为 10 万元，设定折现率 i_c 为 15%，请问是否购买此设备？

解　$NPV = -150 + (30-15) \times (P/F, 15\%, 1) + (40-15) \times$
$$(P/A, 15\%, 9) \times (P/F, 15\%, 1) + 10 \times (P/F, 15\%, 10)$$
$$= -30.7 \text{（万元）}$$

因为 NPV<0，故不应购买此设备。

【例 10-3】　某建设项目的初始投资为 100 万元，生产期内年收入为 50 万元，年支出为 20 万元，该建设项目的寿命周期为 5 年，第 5 年末残值为 10 万元，试问：折现率为 8%，10%，12%，15% 及 20% 的情况下，该项目的净现值分别为多少？

解　$NPV(8\%) = -100 + (50-20) \times (P/A, 8\%, 5) + 10 \times (P/F, 8\%, 5) = 26.6$（万元）
$NPV(10\%) = -100 + (50-20) \times (P/A, 10\%, 5) + 10 \times (P/F, 10\%, 5) = 19.9$（万元）
$NPV(12\%) = -100 + (50-20) \times (P/A, 12\%, 5) + 10 \times (P/F, 12\%, 5) = 13.8$（万元）
$NPV(15\%) = -100 + (50-20) \times (P/A, 15\%, 5) + 10 \times (P/F, 15\%, 5) = 5.5$（万元）
$NPV(20\%) = -100 + (50-20) \times (P/A, 20\%, 5) + 10 \times (P/F, 20\%, 5) = -6.3$（万元）

同一方案或项目的净现值大小受到折现率的影响。在例 10-3 中，随着给定折现率由 8% 依次递增到 20%，此项目的净现值也由 26.6 万元递减至 −6.3 万元，如图 10-3 所示。

由图 10-3 可以看出，净现值随着基准收益率或设定折现率的变大而变小。这一现象在其他净现金流量由负而正的方案或项目中同样存在，即对同一方案或项目而言，NPV 会随着 i_c 的变大而变小，当 i_c 设得比较高时，项目较难达到 NPV≥0。在图 10-3 中，随 i_c 增大而变化的净现值曲线与横坐标相交于 i^*，此时 NPV=0。当 $i_c < i^*$ 时，NPV>0；当 $i_c > i^*$ 时，NPV<0。此处的 i^* 是使 NPV=0 的折现率，也就是后面将要介绍的内部收益率（IRR）。

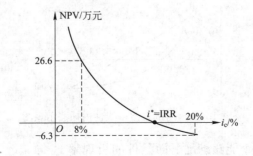

图 10-3　NPV 与 i_c 的关系图

2. 净年值

净年值（net annual value，NAV）是指方案或项目的 NPV 分摊到计算期内各年的等额年值。其计算公式为

$$NAV = NPV \times (A/P, i_c, n) \tag{10-2}$$

显然，NAV 与 NPV 之间是年金与现值的关系，因此对于同一方案或项目而言，如果 NPV>0，方案可行，则 NAV>0；如果 NPV<0，方案不可行，则 NAV<0。因此 NAV 的判断标准为：NAV≥0，方案或项目可行；NAV<0，方案或项目不可行。

例 10-1 所述方案的净年值为

$$NAV = 221.02 \times (A/P, 15\%, 15) = 37.80(万元)$$

例 10-2 所述方案的净年值为

$$NAV = -30.7 \times (A/P, 15\%, 10) = -6.1(万元)$$

3. 费用现值和费用年值

费用现值（present cost，PC）是当方案或项目的现金流入难以用货币计量或者方案比选时各方案的收入或效果相同时使用的指标。该指标是将方案或项目计算期内各年现金流出按基准收益率或设定折现率 i_c 折现到投资期初或建设期初的现值和。其计算公式为

$$PC = \sum_{t=0}^{n} CO_t(P/F, i_c, t) \tag{10-3}$$

式中，n 为方案或项目的计算期。

费用年值（annual cost，AC）是指方案或项目的费用现值以基准收益率 i_c 分摊到计算期内各年的等额年值。其计算公式为

$$AC = PC(A/P, i_c, n) \tag{10-4}$$

在式（10-3）与式（10-4）中，n 为方案或项目的计算期。费用现值与费用年值指标常用于多方案比选中。

4. 内部收益率

内部收益率（internal rate of ratio，IRR）是使方案或项目净现值为零的折现率。其计算公式为

$$NPV(IRR) = \sum_{i=0}^{n} (CI - CO)_t(P/F, IRR, t) = 0 \tag{10-5}$$

理论上讲，由式（10-5）即可求出内部收益率。但按此式求解时，要解一个 n 次高阶方程，不易求解，因而往往采取线性内差法，如图 10-4 所示。

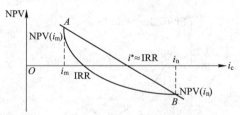

图 10-4　内部收益率线性内插法示意图

首先，通过试算取两个能够满足下面条件的折现率 i_m 与 i_n，$i_m < i_n$，且 $i_n - i_m \leqslant 5\%$，其中 $NPV(i_m) > 0$，$NPV(i_n) < 0$，此时可将 AB 曲线段近似视为 AB 直线段，且 IRR 的值在 i_m 与 i_n 之间。由于三角形 Ai_mi^* 与三角形 Bi_ni^* 相似，故可得

$$IRR \approx i_m + \frac{NPV_{i_m}}{NPV_{i_m} + |NPV_{i_n}|}(i_n - i_m) \tag{10-6}$$

内部收益率反映的是方案或项目计算期内未回收投资的获利能力。

【**例 10 - 4**】　某企业欲投资 500 万元购买一条生产线，预测该生产线的净现金流量如表 10-1 所示。

表 10 - 1　某生产线现金流量表　　　　　　　　　　单位：万元

年	0	1	2	3	4
净现金流量	−500	200	185	120	110

通过计算已知该项目内部收益率 IRR＝10％，即该项目在寿命期内每年未回收投资的获利能力是 10％，到寿命期结束时所有投资刚好回收，如图 10-5 所示。该生产线期初投资 500 万元，到第 1 年末该投资增值为 550 万元，而第 1 年末项目产生了 200 万元的净收益，因此第 1 年末总的未回收投资为 550−200＝350 万元；同理，第 1 年末未回收的 350 万元投资到第 2 年末增值为 385 万元，扣除第 2 年末 185 万元的净收益，第 2 年末未回收的投资为 200 万元。以此类推，到第 4 年末，尚未回收的投资增值为 110 万元，扣除当年 110 万元的净收益，到此年全部投资收回。

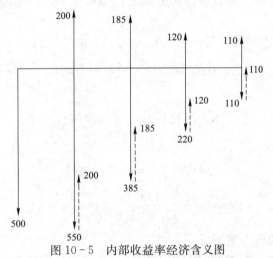

图 10 - 5　内部收益率经济含义图

由图 10-3 可以看出，NPV 随 i_c 增大而减小。显然，若 IRR＞i_c，则投资的盈利能力超过了基准收益率或设定折现率，该投资可行；反之，若 IRR＜i_c，说明所做投资的盈利能力无法达到基准收益率或设定折现率，该投资不可行。

【**例 10 - 5**】　求例 10-1 中所述方案的内部收益率，并用内部收益率标准判断方案的可行性。

解　已知 NPV(15％)＝221.02 万元，计算得

$$NPV(20\%)＝-24.84（万元）$$

$$IRR＝15\%+\frac{221.02}{221.02+24.84}\times5\%＝19.49\%$$

IRR＞i_c＝15％，故该方案可行。

【**例 10 - 6**】　某项目净现金流量如表 10-2 所示。设基准折现率为 12％，试用内部收益率标准判断该项目是否可行。

表 10-2　净现金流量　　　　　　　　　　　　　　单位：万元

年末	0	1	2	3	4	5
净现金流量	−200	40	50	60	70	80

解　分别取 $i_1 = 10\%$，$i_2 = 15\%$，计算其净现值。

$$\text{NPV}_1 = -200 + 40 \times (P/F, 10\%, 1) + 50 \times (P/F, 10\%, 2) + 60 \times$$
$$(P/F, 10\%, 3) + 70 \times (P/F, 10\%, 4) + 80 \times (P/F, 10\%, 5) = 20.244(万元)$$

$$\text{NPV}_2 = -200 + 40 \times (P/F, 15\%, 1) + 50 \times (P/F, 15\%, 2) + 60 \times (P/F, 15\%, 3) +$$
$$70 \times (P/F, 15\%, 4) + 80 \times (P/F, 15\%, 5) = -8.159(万元)$$

$$\text{IRR} = 10\% + (15\% - 10\%) \times 20.244/(20.244 + 8.159) = 13.6\%$$

因为 $\text{IRR} = 13.6\% > i_c = 12\%$，故方案按内部收益率标准判断可行。

【例 10-7】　求例 10-2 中设备购买方案的内部收益率，并用内部收益率标准判断方案是否可行。

解　由例 10-2 可知 NPV(15%) = −30.7 万元。取 $i_1 = 12\%$，计算得

$$\text{NPV}(12\%) = -13.3(万元)$$

取 $i_2 = 10\%$，计算得

$$\text{NPV}(10\%) = -1.6(万元)$$

取 $i_3 = 8\%$，计算得

$$\text{NPV}(8\%) = 13.1(万元)$$

$$\text{IRR} = 8\% + \frac{13.1}{13.1 + 1.6} \times 2\% = 9.78\%$$

由于 $\text{IRR} < i_c = 15\%$，故该方案不可行。

从例 10-7 可以看出，在求解 IRR 时分别试算了设定折现率为 15%、12%、10% 及 8% 情况下的 NPV，当设定折现率为 15%、12%、10% 时，NPV 均为负值，当设定折现率为 8% 时 NPV 为正，才可以使用式（10-6）以 8% 和 10% 做线性插入计算。在实际计算时，需要严格遵守式（10-6）的使用条件。

这里需要强调的一点是，使用 IRR 作为可行性判断的标准一般仅限于常规项目。所谓常规项目，是指净现金流序列符号只变化一次的项目（例 10-1 至例 10-5 均为常规项目），而非常规项目是指现金流序列符号变化多次的项目。显然，内部收益率的使用范围不如净现值指标广泛。

5. 静态投资回收期

静态投资回收期（payback period）是指从项目投建时算起，以项目的净收益收回全部投资所需要的时间，一般以年为单位，用 P_t 表示。这里需要强调的是，投资回收期应从项目建设开始年算起，若从项目投产开始年计算，应注明。静态投资回收期的计算公式为

$$\sum_{t=0}^{P_t} (\text{CI} - \text{CO})_t = 0 \tag{10-7}$$

式中，CI，CO 及 t 的含义同前。其实用公式为

$$P_t = T - 1 + \frac{\left| \sum_{t=0}^{T-1} (CI - CO)_t \right|}{(CI - CO)_T} \qquad (10-8)$$

式中，T 为方案或项目各年累计净现金流量首次为正值或零的年份。

由式(10-7)和式(10-8)可以看出，静态投资回收期的计算需要在累计净现金流量的计算中求出。

投资回收期越短，说明项目投资回收越快，抗风险能力越强。一般将 P_t 与行业或部门的基准静态投资回收期 P_c 做比较。若 $P_t \leqslant P_c$，说明方案或项目能够满足行业或部门的一定的抗风险性要求，投资可以在规定的时间内收回；反之，则说明方案或项目不满足行业或部门的抗风险性要求，投资无法在规定的时间内收回。

【例 10-8】　某方案的现金流量如表 10-3 所示，试计算该方案的静态投资回收期。

表 10-3　某方案的现金流量　　　　　　　　　　　　单位：万元

年份	0	1	2	3	4~10
投资	500	500			
销售收入			360	420	600
经营成本			120	150	200

解　该方案的累计净现金流量如表 10-4 所示。

表 10-4　某方案净现金流量及累计净现金流量　　　　　　单位：万元

年份	0	1	2	3	4	5	6	7	8	9	10
净现金流量	−500	−500	240	270	400	400	400	400	400	400	400
累计净现金流量	−500	−1 000	−760	−490	−90	310	710	1 100	1 500	1 900	2 300

$$P_t = 5 - 1 + |-90| / 400 = 4.25(年)$$

【例 10-9】　求例 10-1 所述方案的静态投资回收期，若基准静态投资回收期为 8 年，试判断该方案是否可行。

解　先求出该方案各年的净现金流量及累计净现金流量如表 10-5 所示。

表 10-5　某方案净现金流量及累计净现金流量　　　　　　单位：万元

年份	0	1	2	3	4	5	6	7~15
现金流入	0	0	0	280	315	350	350	—
现金流出	500	200	150	80	90	100	100	—
净现金流量	−500	−200	−150	200	225	250	250	—
累计净现金流量	−500	−700	−850	−650	−425	−175	75	—

由表 10-5 可见，该方案于第 6 年累计净现金流量首次为正，故其静态投资回收期为
$$P_t = 5 + 175 / 250 = 5.7(年)$$
由于 $P_t < P_c$，故该方案可行。

静态投资回收期指标概念明确、计算简单，并且在一定程度上反映了风险大小。该指标并未考虑投资收回以后的收益情况，如在例 10-8 中，方案在第 5 年出现累计净现金流量首次为正，在只考虑静态投资回收期的情况下，就会忽视方案 6~10 年的净现金流量。而在例 10-9 中，所述方案计算期为 15 年，而静态投资回收期在计算时只考虑了累计净现金流量首次为正的第 6 年，其余年份的净现金流量并未考虑。该指标不能全面反映方案或项目整个计算期内的盈利能力，并不能全面反映方案或项目的经济性。

6. 动态投资回收期

动态投资回收期（dynamic payback period）是考虑了资金时间价值的投资回收期，即以净收益的现值收回全部投资现值所需时间。其计算公式为

$$\sum_{t=0}^{P'_t} (\text{CI} - \text{CO})_t (P/F, i_c, t) = 0 \tag{10-9}$$

其实用公式为

$$P'_t = T - 1 + \frac{\left| \sum_{t=0}^{T-1} (\text{CI} - \text{CO})_t \times (P/F, i_c, t) \right|}{(\text{CI} - \text{CO})_T \times (P/F, i_c, T)} \tag{10-10}$$

式中，T 为累计净现金流量的现值首次为正值或零的年份。

动态投资回收期需要在累计净现金流量的现值计算中求出。动态投资回收期越短，说明项目投资收回越快，抗风险能力越强。一般，应将 P'_t 与行业或部门的基准静态投资回收期 P'_c 做比较。若 $P'_t \leqslant P'_c$，方案或项目可行；反之，则不可行。

【例 10-10】 求例 10-8 所述项目的动态投资回收期（$i_c = 10\%$）。

解 表 10-6 为该项目净现金流量现值及累计净现金流量现值。

表 10-6 某项目净现金流量现值及累计净现金流量现值 单位：万元

年份	0	1	2	3	4	5	6	7	8	9	10
净现金流量	−500	−500	240	270	400	400	400	400	400	400	400
净现金流量现值	−500	−455	198	203	273	248	226	205	187	170	154
累计净现金流量现值	−500	−955	−757	−554	−281	−33	193	398	585	755	909

由表 10-6 看出，该方案首次累计净现金流量现值为正的年份为第 6 年，故

$$P'_t = 5 + 33/226 = 5.15 \text{(年)}$$

【例 10-11】 求例 10-1 所示方案的动态投资回收期（$i_c = 12\%$），并判断该方案是否可行（P'_c 为 10 年）。

解 该方案净现金流量现值及累计净现金流量现值如表 10-7 所示。

表 10-7 某方案净现金流量现值及累计净现金流量现值 单位：万元

年份	0	1	2	3	4	5	6	7	8	9	10~15
净现金流量	−500	−200	−150	200	225	250	250	250	250	250	—
净现金流量现值	−500	−178	−120	142	143	142	127	113	101	90	—
累计净现金流量现值	−500	−678	−798	−656	−513	−371	−244	−131	−30	60	—

由表 10-7 可知，该方案首次累计净现金流量现值为正的年份为第 10 年，因此

$$P'_t = 8 + 30/90 = 8.33(年) < 10 年$$

故该方案可行。

可以看出，动态投资回收期相对于静态投资回收期考虑了资金时间价值。该指标同样具备易理解、易计算的特点，但同样也存在不能全面考虑整个计算期内现金流量的问题。

7. 总投资收益率

总投资收益率（ratio on investment，ROI）是指项目达到设计能力后正常年份的年息税前利润或运营期内年平均息税前利润与项目总投资的比率。该指标反映项目总投资的盈利水平，其计算公式为

$$ROI = \frac{EBIT}{TI} \times 100\% \qquad (10-11)$$

式中：EBIT——正常年份的年息税前利润或运营期内年平均息税前利润（earnings before interest and tax）；

　　　　TI——项目总投资（total investment）。

其中，

$$EBIT = 利润总额 + 利息支出 = 营业收入 - 总成本费用 - 税金及附加 + 利息支出$$

$$(10-12)$$

8. 资本金净利润率

资本金净利润率（ratio on equity，ROE）反映项目资本金的盈利水平，是指项目达到设计能力后正常年份的年净利润或运营期内年平均净利润与项目资本金的比率。其计算公式为

$$ROE = \frac{NP}{EC} \times 100\% \qquad (10-13)$$

式中：NP——项目正常年份的年净利润或运营期内年平均净利润（net profit）；

　　　　EC——项目资本金（equity capital）。

其中，

$$NP = 利润总额 - 所得税 \qquad (10-14)$$

ROI 和 ROE 指标的计算结果应与相应的行业或部门个的对应平均水平相比，以判断所评价对象是否能达到相应行业或部门的平均水平。上述两个指标是静态评价指标，不考虑资金时间价值，计算时不考虑投资发生的年份（分年度建设投资）、建设期和运营期的年数。上述两个指标不适合作为主要评价指标，可用于辅助性判断或项目初步可行性研究中。

10.3　偿债能力评价指标

1. 利息备付率

利息备付率（interest coverage ratio，ICR）从付息资金来源的充裕性角度反映项目偿付债务利息的保障程度，其计算公式为

$$ICR = \frac{EBIT}{PI} \qquad (10-15)$$

式中，PI——当期应付利息。

利息备付率越高，表明利息偿付的保障程度越高。一般情况下，利息备付率不宜低于2，且满足债权人的要求。

2. 偿债备付率

偿债备付率（debt service coverage ratio，DSCR）反映可用于还本付息的资金偿还借款本息的保障程度。其计算公式为

$$DSCR = \frac{EBITDA - T}{PD} \tag{10-16}$$

式中：EBITDA——息税前利润加折旧和摊销（earnings before interest tax discount and amortization）；

　　　　T——企业所得税；

　　　　PD——应还本付息金额。

偿债备付率表示还本付息的保障程度，偿债备付率越高表明可用于还本付息的资金保障程度越高。一般情况下，偿债备付率应该大于1.3，且满足债权人的要求。

3. 资产负债率

资产负债率（liability on asset ratio，LOAR）是反映项目各年所面临的财务风险程度及建设项目偿债能力的指标，是各期末负债总额同资产总额的比率。其计算公式为

$$LOAR = \frac{TL}{TA} \times 100\% \tag{10-17}$$

式中：TL——期末负债总额（total liability）；

　　　TA——期末资产总额（total asset）。

资产负债率越小，说明该项目中负债数额越小，债权人的财务风险越小，建设项目的清偿债务能力越强。但如果过小，也说明该项目利用财务杠杆的能力较差。长期债务还清后，可不再计算资产负债率。

以上介绍了盈利能力评价指标及偿债能力评价指标，将这些指标的计算结果与相应的基准结果进行对比，可以判断项目或方案的盈利能力及偿债能力。对项目除了进行盈利能力分析和偿债能力分析之外，还需考虑项目的生存能力。项目生存能力的分析通过项目财务计划现金流量表进行确定，计算项目建设期及生产经营期内投融资及经营活动所产生的各项现金流入和流出，计算各年的净现金流量及累计盈余资金，分析项目在计算期内各年是否有足够的净现金流量维持建设及生产经营的资金需求，以此判断其生存能力。

习　题

1. 请举例说明净现值与基准收益率或设定折现率的关系。

2. 盈利能力评价指标中哪些是动态指标？哪些是静态指标？

3. 请举例说明内部收益率的经济含义。

4. 请简述对单个常规性方案或项目进行可行性判断时内部收益率标准与净现值标准的一致性。

5. 某新建生产线期初投资 620 万元，建成后，该生产线的年营业收入为 300 万元，年经营成本为 120 万元，不考虑税金。请分别求出该生产线的静态投资回收期和动态投资回收期(i_c＝8%)。

6. 某企业拟投资 4 500 万元建一工厂，工厂建成后每年所得的营业收入为 3 000 万元，支出为 2 000 万元，预计该厂的经济寿命为 20 年，残值为零，试计算该厂的内部收益率并判断方案是否可行 (i_c＝15%)。

7. 某项目现金流量如表 10-8 所示。

表 10-8 某项目现金流量　　　　　　　　单位：万元

年末	0	1	2	3	4～10
现金流入			200	300	400
现金流出	800	1 000			

(1) 试计算该项目的净现值、净年值和内部收益率 (i_c＝10%)，并分别按净现值与内部收益率标准判断该方案是否可行；

(2) 画出累计净现金流量曲线与累计净现金流量现值曲线，并计算静态投资回收期和动态投资回收期。

8. 某项目期初固定资产投资为 1 200 万元，第一年初投入流动资金为 100 万元，第一年达到设计生产能力，年营业收入为 600 万元，年经营费用为 340 万元，年税金为 60 万元，项目计算期为 10 年，期末残值为 100 万元，并收回全部流动资金。

(1) 画出现金流量图、累计净现金流量曲线与累计净现金流量现值曲线，并计算静态投资回收期和动态投资回收期；

(2) 求净现值与内部收益率并判断该方案是否可行 (i_c＝10%)。

9. 某项目净现金流量如表 10-9 所示，试求该项目的净现值并判断项目是否可行 (基准收益率为 8%)。

表 10-9 某项目净现金流量　　　　　　　　单位：万元

年末	0	1	2	3	4	5
净现金流量	1 900	1 000	−5 000	−4 000	2 000	6 000

10. 购买某台设备需 80 000 元，用该设备每年可获净收益 11 000 元，该设备报废后残值为 5 000 元。若最低收益率为 12%，则该设备至少应使用多少年才可购买？

第 11 章

多方案比选

引例

亳白芍人工种植销售方案分析

中药材产业是最具中华民族特色、最具中国独特优势的历史传统产业，亳州作为我国四大药都之一，中药材种植有两千多年的历史，药典中以"亳"字打头的道地药材有亳白芍、亳菊花、亳花粉、亳桑皮等。作为白芍的原产地，亳州的白芍产量占全国的70%以上，是该市重要的经济作物之一。

亳白芍的销售形式分为以下两种：一是芍药鲜货销售，此种销售方式是药农直接以亩为单位进行估价整体出售给药商；二是芍药干货销售方式，即药农按照药商要求进行采收并初加工成干货销售。杨保良通过现场问卷调查和典型访谈相结合的方式，在亳州市大杨镇郭万村进行了亳白芍不同销售方式的经济效益对比分析。从静态和动态角度分析得出，每亩亳白芍人工种植鲜货、干货销售方式的投资收益率分别为75.6%、111.28%，鲜货、干货销售方式净现值分别为3 329.59元、5 633.15元。从净现值法的决策规则可知，多个投资方案选择决策时，净现值为正值且最大者为最优方案，因此芍药干货销售方式优于鲜货销售方式，药农宜采用白芍干货销售方式。

（资料来源：杨保良．亳白芍人工种植经济效益研究．安徽科技学院学报，2018，32（5）：82-86．）

分析与讨论：如何对方案进行比选？

第10章介绍了单个方案或项目从不同角度进行取舍的标准，对单一方案或项目而言，第10章中的评价指标是决定其取舍的重要准则。但在实践中涉及的另一类问题是在有资源限制等约束条件下从不止一个的方案中进行选择与组合，进行方案排队，寻找满足约束条件的相对最优者或最优组合。

11.1 投资方案之间关系分析

投资方案按其相互之间的关系可分为独立方案与相关方案，其中相关方案又分为互斥方案、有资源限制条件的独立方案、现金流量相关方案、混合相关方案等，如图 11-1 所示。

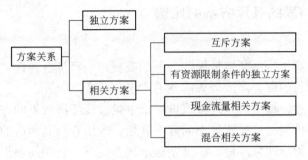

图 11-1 方案关系图

1. 独立方案

所谓独立关系，是指各个评价对象的现金流是独立的，不具有相关性，且任一方案或项目的采用与否都不影响其他方案或项目是否采用的决策。独立方案或项目的效果之间具有加和性。

2. 相关方案

相关方案是指多个方案之间存在相关性，即取舍某一方案会改变其他方案的现金流量或影响其他方案的取舍。常见的相关方案主要有：互斥方案、有资源限制条件的独立方案、现金流量相关方案及混合相关方案。

（1）互斥方案

所谓互斥关系，是指各个备选方案之间具有互斥性，在所有备选方案中至多只能选择一个。互斥方案或项目的效果之间不具有加和性。例如某企业需要在进口设备与国产设备之间进行选择，购买进口设备与购买国产设备就形成了两个互斥的投资方案。

（2）有资源限制条件的独立方案

尽管方案之间的独立关系意味着各个备选方案之间不具有相关性，但在存在资源限制条件时各备选方案之间的采用与否就会受到资源限制条件的约束，此时接受某个或某些方案就意味着放弃其他的方案，各个方案的采用与否不再是互不影响的关系。常见的资源限制条件是资金、劳动力、设备及原材料等。

（3）现金流量相关方案

备选方案现金流量之间相互影响，采取或放弃某一个方案会影响其他方案的现金流量。

（4）混合相关方案

备选方案之间存在独立、互斥、互补、替代及从属（某一方案的入选以其他方案的入选为条件，如购买打印机的方案就从属于购买计算机的方案，即购买打印机时必须购买计算机）等多种关系。

11.2 互斥方案比选

互斥方案的各备选方案之间存在互相排斥的关系，在决策时至多只能在其中选择一个方案。下面将互斥方案比选按照计算期相同与不同两种情况进行介绍。

11.2.1 计算期相同的互斥方案的比选

1. 增量分析法

投资方案比选的实质是判断增量投资（差额投资）的经济合理性，即投资大的方案相对于投资小的方案多投入的资金能否带来满意的增量收益。

增量分析法是通过计算增量净现金流量评价增量投资经济效果的方法。它将各互斥方案按照从小到大的顺序排列，从投资最小的方案开始，求出它与其紧后的投资较大的方案的净现金流量之差，即差额净现金流量。根据差额净现金流量，利用某项指标的计算公式求出相应的指标值，这个指标被称为差额指标，然后将该差额指标同相应的检验标准进行比较，根据检验结果选择较优方案，再用这个较优方案同其紧后的投资规模更大的方案进行同样对比，如此顺序进行两两方案的比选，逐个淘汰，最后剩者为最优方案。常用的增量分析指标有差额净现值和差额内部收益率。

（1）差额净现值

设 A、B 为投资额不等的互斥方案，B 方案比 A 方案投资大，两方案的差额净现值（ΔNPV）可由下式求出。

$$\Delta NPV_{B-A} = \sum_{t=0}^{n} [(CI_B - CO_B)_t - (CI_A - CO_A)_t](1+i_c)^{-t} \tag{11-1}$$

若 $\Delta NPV_{B-A}>0$，说明增量投资可行，投资大的方案为较优方案；若 $\Delta NPV_{B-A}<0$，说明增量投资不可行，投资小的方案为较优方案。

（2）差额内部收益率

差额内部收益率（ΔIRR）是使两个互斥方案差额净现值为零时的折现率。其计算公式为

$$\sum_{t=0}^{n} [(CI_B - CO_B)_t - (CI_A - CO_A)_t](1+\Delta IRR)^{-t} = 0 \tag{11-2}$$

由式（11-2）可以看出，差额内部收益率亦可理解为使两个方案净现值相等时的折现率，即

$$\sum_{t=0}^{n} (CI_A - CO_A)_t (1+\Delta IRR)^{-t} = \sum_{t=0}^{n} (CI_B - CO_B)_t (1+\Delta IRR)^{-t} \tag{11-3}$$

评价准则：$\Delta IRR \geq i_c$，增量投资可行，投资大的方案相对较优；$\Delta IRR < i_c$，增量投资不可行，投资小的方案相对较优。

需要注意的是，用差额指标筛选出的最优方案还需通过绝对效果检验，因此在互斥方案评价中包括两部分内容：一是考察哪个方案相对最优——用增量分析法进行相对效果检验；二是考察相对最优方案自身的经济效果——绝对效果检验。

【例 11 - 1】　某投资项目有三个备选方案 A、B、C，其现金流量如表 11 - 1 所示，设 $i_c = 12\%$，试分别用差额净现值及差额内部收益率进行方案选优。

表 11 - 1　方案 A、B、C 的净现金流量　　　　　　　　　单位：万元

方案	0 年	1~10 年
方案 A 的净现金流量	−190	40
方案 B 的净现金流量	−320	60
方案 C 的净现金流量	−400	85

解　（1）差额净现值法

$\Delta NPV_{B-A} = (-320) - (-190) + (60 - 40) \times (P/A, 12\%, 10) = -17.00 (万元) < 0$

差额净现值小于零，说明增量投资不可行，故 A 方案相对较优。接下来，用 C 方案与 A 方案对比。

$\Delta NPV_{C-A} = (-400) - (-190) + (85 - 40) \times (P/A, 12\%, 10) = 44.25 (万元) > 0$

差额净现值大于零，说明增量投资可行，故 C 方案相对 A 方案较优且 C 方案为最优方案。下面进行 C 方案的绝对效果检验。

$NPV_C = -400 + 85 \times (A/P, 12\%, 10) = 80.25 (万元) > 0$

故在此选择 C 方案。

（2）差额内部收益率法

$\Delta NPV_{B-A} = -130 + 20 \times (P/A, \Delta IRR_{B-A}, 10) = 0$

使用线性插入法，可得 $\Delta IRR_{B-A} = 8.74\%$。由于 $\Delta IRR_{B-A} < 12\%$，因此增量投资不可行，A 方案优于 B 方案，下面比较 A 方案与 C 方案。

$\Delta NPV_{C-A} = -210 + 45 \times (P/A, \Delta IRR_{C-A}, 10) = 0$

使用线性插入法，可得 $\Delta IRR_{C-A} = 17.13\% > i_c = 12\%$，C 相对于 A 方案较优。同样需要进行 C 方案的绝对效果检验。使用线性插入法得

$IRR_C = 16.89\% > i_c = 12\%$

C 方案通过绝对效果检验，故选择 C 方案。

2. 总量分析法

在前面使用增量净现值指标进行互斥方案比选时，发现：

$$\Delta NPV_{B-A} = \sum_{t=0}^{n} [(CI_B - CO_B)_t - (CI_A - CO_A)_t](1 + i_c)^{-t}$$
$$= \sum_{t=0}^{n} (CI_B - CO_B)_t (1 + i_c)^{-t} - \sum_{t=0}^{n} (CI_A - CO_A)^t (1 + i_c)^{-t}$$
$$= NPV_B - NPV_A \tag{11-4}$$

因此，差额净现值即为两方案净现值的差，故在互斥方案比选时亦可采用总量分析法，先算出各备选方案的 NPV，最优方案即为 NPV 最大且为正的方案。

【例 11 - 2】　试用总量分析法进行例 11 - 1 的方案选优。

解　$NPV_A = -190 + 40 \times (P/A, 12\%, 10) = 36.00 (万元)$

$NPV_B = -320 + 60 \times (P/A, 12\%, 10) = 19.00 (万元)$

$$NPV_C = -400 + 85 \times (P/A, 12\%, 10) = 80.25 (万元)$$

可以看出，NPV_C 最大且大于零，故最优方案为 C 方案。

前面用净现值法对例 11-1 中的三个方案进行了选优，那么可以用内部收益率最大来选优吗？

在例 11-1 中，可以算出 $IRR_A = 16.63\%$，$IRR_B = 13.51\%$，$IRR_C = 16.89\%$。在此 IRR_C 最大，若使用内部收益率最大者为最优原则选择得出的结论与净现值法相同。

【**例 11-3**】 试对表 11-2 中的互斥方案 A、B 选优，设 $i_c = 10\%$。

表 11-2 方案 A、B 净现金流量 　　　　　　　　单位：万元

方案	0 年	1～10 年
方案 A 净现金流量	−100	20
方案 B 净现金流量	−200	38

解　　$\Delta NPV_{B-A} = -100 + 18 \times (P/A, 10\%, 10) = 10.592 (万元) > 0$
$\Delta IRR_{B-A} = 12.45\% > i_c = 10\%$
$NPV_A = 22.88$ 万元，$NPV_B = 33.47$ 万元
$IRR_A = 15.11\%$，$IRR_B = 13.80\%$

若按增量分析法（差额净现值、差额内部收益率），可以看出方案 B 为相对较优方案，且方案 B 通过绝对效果检验，应选择方案 B；若按总量分析法（净现值法），$NPV_B > NPV_A > 0$，亦应选择方案 B；若按内部收益率最大为原则，则应 $IRR_A > IRR_B > i_c$，则应选择方案 A。

显然，按增量分析法与按总量分析法得出的结论一致，那么按照内部收益率法得出的结论为何与上述两种方法得出的结论矛盾呢？在例 11-1 中内部收益法却又与上述两种方法得出的结论一致。为什么会产生这种不一致的情况，下面结合图 11-2 进行说明。

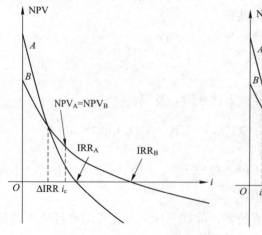 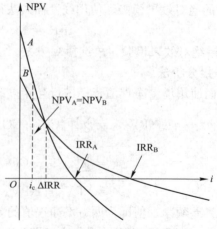

第(1)种情况:NPV_A<NPV_B, IRR_A<IRR_B　　　　第(2)种情况:NPV_A>NPV_B, IRR_A<IRR_B

图 11-2　IRR 在互斥方案比选中存在的问题

图 11-2 第（1）种情况下，方案 A 与 B 的差额内部收益率 $\Delta\text{IRR} < i_c$，此时 $\text{IRR}_A < \text{IRR}_B$，$\text{NPV}_A < \text{NPV}_B$，可见使用内部收益率指标与使用净现值指标得出的结论一致，即投资小的方案（B 方案）为优胜方案。

图 11-2 第（2）种情况下，方案 A 与 B 的差额内部收益率 $\Delta\text{IRR} > i_c$，此时 $\text{IRR}_A < \text{IRR}_B$，但 $\text{NPV}_A > \text{NPV}_B$，使用内部收益率指标会选择 B 方案，而使用净现值指标会选择 A 方案，二者结论相反。

显然，使用内部收益率指标进行方案选优时不能保证得出与净现值最大为准则的相同结论。NPV 为价值型指标，IRR 为比率型指标，二者是从不同角度反映方案的经济效果，对于追求收益最大化的目标而言，显然净现值指标相比内部收益率指标更为客观。因此，在互斥方案比选时，可以采用净现值最大为最优为准则进行方案比选，但不可用内部收益率指标最大为最优准则进行方案比选。

11.2.2　计算期不同的互斥方案的比选

对于寿命期不等的互斥方案或项目进行比选时有以下几种方法。

1. 年值法

年值法是先计算各备选方案的净年值，即

$$\text{NAV}_j = \sum_{t=0}^{n_j} \left[(\text{CI}_j - \text{CO}_j)_t (P/F, i_c, t) \right] (A/P, i_c, n_j) \tag{11-5}$$

式中，$j = 1, 2, \cdots, m$，为备选方案的个数。取净年值最大且非负的方案为最优方案。若是费用型方案或项目的比选，则取费用年值最小者为最优。

2. 寿命期最小公倍数法

使用这种方法时，各方案或项目的共同分析期是所有备选对象寿命期的最小公倍数，从而使之具有时间上的可比性。求出各个方案或项目以此最小公倍数为寿命期的净现值（或费用现值），最大者（最小者）为优。

【例 11-4】　某公司欲购设备一台，现有两种购买方案，其经济指标见表 11-3，设基准收益率为 6%，试分别用寿命期最小公倍数法和年值法进行方案选择。

表 11-3　经济指标　　　　　　　　　　　　单位：万元

方案	购置费	年收益	使用年限	残值
方案 A：购买	100	35	5 年	10
方案 B：购买	300	55	10 年	30

解　（1）寿命期最小公倍数法

两方案的最小公倍数为 10，这意味着 A 设备在 5 年之后还须再购买一台同样的设备。两方案的现金流量图如图 11-3 所示。

$$\text{NPV}_A = 35 \times (P/A, 6\%, 10) + 10 \times (P/F, 6\%, 10) + 10 \times (P/F, 6\%, 5) - 100 - 100 \times (P/F, 6\%, 5) = 95.93(\text{万元})$$

$$\text{NPV}_B = 55 \times (P/A, 6\%, 10) + 30 \times (P/F, 6\%, 10) - 300 = 121.55(\text{万元})$$

由于 $\text{NPV}_B > \text{NPV}_A$，故选用 B 设备。

（2）年值法

$NAV_A = -100 \times (A/P, 6\%, 5) + 35 + 10 \times (A/F, 6\%, 5) = 13.03（万元）$

$NAV_B = -300 \times (A/P, 6\%, 10) + 55 + 30 \times (A/F, 6\%, 10) = 16.52（万元）$

由于 $NAV_B > NAV_A$，故由年值法应选择 B 方案。

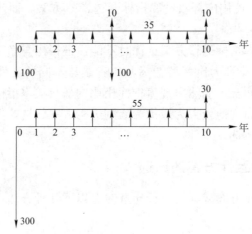

图 11-3　方案 A、B 现金流量图（寿命期最小公倍数法）

由上例可知当两个投资方案寿命期不同时，可以只计算一个寿命周期内的净年值加以比较，其结果与预先求两个方案寿命的最小公倍数，再求出相同年限的净现值比较结果是相同的。

3. 共同分析期法

值得注意的是，年值法和寿命期最小公倍数法均假定各方案可重复实施，从而达到时间上的可比性。但在实践中往往存在不可能重复实施的方案或项目，如不可再生的矿产资源开发项目等，重复实施的假定不可能成立，年值法与寿命期最小公倍数法不再适用。此时往往使用共同分析期法，即以最短寿命期为共同分析期，长于此寿命期的方案截止到该共同分析期，其资产净值或资金作为期末回收处理。

【例 11-5】[①]　某工程公司需购买运输用卡车 10 辆，有两种方案可供选择，现金流量如表 11-4 所示。已知基准折现率为 10%，A 方案第 8 年回收残值 2 万元。鉴于汽车技术在不断进步，一般不大可能在若干年后仍然再次购置各方案所使用的车辆，故 A、B 方案重复实施的假设在实际中是不可能的。如果以 A 方案寿命期 8 年为分析期，预测出 B 方案第 8 年汽车净资产可回收 60 万元。试从两方案中选优。

表 11-4　某工程公司购买运输用卡车的现金流量

方案	购置费/万元	寿命期/年	年运营费/万元									
			1	2	3	4	5	6	7	8	9	10
A	200	8	20	20	20	25	25	30	30	30		
B	250	10	18	18	18	20	20	25	25	25	30	30

① 成其谦. 投资项目评价. 北京：中国人民大学出版社，2010：85-86.

解　这是费用型问题。由于两方案寿命期不等，且无法满足重复实施的假设，因此采用共同分析期法，共同分析期为 8 年。

$$PC_A = 200 + 20 \times (P/A, 10\%, 3) + 25 \times (P/A, 10\%, 2) \times (P/F, 10\%, 3) + 30 \times$$

$$(P/A, 10\%, 3) \times (P/F, 10\%, 5) - 2 \times (P/F, 10\%, 8) = 327.73(万元)$$

$$PC_B = 250 + 18 \times (P/A, 10\%, 3) + 20 \times (P/A, 10\%, 2) \times (P/F, 10\%, 3) + 25 \times$$

$$(P/A, 10\%, 3) \times (P/F, 10\%, 5) - 60 \times (P/F, 10\%, 8) = 331.49(万元)$$

由于 $PC_A < PC_B$，故 A 方案为最优方案。

4. 核定资金法

一般情况下，项目的使用寿命是有限的。但有些工程项目，如铁路、筑坝、兴建运河等，其服务年限很长，可被看作是永久性工程。

对这种永久性工程设施的等额年费用或等额年收益可计算其核定资金，即项目在无限分析期内等额年费用或等额年收益的折算现值，即

$$P = \lim_{n \to \infty} A \times (P/A, i, n) = A \times \lim_{n \to \infty} [(1+i)^n - 1]/[i \times (1+i)^n] = A/i \quad (11-6)$$

【例 11 - 6】　某城市计划铺设一条引水管道，从较远的流域引水以解决该城市吃水难问题。在满足供水要求的前提下，有甲、乙两个方案可供选择：甲方案投资 200 万元，年维护费 2 万元，每隔 10 年大修一次，大修费 20 万元；乙方案投资 300 万元，年养护费 1.5 万元，每隔 15 年大修一次，大修费 40 万元。设年折现率为 6%，假定引水管道的寿命无限长，试用核定资金法比较甲、乙两方案的优劣。

解　这是一个仅需要计算费用的问题。

甲方案：$PC_甲 = 200 + A_甲/i = 200 + [2 + 20 \times (A/F, 6\%, 10)]/6\% = 258.62(万元)$

乙方案：$PC_乙 = 300 + A_乙/i = 300 + [1.5 + 40 \times (A/F, 6\%, 15)]/6\% = 353.64(万元)$

因为 $PC_甲 < PC_乙$，故选择甲方案。

11.3　独立方案与相关方案比选

11.3.1　独立方案比选

1. 无资源限制条件的独立方案

在无约束条件下，一组独立方案的选择是比较容易的。各方案是否被采纳只取决于其本身的可行性，与其他方案是否入选无关。评价要解决的问题是判断各个方案本身的盈利能力与偿债能力，这时使用净现值、内部收益率、投资回收期、贷款偿还期等指标分别判断即可。

2. 有资源限制条件的独立方案

存在资源限制条件时，尽管备选方案或项目之间是独立关系，即某一方案的接受并不影响其他方案的接受，但在约束限制条件下（例 11 - 7 是资金限制也可以是其他资源限制），它们（或其组合）有可能会成为互斥项目。因此在有资金等资源限制条件下多个独立方案的

经济评价不能简单地用一个评价准则,如用 ΔIRR 或用 NPV 来决定排序和取舍。此时往往使用互斥方案组合法进行独立方案的取舍,即把所有可行的投资项目的组合列出来,每个组合代表一个满足约束条件的项目总体中相互排斥的一个方案,然后用互斥方案的经济评价方法选出最好的组合。

【例 11-7】 有三个相互独立的方案 A、B、C,各方案的投资、年净收益如表 11-5 所示,方案寿命期为 5 年。试问在投资无限额及投资限额 300 万元两种情况下应当选择何种方案组合($i_c = 15\%$)。

表 11-5　方案 A、B、C 的投资、年净收益　　　　单位:万元

方案	投资（生产初期）	年净收益
A	120	43
B	100	42
C	170	58

解　方案 A、B、C 的各种可能组合如表 11-6 所示。

表 11-6　方案 A、B、C 的各种可能组合　　　　单位:万元

序号	方案组合	总投资额	净现值
1	A	120	24.14
2	B	100	40.78
3	C	170	24.42
4	AB	220	64.92
5	AC	290	48.56
6	BC	270	65.20
7	ABC	390（投资超过限额）	89.34

由表 11-6 可知,在所有方案组合中,方案 A、B 及 C 的净现值均大于零,故若无投资资金限制,三个方案全部入选,即选择 ABC 组合。若投资限额为 300 万元,ABC 组合超过投资限额,该组合不可取。在剩余的组合中,以 BC 组合净现值最大,故最优为 BC 组合,即同时选择方案 B 和 C。

11.3.2　现金流相关方案比选

现金流相关方案是指一个方案的取舍会影响其他备选方案的现金流量。对这类方案进行比选时需要考虑被影响的现金流量并以此为基础做出正确的方案选择。

【例 11-8】 某旅游景点拟修建旅馆,有 A、B 两个建造方案(净现金流量如表 11-7 所示),既可以只建其中一个,也可以两个都建。如果两个旅馆都建,由于受顾客分流的影响,两个旅馆各自的年净收益都将比只建一个旅馆减少(如表 11-8 所示)。若基准折现率为 10%,试选择建设旅馆方案。

表 11-7　只建一个旅馆的净现金流量　　　　单位:万元

方案	第 0 年	第 1~20 年
A	−200	80
B	−100	50

表 11-8　建两个旅馆的净现金流量　　　　　　　　　　单位：万元

方案	第 0 年	第 1～20 年
A	−200	60
B	−100	35

解　$NPV_A = -200 + 80 \times (P/A, 10\%, 20) = 481.12$(万元)

$\qquad NPV_B = -100 + 50 \times (P/A, 10\%, 20) = 325.70$(万元)

$\qquad NPV_{A+B} = -200 - 100 + (60 + 35) \times (P/A, 10\%, 20) = 508.83$(万元)

由于 NPV_{A+B} 最大，故应选择两个旅馆都建的方案。

11.3.3　Weingartner 优化选择模型

前面的内容介绍了互斥方案及独立方案比选的方法。实际中，方案之间还存在互补与从属关系，甚至在一个方案选择集合中共存在以上几种关系。对于这种复杂的方案相关情况，常采用 Weingartner 优化模型进行分析处理。在具体分析时，由方案之间的相关关系确定可能的组合，这些不同的组合之间形成互斥关系，以净现值最大为准则选择最优方案组合。

习　　题

1. 在互斥方案比选时可以使用内部收益率指标作为方案取舍标准吗？为什么？

2. 考虑三个相互排斥的扩能改造方案，三个方案的寿命年限均为 10 年，各方案的初始投资及年节约金额如表 11-9 所示。

表 11-9　各方案的初始投资及年节约金额　　　　　　单位：万元

方案	初始投资	年节约金额
A	20	5.8
B	30	7.8
C	40	9.2

试在折现率为 12% 的条件下选择经济上最有利的方案。

3. 某投资项目有三个互斥的备选方案 A、B、C，其现金流量如表 11-10 所示，设 $i_c = 12\%$，试分别用差额净现值法和差额内部收益率法进行方案选优。

表 11-10　方案 A、B、C 现金流量　　　　　　　　单位：万元

年末 ＼ 方案	A	B	C
0	−174	−260	−300
1～10	40	49	66

4. 表 11-11 为两个互斥方案的净现金流量，设 $i_c = 10\%$，试分别用寿命期最小公倍数

法和年值法选择最佳方案。

表 11-11　方案 A、B 的净现金流量　　　　　　　　　单位：万元

年末	0	1	2	3	4	5
A	−300	95	95	95	95	95
B	−100	43	43	43		

5. 已知设备 A、B 产出相同，但两方案的构置、经营费用及寿命期不同。其中，方案 A 的寿命期为 3 年，方案 B 的寿命期为 8 年。表 11-12 为这两个方案的费用流量。请用共同分析期法选择最优方案（设方案 B 到第 3 年末的残值为 220 万元，$i_c=12\%$）。

表 11-12　方案 A、B 的费用流量　　　　　　　　　单位：万元

年末	0	1~3	4~8
A	260	150	—
B	400	120	120

6. 有 A、B 两个建桥方案，A 方案初始投资为 2 400 万元，年维护费为 13 万元，每 3 年需花费 15 万元粉刷一次，每 10 年需花费 35 万元翻修一次桥面；B 方案初始投资为 2 000 万元，年维护费为 20 万元，每 10 年需花费 40 万元整修一次。若基准折现率为 8%，试选择最优方案。

7. 已知有 5 个备选项目 A、B、C、D、E，各项目之间的关系是：A 与 B 互斥，C 与 D 互斥，C、D 依存于 B，E 依存于 C。各项目每年的现金流量如表 11-13 所示。请列出所有可能的方案组合并分别就资金限额 60 万元与资金限额 45 万元做出方案选择（$i_c=10\%$）。

表 11-13　项目 A、B、C、D、E 现金流量　　　　　　　　　单位：万元

年末	0	1~4
A	−50	20
B	−30	12
C	−14	4
D	−15	5
E	−11	7

第 12 章

不确定性分析

引例

内蒙古天威电力集团风电场项目投资

内蒙古天威电力集团欲上马一个风电场建设项目,此时集团的会议室里,决策者们正在讨论该项目存在哪些不确定性因素,是否值得投资。

拟建的风电场总面积约 20 平方千米,所选场址地理位置优越,位于欧亚大陆东部中纬度地带,属于中温带大陆性气候,冬季较长、干燥寒冷、盛行西北风。由于地势较低,该地区的风力资源比较丰富,是传统意义上的"上风口"。项目固定资产投资占总投资的 95%,设备投资占总投资的 70%,装机容量 50 兆瓦。项目投产后,年发电量约为 1 亿千瓦时。

设备采购部的刘部长担心投资控制问题。由于周边地区没有已经开发的风电场建设项目,风机基础、进场道路、电力送出工程等确切的投资数额没有现成的工程可以参照。

工程部的张部长担心日后机组的维修成本问题。他指出风力发电机组的维护费具有递增特点,以往经验表明,有的风力发电组织年维护费达到固定资产投资的 2%~3%。

技术部的王部长对风力发电机的技术稳定性也表示担忧,他指出风电机组的更新换代、技术成熟性、设备制造厂家的经营存续能力等是风电场建设方案确定不可忽视的影响因素,要用可持续性、前瞻性的态度进行设备选择。

财务部李部长主要考虑影响项目未来收益的因素。由于国家及地方相关鼓励政策的存在,我国各个风电场的电价各不相同,超低的上网电价意味着发电投资商微利甚至亏损经营。因此,如何利用相关政策获取一个适宜的上网电价对项目来说非常关键。此外,虽然项目场址处在风资源丰富的地方,但随着全球气候的变暖,西风环流指数会逐渐减弱,大风天气会逐渐减少,风能资源会萎缩,项目后期可能会因为风资源不足而致使项目收益减少。

办公室王主任提出,一旦项目上马了,内部管理也是一个不可忽视的因素,只有良好的内部管理才能保证项目的顺利实施。

会议室里大家讨论得非常热烈,坐在主席位置上的郑总安静地听着员工们的各种建议。等大家讨论完后,他拨通了接受公司委托进行可行性研究工作的咨询公司陈主任的电话,介绍了大家的意见，两个人达成两点一致意见：一是要进一步对项目进行风险分析，识别项目的主要风险因素，评估风险程度，然后提出相应的风险对策；二是需要以固定资产投资、发电小时和电价作为变动因素对项目进行不确定性分析，判断一旦出现超额投资、维护成本居高不下、电价波动等情况，将对项目的收益产生影响。

分析与讨论：若项目投资、成本、价格等变动会对项目的效益有何影响？

12.1　不确定性与风险概述

第 11 章中评价指标的计算等内容所涉及的都是确定性问题，但在技术经济分析中所用的数据常常是由分析人员的预测所得，由于预测方法的局限性，预测人员的有限理性，信息的不完全性、不充分性及被预测对象的不确定性及随机性，对方案进行评价时使用的投资、成本、价格等实际数据很可能会偏离其预测值，产生不确定性及风险。本章的内容主要针对以上问题展开。

1. 不确定性与风险

任何投资决策，都是建立在对未来的预测和判断基础上。但是，项目面临的经济形式、资源条件、技术发展阶段等因素都带有不确定性，加上预测方法和工作条件的局限性，项目经济效果评价中使用的投资、成本、产量、价格等基础数据的估算与预测结果不可避免地会有误差。例如，投资超支、建设工期延长、生产能力达不到设计要求、原材料价格上涨、劳务费用增加、产品售价波动、市场需求量变化、贷款利率及外币汇率变动等，都可能使一个投资项目达不到预期的经济效果。

项目效果的实际值可能偏离预测值，这种现象称之为项目方案的不确定性或风险。不确定性分析是对影响项目的不确定性因素进行分析，测算它们增减变化对项目效益的影响，找出最主要的敏感因素及其临界点的过程；风险分析是识别风险因素、估计风险概率、评价风险影响及制定风险对策的过程。

不确定性分析与风险分析既有联系也有区别。风险是介于确定与不确定之间的一种状态，其出现的可能性是可以知道的，而不确定性的概率是未知的。

不确定性与风险的区别如下。

① 可否量化。风险是可以量化的，即其发生的概率是已知的或通过努力是可以知道的，因此风险分析可以采用概率树分析方法，分析各种情况发生的概率及其影响；不确定性分析是不可以量化的，对它只能进行假设分析，假定某些因素发生后，分析不确定因素对事件、活动的影响。

② 可否保险。风险是可以保险的，风险的概率是可以知道的，理论上保险公司可以计算确定的保险收益，从而提供有关保险产品。而不确定性是不可以保险的。

③ 概率获得性。不确定性发生的概率未知；而风险发生的概率是已知的或是可以测定的，可以用概率分布来描述。

④ 影响大小。不确定性代表不可知事件，因而可能有更大的影响，而如果事件可以量化风险，则其影响可以防范并得到有效的降低。

风险与不确定性的根本区别在于决策者能否预知事件发生最终结果的概率分布。实践中，某一事件是处于风险状态还是不确定性状态并不是完全由事件本身的性质决定的，有时很大程度上取决于主观性，即决策者的认知能力和所拥有的信息量。随着决策者的认知能力的提高和所掌握的信息量的增加，不确定性决策也可能演化为风险决策。

鉴于实践中区分这两种状态的困难和两种状态转换的可能性，许多对风险的讨论都采取了第一种观点，并不严格区分风险和不确定性的差异。

本书认为，虽然在任何情况下严格区分风险和不确定性并不必要，但由于不同行为主体存在认知能力差异，因此这种区分对于如何选择适宜的决策方法有一定的指导意义。

2. 不确定性和风险的产生原因

投资项目的不确定性产生的原因很多，可以从内部和外部两个方面来归纳。

在外因方面，一个投资项目，特别是重大的投资项目，必然受到政治、经济、国防、社会、能源和技术等诸多因素的影响，这些因素还随着时间、地点、条件的改变而不断变化，构成了投资项目的外部不确定性因素。例如，技术进步和工艺变化、产品市场的变化及政策法规的变化等。

在内因方面，在进行投资项目的可行性研究时，要采用一些具体的参数、指标，可行性研究工作者要做出具体的假设，得出对未来的预测值。这些参数与指标也会随着时间、地点和条件的变化而变化，构成了投资项目的内部不确定性因素。

3. 不确定性分析与风险分析的作用

不确定性分析与风险分析是项目技术经济评价中的一个重要内容，进行不确定性分析与风险分析具有以下作用。

① 有利于提高投资决策的可靠性。由于不确定性与风险是客观存在的，通过不确定性分析与风险分析，依据不确定性因素对投资效益影响的大小和指标变动范围，可以进一步调整项目评价的结论，以提高结论的可靠性。

② 掌握不确定性因素对项目经济评价的影响程度。通过预测不确定性因素在什么范围变化，分析这些因素变化对项目经济效果的影响程度，以便决策者和执行者充分了解不确定性因素变动的作用界限，尽量避免不利因素的出现。

③ 为提出防范项目风险的措施提供依据。针对不确定性分析所找出的不确定性因素，可以提出相应的防范措施以减少不确定性因素对项目经济效果的影响程度，提高项目的风险防范能力，保证项目建设能达到预定的目标。

12.2　盈亏平衡分析

所谓盈亏平衡分析，是指根据项目正常生产年份的产品产量（销售量）、固定成本、可变成本、税金、产品价格等，研究产品产量、成本与收入之间的平衡关系，找出项目盈利和亏损在产量、单价、成本等方面的临界点，判断项目对产品数量变化等的适应能力和抗风险能力。盈亏平衡分析只用于财务评价。临界点被称为盈亏平衡点（break - even point, BEP）。盈亏平衡点是项目盈利与亏损的分界点，它标志着项目不盈不亏的生产经营临界水平，反映在一定的生产经营水平时项目的收益与成本之间的平衡关系。

盈亏平衡分析包括线性盈亏平衡分析和非线性盈亏平衡分析。

1. 线性盈亏平衡分析法

投资项目的销售收入与成本都是产量的线性函数时的盈亏平衡分析称为线性盈亏平衡分析。

（1）线性盈亏平衡分析的假设前提

① 生产量等于销售量，即当年市场的产品当年全部销售出去。

② 固定成本和单位可变成本不变，可变成本与产量成正比变化。

③ 销售价格不变。

④ 按单一产品计算。若项目生产多种产品，则应换算成单一产品。

据此，线性盈亏平衡分析中产品的销售收入 $S(Q)$ 为

$$S(Q) = PQ - T_0Q$$

总成本 $C(Q)$ 为

$$C(Q) = C_f + C_v Q$$

式中：P——产品销售单价；

Q——产品产量；

C_f——产品的固定成本；

C_v——单位产品可变成本；

T_0——单位产品税金。

（2）线性盈亏平衡点的图解

下面用图 12-1 来说明盈亏平衡点的意义。在图 12-1 中，纵坐标为销售收入和总成本，横坐标为产量，销售收入曲线与总成本曲线相交于 BEP 点，即项目的盈利与亏损的临界点——盈亏平衡点，此时产量为 Q^*，销售收入与总成本分别为 $S(Q^*)$ 与 $C(Q^*)$。在此点，项目的销售收入与总成本相等（$S(Q^*) = C(Q^*)$)，当产量小于 Q^* 时，销售收入小于总成本，项目处于亏损状态；当产量大于 Q^* 时，销售收入大于总成本，项目处于盈利状态。

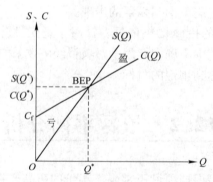

图 12-1 线性盈亏平衡分析图

（3）线性盈亏平衡点的计算

① 盈亏平衡点的产量（Q^*）。盈亏平衡时 $S(Q^*) = C(Q^*)$，即

$$P \times Q^* = C_f + C_v \times Q^* + T \times Q^*$$

故盈亏平衡点的产量为

$$Q^* = \frac{C_f}{P - C_v - T} \tag{12-1}$$

② 盈亏平衡点的销售收入（S^*）。

$$S^* = P \times Q^* = \frac{P \times C_f}{P - C_v - T} \tag{12-2}$$

③ 盈亏平衡点的生产能力利用率（E^*）。

$$E^* = \frac{Q^*}{Q_{max}} = \frac{C_f}{(P - C_v - T) \times Q_{max}} \tag{12-3}$$

④ 盈亏平衡的产品销售单价（P^*）。此时的销售单价是指产量达到设计生产能力（$Q = Q_{max}$）时，产品的保本销售价格，因此 P^* 满足下面的条件

$$P^* \times Q_{max} = C_f + C_v \times Q_{max} + T \times Q_{max}$$

即

$$P^* = C_v + T + \frac{C_f}{Q_{max}} \tag{12-4}$$

⑤ 盈亏平衡的单位产品变动成本（C_v^*）。此时的单位产品变动成本是指产品达到设计生产能力（$Q = Q_{max}$），按照预期价格（P）进行产品销售时的保本变动成本，C_v^* 应满足

$$P \times Q_{max} = C_f + C_v^* \times Q_{max} + T \times Q_{max}$$

即

$$C_v^* = P - T - \frac{C_f}{Q_{max}} \tag{12-5}$$

【例 12-1】 某项目年设计生产能力为 15 万 t，预期产品销售价格为 500 元/t，固定成本为 1 500 万元，单位产品变动成本为 250 元/t，单位产品税金为 40 元/t。已知产品销售收入及总成本（含税）与产品产量成正比，求盈亏平衡点的产量、销售收入、生产能力利用率及产量达到设计生产能力时的最低单价和最高变动成本。

解 设盈亏平衡时的产量、销售收入及生产能力利用率分别为 Q^*、S^* 和 E^*，则

$$Q^* = \frac{C_f}{P - C_v - T} = \frac{1\,500}{500 - 250 - 40} = 7.14(\text{万 t})$$

$$S^* = \frac{P \times C_f}{P - C_v - T} = 500 \times 7.14 = 3\,570(\text{万元})$$

$$E^* = \frac{Q^*}{Q_{max}} = \frac{7.14}{15} = 47.6\%$$

设达到设计生产能力时的最低单价及最高变动成本分别为 P^*、C_v^*，则

$$P^* = C_v + T + \frac{C_f}{Q_{max}} = 250 + 40 + \frac{1\,500}{15} = 390(\text{元/t})$$

$$C_v^* = P - T - \frac{C_f}{Q_{max}} = 500 - 40 - 100 = 360(\text{元/t})$$

2. 非线性盈亏平衡分析

线性盈亏平衡的前提条件是产品的销售收入及总成本均与产量成正比。该条件较为严格，往往只在产量较低时才能满足。在实践中往往会出现无法满足该条件的情况，即总成本

和销售收入都可能与产量呈非线性关系。一般来说，新产品刚投放市场时，价格较高，在供小于求的情况下，销售收入与产量成正比增加。一旦市场对这种产品的需求接近饱和或由于市场竞争等原因，当产量增加到一定程度后，便会出现产品滞销、积压的现象，结果产大于销。有时需采取降价措施，销售收入的增加速度趋于平缓，甚至下降，而产品的变动成本也只是在一定的范围内才与产量成正比。超过较低的产量范围，单位产品的变动成本就会上升，造成总成本的增加速度超过产量的增加速度。由上可见，实际生产经营中销售收入与生产成本并不与产量成正比，下面以图 12 - 2 为例说明。

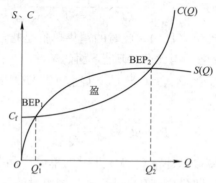

图 12 - 2 非线性盈亏平衡分析图

由图 12 - 2 可以看出，产量在 Q_1^* 至 Q_2^* 之间时才能盈利，如果产量低于 Q_1^* 或产量超过 Q_2^*，销售收入无法弥补成本支出，出现亏损。显然，并不是产量越大盈利越多，当产量超过一定限制时会再次出现亏损，这一点与线性盈亏平衡不同，在线性盈亏平衡中产量越大，盈利越大。另一点与线性盈亏平衡不同的是，非线性盈亏平衡往往存在极大盈利点（极大利润点），而在线性盈亏平衡中理论上的极大盈利点是随着产量的增加而无限增加的。

【例 12 - 2】 某工厂生产某种型号的设备，销售收入（S）与产量（Q）之间的关系为 $S(Q) = 300Q - 0.03Q^2$；可变成本（C_v）与产量之间的关系是 $C_v = 100Q - 0.01Q^2$；生产该设备的固定成本为 $F = 180\ 000$ 元。试进行盈亏平衡分析并找出最大盈利产量。

解 达到盈亏平衡时 $S(Q) = C(Q)$，即

$$300Q - 0.03Q^2 = 180\ 000 + 100Q - 0.01Q^2$$

故盈亏平衡点的产量为 $Q_1^* = 1\ 000$ 台，$Q_2^* = 9\ 000$ 台。最大盈利点即满足 $\max(S(Q) - C(Q)) = \max(-0.02Q^2 + 200Q - 180\ 000)$ 的产量点，当

$$\frac{d(-0.02Q^2 + 200Q - 180\ 000)}{dQ} = -0.04Q + 200 = 0$$

时，该条件得到满足。此时，$Q = 5\ 000$ 台。即当产量为 5 000 台时盈利最大，最大盈利为 320 000 元。

以上盈亏平衡点分析只考虑了产量、成本、盈利这三个指标的关系，因为这三个指标为静态指标，所以又可以把这种盈亏平衡点分析称为静态盈亏平衡点分析。如果所分析的指标是动态的，如净现值、内部收益率等，则称这种盈亏平衡点分析为动态盈亏平衡点分析。

【例 12 - 3】 某一投资方案，初始投资为 600 万元，预计项目经济寿命为 10 年，根据市场预测，在这 10 年中每年可得净收益 160 万元。若贴现率 i 为不确定性因素，试进行平衡点分析。

解　项目现金流量图如图 12－3 所示。

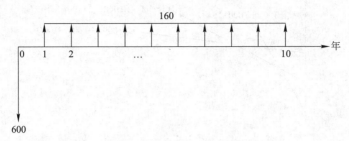

图 12－3　某项目现金流量图

根据平衡点的含义，投资决策临界点应取净现值为零，即

$$NPV=-600+160\times(P/A, i, 10)=0$$

故

$$(P/A, i, 10)=3.75$$

由插入法可求得 $i=23.4\%$。即贴现率不超过 23.4% 时方案可行，贴现率大于 23.4% 时方案不可行。

3. 互斥方案的盈亏平衡分析

在需要对若干个互斥方案进行必选的情况下，如果是某一个共同的不确定性因素影响这些方案的取舍，则可以采用以下方法帮助决策。

设两个方案的经济效果受一个公共变量 x 的影响，且每个方案的经济效果指标都能表示为该公共变量的函数，则该变量的某个数值可使两个方案的经济效果相同，即有

$$f_1(x)=f_2(x)$$

若解出 $f_1(x)=f_2(x)$ 时的 x 值，就得出两个方案的优劣平衡点。同样，根据分析中是否考虑资金的时间价值，可分为静态盈亏平衡和动态平衡分析。

(1) 静态盈亏平衡分析

【例 12－4】　建设某工厂有三种方案：

A. 从国外引进，固定成本 800 万元，单位产品可变成本为 10 元；

B. 采用一般国产自动化装置，固定成本 500 万元，单位产品可变成本为 12 元；

C. 采用自动化程度较低的国产设备，固定成本 300 万元，单位可变成本为 15 元。

试分析各种方案适用的生产规模。

解　可以看出三个方案的总成本都是产量单一变量的函数，其成本函数为

$$C_A=800\times10\,000+10\times Q$$

$$C_B=500\times10\,000+12\times Q$$

$$C_C=300\times10\,000+15\times Q$$

各方案的总成本曲线如图 12－4 所示。

从图 12－4 中可以看出，三条曲线两两相交于 I、J、K 三个交点。其中 I、J 两点将最低成本线分为三段，Q_I、Q_J 分别为优劣平衡点 I、J 下的产量。

当 $Q<Q_I$ 时，C 方案总成本最低；当 $Q_I<Q<Q_J$ 时，B 方案总成本最低；当 $Q>Q_J$ 时，A 方案总成本最低。因此，I 点即为 C 方案和 B 方案的优劣平衡点，J 点为 B 方案和 A 方案的优劣平衡点。其计算如下：

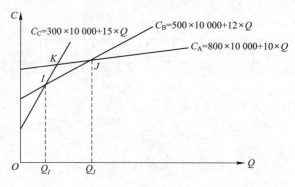

图 12-4 A、B、C 方案下的项目成本曲线图

对于 I 点，有

$$C_C = C_B$$

即

$$F_B + V_B \times Q_I = F_C + V_C \times Q_I$$

于是

$$Q_I = \frac{(500-300) \times 10\,000}{15-12} = 66.7 \text{（万件）}$$

对于 J 点，有

$$C_B = C_A$$

即

$$F_B + V_B \times Q_I = F_A + V_A \times Q_J$$

于是

$$Q_J = \frac{(800-500) \times 10\,000}{12-10} = 150 \text{（万件）}$$

若市场预测该产品的年销售量小于 66.7 万件时选择 C 方案，大于 150 万件时选择 A 方案，销售量介于 66.7 万件与 150 万件时选择 B 方案。

(2) 动态盈亏平衡分析

【例 12-5】 某工厂为加工一种产品需购置一台设备，现有 A、B 两种设备供选用，两台设备的投资及单位产品加工费如表 12-1 所示。

表 12-1 设备的投资及单位产品加工费

设备	初始投资/万元	加工费/(元/个)
A	2 000	800
B	3 000	600

(1) 若基准折现率为 12%，两台设备使用年限均为 8 年，问年产量为多少时，选用 A 设备有利？

(2) 若基准折现率为 12%，两台设备每年加工产品数均为 13 000 个，则设备使用年限为多少时，选用 A 设备有利？

解　（1）此问即求 A、B 两设备的产量平衡点。考虑资金时间价值以后，两方案年度费用分别为

$$C_A = 2\,000 \times 10\,000 \times (A/P，12\%，8) + 800Q$$
$$C_B = 3\,000 \times 10\,000 \times (A/P，12\%，8) + 600Q$$

两方案优劣平衡时有

$$C_A = 2\,000 \times 10\,000 \times (A/P，12\%，8) + 800Q$$
$$= C_B = 3\,000 \times 10\,000 \times (A/P，12\%，8) + 600Q$$

解此方程可得 $Q = 10\,065$（件/年）。因此当产量小于 $10\,065$ 件时，选择 A 设备有利。

（2）此时分析的因素是设备使用年限 n。由 $C_A = C_B$ 得

$$2\,000 \times 10\,000 \times (A/P，12\%，n) + 800 \times 13\,000$$
$$= 3\,000 \times 10\,000 \times (A/P，12\%，n) + 600 \times 13\,000$$

可得

$$(A/P，12\%，n) = 0.26$$

由

$$\frac{0.12 \times (1+0.12)^n}{(1+0.12)^n - 1} = 0.26$$

解之得 $n = 5.46$（年）。即当设备的使用年限小于 5.46 年时，选用 A 设备有利。

12.3　敏感性分析

1. 敏感性分析概述

敏感性分析是在确定性分析的基础上，分析投资方案或项目的不确定因素的变化对评价指标的影响程度，进而判断项目承受风险能力的分析方法。了解各种因素的变化对实现预期目标的影响程度，敏感性分析不仅可以使决策者了解不确定因素对项目评价指标的影响程度，还可以启发评价者对那些敏感因素进行重点分析甚至重新设计、分析或估算，在投资经营过程中对敏感因素进行重点监控。敏感性分析是在方案或项目评价的不确定性分析中被广泛应用的主要方法之一。

敏感性分析的作用有以下几个方面：通过敏感性分析可以研究不确定因素的变化引起经济效果评价指标的变动范围；找出影响项目方案经济效果的敏感因素，并进一步分析与之相关的预测或估算数据可能产生不确定性的根源；通过多方案敏感性对比，选取敏感性小的方案，即风险小的替代方案；通过可能出现的最有利与最不利的经济效果分析，来寻找替代方案或对原方案采取某些控制措施。

敏感性分析的基本步骤可以归纳如下。

① 确定分析指标。进行敏感性分析，首先要根据项目的特点，选定具体的经济效果评价指标。在上一章中我们介绍了有关确定性评价的一些指标，在进行敏感性分析时没有必要对以上的每一个指标全部进行敏感性分析。常选作敏感性分析的指标主要有：净现值、内部收益率、投资回收期等。

② 选择不确定因素。凡是影响项目经济效益的因素都有某种不确定性，但也不必要对全部不确定因素进行分析，而是根据项目的具体需要及特点，针对那些在收入与支出中占比重较大，对现金流量、评价指标有较大影响，并在经济寿命期内最可能发生变化的因素进行分析。一般进行敏感性分析所涉及的不确定因素主要有：投资、产品产量（生产负荷）、产品售价、主要原材料价格、燃料或动力价格、可变成本、建设期、外汇汇率及折现率等。

③ 计算影响程度。估计不确定因素的变动范围，计算当其他因素不变时各个不确定因素在可能的变动范围内发生不同幅度变动所导致的方案经济效果指标的变动值，用表格或图形建立一一对应的关系。

因素的变化可以用相对值或绝对值表示。相对值是使每个因素都从其原始取值变动一个幅度，如 $\pm 10\%$、$\pm 20\%$ 等，计算每次变动对经济评价指标的影响，根据不同因素相对变化对经济评价指标影响的大小，可以得到各个因素的敏感性程度排序。用绝对值表示的因素变化亦可进行分析。

④ 判断敏感因素。通过比较确定影响投资方案或项目经济效果评价指标的敏感因素。所谓敏感因素，就是指该不确定因素的数值有很小的变化就能使项目经济效果评价指标出现显著变化的因素。

⑤ 综合评价，判断方案的风险程度。求出投资方案或项目可行对敏感因素变动范围的要求，判断投资方案或项目抵御风险的能力。

在项目的各方案比较中，对主要参数变化不敏感的方案，其抵御风险的能力比较强，获得满意经济效益的可能性比较大，因此对主要参数变化不敏感方案，应优先考虑。

根据每次变动的因素的数目不同，敏感性分析又分为单因素敏感性分析和多因素敏感性分析。

2. 单因素敏感性分析

单因素敏感性分析是假定其他因素不变，仅就一个不确定因素的变动对投资方案或项目经济效果影响所做的分析。

【例 12-6】 某投资方案预计总投资 2 000 万元，年产量为 20 万台，产品价格为 35 元/台，年经营成本为 250 万元，经济寿命期为 12 年，设备净残值为 120 万元，基准贴现率为 10%。计算方案的净现值，判断该方案是否可行；分别就投资、产品价格和贴现率三个不确定性因素进行敏感性分析。

解 由题可知，投资 $I = 2\,000$ 万元，产量 $Q = 20$ 万台/年，产品价格 $P = 35$ 元/台，年经营成本 $C = 250$ 万元/年，寿命期 $N = 12$ 年，残值 $F = 120$ 万元，基准贴现率 $i = 10\%$。该方案的净现值为

$$NPV = -I + (PQ - C)(P/A, i, 12) + F(P/F, i, 12)$$

代入得

$$NPV = -2\,000 + (35 \times 20 - 250)(P/A, 10\%, 12) + 120(P/F, 10\%, 12)$$

$$= -1\,200 + 450 \times 6.814 + 120 \times 0.319 = 1\,104.58 (万元)$$

由于方案的净现值 $NPV > 0$，所以该方案可行。

① 分析投资对方案净现值的影响。分析时假定产品价格和贴现率不变。设投资变化幅度为 $\pm 10\%$、$\pm 20\%$、$\pm 30\%$，计算对应的方案净现值结果如表 12-2 所示。

表 12 - 2 项目投资额的单因素敏感性分析结果

变动幅度	−30%	−20%	−10%	0	10%	20%	30%
投资额/万元	1 400	1 600	1 800	2 000	2 200	2 400	2 600
净现值/万元	1 704.58	1 504.58	1 304.58	1 104.58	901.58	704.58	504.58

由表 12 - 2 的计算结果可知，当总投资额每增加或减少 10% 时，该方案的净现值就会相应地减少或增加 200 万元。

② 分析产品价格对方案净现值的影响。分析时假定产品投资额和贴现率不变。设产品价格变化幅度为 ±10%、±20%、±30%，计算对应的方案净现值结果如表 12 - 3 所示。

表 12 - 3 项目产品价格的单因素敏感性分析结果

变动幅度	−30%	−20%	−10%	0	10%	20%	30%
产品价格/(元/个)	24.5	28	31.5	35	38.5	42	45.5
净现值/万元	−326.36	150.62	627.6	1 104.58	1 581.56	2 058.54	2 535.52

由表 12 - 3 的计算结果可知，当产品价格每增加或减少 10% 时，该方案的净现值就会相应地增加或减少 476.98 万元。

③ 分析贴现率对方案净现值的影响。分析时假定投资额和产品价格不变。设贴现率变化幅度为 ±10%、±20%、±30%，计算对应的方案净现值结果如表 12 - 4 所示。

表 12 - 4 项目贴现率的单因素敏感性分析结果

变动幅度	−30%	−20%	−10%	0	10%	20%	30%
贴现率/%	7	8	9	10	11	12	13
净现值/万元	1 627.49	1 438.89	1 264.99	1 104.58	955.86	818.29	690.63

由表 12 - 4 的计算结果可知，当贴现率每增加或减少 10% 时，该方案的净现值就会相应地减少或增加。

从以上对方案的投资、产品价格和贴现率的单因素敏感性分析可以看出：产品价格对方案的净现值影响最大，其次是方案的总投资额。对于该方案来说，产品价格是敏感因素，如果未来产品价格变动的可能性比较大，则意味着这一投资方案的风险亦较大。

单因素敏感性分析在计算某个特定因素变动对经济评价指标的影响时，假定其他因素不变。实际上这种假定很难成立，可能会有两个或两个以上的因素同时变动，此时单因素敏感性分析就很难反映项目承担风险的状况，因此必须进行多因素敏感性分析。

3. 多因素敏感性分析

进行多因素敏感性分析的假定条件是：同时变动的因素互相独立，即各种因素发生变化的概率相等。多因素敏感性分析要考虑可能发生的各种不同变动幅度的多种组合，计算起来比单因素敏感性分析复杂。如果需要分析的不确定因素不超过三个，可以用解析法和作图法相结合进行分析。

【例 12 - 7】 设某项目的固定资产投资为 170 000 元，年销售收入为 35 000 元，年经营费用为 3 000 元，项目寿命期为 10 年，固定资产残值为 20 000 元。设基准折现率为 12%。

① 试就年销售收入对该项目的净现值作单因素敏感性分析。

② 就初始投资和年销售收入对该项目的净现值进行双因素敏感性分析。

③ 就初始投资、年销售收入、年经营费用对该项目的净现值作三因素敏感性分析。

解 设 x 表示年销售收入变动百分比，y 表示初始投资变化的百分比，z 表示年经营费用变动百分比。

① 年销售收入对净现值的单因素敏感性分析。年销售收入变动百分比为 x 时的净现值为

$$NPV = -170\,000 + 35\,000(1+x) \times (P/A，12\%，10) - 3\,000 \times (P/A，12\%，10) +$$
$$20\,000 \times (P/F，12\%，10)$$

整理可得

$$NPV = 17\,240 + 197\,750x$$

当 $x = -8.7\%$ 时，NPV$=0$，即销售收入的减小幅度超过 8.7% 时，该项目不可行。

② 初始投资及年销售收入对净现值的双因素敏感性分析。年销售收入变动百分比为 x、初始投资变动百分比为 y 时的方案净现值为

$$NPV = -170\,000(1+y) + 35\,000(1+x) \times (P/A，12\%，10) - 3000 \times (P/A，12\%，10) +$$
$$20\,000 \times (P/F，12\%，10)$$

即

$$NPV = 17\,240 + 197\,750x - 170\,000y$$

令 NPV$=0$ 可得直线方程

$$y = 0.10 + 1.16x$$

该直线是 NPV$=0$ 的临界线（如图 12-5 所示）。在直线的右下方区域，NPV>0；在直线的左上方区域 NPV<0。即如果投资额和年销售收入同时变动，只要其变动范围不超过临界线的右下方区域，方案均可以接受。

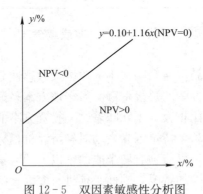

图 12-5 双因素敏感性分析图

③ 年销售收入变动百分比为 x、初始投资变动百分比为 y、年经营费用变动百分比为 z 时的方案净现值为

$$NPV = -170\,000(1+y) + 35\,000(1+x) \times (P/A，12\%，10) - 3\,000 \times (1+z) \times$$
$$(P/A，12\%，10) + 20\,000 \times (P/F，12\%，10)$$

整理可得

$$NPV = 17\,240 + 197\,750x - 170\,000y - 16\,950z$$

取不同的年经营费用变动幅度代入上式，可得出一组 NPV$=0$ 的临界线方程，这是一

组平行线（如图 12-6 所示）：当 $z=+20\%$ 时

$$y=0.08+1.16x$$

当 $z=-20\%$ 时

$$y=0.12+1.16x$$

由图 12-6 可以看出，年经营费用上升，临界线往右下方移动，即初始投资与年销售收入同时变动时 NPV>0 的范围缩小；年经营费用下降，临界线往左上方移动，当初始投资与年销售收入同时变动时 NPV>0 的范围增大。

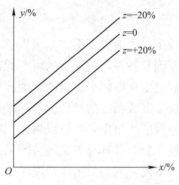

图 12-6　三因素敏感性分析图

敏感性分析，尤其是单因素敏感性分析已经在技术经济分析中获得广泛应用，但是它本身具有不可忽略的局限性。

① 敏感性分析要求被分析的各个经济参数是互不相关的。事实上，有些参数之间是有某种相关性的。如投资与工期之间，投资随工期的延长而增加；收益与产品售价及产量之间也有密切的相关性，价格上涨，产量增加，收益也增加。各因素之间的关系，有时是相当复杂的，这无疑会给敏感性分析带来困难。

② 敏感性分析只能同时对三个经济参数的变化做直观分析，四个及四个以上经济参数同时变化时，现有的敏感性分析很难进行直观分析。

③ 由于选择哪些参数进行分析及这些参数的给定变化量，均受分析人员主观意愿的影响，尤其是敏感性分析表更易造成假象。因此，一般应绘制敏感性分析图，以便为决策人员提供更全面的信息，也可使决策人员免受经济分析计算人员主观偏爱的影响，使决策更科学化。

④ 敏感性分析能够表明不确定因素对项目经济效益的影响，得到维持项目可行所能允许的不确定因素发生不利变动的幅度，从而预测项目承担的风险，但是并不能表明这种风险发生的可能性有多大。实践表明，不同的项目，各个不确定因素发生相对变动的概率是不同的。因此两个同样敏感的因素，在一定的不利的变动范围内可能一个发生的概率很大，另一个发生的概率很小。很显然，前一个因素给项目带来的影响很大，后一个因素给项目带来的影响很小，甚至可忽略不计。而敏感性分析假定各个因素发生变化的概率是相等的。这个问题是敏感性分析解决不了的，还需要进行概率分析。

12.4 概率分析与风险决策

如前所述，敏感性分析无法预测不确定因素在未来发生的概率，从而影响分析结论的准确性。对于这个问题，可以借助概率分析与风险分析的方法来弥补和解决。简单地说，概率分析是一种借助概率论和数理统计的原理，计算项目净现值小于零的概率，定量测定项目风险的分析方法。

1. 概率分析

一般情况下，影响方案经济效果的大多数因素（如投资额、成本、产品价格等）都是随机变量，可以预测它们未来的取值范围及各种取值发生的可能性，但并不能肯定地预知它们会取什么值，投资方案的现金流量序列是由这些因素决定的，因此投资方案的现金流序列也是随机变量，形成随机现金流。由于投资方案或项目的净现值是其净现金流量的现值和，因此净现值也是一个随机变量，称之为随机净现值。概率分析可以为人们在这种条件下取舍提供依据，它是通过研究各种不同幅度变动的概率分布及其对方案经济效果的影响，对方案的净现金流量及经济效果指标做出某种概率描述，从而对方案的风险情况做出比较准确的判断。

（1）随机现金流的期望值及方差

描述随机变量的主要参数是期望值和方差，期望值是在大量的重复事件中随机变量取值的平均值；即是随机变量所有可能取值的加权平均值，权重为各种可能取值出现的概率。方差是反映随机变量取值的离散程度的参数。

假定方案的寿命期为 n 期，净现金流量序列为 y_0，y_1，y_2，$\cdots$，y_n。某一特定周期的净现金流可能出现的数值有无限多个，将其简化为若干个离散数值：$y_t^{(1)}$，$y_t^{(2)}$，$\cdots$，$y_t^{(m)}$，并设与各离散值对应的发生概率为 P_1，P_2，$\cdots$，P_m（$\sum P_j = 1$，$j = 1$，2，$\cdots$，m）。首先可以得到任一周期净现金流 y_t 的期望值及方差

$$E(y_t) = \sum_{j=1}^{m} y_t^{(j)} P_j \tag{12-6}$$

$$D(y_t) = \sum_{j=1}^{m} \left[y_t^{(j)} - E(y_t) \right]^2 P_j, \quad t = 1, 2, \cdots, n \tag{12-7}$$

式中：$E(y_t)$——方案随机现金流的期望值；

$\quad\quad D(y_t)$——方案随机现金流的方差。

（2）随机净现值的期望值及方差

假定方案的随机现金流之间是相互独立的，求得方案各周期的随机现金流的期望值 $E(y_t)$ 及方差 $D(y_t)$ 之后，可以得到方案的净现值的期望值及其方差分别为

$$E(NPV) = \sum_{t=0}^{n} E(y_t)(1 + i_0)^{-t} \tag{12-8}$$

$$D(NPV) = \sum_{t=0}^{n} D(y_t)(1 + i_0)^{-2t} \tag{12-9}$$

由于净现值的方差与净现值是不同的量纲，为了便于分析，通常使用与净现值具有相同量纲的参数——标准差 σ（NPV）来反映随机净现值取值与其期望值的偏离（离散）程度。

标准差的计算方法为

$$\sigma(\mathrm{NPV}) = \sqrt{D(\mathrm{NPV})} \tag{12-10}$$

在某些情况下，我们知道的是投资方案或项目在不同状态下的随机现金流，从而得到不同状态下的随机净现值，这时净现值的期望值表达式为

$$E(\mathrm{NPV}) = \sum_{j=1}^{m}(\mathrm{NPV}_j \times P_j) \tag{12-11}$$

$$D(\mathrm{NPV}) = \sum_{j=1}^{m}\{[\mathrm{NPV}_j - E(\mathrm{NPV})]^2 \times P_j\} \tag{12-12}$$

其中，NPV_j 为第 j 种状态下方案或项目的净现值，P_j 为其出现的概率。

（3）概率分布

随机变量的各个可能取值对应的概率分布情况称为概率分布。在对投资方案进行风险分析时，有时需要评估方案的经济效果指标发生在某一范围的可能性。

假定方案的净现值服从正态分布，且其期望值为 $E(\mathrm{NPV})$，则由标准正态分布表可直接查出 $\mathrm{NPV} < x_0$ 或 $\mathrm{NPV} \geqslant x_0$ 的概率

$$P(\mathrm{NPV} < x_0) = P\left(Z < \frac{x_0 - E(\mathrm{NPV})}{\sigma}\right) = \Phi\left(\frac{x_0 - E(\mathrm{NPV})}{\sigma}\right)$$

或

$$P(\mathrm{NPV} \geqslant x_0) = 1 - P(\mathrm{NPV} < x_0) = 1 - P\left(Z < \frac{x_0 - E(\mathrm{NPV})}{\sigma}\right)$$

$$= 1 - \Phi\left(\frac{x_0 - E(\mathrm{NPV})}{\sigma}\right)$$

NPV 大于或等于 0 的概率越大，表明方案的风险越小；反之，则风险越大。

【例 12-8】　某项目的投资、年销售收入和年经营成本互相独立，它们的数值及概率分布如表 12-5 所示。设基准折现率为 8%，并假定净现值服从正态分布。

① 求净现值的期望值。

② 求净现值小于零的概率。

③ 求净现值大于或等于 300 万元的概率。

表 12-5　项目基础数据表

影响因素	投资		年销售收入		年经营成本	
年末	0		1~10		1~10	
可能情况	I	II	I	II	I	II
数值/万元	1 000	1 200	300	350	100	150
概率	0.6	0.4	0.5	0.5	0.5	0.5

解　① 各年净现金流量的期望值为

$$E(y_0) = -1\,000 \times 0.6 + (-1\,200 \times 0.4) = -1\,080$$

$$E(y_{1\sim10}) = (300 \times 0.5 + 350 \times 0.5) - (100 \times 0.5 + 150 \times 0.5) = 200$$

净现值的期望值为

$$E(\mathrm{NPV}) = \sum_{t=0}^{10} y_t(1+i_0)^{-t} = -1\,080 + 200 \times (P/A,\ 8\%,\ 10) = 262(万元)$$

② $D(y_0) = [-1\,000-(-1\,080)]^2 \times 0.6 + [-1\,200-(-1\,080)]^2 \times 0.4 = 9\,600$

$D(y_{1\sim10}) = [(300-100)-200]^2 \times (0.5 \times 0.5) + [(300-150)-200]^2 \times (0.5 \times 0.5) +$

$\qquad [(350-100)-200]^2 \times (0.5 \times 0.5) + [(350-150)-200]^2 \times (0.5 \times 0.5) = 1\,250$

$$D(\text{NPV}) = \sum_{t=0}^{10} [D(y_t) \times (1+i_0)^{-2t}] = 9\,600 + 1\,250 \times \sum_{t=1}^{10} (1+i_0)^{-2t}$$

$$= 9\,600 + 1\,250 \times 4.72 = 15\,500$$

所以

$$\sigma(\text{NPV}) = \sqrt{D(\text{NPV})} = 124.50（万元）$$

故

$$P(\text{NPV}<0) = P\left(Z < \left[\frac{0-E(\text{NPV})}{\sigma}\right]\right) = P(Z<-2.10) = 1-P(Z<2.10)$$

$$= 1-0.982\,1 = 0.017\,9$$

即净现值小于零的概率为 1.79%。

③ $P(\text{NPV} \geqslant 300) = 1-P(\text{NPV}<300) = 1-P\left(Z < \left[\frac{(300-E(\text{NPV}))}{\sigma}\right]\right)$

$$= 1-P(Z<0.31) = 1-0.617\,9 = 0.382\,1$$

即净现值大于或等于 300 万元的概率是 38.21%。

然而，当存在多个方案或项目备选时，概率分析只能求出各投资方案或项目 NPV 大于零或小于零的概率，并不提供方案或项目取舍的标准。当存在不确定性与风险时，方案或项目的取舍会受到投资风险的大小及投资者对风险承受的态度及能力的影响。如上例中，净现值的期望值为 262 万元，而净现值小于零的概率为 1.79%，净现值大于 300 万元的概率为 38.21%，该项目是否采纳还会受到投资者风险承担能力的影响，如投资者是否愿意为获得 262 万元的净现值期望值而去冒 1.79% 亏损可能性的风险。在多方案比选时，考虑到方案存在不同的风险，不同的投资者有不同的方案取舍标准，多方案风险决策提供了一些考虑原则。

2. 概率树分析

概率树分析是假设风险变量之间是相互独立的，在构造概率树的基础上将每个风险变量的各种状态取值组合计算，分别计算各种组合状态下的评价指标值及相应的概率，得到评价指标的概率分布，并统计出评价指标高于或低于基准值的累计概率，计算评价指标的期望值、方差、标准差和离散程度。

概率树分析的一般步骤是：

① 通过敏感性分析，确定分析变量；

② 判断各种风险因素可能发生的状态；

③ 确定各种状态可能出现的概率，每种状态发生的概率之和必须等于 1；

④ 对各种风险因素的不同状态进行组合，求出方案所有可能出现的净现值及其发生的概率；

⑤ 求出方案净现值的期望值和标准差；

⑥ 求出方案净现值非负的累计概率；

⑦ 对概率分析结果做出说明。

【例 12 - 9】[①]　　已知某工程项目寿命期为 10 年，基础数据如表 12 - 6 所示，基准折现率为 10%。通过统计资料分析和主观预测、估计，给出了年销售收入和经营成本两个独立的不确定因素可能发生的变动及相应发生的概率（见表 12 - 7）。试对项目进行概率树分析。

表 12 - 6　工程项目基础数据表　　　　　　　　　　　单位：万元

年份	0	1~10
投资	200	
年销售收入		80
年经营成本		40

表 12 - 7　项目不确定因素变动率及概率

概率 \ 变动率 \ 敏感因素	状态 1 +20%	状态 2 0	状态 3 −20%
年销售收入	0.5	0.4	0.1
年经营成本	0.5	0.4	0.1

解　第一步，题目本身已经完成了上述概率树分析的第一步，即已经得到了年销售收入（S）和年经营成本（C）两种独立的不确定因素可能发生的变动率及其发生的概率。由已知 S 和 C 的变动率可求出它们各自三种状态下的数据及其发生的概率，如表 12 - 8 所示（$i=$ 1，2，3）。

表 12 - 8　三种状态下的数据

三种状态下的年销售收入 S_i		三种状态下的年经营成本 C_i	
数据/万元	发生概率	数据/万元	发生概率
$S_1=80(1+20\%)=96$	$P_{S1}=0.5$	$C_1=40(1+20\%)=48$	$P_{C1}=0.5$
$S_1=80$	$P_{S2}=0.4$	$C_1=40$	$P_{C2}=0.4$
$S_1=80(1-20\%)=64$	$P_{S3}=0.1$	$C_1=40(1-20\%)=32$	$P_{C3}=0.1$

第二步，借助概率树完成各个不确定因素的不同状态的组合（见图 12 - 7、表 12 - 9）。

借助概率树，把年销售收入 S 的每种不同状态，分别与年经营成本 C 的每种不同状态进行组合，从概率树的根部到每一个分支末端，每一条路径都代表一种状态组合。概率树中形成 $S_1 \bigcap C_1$，$S_1 \bigcap C_2$，…，$S_3 \bigcap C_3$ 共 9 个分支，即代表 9 种不同的状态组合。$S_1 \bigcap C_1$ 即 "S_1 且 C_1"，称为 S_1 与 C_1 的积，意味着 S_1 与 C_1 都发生的一种状态组合。该状态出现的概率 $P=P_{S1} \times P_{C1}$。

在上述 9 种状态组合下，有 9 种年销售收入与年经营成本的差形成了方案 1~10 年的 9 种净收益，与不变的初始投资 200 万元一起形成了项目的 9 种不同的净现金流量，由此可以计算出 9 种不同状态组合下的不同的 NPV。

第三步，求出项目或方案 NPV 的期望值和标准差。借助公式（12 - 11）可求出 9 个 NPV 的期望值。

本题中 $m=9$，则

① 成其谦. 投资项目评价. 北京：中国人民大学出版社，2010：130.

$E(\text{NPV}) = 94.91 \times 0.25 + 144.06 \times 0.20 + 193.22 \times 0.05 - 3.39 \times 0.2 + 45.76 \times 0.16 +$
$\qquad 94.91 \times 0.04 - 101.70 \times 0.05 - 52.54 \times 0.04 - 3.39 \times 0.01$
$\qquad = 23.73 + 28.81 + 9.66 - 0.68 + 7.32 + 3.80 - 5.09 - 2.10 - 0.03 = 65.42(万元)$

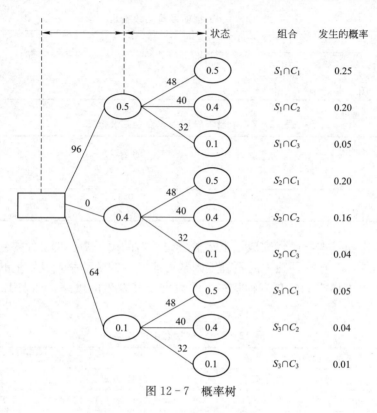

图 12-7　概率树

表 12-9　NPV_j 计算表

净现金流量/万元		NPV_j/万元 ($i = 10\%$)	加权 NPV_j/万元
0 年	1～10 年		
−200	96−48=48	94.91	94.91×0.25=23.73
−200	96−40=56	144.06	144.06×0.20=28.81
−200	96−32=64	193.22	193.22×0.05=9.66
−200	80−48=32	−3.39	−3.39×0.20=−0.68
−200	80−40=40	45.76	45.76×0.16=7.32
−200	80−32=48	94.91	94.91×0.04=3.80
−200	64−48=16	−101.70	−101.70×0.05=−5.09
−200	64−40=24	−52.54	−52.54×0.04=−2.10
−200	64−32=32	−3.39	−3.39×0.01=−0.03
			项目 NPV 期望值 $E(\text{NPV})$=65.42（万元）

然后，通过式（12-12）求出项目 NPV 的标准差

$$D(\text{NPV}) = \sum_{j=1}^{9} \left[(\text{NPV}_j - 65.42)^2 \times P_j \right] = 5\ 314.88$$

$$\sigma(\text{NPV}) = \sqrt{D(\text{NPV})} = \sqrt{5\ 314.88} = 72.90(\text{万元})$$

第四步，对项目进行风险估计。现在需要求出项目 NPV 小于（或大于等于）零的概率，从而完成对项目风险的定量描述。通常使用的方法有解析法和图示法。

（1）解析法

根据概率论的有关知识，连续随机变量 x 服从参数为 μ，σ^2 的正态分布。如果令 $u = \dfrac{t-\mu}{\sigma}$，原正态分布函数可化为标准正态函数，即

$$F(x) = \frac{1}{\sqrt{2\pi}} \int_{-\infty}^{\frac{x-\mu}{\sigma}} e^{-u^2/2} \mathrm{d}u = \Phi\left(\frac{x-\mu}{\sigma}\right)$$

令 $Y = \dfrac{x-\mu}{\sigma}$，由标准正态分布表就可直接查出 $x < x_0$ 的概率值。

$$P(x < x_0) = P\left(Y < \frac{x_0-\mu}{\sigma}\right) = \Phi\left(\frac{x_0-\mu}{\sigma}\right)$$

在本例中，如果把项目的 NPV 看成连续随机变量，现已知：$\mu = E(\text{NPV}) = 65.42$ 万元，$\sigma = \sigma(\text{NPV}) = 72.90$ 万元，且

$$Y = \frac{\text{NPV} - E(\text{NPV})}{\sigma(\text{NPV})} = \frac{\text{NPV} - 65.42}{72.90}$$

可以计算 NPV$<$0 的概率

$$P(\text{NPV} < 0) = P\left(Y < \frac{0-65.42}{72.90}\right)$$
$$= P(Y < -0.897\ 4)$$
$$= 1 - P(Y < 0.897\ 4)$$

（查标准正态分布表并将 0.897 4 插入）

$$= 1 - 0.815\ 2 = 0.184\ 8$$

即项目 NPV$<$0 的概率为 0.184 8，还可以计算 NPV$\geqslant$95 万元的概率

$$P(\text{NPV} \geqslant 95) = 1 - P(\text{NPV} < 95)$$
$$= 1 - P\left(Y < \frac{95-65.42}{72.90}\right)$$
$$= 1 - P(Y < 0.405\ 8)$$
$$= 1 - 0.657\ 5$$
$$= 0.342\ 5$$

（2）图示法

在已知 9 种不同状态组合的 NPV 及其发生概率的情况下，可以通过累计概率表和风险分析图，对项目的风险进行定量描述（见表 12 - 10）。

表 12 - 10　项目各状态组合的 NPV_j 及累计概率表

NPV_j	发生的概率	累计概率	NPV_j	发生的概率	累计概率
−101.70	0.05	0.05	94.91	0.25	0.71
−52.54	0.04	0.09	94.91	0.04	0.75
−3.39	0.20	0.29	144.06	0.20	0.95
−3.39	0.05	0.30	193.22	0.05	1.00
45.76	0.16	0.46			

借助表 12-10，将表 12-9 中的各种不同状态组合所产生的各 NPV$_j$ 按从小到大排列，并将它们发生的概率依次累计，经过插入计算，从表中可以得出，NPV 小于零的概率大约为 0.30，NPV 大于 95 万元的概率大约为 0.25。依据表 12-10 的数据，可以绘制出下面的风险分析图（见图 12-8）。

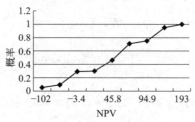

图 12-8　项目风险分析图

可以看出，两种方法的风险分析有一定的误差。这是因为图示法直接使用随机 NPV 的离散数据——累计概率绘制风险分析图，在计算 NPV 大于（或小于）零或等于某一任意值的概率时，使用插入计算会产生误差。而解析法虽然假定项目的 NPV 是服从正态分布的连续型随机变量，但是它是在使用离散数据求得概率分布参数（μ，σ）之后，按连续分布函数进行风险估计的，因此误差是肯定存在的。图示法不仅适用于经济效果指标服从典型概率分布的情况，当项目的经济效果指标的概率分布类型不明或无法使用典型概率分布描述时，图示法也同样适用，而此时解析法就无能为力了。

概率树分析的主要优点是可以给出项目 NPV 小于零的概率，从而定量地测定项目不可行的风险有多大。对于投资者来说，这是进行投资决策的重要信息。

注意：对于概率树分析求出的项目 NPV 小于零的概率，我们仍然无法提供一个决定项目取舍的标准或依据，但这并不是概率树分析本身的不足，因为任何风险决策问题，项目的取舍都取决于两个方面：一是风险的大小；二是投资者对风险的态度和承受能力。例如，某项目的 NPV 期望值为 65.42 万元，但存在 NPV 小于零的可能性为 18.5% 的风险。该项目采纳与否，要看投资者是否能够或敢于为取得 65.42 万元的 NPV 期望值而去冒 18.5% 亏损可能性的风险。在概率树分析中，不论是使用客观概率树分析还是主观概率树分析，基础数据取值及其发生的概率的估计对分析的准确程度都有很大的影响，这时工作人员的经验和能力就成为重要的因素。

3. 风险决策

通过概率分析可以得到方案的净现值、标准差等数据，为人们在风险条件下决定方案取舍提供了依据，风险决策主要讨论在存在风险时如何进行方案取舍。

（1）风险决策的条件

① 存在决策人希望达到的目标。

② 存在两个或两个以上的方案可供选择。

③ 存在两个或两个以上不以决策者的意志为转移的自然状态。

④ 可以计算出不同方案在不同自然状态下的损益值。

⑤ 在可能出现的所有自然状态中，决策者不能肯定未来会出现哪种状态，但能确定各种状态出现的概率。

（2）风险决策的主要原则

① 优势原则。在给定的方案中，如果存在某方案不论在什么状态下总劣于另一个方案，则可认定该方案为劣势方案，可将其直接从备选方案中剔除。优势原则可能不一定能够选出最优方案，但该原则可以淘汰劣势方案，缩小决策范围。

② 期望值原则。根据各备选方案损益值的期望值大小进行决策。效益型方案比选时，应选用期望值最大的方案；费用型方案比选时，应选用期望值最小的方案。

③ 最小方差（标准差）原则。这一原则主要从规避风险的角度考虑问题。方差（标准差）越大，实际发生的方案损益值偏离其期望值的可能性越大，方案的风险越大。方差（标准差）小的方案其风险相对较小。有时，按照方差（标准差）原则与按照期望值原则选择方案会得出不一样的结论。一般风险承受能力强的投资主体更倾向于按照期望值原则进行选取，而风险承受能力弱的投资者可按最小方差（标准差）原则选择方案。

④ 最大可能原则。将发生概率明显大于其他状态的状态视为肯定状态，按照这种状态下的损益值的大小进行决策。只有当某一状态发生的概率大大高于其他状态发生的概率，并且各方案在不同状态下的损益值差别不太悬殊时，该原则才适用。

⑤ 满意原则。使用该原则时，先定出一个足够满意的目标值，将各备选方案在不同状态下的损益值与此目标值相比较，损益值优于或等于此满意目标值的概率最大的方案为最优方案。

【例 12－10】 某企业有一滞销的产品，现该企业拟采取措施扩大产品销路，可采取的措施有：

A——降低产品售价；B——提高产品性能；C——利用各种媒体宣传扩大产品知名度

在未来的销售中可能有三种销售情况：畅销、稍好、较差。各种销售情况及各种措施在各种销售情况的净现值如表 12－11 所示。试分别用风险决策的期望值原则、最小方差原则及满意原则（满意值为 100 万元）选择最优方案。

表 12－11 某企业产品的决策矩阵　　　　　　　　　　单位：万元

自然状态		畅销	稍好	较差
概率		0.4	0.4	0.2
方案	A	100	80	50
	B	150	80	−20
	C	200	130	−80

解 各方案净现值的期望值分别为

$$E(NPV_A)=100\times0.4+80\times0.4+50\times0.2=82(万元)$$

$$E(NPV_B)=150\times0.4+80\times0.4+(-20)\times0.2=88(万元)$$

$$E(NPV_C)=200\times0.4+130\times0.4+(-80)\times0.2=116(万元)$$

故若按期望值原则应选择 C 方案，即通过媒体宣传扩大产品知名度以打开销路。

$$D(NPV_A)=(100-82)^2\times0.4+(80-82)^2\times0.4+(50-82)^2\times0.2=336$$

$$D(NPV_B)=(150-88)^2\times0.4+(80-88)^2\times0.4+(-20-88)^2\times0.2=3\ 896$$

$$D(NPV_C)=(200-116)^2\times0.4+(130-116)^2\times0.4+(-80-116)^2\times0.2=10\ 584$$

由于三个方案中 $D(\mathrm{NPV_A})$ 最小，故按照最小方差原则应选择 A 方案，即降低产品售价打开销路。

若以 100 万元为满意值，则各方案达到此目标的概率分别为

方案 A：$P(\mathrm{NPV}\geqslant 100)=0.4$

方案 B：$P(\mathrm{NPV}\geqslant 100)=0.4$

方案 C：$P(\mathrm{NPV}\geqslant 100)=0.8$

方案 C 达到满意目标的可能性最大，故按满意原则也应选择方案 C。

（3）风险决策的方法

风险决策的常用方法有矩阵法和决策树法。本书主要介绍决策树法。

决策树是一种利用树形决策网络来描述与求解风险决策问题的一种方法，它一般采用期望值原则对方案进行选择。

决策树的构成有 4 个要素：决策点、方案支、状态点、概率支。决策树是以决策点为出发点，引出若干方案支，每一分支表示一个可供选择的方案，方案支的末端有一个状态点，从状态点引出若干概率支，每条概率支表示一种可能发生的状态。概率支上说明每种状态的概率，每一概率支末端为相应的损益值。图 12-9 所示是一种单级问题的决策树示意图。如果在状态点后还有决策点，就是多级决策问题。

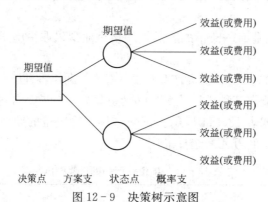

图 12-9　决策树示意图

利用决策树进行决策的过程是：由右向左，逐步后退，根据各种状态发生的概率与相应的损益值，分别计算每个方案的损益期望值，并将其标在相应的状态点上，然后对这些期望值进行比较，淘汰不理想的方案，最后保留下来的就是选定的方案。

【例 12-11】　某两地之间欲建一条铁路，建设期为 2 年，运营期为 18 年，根据市场预测，经营情况有三种状态：

Q_1：18 年经营状态一直很好，发生的概率为 $P_1=0.5$；

Q_2：18 年经营状态一直不好，发生的概率为 $P_2=0.4$；

Q_3：前 8 年经营状态好，后 10 年经营状态不好，发生的概率为 $P_3=0.1$。

有关部门目前要做的决策是建复线还是建单线。若建复线，期初投资 1 800 万元，建成后，无论经营状况如何，18 年维持原规模；建单线，则期初投资 1 200 万元，运营 8 年后还可根据市场情况再做技术改造还是不技术改造的新决策，如果改造，还需投资 1 000 万元（假设当年完成投入使用）。建复线与建单线在不同运量情况下的各年年净现金流量如表 12-12 所示，若期望收益率为 10%，运用决策树法选择最优方案。

表 12 - 12　建复线与建单线在不同运量情况下的各年年净现金流量表　　　单位：万元

方案		Q_1		Q_2		Q_3	
		3～10年	11～20年	3～10年	11～20年	3～10年	11～20年
建复线		400	400	200	200	400	200
建单线	8年后改造	250	350	—	—	250	300
	8年后不改造	250	250	150	150	250	150

解　本例是一个两阶段风险决策问题。根据以上数据，可先绘出如图 12 - 10 所示的决策树。在图 12 - 10 所示的决策树上有两个决策点：D_1 为一级决策点，表明目前需要做的决策，备选方案有两个，建复线（A 方案）和建单线（B 方案）；D_2 为二级决策点，表示在目前建单线的前提下运营 8 年后所要做的决策，备选方案有两个，即技术改造（C 方案）和不改造（D 方案）。

三种经营情景可以看作是四个独立事件的组合，这四个独立事件是运营前 8 年经营状况好（记作 G_1），运营后 10 年经营状况好（记作 G_2），前 8 年经营状态不好（记作 B_1），后 10 年经营状态不好（记作 B_2）。决策树上各种状态的发生概率如下。

已知 18 年内经营状态一直很好的概率为
$$P(G_1 \cap G_2) = P(Q_1) = 0.5$$
已知 18 年内经营状态一直不好的概率为
$$P(B_1 \cap B_2) = P(Q_2) = 0.4$$
前 8 年经营状态好，后 10 年经营状态不好的概率为
$$P(G_1 \cap B_2) = P(Q_3) = 0.1$$
则前 8 年经营状态好的概率
$$P(G_1) = P(G_1 \cap G_2) + P(G_1 \cap B_2) = 0.5 + 0.1 = 0.6$$
在前 8 年经营状态好的条件下，后 10 年经营状态好的概率为
$$P(G_2 | G_1) = \frac{P(G_1 \cap G_2)}{P(G_1)} = 0.5/0.6 = 5/6$$
在前 8 年经营状态好的条件下，后 10 年经营状态不好的概率为
$$P(B_2 | G_1) = \frac{(G_1 \cap B_2)}{P(G_1)} = 0.1/0.6 = 1/6$$

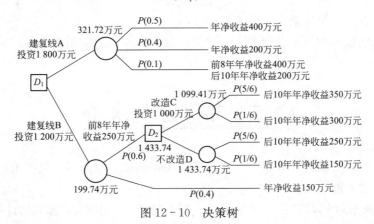

图 12 - 10　决策树

利用决策树进行多阶段风险决策要从最末一级决策点开始,在本例中要先计算第二级决策段各备选方案净现值的期望值。

技术改造方案净现值的期望值(以第 10 年年末为基准年)为

$$E(\text{NPV}_C)=350(P/A,10\%,10)\times\frac{5}{6}+300(P/A,10\%,10)\times\frac{1}{6}-1\,000$$

$$=350\times6.144\,6\times\frac{5}{6}+300\times6.144\,6\times\frac{1}{6}-1\,000$$

$$=1\,099.41(万元)$$

不进行技术改造方案净现值的期望值(以第 10 年年末为基准年)为

$$E(\text{NPV}_D)=250(P/A,10\%,10)\times\frac{5}{6}+150(P/A,10\%,10)\times\frac{1}{6}-1\,000$$

$$=1\,433.74(万元)$$

$$E(\text{NPV}_C)<E(\text{NPV}_D)$$

根据期望值原则,在第二级决策点应选择不进行技术改造方案。下面计算第一级决策点各备选方案净现值的期望值。

$$E(\text{NPV}_A)=[400(P/A,10\%,18)\times0.5+200(P/A,10\%,18)\times0.4+$$

$$400(P/A,10\%,8)\times0.1+200(P/A,10\%,10)(P/F,10\%,8)\times$$

$$0.1]\times(P/F,10\%,2)-1\,800$$

$$=321.72(万元)$$

$$E(\text{NPV}_B)=[250(P/A,10\%,8)+1\,433.74(P/F,10\%,8)]\times(P/F,10\%,2)\times$$

$$0.6+150(P/A,10\%,18)\times(P/F,10\%,2)\times0.4-1\,200$$

$$=199.74(万元)$$

由此可知,$E(\text{NPV}_A)>E(\text{NPV}_B)$,即建复线方案净现值的期望值大于建单线方案净现值的期望值。故在第一级决策点上应选择建复线。

本题是根据期望值的原则选择方案,如果两方案净现值的期望值相等,可按方差原则进行选择。

12.5 非确定型决策

非确定型决策,是指对于方案未来的情况无法预先估计或预测,其决策在很大程度上取决于决策者的主观判断。

非确定型决策不同于风险决策,后者虽然具有不确定性,但它可以预先估计各自然状态出现的概率。而非确定型决策仅能预测到可能发生的几种状态,但每种状态发生的概率却不知道。

【例 12 - 12】　某工厂投资生产一种新产品，由于缺乏资料，对这种新产品的市场需求量只能大致估计为较高、一般、较低和很低四种情况，而且每种市场情况的未来出现概率无法预先估计。为生产这种新产品，该厂有四个方案可供选择，经计算，各方案一定时期内的市场需求状态如表 12 - 13 所示。

表 12 - 13　产品各方案一定时期的市场需求状态　　　单位：万元

方案	市场需求量			
	较高	一般	较低	很低
A	600	400	-150	-350
B	800	350	-300	-700
C	350	220	50	-100
D	400	250	90	-50

从表中可以看出，当市场需求量较高时，方案 B 是最优的；当市场需求量一般时，方案 A 最优；而当市场需求量较低或很低时，方案 D 最优。很显然，不论出现哪种市场需求量，方案 C 都没有成立的可能，可以将其略去，不再加以考虑。

方案 A、B、D 的选择是比较困难的，比如方案 B 在市场需求量较高时是最优的，而在市场需求量较低时它又成为最劣的方案，目前解决这类问题还没有什么较好的办法，下面介绍几种常见的分析方法。

（1）悲观法

这种方法认为今后出现的是最不利的状态，因此其具体做法是比较各个方案在最不利状态下的收益值，最大者对应的方案为最优方案。即如果以 P_{ij} 代表方案 i 在自然状态 j 下的收益，则 $\max\{\min P_{ij}\}$ 即为最优方案。

这种方法的特点是从不利的情况出发，找出最坏的可能，然后在不利的情况下选择最好的方案，企图使不利的程度予以减低，保证从几种最差的可能结果中得到好的结果。

在上例中，可从表 12 - 13 中找出每个方案最坏情况下的净现值列于表 12 - 14。

表 12 - 14　净现值

方案 i	A	B	D	$\max\{\min\{\text{NPV}_{ij}\}\}$
$\min\{\text{NPV}_{ij}\}$	-350	-700	-50	-50

从表 12 - 14 可知，在三个方案中，$\max\{\min\{\text{NPV}_{ij}\}\}$ 为 - 50 万元，因此应该选择其所对应的方案 D 为最优方案。

（2）乐观法

这种方法对客观情况抱乐观的态度，认为今后出现的是最有利的状态。其做法是比较各个方案在最优状态下的收益值，其中最大收益值所对应的方案即为最优方案，即 $\max\{\max\{P_{ij}\}\}$ 所对应的方案。

这种方法是从将来最好的状态得到最好的结果。

在上例中，可从表中找出每个方案在最有利情况下的净现值列于表 12 - 15。

表 12 - 15

方案 i	A	B	D	$\max\{\max\{NPV_{ij}\}\}$
$\max\{NPV_{ij}\}$	600	800	400	800

从表 12 - 15 可知，在三个方案中，$\max\{\max\{NPV_{ij}\}\}$ 为 800 万元，因此应该选择其所对应的方案 B 为最优方案。

（3）乐观系数法

这种方法是在最悲观估计和最乐观估计之间找出一个折中的状态，用一个系数表示乐观的程度。当该系数为 1 时，决策者对出现的状态持完全乐观的态度；当该系数为零时，决策者对将出现的状态持完全悲观的态度。这个系数叫乐观系数，记为 α，规定 $0 \leqslant \alpha \leqslant 1$。选定了 α 之后，就可以对每个方案分别计算，其折中收益值如下。

$$折中收益值 = \alpha(\max P_{ij}) + (1-\alpha)(\min P_{ij})$$

然后在各折中收益值中取最大值

$$\max\{\alpha(\max P_{ij}) + (1-\alpha)(\min P_{ij})\}$$

以其所代表的方案为最优方案。

乐观系数法的关键是在 0 和 1 之间选取一个 α 值，这取决于决策者的性格及信息量等因素，具有主观色彩，没有确定的标准。在对乐观与悲观缺少强烈的感觉时，选取 $\alpha = 0.5$ 是合理的。

在上例中应用乐观系数法，假定对未来净现值不太乐观，设 $\alpha = 0.2$，计算结果如下。

折中 $(NPV_A) = 0.2 \times 600 + 0.8 \times (-350) = -160$

折中 $(NPV_B) = 0.2 \times 800 + 0.8 \times (-700) = -400$

折中 $(NPV_D) = 0.2 \times 400 + 0.8 \times (-50) = 40$

在此时"折中 (NPV_D)"最大，故当 $\alpha = 0.2$ 时采用乐观系数法应选择方案 D。

（4）等可能性法

这种方法认为既然决策者不能预先估计未来各种状态出现的概率，在这种情况下不能说某一状态出现的机会大于另一状态出现的机会，因此应该对各种状态一视同仁，认为它们出现的可能性是相等的。即如果未来有 n 种状态，则假设每种状态出现的概率均为 $1/n$，将问题转化为风险型分析，按期望值进行决策。

在上例中，四种需求量出现的概率可按等可能性法假设均等于 $1/4$，则每个方案的净现值期望值为

$$E(NPV_A) = 0.25 \times (600 + 400 - 150 - 350) = 125(万元)$$

$$E(NPV_B) = 0.25 \times (800 + 350 - 300 - 700) = 37.5(万元)$$

$$E(NPV_D) = 0.25 \times (400 + 250 + 90 - 50) = 172.5(万元)$$

即按等可能性法应选取方案 D 为最优方案。

（5）最小最大后悔值法

这种方法认为如果决策者选择了某一方案，而当以后出现的某种自然状态说明他本应选择另一方案时，他必然感到后悔，因为如果他对今后出现哪种自然状态事先已经完全知道，那他必然会选择相对应于该自然状态收益值最大的方案，这个收益值与原来采取方案的收益

值之差就叫做后悔值。比如在上例中，若选择了方案 B，但后来的事实说明产品的市场需求量一般，这时必然会后悔没有选择方案 A，因为方案 A 在市场需求量一般时净现值是最大的，比方案 B 的净现值大了 50 万元（400－350），这 50 万元就叫做方案 B 在市场需求量一般时的后悔值。

后悔值当然是越小越好，决策者避免产生后悔或产生过多的后悔，最低限度就是要选择具有最小的最大后悔值的方案。

在上例中应用最小最大后悔值法，首先从表 12－13 中找出各种市场需求量情况下的最大净现值 800、400、90 和－50。其次，从各个最大净现值中减去相应市场需求量情况下的其他净现值，即得到各个方案在各种市场需求量情况下的后悔值，如表 12－16 所示。

表 12－16　各个方案在各种市场需求量情况下的后悔值

方案	市场需求量			
	较高	一般	较低	很低
A	200	0	240	300*
B	0	50	390	650*
D	400*	150	0	0

从表 12－16 中选出每一方案的最大后悔值（在旁边用 * 号表示），然后在这三个最大后悔值中选择一个最小的，从表中知方案 A 的最大后悔值最小，因此方案 A 为最优方案。

按照最小最大后悔值法评价方案，可以保证决策者今后可能遭受的损失最小，从而导致比较安全可靠的结果，但其倾向还是保守的。

以上介绍了概率未知情况下分析的五种方法，采用不同方法的选择方案，所得到的结果也不尽相同，而且难以判别哪个方法好、哪个方法不好。考察五种方法，可以看出各种方法均有自己的优点。由于缺乏客观标准作依据，只能根据决策者对未来情况的估计和个人的性格特点来决策，因此概率未知情况下决策的结论往往带有很大的主观性。由于这些原因，决策者在遇到概率未知情况下分析问题时，应设法进行调查研究，取得更多的信息，使之向概率已知的问题靠拢，在此基础上进行分析。

习　题

1. 某产品生产线设计能力为 8 万件，固定成本为 3 500 万元，单位产品售价为 2 500 元，单位产品变动成本为 1 800 元，总变动成本、总销售收入均与产品产量成正比关系。不考虑税金，求以产量、生产能力利用率、销售收入、销售价格、单位产品变动成本表示的盈亏平衡点。

2. 有一个投资方案，用于确定性分析的现金流量如表 12－17 所示，该表中数据是预测得到的。由于对未来影响经济环境的某些因素把握不大，投资额、经营成本及销售收入均有变化的可能。设基准折现率为 10%，不考虑税金。（变化幅度为±10%）

（1）分别就上述三因素对净现值进行单因素敏感性分析。

（2）就经营成本及销售收入对净现值进行双因素敏感性分析。

表 12 - 17   现金流量表   单位：万元

年份	0	1～9	10
投资	1 500		
销售收入		2 000	2 000
经营成本		1 550	1 550
期末资产残值			200

3. 某项目的初始投资为 200 万元，一年建成，建成后各年的净现金流量的数值及概率分布如表 12 - 18 所示。设基准折现率为 12%，并假定净现值服从正态分布。

（1）求净现值的期望值。

（2）求净现值小于零的概率。

（3）求净现值大于或等于 30 万元的概率。

表 12 - 18   净现金流量及概率分布表   单位：万元

年份	1～10		
数值	30	40	45
概率	0.2	0.5	0.3

4. 有两个投资备选方案甲、乙，两方案的净现值依其产品的销售情况而不同，两方案在不同状态下的净现值如表 12 - 19 所示，请分别用期望值原则、最小方差原则选择最优方案。

表 12 - 19   甲、乙方案预测数据表

方案	状态及发生的可能性		净现值（NPV）/万元
	销售状况	概率（P_i）	
甲	畅销	0.3	200
	一般	0.5	150
	滞销	0.2	—10
乙	畅销	0.5	300
	一般	0.4	90
	滞销	0.1	—200

5. 一笔资金有 A、B、C、D 四个投资方向，由于市场具有较大的不确定性，对这四种投资方向的收益只能大致估计为低、中、高三种情况，且这三种情况出现的概率未知，这四种投资方向在三种状态下的收益列于表 12 - 20 中，试分别用悲观法、乐观法、乐观系数法（$\alpha = 0.5$）、等可能法及最小最大后悔值法选择投资方向。

表 12 - 20   四种投资方向在三种状态下的收益   单位：万元

方案	收益状况		
	低	中	高
A	120	180	400

续表

方案	收益状况		
	低	中	高
B	−200	150	600
C	10	200	500
D	100	300	350

6. 某企业生产 A、B 产品，产品 A 的销售价格为 200 元/件，产销量为 2 000 件，单位变动成本为 160 元/件；产品 B 的销售价格为 1 000 元/件，产销量为 600 件，单位变动成本为 600 元/件。固定成本总额为 20 万元。试进行平衡点分析。

7. 某工厂拟安装一种自动装置，据估计，初始投资（I）为 1 000 万元，服务期限 10 年，每年销售收入（S）为 450 万元，年总成本（C）为 280 万元，若基准收益率 $i_c = 10\%$，分别就 I, S, C 各变动±10% 对该项目 IRR 做敏感性分析，并判断该项目抵御风险的能力。

8. 某项目可能出现的三种状态的现金流量（单位：万元）及其发生的概率如表 12 - 21 所示。若 i_c 为 10%，NPV 服从正态分布，试利用解析法求出项目 NPV 大于或等于零和大于期望值的概率各为多少？

表 12 - 21　三种状态的现金流量及其发生的概率　　　单位：万元

概率		$P_1 = 0.4$	$P_2 = 0.3$	$P_3 = 0.3$
状态		X_1	X_2	X_3
年末	0	−1 500	−1 650	−1 800
	1～9	180	460	530
	10	380	660	730

第13章

财 务 评 价

引例

世界超级烂尾工程启示

2003 年 9 月，迪拜宣布修建世界上最大的人工岛——世界岛，这一项目曾被全球各大媒体列为"世界第八奇观"。该项目的设计理念由迪拜王储穆罕默德·本拉希德·马克吐姆提出，计划在人工棕榈岛上开发豪华地产、修建奢华酒店，以一年四季的灿烂阳光和洁白如玉的沙滩吸引世界富豪在此定居，从而打造世界顶级的旅游度假村。然而，仅仅 5 年后，因金融危机、阿联酋经济不断下滑、迪拜的房地产行业衰退等原因导致开发商资金链断裂，这项规模浩大的世界工程的后续建设被迫停止，迪拜近海只留下一片布海黄沙、未完工的岛屿。2017 年年末，美国国家航空航天局（NASA）拍摄的卫星照片又将"世界岛"推上了风口浪尖：整个世界岛似乎都在向中心靠拢，并不断下沉，这一危险信号让很多潜在的投资者彻底打消了购买的念头。该项目前期约 800 亿元人民币的投资似乎也打了水漂，让此岛成了"海市蜃楼"。

除了"世界岛"外，德国的普罗拉度假村和柏林勃登堡国际机场、朝鲜平壤的柳京饭店等，这些超级工程都曾因规模宏大而辉煌一时，后来却因为各种问题而沦为"超级烂尾工程"。出现上述现象的原因主要在于：缺乏对市场的深入调查，对市场需求不了解导致工程前期市场定位失误；开发商后续资金不足，资金链断裂；出现经济纠纷、经济案件或腐败案件等。烂尾工程不仅给国家、银行、开发商、材料供应商、消费者等利益相关者带来重大经济损失，也给自然环境和社会环境带来严重危害，因此必须在项目前期做好细致充分的评价工作。

（资料来源：秦翌晨，Vincent，钟凯．世界超级烂尾工程实录．环球人文地理，2018（2）：44-53．）

分析与讨论： 如何对项目进行财务评价？

13.1　财务评价概述

1. 财务评价的概念

据第三版《建设项目经济评价方法与参数》中的定义："财务评价是在国家现行财税制度和价格体系的前提下，从项目的角度出发，计算项目范围内的财务效益和费用，分析项目的盈利能力和清偿能力，评价项目在财务上的可行性。"[①]

财务评价是项目可行性研究中的一部分内容。可行性研究报告中一般包括：总论，供求预测和拟建规模，自然资源、原材料、燃料及公用设施情况，建厂条件和厂址方案，设计方案，环境保护，企业组织、机构设置、劳动定员配备方案、人员培训的规划和费用，项目实施计划进度，投资估算和资金筹措，投资项目评价等部分。其中，投资项目评价往往包括财务评价、经济费用效益分析及社会评价，财务评价是第一个层次，也是进行项目经济费用效益分析的基础。

2. 财务评价的作用

财务评价在衡量项目财务盈利能力及筹措资金方面有重要意义。项目投资者对项目能否盈利、能否达到期望的最低收益率、资金使用效率及投资能否在规定年限内回收、能否按时归还银行贷款等十分关注。同时，项目的财务分析报告也是投资信贷部门决定是否发放贷款的依据之一，因为财务分析报告提供了项目实施所需的建设投资、流动资金投资额、资金的可能来源、用款计划及还贷能力等信贷部门所关注的问题。此外，财务分析使项目的投资者能根据项目的资金计划及时保证资金到位，使项目按时建设。总体而言，财务评价具有以下的作用。

① 从投资者和资金筹措的角度出发，分析投资效果，评价项目竣工投产后的盈利能力、偿债能力及生存能力。

● 盈利能力评价：通过净现值、内部收益率、投资回收期等指标进行判断。

● 偿债能力评价：通过资产负债率、利息备付率及偿债备付率等指标判断。

● 生存能力评价：判断投资项目在建设及生产经营的整个计算期内项目资金的盈余及不足情况，以此进行项目生存能力的判断。

② 确定进行某项目所需资金来源，制定资金规划。

③ 为协调投资者或企业微观利益和国家利益提供依据。

进行投资项目评价时，往往需要对项目进行财务评价、经济费用效益评价及社会评价，这三者的出发点存在一定差别。一个经济费用效益评价及社会评价效果好的项目，其财务评价效果不一定可行。此时，作为微观经济效果承担主体的投资者的利益会受到一定程度的损害。这时，考虑到投资项目对国家和社会的益处，可根据财务评价的结论提出对项目进行适度补贴等建议，使项目具有财务可行性，使企业利益与国家利益达到一致。

---

① 国家发展改革委、建设部. 建设项目经济评价方法与参数. 3 版. 北京：中国计划出版社，2006：2.

3. 财务评价的主要内容

① 财务预测——收集预测进行财务分析所必需的基础数据。基础数据的收集预测是建立在对投资项目的总体了解和对市场、环境、技术方案、组织管理充分调查和分析的基础之上的（销售量、产量、价格及其变动情况、投资、成本等）。预测数据可用财务分析基础报表和辅助报表归纳整理。

② 计算和分析财务效果。编制财务分析报表，计算各项评价指标，进行财务盈利能力、偿债能力和生存能力分析等。

③ 进行不确定性分析。进行盈亏平衡分析、敏感性分析及概率分析等，判断各种不确定因素的变动对财务效果的影响及项目的抗风险能力，得出项目在不确定情况下的决策结论或建议。

以上也是进行财务评价的常规步骤，即先从财务预测开始，然后通过辅助报表及基础报表的编制计算各项评价指标，最后进行不确定性分析。

4. 财务评价程序、报表及评价指标关系

财务分析使用的财务报表主要分为三个系列：财务分析报表、财务分析辅助报表及财务分析基础报表。其中财务分析报表主要用于项目盈利能力、偿债能力和生存能力分析，辅助报表为财务分析报表提供基础数据，而基础报表则用于生成总成本费用估算表这一辅助报表。

财务分析报表主要有：现金流量表（项目投资现金流量表、项目资本金现金流量表、投资各方现金流量表）、利润与利润分配表、财务计划现金流量表、资产负债表、借款还本付息计划表。

财务盈利能力及偿债能力的判断指标，如净现值、内部收益率、投资回收期、总投资收益率、资本金净利润率、资产负债率、利息备付率、偿债备付率等指标的计算依据是财务分析报表。其中，现金流量表及利润与利润分配表主要进行项目财务盈利能力分析，项目投资现金流量表进行融资前盈利能力分析，项目资本金现金流量表进行融资后（有借款）盈利能力分析，投资各方现金流量表则用来分析合作或合资经营情况下投资各方的盈利能力；利润与利润分配表则反映项目利润和利润分配状况；资产负债表及借款还本付息表反映项目的偿债能力；而财务计划现金流量表则用于项目生存能力的分析。

财务分析辅助报表主要有：总投资估算表，建设投资估算表（概算法），建设投资估算表（形成资产法），建设期利息估算表，流动资金估算表，项目总投资使用计划与资金筹措表，营业收入、税金及附加和增值税估算表，总成本费用估算表（生产要素法），总成本费用估算表（生产成本加期间费用法）。

对于按生产要素法编制的总成本费用估算表，还需先进行外购原材料费估算表、外购燃料和动力费估算表、固定资产折旧费估算表、无形资产和其他资产摊销估算表、工资及福利费估算表等的编制，这些表格被称为财务评价基础报表。

上述各报表之间的关系及它们和财务评价内容之间的关系如图 13-1 所示。

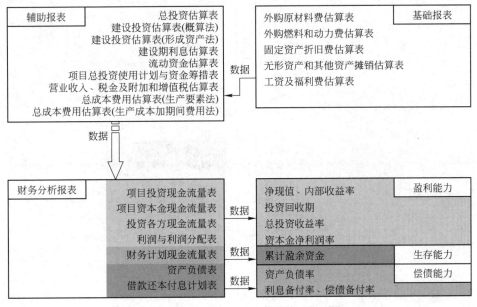

图 13-1 财务评价程序、报表及评价指标关系图

13.2 财务分析报表

财务分析报表主要包括现金流量表、利润和利润分配表、财务计划现金流量表、资产负债表、借款还本付息计划表等报表。

1. 现金流量表

现金流量表反映项目计算期内各年的现金流入和流出情况，是进行项目分析和投资各方财务盈利能力分析的主要报表之一。下面首先分析融资前和融资后项目主要现金流量。

融资前分析是不考虑融资条件的影响，从项目总投资的角度出发进行项目总投资盈利能力分析的分析方式；而融资后分析则考虑融资条件的影响，从项目自有资金或投资各方的角度出发进行项目自有资金或投资各方盈利能力的分析。

融资前及融资后项目的主要现金流量各有哪些呢？从融资前的角度考虑，现金流入主要有：营业收入、补贴、回收固定资产余值和回收流动资金；现金流出则主要包括：总投资（建设投资和流动资金）、经营成本、税金及附加、维持运营资金及所得税。从项目自有资金角度考虑，其现金流入主要包括营业收入、补贴、借款、回收固定资产余值和回收流动资金；现金流出则主要包括总投资（建设投资和流动资金，亦是自有资金和借款之和）、借款还本付息、经营成本、税金及附加、维持运营资金及所得税等；从合作或合资项目投资者的角度考虑，现金流入主要包括实分利润、资产处置收益分配（期满时对资产余值的分配所得）、租赁费收入（投资者将自己的资产租赁给项目使用获得的收入）、技术转让或使用收入等；现金流出则包括实缴资本、租赁资产支出（投资者将自己的资产租赁给项目使用时其资产的价值视为现金流出）等。上述分析如图 13-2 所示。

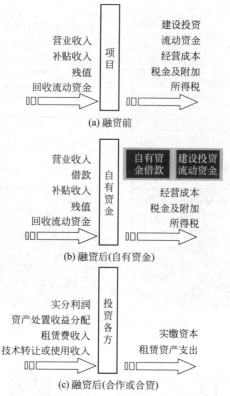

(a) 融资前

(b) 融资后(自有资金)

(c) 融资后(合作或合资)

图 13-2 项目融资前及融资后主要现金流量分析

从图 13-2 中可以清楚地看到项目"融资前"及"融资后"的主要现金流量构成,此图基本对应解释表 13-1、表 13-2、表 13-3 的项目构成。这里需要说明的是,在图 13-2 (b) 中,考虑有借款的情况下,现金流入中有用于投资的"借款"的流入,在现金流出中则是"总投资"(总投资可以分解为建设投资和流动资金,亦可分解为自有资金和借款),在项目财务分析中,假定借款在流入的同时又作为投资流出,这两项同时发生,相互抵消,因此在自有资金现金流量表中并不出现借款这一现金流入,也不出现"建设投资"和"流动资金"的投资流出,取而代之的是"自有资金"项目。

(1) 项目投资现金流量表

项目投资现金流量表不分投资来源,以全部投资作为计算基础,用以计算全部投资所得税前和所得税后财务内部收益率、财务净现值及投资回收期等评价指标,考察项目投资的盈利能力,用于项目融资前评价。

表 13-1 项目投资现金流量表 单位:万元

序号	项 目	合计	计算期					
			1	2	3	4	...	n
1	现金流入							
1.1	营业收入							
1.2	补贴收入							
1.3	回收固定资产余值							
1.4	回收流动资金							

续表

序号	项 目	合计	计算期					
			1	2	3	4	...	n
2	现金流出							
2.1	建设投资							
2.2	流动资金							
2.3	经营成本							
2.4	税金及附加							
2.5	维持运营投资							
3	所得税前净现金流量（1-2）							
4	累计所得税前净现金流量							
5	调整所得税							
6	所得税后净现金流量							
7	累计所得税后净现金流量							

注：由于项目投资现金流量表是融资前的现金流量表，故其所得税以息税前利润（EBIT）为基数计算，即"调整所得税"是融资前的所得税，区别于"利润与利润分配表""项目资本金现金流量表""财务计划现金流量表"中的所得税（融资后所得税）。

（2）项目资本金现金流量表

项目资本金现金流量表以项目资本金作为计算基础，把借款本金偿还和利息支付作为现金流出，考察项目自有资金的盈利能力，可计算项目资本金的内部收益率等指标。

表 13-2　项目资本金现金流量表 单位：万元

序号	项 目	合计	计算期					
			1	2	3	4	...	n
1	现金流入							
1.1	营业收入							
1.2	补贴收入							
1.3	回收固定资产余值							
1.4	回收流动资金							
2	现金流出							
2.1	项目资本金							
2.2	借款本金偿付							
2.3	借款利息支付							
2.4	经营成本							
2.5	税金及附加							
2.6	所得税							
2.7	维持运营投资							
3	净现金流量（1-2）							

（3）投资各方现金流量表

该表考察不同投资方（包括合资企业及合作企业的各投资方）的投资盈利能力，可按照不同的投资方分别编制。表 13-3 中的现金流入是指出资方因该项目的实施将实际获得的各种收入；现金流出是指出资方因该项目的实施将实际投入的各种支出。根据投资各方现金流量表，可计算投资各方的内部收益率等指标。

表 13-3　投资各方现金流量表 　　　　　　　　　　　　　　单位：万元

序号	项　目	合计	计算期					
			1	2	3	4	…	n
1	现金流入							
1.1	实分利润							
1.2	资产处置收益分配							
1.3	租赁费收入							
1.4	技术转让或使用收入							
1.5	其他现金流入							
2	现金流出							
2.1	实缴资本							
2.2	租赁资产支出							
2.3	其他现金流出							
3	净现金流量（1-2）							

2. 利润与利润分配表

该表主要反映项目计算期内各年的营业收入、费用、利润总额及所得税后利润的分配，用于计算投资收益率、资本金利润率等指标。由利润总额的计算及其分配可以得到表 13-4 的主要构成项目，相关项目的计算公式如下。

$$利润总额＝营业收入－税金及附加－总成本费用＋补贴 \qquad (13-1)$$

$$净利润＝利润总额－所得税 \qquad (13-2)$$

$$可供分配利润＝净利润＋期初未分配利润 \qquad (13-3)$$

表 13-4　利润与利润分配表 　　　　　　　　　　　　　　单位：万元

序号	项　目	合计	计算期					
			1	2	3	4	…	n
1	营业收入							
2	税金及附加							
3	总成本费用							
4	补贴收入							
5	利润总额（1-2-3+4）							
6	弥补以前年度亏损							
7	应纳税所得额（5-6）							

续表

序号	项　目	合计	计算期					
			1	2	3	4	...	n
8	所得税							
9	净利润（5－8）							
10	期初未分配利润							
11	可供分配利润（9＋10）							
12	提取法定盈余公积金							
13	可供投资者分配的利润（11－12）							
14	应付优先股股利							
15	提取任意盈余公积金							
16	应付普通股股利（13－14－15）							
17	各投资方利润分配： 　　其中：××方 　　　　　××方							
18	未分配利润（13－14－15－17）							
19	息税前利润 　（利润总额＋利息支出）							
20	息税折旧摊销前利润 　（息税前利润＋折旧＋摊销）							

3. 财务计划现金流量表

一般而言，项目在建设期和生产经营期均会有相应的资金需求，所需资金无法保障意味着项目无法建设或经营下去，即项目无法生存。项目在建设期所需资金主要为建设投资和流动资金，而在生产经营期所需资金主要为经营成本、税金及附加和所得税。上述资金需求形成现金流出，而为其提供保障的资金则为现金流入。在建设期，现金流入主要有自有资金及各种借款，生产经营期的主要现金流入则来自营业收入。当然，借款会引起还本付息的现金流出。财务计划现金流量表分别计算经营活动、投资活动和筹资活动的净现金流量，然后求得各年的净现金流量及累计盈余资金，如果累计盈余资金小于零，则说明该年所需资金得不到保障，该项目不具有生存能力。因此，通过财务计划现金流量表（表 13 - 5）中的累计盈余资金情况可以判断项目的财务生存能力。

表 13 - 5　财务计划现金流量表 单位：万元

序号	项　目	合计	计算期					
			1	2	3	4	...	n
1	经营活动净现金流量（1.1－1.2）							
1.1	现金流入							
1.1.1	营业收入							
1.1.2	增值税销项税额							

序号	项　目	合计	计算期					
			1	2	3	4	⋯	n
1.1.3	补贴收入							
1.1.4	其他流入							
1.2	现金流出							
1.2.1	经营成本							
1.2.2	增值税进项税额							
1.2.3	税金及附加							
1.2.4	增值税							
1.2.5	所得税							
1.2.6	其他流出							
2	投资活动净现金流量（2.1—2.2）							
2.1	现金流入							
2.2	现金流出							
2.2.1	建设投资							
2.2.2	维持运营投资							
2.2.3	流动资金							
2.2.4	其他流出							
3	筹资活动净现金流量（3.1—3.2）							
3.1	现金流入							
3.1.1	项目资本金投入							
3.1.2	建设投资借款							
3.1.3	流动资金借款							
3.1.4	债券							
3.1.5	短期借款							
3.1.6	其他流入							
3.2	现金流出							
3.2.1	各种利息支出							
3.2.1	偿还债务本金							
3.2.3	应付利润（股利分配）							
3.2.4	其他流出							
4	净现金流量（1+2+3）							
5	累计盈余资金							

4. 资产负债表

资产负债表（表 13-6）主要反映项目计算期内各年年末资产、负债及所有者权益的变化情况，可计算资产负债率等指标。

表 13 - 6　资产负债表　　　　　　　　　　　　　　　　单位：万元

序号	项　目	合计	计算期					
			1	2	3	4	…	n
1	资产							
1.1	流动资产总额							
1.1.1	货币资金							
1.1.2	应收账款							
1.1.3	预付账款							
1.1.4	存货							
1.1.5	其他							
1.2	在建工程							
1.3	固定资产净值							
1.4	无形及其他资产净值							
2	负债及所有者权益（2.4＋2.5）							
2.1	流动负债总额							
2.1.1	短期借款							
2.1.2	应付账款							
2.1.3	预收账款							
2.1.4	其他							
2.2	建设投资借款							
2.3	流动资金借款							
2.4	负债小计（2.1＋2.2＋2.3）							
2.5	所有者权益							
2.5.1	资本金							
2.5.2	资本公积金							
2.5.3	累计盈余公积金							
2.5.4	累计未分配利润							

5. 借款还本付息计划表

借款还本付息计划表（表 13 - 7）反映项目计算期内各年借款本金偿还及利息支付情况，可计算偿债备付率及利息备付率等指标。项目自有资金不足需要借款时，往往会向不止一家金融机构或非金融机构贷款，此时需编制借款还本付息计划表。此表需要计算每一笔借款在各期的期初借款余额和当期还本付息额，计算时每一笔借款各年的还本付息额之间存在以下关系。

$$期初借款余额＝上期期初借款余额－上期还本付息额 \qquad (13-4)$$
$$上期还本付息额＝期初借款余额×借款利率 \qquad (13-5)$$

表 13-7　借款还本付息表　　　　　　　　　　单位：万元

序号	项 目	合计	计算期					
			1	2	3	4	⋯	n
1	借款							
1.1	期初借款余额							
1.2	当期还本付息							
	其中：还本							
	付息							
1.3	期末借款余额							
2	借款							
2.1	期初借款余额							
2.2	当期还本付息							
	其中：还本							
	付息							
2.3	期末借款余额							
3	债券							
3.1	期初债务余额							
3.2	当期还本付息							
	其中：还本							
	付息							
3.3	期末债务余额							
4	借款和债券合计							
4.1	期初余额							
4.2	当期还本付息							
	其中：还本							
	付息							
4.3	期末余额							

6. 财务分析辅助报表及基础报表的编制

财务分析辅助报表主要用于财务效益和费用的估算，为财务分析报表提供必要数据。其中建设投资估算表可采取概算法（将投资按照工程费用、工程建设其他费用、预备费等分类进行编制）或形成资产法（将建设投资按照固定资产费用、无形资产费用、其他资产费用及预备费分类编制）二者之一进行编制；总成本费用估算表可采取生产要素法或生产成本加期间费用法二者之一进行编制，若采取生产要素法，则还需编制外购原材料估算表、外购燃料和动力费估算表、固定资产折旧费估算表、无形资产和其他资产摊销估算表、工资及福利费估算表等基础报表。

鉴于篇幅关系，本书不再对财务分析辅助报表及基础报表的编制及财务报表数据预测进行详细阐述。

13.3 改扩建项目的财务分析

1. 改扩建项目的概念

改扩建项目是指既有企业利用原有资产与资源，投资形成新的生产（服务）设施，扩大或完善原有生产（服务）系统的活动，包括改建、扩建、技术改造、迁建和停产复建等。改扩建的目的是增加产品供给，开发新型产品，调整产品结构，提高技术水平，降低资源消耗，节省运行费用，提高产品质量，改善劳动条件，治理生产环境等[①]。

2. 改扩建项目的特点

改扩建项目具有以下特点。

① 项目是既有企业的有机组成部分，与既有企业密切相关，同时项目的活动与企业的活动在一定程度上是有区别的。

② 项目的融资主体是既有企业，项目的还款主体是既有企业，即改扩建项目的偿债能力不仅与该项目本身有关，还与既有企业的财务状况有关。

③ 项目一般要利用既有企业的部分或全部资产与资源，且不发生资产与资源的产权转移。

④ 建设期内既有企业生产（运营）与项目建设一般同时进行[②]。

3. 改扩建项目的盈利能力分析

在介绍改扩建项目盈利能力分析方法之前，先介绍改扩建项目财务评价中的几类数据。

（1）改扩建项目评价中的 5 类数据

① 有项目数据。指实施改扩建后，在项目的计算期内可能发生的效益与费用流量。有项目数据是时间序列的数据。

② 无项目数据。指不实施改扩建项目时，既有企业在项目计算期内可能发生的效益与费用流量。无项目数据是时间序列的数据。

③ 增量数据。有项目数据减去无项目数据形成增量数据，它是时间序列的数据。"有项目"的投资减"无项目"的投资是增量投资；"有项目"的效益减"无项目"的效益是增量效益；"有项目"的费用减"无项目"的费用是增量费用。增量数据主要用于改扩建项目盈利能力分析。

④ 现状数据。是项目实施前的资产与资源、效益与费用数据，被称为基本值（baseline），是一个时点数。现状数据对于比较"项目前"（before project）和"项目后"（after project）的效果具有重要作用。现状数据也是预测"有项目"和"无项目"的基础。现状数据一般可用实施前一年的数据，当实施前一年数据不具有代表性时，可选用有代表性年份的数据或几年数据的平均值。

⑤ 新增数据。是项目实施过程中各时点有项目数据与现状数据之差，也是时间序列的数据。新增投资包括建设投资和流动资金，还包括原有资产的改良支出、拆除、运输和重新

---

① 国家发展改革委、建设部 . 建设项目经济评价方法与参数 . 3 版 . 北京：中国计划出版社，2006：32.

② 同①.

安装费用。新增投资是改扩建项目筹措资金的依据，同时它还用于改扩建项目偿债能力的分析。

（2）改扩建项目的盈利能力分析方法——有无对比法

在进行改扩建项目盈利能力分析时，依然需要利用资金时间价值的原理，采用有无对比法进行分析。

在采用有无对比法时，首先需要将"有项目"的现金流量减去"无项目"的现金流量，得出"增量"现金流量，在"增量"现金流量的基础上通过计算内部收益率、净现值等指标判断改扩建项目的盈利能力。"增量"现金流量包括"增量权益资金""增量借贷资金""增量营业收入""增量补贴收入""增量经营成本""增量所得税"等。

在进行改扩建项目的盈利能力分析时，一定要注意采用有无对比法进行"增量"现金流量及增量评价指标的计算。这种方法要求正确识别无项目数据，切忌将无项目数据与现状数据混淆、将增量数据与新增数据混淆，否则极易造成对评价效果的夸大或者缩小。

4. 改扩建项目的偿债能力分析

在进行改扩建项目偿债能力分析时，需要进行两个层次的偿债能力分析。首先由于改扩建项目是在既有企业内部进行的，其贷款等由既有企业作为主体申请，因此应考虑既有企业的偿债能力；其次考虑改扩建项目自身的偿债能力。

在评价项目层次的偿债能力时，考察的是"有项目"时收益偿还新增债务的能力，计算利息备付率和偿债备付率。若还款资金来源充足，表明项目本身的还款能力强；若其还款资金来源不足，则需由既有企业提供资金补足或寻找其他还款资金来源。

在进行企业层次的借款偿债能力分析时，分析的范围原则上是整个企业而不仅仅是项目本身。企业层次清偿能力的分析，不仅与项目引起的企业新增净效益有关，还与原有企业财务状况有关，偿还借款的资金不仅包括项目新增的可用于还款的资金，还包括原有企业所能提供的还款资金。

5. 改扩建项目财务评价的简化处理

如前所述，在进行改扩建项目盈利能力分析及偿债能力分析时，要用到"有项目""无项目""现状""新增""增量"五种数据，工作量较大。在现实分析中，以下的一些情况可以将改扩建项目的评价简化为新建项目的评价①。

① 项目与既有企业的生产经营活动相对独立。在这种情况下，项目边界比较清楚，可以进行独立经济核算，项目的费用与效益比较好识别，现金流入与流出比较好测度，符合新建项目评价的基本条件，可简化处理。

② 以增加产出为目的的项目，增量产出占既有企业产出比例较小。此时，既有企业产出规模大，项目的增量产出对既有企业现金流量产生的影响小，可简化处理为新建项目评价。

③ 利用既有企业的固定资产量与新增量相比较小。被使用的既有企业的固定资产量小，意味着"有项目"情况下现金流入与流出基本不受既有企业的影响，新增投资是项目建设期内主要的现金流出，项目其他现金流入和流出也是总现金流的主要组成部分，此时也可简化为新建项目评价。

---

① 国家发展改革委、建设部. 建设项目经济评价方法与参数. 3 版. 北京：中国计划出版社，2006：32.

④ 效益和费用的增量流量较容易确定。"有无对比"是项目盈利能力分析的根本原则，利用增量现金流量可直接进行项目的盈利能力分析。新建项目实际上是改扩建项目的特例，"无项目"的净现金流量为零，也不利用既有企业的任何资产，增量现金流量可以视作"无项目"流量为零时"有项目"的现金流量。

13.4　PPP 项目财务评价方法

1. PPP 项目财务评价特殊性

PPP 项目往往都是投资金额巨大、社会影响广泛、建设经营周期长的固定资产投资项目，由于有了私营部门的参与，其财务评价要与一般项目的财务评价区别对待，具体应注意以下几点。

（1）计算期不同

对于私营部门而言，财务评价的计算期是从项目启动到项目特许期结束，且在特许期结束后，一般并没有所谓的资产回收。而对于公共部门而言，财务评价的计算期有两个：一是从项目启动到项目不能再提供产品或服务（如拆除）时的经济寿命期，评价项目在整个经济寿命期内的财务情况；二是从项目移交后到项目经济寿命期结束，作为计算公共部门利益的财务评价指标。

（2）特许权协议直接影响各参与者的收益和风险

PPP 项目的财务分析也需要预测项目提供的产品或服务的价格、市场需求量、通货膨胀率、利率、税率、汇率等因素的变动。与其他项目不同的是，由于在特许权协议中会对以上因素做出一些特殊约定，这些约定直接影响各方的收益和风险。

（3）项目受益人多

PPP 项目的一个主要特点是项目的参与者多，意味着项目的受益方也多，为达到多赢的目的，财务评价结果必须能够体现主要参与者的受益情况。

2. PPP 项目评价指标

PPP 项目财务评价指标应包括以下几个。

① 公共部门评价指标。如自偿率（SLR），反映公共部门的财务负担；项目移交后的净现值（NPV_{T_1}，T_1 表示项目移交到项目经济寿命期结束之间的时间长度），表示公共部门的收益；资金价值（VFM），表示运用资金的效率。

② 私营部门评价指标。如净现值（NPV_{T_0}，T_0 表示特许期长度，下同）、内部收益率（IRR_{T_0}），反映私营部门的收益。

③ 放贷方评价指标。如债务偿付率（DSCR）、利息保障倍数（TIE），反映借款方还本付息的能力。

PPP 项目合同关系复杂，影响项目现金流的因素较多，决策者在进行财务评价时往往希望了解财务评价指标为某一特定值的概率，因此可以借用金融领域常用的风险价值概念，应用基于置信水平的 PPP 项目财务评价方法，即在给定的置信水平下，分别从公共部门、私营部门和放贷方的角度评价项目的财务可行性，具体的指标计算方法如表 13-8 所示。

表 13 - 8 PPP 项目评价指标计算方法

参与者	评价指标	计算方法
公共部门	自偿率（SLR）	运营期净收入除以建造期成本。SLR>1，表示项目所投入的建设成本可完全由运营收入回收；1>SLR>0，表示项目不完全自偿，需要公共部门投资参与或补贴公共基础设施建设
	资金价值（VFM）	公共部门基准值（PSC）减去投标价格，VFM 越大越好。PSC 是根据历史上同类项目的数据而确定的基准值，即私营部门提供同样水平的公共设施和服务的成本标准
	净现值	BOT/PPP 项目在移交后到项目经济寿命期结束之间的净现值，反映了该项目移交后的运营盈利能力
私营部门	净现值	BOT/PPP 项目在特许经营期内的净现值（内部收益率），计算方法与一般项目无差异。值得注意的是，BOT/PPP 项目移交后一般没有所谓的资产回收
	内部收益率	
放贷方	债务偿付率（DSCR）	某一时期用于偿债的现金流量除以当期应付贷款本息，DSCR 大于参考值（一般在 1.0～1.5 之间）时，放贷方可以接受
	利息保障倍数（TIE）	某一时期税前息前净利润除以当期应付贷款利息，放贷方一般要求 TIE 至少大于 2

习　题

1. 请简述财务评价的概念，其作用及主要内容有哪些？
2. 财务分析报表及财务分析辅助报表各包括哪些报表？其作用分别是什么？
3. 简析改扩建项目增量数据与新增数据的区别。

第 14 章

经济费用效益评价

引例

改革开放以来，A 市经历了相对稳定的发展过程，经济、社会发展水平大幅提高。但增长的背后却是城市化的严重滞后。为了加快 A 市城镇化进程，某住房改建和城镇化建设项目被提上议事日程。该项目的上马不仅能大大改善居民的居住环境，而且道路工程的建设，可以带动周边地块的增值，带动城市开发和合理利用，为经济发展提供更广阔的空间和强劲支撑。

项目的建设可有效解决高速城市化阶段社会财富再分配、公共秩序建立、劳动力就业、金融泡沫风险等一些战略层面的问题。通过住房建设，可化解我国经济中大量的剩余劳动力和沉淀的货币资产两个巨大的资本闲置问题；扩大内部需求市场，将国际经济竞争的主战场从国外的"客场"转向国内的"主场"；使我国经济的成长更多地建立在自主的基础上，从而掌握更多的经济主权。住房工程建设的根本目的在于更好地落实"以人为本"的科学发展观，统筹城乡协调发展，推进城乡一体化建设，构建"和谐社会"，让更多的中低收入人群更好地融入到城市社会中，使其在为城市繁荣做出贡献的同时，也能享受到政府为居民提供的各种公共资源，分享到由经济发展带来的实惠。

分析与讨论：上面提到的很多项目的效果无法从财务评价的指标中得以体现，如何全面地评价该项目呢？

14.1 经济费用效益评价概述

1. 经济费用效益评价的产生与发展

20 世纪 30 年代，资本主义国家进入经济大萧条时期，为了挽救萧条的经济，以美国为代表的一些国家的政府不得不采取新的财政、货币政策，以及建设公共工程等措施，作为国家宏观经济调控的常规手段，并取得了某些成效。第二次世界大战之后，各国政府为国民经济的恢复与重建，运用各种政策和行政干预来控制国家经济事务，动员人力、物力和财力以实现国家目标。政府实行福利政策，大量增加公共开支，对文化、教育、医疗卫生、环境治理、水利等公共福利设施和工程项目进行投资。由于这些项目难以通过市场调节使企业利益与社会利益相一致，一般不便于私人经营。这致使政府的投资增加，经济的国有化程度有了一定的提高。

但是，公共和社会福利项目是以宏观经济效益与社会效益为主，单纯采取企业盈利性分析，即进行财务评价不能够反映其实际的社会效益，满足不了对这类项目评价的要求。此时，应运而生的福利经济学及西方宏观经济学的代表——凯恩斯理论，为公共项目的经济评价提供了基本概念，为各国政府干预社会经济事务提供了理论依据，为公共项目的经济评价开辟了新的发展前景。于是，20世纪50年代起，西方经济学家们逐步研究形成了一种为评价公共项目所需的社会费用效益分析，把公共项目的经济评价扩展为对单个微观项目的宏观意义的研究分析，成为一种项目的宏观效益评价。

20世纪60年代后，由于发达国家的学者致力于发展中国家的项目评价和经济发展的研究，丰富和发展了经济费用效益分析的理论和方法。由于发展中国家的通货膨胀、外汇短缺、劳动力过剩和采取保护性措施等，使得这些国家的价格失真。由于经济费用效益分析的方法可以在某种程度上消除价格失真的影响，因而为越来越多的国家，尤其是发展中国家自觉地推广和应用。

在20世纪六七十年代，经济费用效益分析方法得到广泛的关注和不断的深化、完善，应用范围上扩展到一般工业和非工业项目；并通过在不同国家项目评价的实践，丰富和发展了费用效益分析的理论和方法。例如，1968年由经济合作与发展组织（OECD）出版的《发展中国家工业项目分析手册》被称为OECD法（即L-M法），并于1974年补充修改为《发展中国家项目评价与规划》；1972年由联合国工业发展组织（UNIDO）出版的《项目评价准则》（简称UNIDO法或准则法）和1980年由联合国工业发展组织和阿拉伯国家工业发展中心（IDCAS）联合编写的《工业项目评价手册》（简称阿拉伯法）等，都是针对发展中国家的需要而制定的。此外，还有法国的《项目经济评价手册：影响方法》等。根据这些方法的本质差异和内在联系，可将其分为两大体系：基于影子价格的价格体系和基于项目对国民经济的影响分析的影响体系，阿拉伯法则介于二者之间。这三种基本方法虽然形式不同，但是评价结果是一致的。

我国从1979年引进西方的项目可行性研究，其中包括经济费用效益评价方法（过去称为国民经济评价），原国家计委和建设部的《建设项目经济评价方法与参数》（1987年第一版，1993年第二版）对建设项目的国民经济评价的实际应用作了详细的规定，对提高国民经济评价的科学性、可操作性起到了较好的促进作用。随着理论和实践的发展与认识的深入，在《建设项目经济评价方法与参数》（第三版，2006年）中，也特别强调了经济费用效益评价的问题。

2. 经济费用效益评价的概念

经济费用效益评价是在合理配置社会资源的前提下，从国家经济整体利益的角度出发，计算项目对国民经济的贡献，分析项目的经济效益、效果和对社会的影响，评价项目在宏观经济上的合理性。它是项目评价的第二个层次。众所周知，资源稀缺是人类社会面临的一个基本经济现象，一个国家，无论其资源禀赋如何，相对于人们日益增长的需求来说，资源总是有限和稀缺的，而如何将有限的资源运用到对国民经济贡献大的项目中去，寻找有限资源的合理配置，是解决该问题的有效途径，而经济费用效益分析的引入可以解决这一问题。

经济费用效益分析的目的主要有以下方面。

① 全面识别整个社会为项目付出的代价，以及项目投资的经济效益和对社会福利所作出的贡献，评价项目投资的经济合理性。

② 分析项目的经济费用效益流量与财务现金流量存在的差别，以及造成这些差别的原因，提出相关的政策调整建议。

③ 对于市场化运作的基础设施等项目，通过经济费用效益分析来论证项目经济价值，为制定财务方案提供依据。

④ 分析项目的各利益相关者为项目付出的代价及获得的收益，通过对受损者及受益者的经济费用效益的分析，为社会评价提供依据。

3. 经济费用效益评价的必要性

（1）经济费用效益分析的重要性

在市场经济条件下，企业财务评价可以反映出建设项目给企业带来的直接效果，但由于市场在配置资源过程中不可避免地存在失灵现象，财务评价不可能将建设项目产生的效果全部反映出来。

市场要完全实现优化配置资源这一功能必须具备以下条件：资源的产权清晰；所有稀缺资源必须进入市场，由供求决定其价格；完全竞争；无明显的外部效应，公共品数量不多；短期行为不存在。而现实中，市场失灵现象经常存在，由于市场本身和政府不恰当的干预导致市场配置资源失灵，市场价格难以反映项目的真实经济价值，财务价格扭曲，不能真实反映项目产出的全部经济价值；财务成本不能包含对资源的全部消耗，故客观上需要通过经济费用效益分析来反映项目的真实经济价值，判断投资的经济合理性。

经济费用效益分析是市场经济体制下政府对公共项目进行评价的重要方法，是市场经济国家政府部门干预投资活动的重要手段。经济费用效益分析强调从资源配置的角度分析项目的外部效果，分析国家为项目付出的代价，以及项目为提高社会福利做出的贡献。

（2）需要进行经济费用效益评价的项目

① 自然垄断项目。对于电力、电信、交通运输等行业的项目，存在着规模效益递增的产业条件，企业一般不会按照帕累托最优规则进行运作，从而导致资源的市场配置失灵。

② 公共产品项目。即项目提供的产品或服务在同一时间内可以被共同消费，具有"消费的非排他性"（未花钱购买公共产品的人不能被排除在此产品或服务的消费之外）和"消费的非竞争性"特征（一人消费一种公共产品并不以牺牲其他人的消费为代价）。由于市场机制只有通过将那些不愿意付费的消费者排除在该物品的消费之外才能得以有效运作，因此市场机制对公共产品项目的资源配置失灵。

③ 具有明显外部效果的项目。产生外部效果的行为主体由于不受预算约束，因此常常不考虑外部效果承受着的损益情况。这样，这类行为主体在其行为过程中常会低效率甚至无效率地使用资源，造成消费者剩余与生产者剩余的损失及市场失灵。

④ 涉及国家控制的战略性资源开发和涉及国家安全的项目，这些项目往往具有公共性、外部性等综合特征，不能完全依靠市场配置资源。

⑤ 国家及地方政府参与投资的项目、国家给予补贴或减免税优惠的项目。政府对经济

活动的干预，如果影响了正常的经济活动效率，也是导致市场失灵的重要因素。

从投资管理的角度，现阶段需要进行经济费用效益评价的项目包括以下几种。

① 政府预算内投资（包括国债资金）的用于关系国家安全、国土开发和市场不能有效配置资源的公益性项目和公共基础设施建设项目、保护和改善生态环境项目、重大战略性资源开发项目。

② 政府各类专项建设基金投资的用于交通运输、农林水利等基础设施、基础产业建设项目。

③ 利用国际金融组织和外国政府贷款，需要政府主权信用担保的建设项目。

④ 法律法规规定的其他政府资金投资的建设项目。

⑤ 企业投资的涉及国家经济安全、影响环境资源、公共利益、可能出现垄断、涉及整体布局等公共性问题，需要政府核准的建设项目。

上述无法完全依靠市场配置资源的项目所具有的特征是：项目的产出物没有市场价格，由于公共产品和外部效果等因素的影响，无法对其进行市场定价；市场价格虽然存在，但无法确切地反映投入物和产出物的边际社会效益和成本，因而在竞争性市场上提供的产品或服务得到的收益无法充分反映这些供给的社会净效益。

4. 经济费用效益评价与财务评价的关系

（1）相同点

① 评价方法相同。它们都是经济效果评价，都使用基本的经济评价理论，即效益与费用比较的理论方法。

② 评价的基础工作相同。两种分析都要在完成产品需求预测、工艺技术选择、投资估算、资金筹措方案等可行性研究内容的基础上进行。

③ 评价的计算期相同。

（2）不同点

投资项目经济评价分为经济费用效益评价和财务评价两个层次。这两个层次的评价各有其任务和作用，它们的主要区别如表 14-1 所示。

表 14-1　经济费用效益评价和财务评价的区别

	财务评价	经济费用效益评价
评价的角度	项目财务（企业）角度	国家整体角度
评价的目的	以项目净收益最大化为目标，考虑项目的盈利能力、清偿能力、生存能力、利润和分配情况、各投资方的盈利能力等	以实现社会资源的最优配置和有效利用为目标，考察分析项目投资的经济效益和对社会福利所作出的贡献，以及整个社会为项目付出的代价，评价项目的经济合理性
效益与费用的含义	着眼于货币的流入与流出。凡增加项目收入的即财务收益；凡减少项目收入的即财务费用，故补贴、税金、各种利息均需考虑	着眼于项目引起的社会资源的变动。凡是增加社会资源的项目产出，均计为效益；凡消耗社会资源的项目投入均计为费用。因此，补贴、税金（部分）、国内借款利息作为转移支付剔除
效益和费用的范围	将项目作为独立的经济系统进行分析，故仅包括发生在项目范围内的流入、流出项目的货币金额	将整个国家作为独立的经济系统进行分析，包括项目产生的直接效益和费用、间接费用和效益。不仅包括有形的外部效益和费用，而且包括无形的外部效益和费用

续表

	财务评价	经济费用效益评价
采用的价格	采用国内现行市场价格	采用更能反映货物真实经济价值，更有利于合理配置社会资源的影子价格
使用的参数和判据	采用行业基准收益率或投资者所能接受的最低收益率，国家统一发布外汇汇率	采用社会折现率、影子汇率、影子价格及其换算系数

综上所述，如果仅仅依据财务评价的结论来确定投资行为的经济合理性，则可能将财务效果不大好而对整个社会极为有利的项目否决；或者使财务评价效果好但不利于社会资源合理配置的项目准予建设，这无疑将给国家和社会带来无法弥补的损失。

14.2　经济效益和费用的识别

1. 经济效益和费用的识别原则

（1）全面识别原则

凡项目对社会经济所作的贡献，均计为项目的经济效益，包括项目的直接效益和间接效益。凡社会经济为项目所付出的代价（即社会资源的耗费或称社会成本）均计为项目的经济费用，包括直接费用和间接费用。因此，经济费用效益评价应考虑关联效果，对项目涉及的所有社会成员的有关效益和费用进行全面识别。

关联效果即指由于项目的建设和运行，在项目以外对相关联的社会部门、利益群体等引起的关联效应。但要注意，由于项目的投入产出，引起某些商品和服务价格的升降，所造成的价格连锁反应（货币性外部效果），可能出现社会其他成员（或企业）成本和利润发生变化的情况，这种情况在经济费用效益评价中不予考虑。这是因为在不足以影响社会生产和消费水平的情况下，这种价格连锁效果是在社会成员间的货币转移性质的分配变动，具有转移支付的性质，没有发生社会资源的增减。此外，该效果的作用机理十分复杂，进一步识别和计量很困难，从整个社会来看，一般正负效果并存且相互抵消，故不予考虑。

（2）有无对比原则

判断项目的经济效益和费用，要从有无对比的角度进行分析，将"有项目"（项目实施）与"无项目"（项目不实施）的情况加以对比，以确定某项效益或费用的存在。沉没成本和已经实现的效果不应再考虑。例如，新建铁路的效益不是用项目实施后的营业收入来衡量，而主要是用有项目的效益（即铁路建成后，铁路、公路、航空各自的效益）与无项目（即原铁路、航空各自的效益）对比分析后计算得出的。主要包括：铁路分别从公路、民航转移客运、货运部分成本节约的效益；转移客运、货运部分运输时间节约的效益（空运可能为负值）；转移客运、货运部分运输质量提高的效益（旅客舒适度和货运损失的减少等）；转移客运、货运部分提高安全（减少了交通事故损失）的效益；新建铁路诱增客货运量产生的效益，该效益是由于项目的建设，使相关产业发展而产生的，理论上，相关产业发展所产生的增加值应为诱增运量的效益；环境影响（一般为日常环境维护费，属于负效益）。

（3）时间跨度原则

经济效益与费用识别的时间跨度应足以包括项目所产生的全部重要效益和费用，不完全受财务评价计算期的限制，不仅要分析项目的近期影响，还需要分析项目将带来的中远期影响。

（4）地域性原则

经济效益与费用的识别应以本国社会成员作为分析对象，对于跨越国界，对本国之外的其他社会成员也产生影响的项目，应重点分析项目给本国社会成员带来的效益和费用，项目对国外社会成员所产生的效用应予以单独陈述。

2. 经济费用与效益的计算原则

项目投资所产生的经济费用或效益，应在利益相关者分析的基础上，研究在特定社会经济背景下相关利益主体获得的收益及付出的代价，计算项目相关的费用和效益，并遵从以下原则。

① 支付意愿原则。项目产出的正面效果的计算遵循支付意愿原则，用于分析社会成员为项目所产生的效益愿意支付的价值。

② 受偿意愿原则。项目产出的负面效果的计算遵循受偿意愿原则，用于分析社会成员为接受这种不利影响所得到补偿的价值。

③ 机会成本原则。项目投入的经济费用的计算应遵循机会成本原则，用于分析项目所占用的所有资源的机会成本，机会成本应按资源的其他最有效利用所产生的效益来计算。

④ 实际价值计算原则。项目经济费用效益分析应对所有费用和效益采用反映资源真实价值的实际价格进行计算，不考虑通货膨胀因素的影响，但应考虑价格的变动。

3. 经济效益与费用的识别

国民经济效益分为直接效益和间接效益，国民经济费用分为直接费用和间接费用。直接效益和直接费用可称为内部效果，间接效益和间接费用可称为外部效果。

（1）直接效益与直接费用——内部效果

直接效益是项目产出物直接生成，并在项目范围内计算的经济效益。一般表现为：增加项目产出物或者服务的数量以满足国内需求的效益；替代效益较低的相同或类似企业的产出物或者服务，使被替代企业减产（停产）从而使这些企业耗用的社会资源得到节省；增加出口或者减少进口从而增加或者节支的外汇等。

直接费用是项目使用投入物所产生并在项目范围内计算的经济费用。一般表现为：投入项目的各种物料、人工、资金、技术及自然资源带来的社会资源的消耗项目。直接费用有以下几种表现。

① 社会扩大生产规模用以满足项目对投入物的需求时，项目直接费用表现为社会扩大生产规模所增加耗用的社会资源价值。

② 社会不能增加供给时，导致其他人被迫放弃使用这些资源来满足项目的需要，项目的直接费用表现为社会因其他人被迫放弃使用这些资源而损失的效益。

③ 项目投入物导致进口增加或出口减少时，项目的直接费用表现为国家外汇支出的增加或外汇收入的减少。

（2）间接效益与间接费用——外部效果

间接效益是指项目对社会作出了贡献，而项目本身未得到的那部分收益。例如，在项目中，非技术劳动力经训练转变为技术劳动力。

间接费用是指国民经济为项目付出了代价而项目本身并不实际支付的费用。例如，项目对自然环境造成的损害等。

间接效益和间接费用统称为项目的外部效果。外部效果可以有如下几种分类。

① 有形外部效果和无形外部效果。按其是否能用货币来计量划分，可分为项目有形外部效果和无形外部效果。

项目的有形外部效果是指那些能够以货币计量的项目间接效益和间接费用。例如，水电站建设项目引起的粮食增产的效益和为项目服务配套所需的投资支出和其他费用等，都属于有形的外部效益或费用。

项目的无形外部效果是指那些难以或不能用货币计量的项目间接效益和间接费用。例如技术扩散效益、城市犯罪率变化、项目关联环境的舒适性等。例如，发电厂排放的烟尘可使附近田园的作物产量减少，质量下降，化工厂排放的污水可使附近江河的鱼类资源骤减。

② 相邻外部效果和乘数外部效果。项目的相邻外部效果包括"后向"相邻效果和"前向"相邻效果。项目"后向"相邻效果是指那些生产初级产品的项目对以其产出物为原料的其他经济部门和行业所产生的间接效果。项目的"前向"相邻效果是指由于项目的建立而对那些为它提供原材料或半成品的其他产业所产生的间接效果。

项目的乘数外部效果是指项目的投入可以使原来闲置的社会资源得到利用，从而产生的一种连续性外部效果。例如，兴建汽车厂会带动零部件厂的发展，带动各种金属材料和非金属材料生产的发展，带动能源生产的发展等。

③ 技术性外部效果和价格性外部效果。项目技术性外部效果是那些能够真正引起项目之外的生产消费和社会福利发生变化的效益和费用，包括环境生态效果和技术扩散及示范效果。例如，造纸厂的排废使附近区域的鱼类生产下降，水电站的建设会产生防洪和灌溉效益，从而使受益土地的粮食产量增加，这些都属于技术性间接效益。技术扩散和示范效果是由于建设技术先进的项目会培养和造就大量的技术人员和管理人员。他们除了为本项目服务外，由于人员流动、技术交流对整个社会经济发展也会带来好处。

项目的价格性外部效果是指那些不会影响项目之外的生产和消费总量，而只是引起某些商品和劳务的相对价格发生变化所产生的间接费用和间接效益。例如，由于棉纺织项目的投产导致棉布供应量增加，从而棉布价格下跌导致其他棉纺厂的利润下降就是项目价格性间接费用；同时由此导致的制衣厂、棉布消费者因此受益就属于价格性间接效益。

4. 转移支付

所谓转移支付，是指在国民经济内部各部门发生的、没有造成国内资源的实际增加或耗费的支付。转移支付主要包括以下内容。

（1）税金。项目在投资建设和生产经营过程中需缴纳一系列的税金，包括关税、增值税、消费税、资源税、城市维护建设税、教育费附加和所得税等。其中部分税金从项目角度看是支出，但实际上只是将资源配置权由企业转移到了国家，并不伴随着资源的变化和国民收入的增减，它们都不是项目的经济费用，应作为转移支付来处理。值得强调的是，并不是所有税金都需要剔除，仅为体现资源补偿和环境补偿的税费除外。

（2）补贴。项目所获得的补贴实质上是与项目所缴税金流向相反的一种转移支付，并不影响社会资源的增减，不过是使资源的支配权从政府转移给了企业而已。

（3）利息。国内贷款所支付的利息，只是企业将这些资源的支配权转移给了金融机构，同样属于转移支付的范畴，而国外贷款的利息支付，使企业将资源转移到国外金融机构手中，国民收入减少，应列为项目的经济费用。

14.3 经济费用效益评价参数

1. 影子价格的概念

投资项目的费用与收益，是依据商品价值的货币表现——价格计量的，能否正确计量项目的费用和收益，取决于所采用的价格是否合理。

财务评价所用的价格是以现行市场价格体系为基础的预测价格。国民经济分析是为了使社会资源能够合理配置和有效利用，由于市场本身和政府不恰当干预等原因，会出现价格失真情况，不能反映资源的最佳利用。因此，在项目经济费用效益评价中需采用影子价格体系，以消除价格失真对投资项目的影响。

影子价格是指资源处于最佳分配状态时，其边际产出价值。也可说是社会经济处于某种最优状态下，能够反映社会劳动消耗、资源稀缺程度和对最终产品需求情况的价格。

所以，影子价格是为实现一定的经济发展目标而人为确定的，比市场交换价格更能合理利用资源的效率价格。

2. 影子价格的确定

在经济费用效益分析中，要确定影子价格，首先要将投入物和产出物进行分类，再根据不同类别对国民经济的影响，使用不同的方法测算影子价格。

通常把投入物与产出物分为外贸货物、非外贸货物和特殊投入物三种类型分别确定。

1）外贸货物的影子价格

外贸货物是指生产和使用会直接或间接影响国家进出口水平的货物。外贸货物包括：产出物中直接出口（增加出口）、间接出口（替代其他企业产品使其增加出口）或替代进口（以项目的产品顶替进口，从而减少进口）的货物；项目投入物中直接进口（增加进口）、间接进口（占用其他企业投入物而使其增加进口）或者用原可用于出口（减少出口）的货物。

外贸货物的定价基础是国际市场价格。虽然国际市场价格并非就是完全理想的价格，存在着诸如发达国家有意压低发展中国家初级产品的价格，实行贸易保护主义，限制高技术向发展中国家转移以维持高技术产品的垄断价格等问题，但在国际市场上起主导作用的还是市场机制，各种商品的价格主要是由供需规律决定，多数情况下不受个别国家和集团的控制，是在市场竞争中形成的，一般比较接近商品的真实价值。因此，利用国际市场价格作为影子价格的主要来源，使影子价格的确定变得相对简单可行。

外贸货物影子价格的确定是以实际发生的口岸价格为基础，再经过适当加减国内的运杂费用和贸易费用来确定。项目外贸货物影子价格的计算公式如下。

（1）产出物的影子价格（项目产出物的出厂价格）

$$直接出口货物的影子价格（SP）＝离岸价格（FOB）×影子汇率（SER）－$$
$$国内运输费用和贸易费用 \tag{14-1}$$

间接出口产品的影子价格＝离岸价格(FOB)×影子汇率(SER)－原供应厂到口岸的

运费及贸易费用＋原供应厂到用户的运费及贸易费用－

项目到用户的运费及贸易费用　　　　　　　　　(14－2)

当原供应厂和用户难以确定时，可按直接出口考虑。

替代进口产品的影子价格(SP)＝到岸价格(CIF)×影子汇率(SER)＋

口岸到用户的运费及贸易费用－

项目到用户的运费及贸易费用　　　　　　　　(14－3)

当用户难以确定时，可按到岸价格考虑。图 14－1 是外贸货物产出物的影子价格确定的示意图。

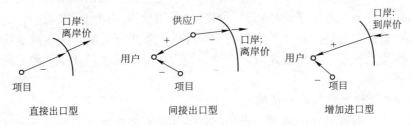

图 14－1　外贸货物产出物的影子价格确定示意图

(2) 投入物的影子价格（项目投入物的到厂价格）

直接进口产品的影子价格(SP)＝到岸价格(CIF)×

影子汇率(SER)＋国内运费和国内贸易费用　　(14－4)

间接进口产品的影子价格(SP)＝到岸价格(CIF)×影子汇率(SER)＋

口岸到原用户的运费及贸易费用－

供应厂到原用户的运费及贸易费用＋

供应厂到项目的运费及贸易费用　　　　　　　(14－5)

当原供应厂和用户难以确定时，可按直接进口考虑。

减少出口产品的影子价格(SP)＝离岸价格(FOB)×影子汇率(SER)－

供应厂到口岸的运费及贸易费用＋

项目到用户的运费及贸易费用　　　　　　　　(14－6)

图 14－2 是外贸货物投入物的影子价格确定的示意图。

图 14－2　外贸货物投入物的影子价格确定示意图

2）非外贸货物的影子价格

非外贸货物是指生产和使用不影响国家进出口水平的货物。除了包括所谓的天然非外贸货物，如国内运输、建筑物及其附属设施的产品和服务外，还包括由于地理位置所限而使国内运费过高不能进行贸易的货物，以及受国内外贸易政策和其他条件限制而不能够进行外贸的货物等所谓的非天然非外贸货物。

（1）市场定价的非外贸货物的影子价格

市场定价的非外贸货物的影子价格的确定方法有两种：一种是以市场价格为基础进行影子价格测算；另一种是以成本分解法来进行影子价格的测算。

以市场价格为基础测算非外贸货物的影子价格：

$$产出物的影子价格（出厂价格）＝市场价格－国内运杂费 \qquad (14-7)$$
$$投入物的影子价格（到厂价格）＝市场价格＋国内运杂费 \qquad (14-8)$$

成本分解法就是首先将这种非外贸货物或服务的成本进行分解，并按成本构成性质进行分类；然后分别按照影子价格的确定方法定价；最后将分解后重新调整所得的成本汇总，即得该货物的影子价格。

（2）政府调控价格货物的影子价格

考虑到效率优先兼顾公平的原则，市场经济条件下有些货物或者服务不能完全由市场机制形成价格，而需由政府调控价格，例如政府为了帮助城市中低收入家庭解决住房问题，对经济适用房和廉租房制定指导价和最高限价。

政府调控的货物或者服务的价格不能完全反映其真实价值，确定这些货物或者服务的影子价格的原则是：投入物按机会成本分解定价，产出物按对经济增长的边际贡献率或消费者支付意愿定价。下面是政府主要调控的水、电、铁路运输等作为投入物和产出物时的影子价格的确定方法。

① 水作为项目投入物的影子价格，按后备水源的边际成本分解定价或者按恢复水资源存量的成本计算。水作为项目产出物的影子价格，按消费者支付意愿或者按消费者承受能力加政府补贴计算。

② 电力作为项目投入物时的影子价格，一般按完全成本分解定价，电力过剩时按可变成本分解定价。电力作为项目产出物的影子价格，可按电力对当地经济边际贡献率定价。

③ 铁路运输作为项目投入物的影子价格，一般按完全成本分解定价，对运能富余的地区，按可变成本分解定价。铁路运输作为产出物的影子价格，可按铁路运输对国民经济的边际贡献率定价。

3）特殊投入物的影子价格

（1）影子工资（即劳动力的影子价格）

影子工资是指项目使用劳动力，社会为此付出的代价，由劳动力的机会成本和社会资源耗费两部分构成，即

$$影子工资＝劳动力的机会成本＋新增资源消耗 \qquad (14-9)$$

劳动力的机会成本是劳动力因在本项目中被使用而不能在其他项目中使用而被迫放弃的价值；新增资源消耗是社会为劳动力就业而付出的但职工未得到的其他代价，如搬迁费、培训费等。

影子工资一般通过影子工资换算系数计算，它是影子工资和项目财务评价中劳动力的工

资和福利费（简称名义工资）的比值，影子工资的计算公式如下。

$$影子工资 = 名义工资 \times 影子工资换算系数 \tag{14-10}$$

根据我国目前劳动力市场状况，技术性工种的换算系数取 1，非技术性工种一般取 0.25~0.8，具体可根据当地的劳动力市场供求状况来确定。

（2）土地的影子价格

土地是一种稀缺资源，也是一种特殊投入物。土地的影子价格是指在项目中因使用土地资源而使社会付出的代价。土地的影子价格分为生产性用地和非生产性用地分别计算。

对于生产性用地，主要指农业、林业、渔业、牧业及其他生产性用地，按照这些生产性用地未来可以提供的产出物的效益及因改变土地用途而发生的新增资源消耗进行计算，即

$$土地的影子价格 = 土地的机会成本 + 新增资源消耗 \tag{14-11}$$

其中，土地的机会成本应按照社会对这些生产用地未来可以提供的消费品的支付意愿价格进行分析计算，一般按照项目占用土地在"无项目"情况下的"最佳可行替代用途"的生产性产出的净效益现值进行计算。

新增资源消耗应按照在"有项目"情况下土地的征用造成原有土地上附属物财产的损失及其他资源消耗来计算，如拆迁费、劳动力安置费等。土地平整等开发成本应计入工程建设成本中，在土地经济成本估算中不再重复计算。

（3）自然资源影子价格

各种自然资源是一种特殊的投入物，项目使用的矿产资源、水资源、森林资源等都是对国家资源的占用和消耗。矿产等不可再生资源的影子价格按资源的机会成本计算，水和森林等可再生自然资源的影子价格按资源再生费用计算。

3. 经济费用效益评价参数

（1）社会折现率（i_s）

社会折现率是衡量资金时间价值的重要参数，代表社会资金被占用应获得的最低收益率，是计算经济净现值的折现率，并作为经济内部收益率的基准值，是建设项目或方案经济可行性的主要判别依据。

社会折现率应考虑社会经济发展目标、发展战略、发展优先顺序、社会成员费用效益时间偏好、投资收益水平、资金机会成本、资金供需情况等因素的影响。由政府统一规定，目前社会折现率取值为 8%。

（2）影子汇率（SER）

汇率是一国货币与另一国货币之间的交换比例，反映两国货币间的比价关系，汇率有法定汇率（即以前的"官方汇率"，现在的国家外汇牌价，具有法律效力）和市场汇率（交易者在市场上实际使用的汇率）之分，它们都属于实际汇率。我国与其他发展中国家一样，由于外汇短缺或其他原因，政府不同程度地对外汇实行管制，人民币不能自由兑换外币。国家外汇牌价规定的汇率尚不能反映外币的真实价值，因而需要建立一种合理的转换关系，影子汇率属于理论汇率，它与市场汇率关系密切，在没有生产扭曲的情况下，二者应当基本一致。

影子汇率即单位外汇的影子价格，它等于外汇的社会边际成本或边际贡献，是指能反映外汇真实价值的汇率。在经济费用效益评价中，影子汇率通过影子汇率换算系数计算，影子汇率换算系数是影子汇率与国家外汇牌价的比值。工程项目投入物和产出物涉及进出口的，

应采用影子汇率换算系数计算影子汇率，以美元与人民币的比价表示。

$$影子汇率＝外汇牌价×影子汇率换算系数 \qquad (14-12)$$

影子汇率换算系数是国家相关部门根据国家现阶段的外汇收支、进出口结构和水平、进出口关税、外汇的机会成本及发展趋势、外汇供需情况等因素综合测算和发布的。目前我国的影子汇率换算系数取值为 1.08。

14.4 经济费用效益评价指标及报表编制

1. 经济费用效益评价指标

经济费用效益评价以盈利能力为主，评价指标包括经济净现值、经济内部收益率和效益费用比。

（1）经济净现值（ENPV）

经济净现值是建设项目按照社会折现率将计算期内各年的经济净效益流量折现到建设期初的现值之和。经济净现值是反映建设项目对国民经济净贡献的绝对指标，是经济费用效益分析的主要指标。其计算公式为

$$ENPV = \sum_{t=0}^{n}(B-C)_t(1+i_s)^{-t} \qquad (14-13)$$

式中：B——国民经济效益流量；

C——国民经济费用流量；

$(B-C)_t$——第 t 年的国民经济净效益流量；

i_s——社会折现率；

n——计算期。

评价准则：若 ENPV$\geqslant$0，表明建设项目可以达到社会折现率要求的净贡献，认为该项目从经济资源配置的角度考虑是可以接受的；反之，不可行。

（2）经济内部收益率（EIRR）

经济内部收益率是建设项目在建设期内各年经济净效益流量的现值累计等于 0 时的折现率。经济内部收益率是反映建设项目对国民经济净贡献的相对指标，是经济费用效益分析的辅助评价指标。其计算公式为

$$\sum_{t=0}^{n}(B-C)_t(1+EIRR)^{-t}=0 \qquad (14-14)$$

评价准则：EIRR$\geqslant i_s$，表明该项目资源配置的经济效率达到了可以被接受的水平；反之，不可行。

（3）效益费用比（R_{BC}）

经济效益费用比是指项目在计算期内效益流量的现值与费用流量的现值之比，是经济费用效益分析的辅助评价指标，其计算公式为

$$R_{BC} = \frac{\displaystyle\sum_{t=0}^{n}B(1+i_s)^{-t}}{\displaystyle\sum_{t=0}^{n}C(1+i_s)^{-t}} \qquad (14-15)$$

评价准则：$R_{BC} \geqslant 1$，表明该项目资源配置的经济效率达到了可以被接受的水平。

2. 经济费用效益分析报表

（1）经济费用效益流量表

经济费用效益流量表有两种：一是项目国民经济费用效益流量表；二是国内投资国民经济费用效益流量表。具体如表 14 - 2 和表 14 - 3 所示。

表 14 - 2　项目国民经济费用效益流量表　　　　单位：万元

序号	项　目	合计	计算期					
			1	2	3	4	⋯	n
1	效益流量							
1.1	项目直接效益							
1.2	资产余值回收							
1.3	项目间接效益							
1.4	其他							
2	费用流量							
2.1	建设投资							
2.2	流动资金							
2.3	经营费用							
2.4	项目间接费用							
3	净效益流量							

表 14 - 3　国内投资国民经济费用效益流量表　　　　单位：万元

序号	项　目	合计	计算期					
			1	2	3	4	⋯	n
1	效益流量							
1.1	项目直接效益							
1.2	资产余值回收							
1.3	项目间接效益							
2	费用流量							
2.1	建设投资中国内资金							
2.2	流动资金中国内资金							
2.3	经营费用							
2.4	流到国外的资金							
2.4.1	国外借款本金偿还							
2.4.2	国外借款利息支付							
2.4.3	外方利润							
2.4.4	其他							
2.5	项目间接费用							
3	净效益流量（1－2）							

（2）经济费用效益流量表的编制方法

国民经济费用效益流量表一般在项目财务评价基础上进行调整编制，有些项目也可以按照经济费用效益识别和计算的原则和方法直接编制。

直接进行经济费用效益流量的识别和计算的基本步骤如下。

① 对于项目的各种投入物，应按照机会成本的原则计算其经济价值。

② 识别项目产出物可能带来的各种影响效果。

③ 对于具有市场价格的产出物，以市场价格为基础计算其经济价值。

④ 对于没有市场价格的产出效果，应按照支付意愿及接受补偿意愿的原则计算其经济价值。

⑤ 对于难以进行货币量化的产出效果，应尽可能采用其他量纲进行量化；难以量化的，进行定性描述，以全面反映项目的产出效果。

在财务评价基础上编制国民经济费用效益流量表的基本步骤如下。

① 剔除财务现金流量中的通货膨胀因素，得到以实价表示的财务现金流量。

② 剔除运营期财务现金流量表中不反映真实资源流量变动状况的转移支付因素。

③ 用影子价格、影子汇率逐项调整建设投资中的各项费用，剔除涨价预备费、税金、国内借款建设期利息等转移支付项目。进口设备购置费通常要剔除进口关税、增值税等转移支付。建筑安装工程费按材料费、劳动力的影子价格进行调整；土地费用按土地影子价格进行调整。

④ 调整流动资金，将流动资产与流动负债中不反映实际资源耗费的有关现金、应收、应付、预收、预付等，从流动资金中剔除。

⑤ 调整各项经营费用，对主要原材料、燃料及动力费，用影子价格进行调整；对劳动工资及福利费，用影子工资进行调整。

⑥ 用影子价格调整计算项目产出物的销售收入。

⑦ 经济费用效益评价各项销售收入和费用支出中的外汇部分，应用影子汇率进行调整，计算外汇价值。从国外引入的资金和向国外支付的投资收益、贷款本息，也应用影子汇率进行调整。

⑧ 对于可货币化的外部效果，应将货币化的外部效果计入经济费用效益流量，对于难以进行货币量化的外部效果，应尽可能采用其他量纲进行量化。难以量化的，进行定性描述，以全面反映项目的产出效果。

经济费用效益评价一方面站在全社会的角度，从资源优化配置出发，分析项目投资的经济合理性；另一方面应当通过经济费用效益评价与财务评价结果的对比，分析市场扭曲的情况，判断政府公共投资是否有必要介入项目的投资建设，并为本项目的财务状况和进行政策调整提出分析意见。因此，在项目的经济费用效益分析中，必须重视对策建议分析工作。

① 经济费用效益分析强调以受益者支付意愿测算项目产出效果的经济价值，对于基础设施等公共项目，它是分析建设投资的经济价值和市场化运作能力的重要依据。

② 通过财务现金流量与经济费用效益流量的对比，判断二者出现的差异及其原因，分析项目所在行业或部门存在的导致市场失灵的现行政策，提出纠正政策干预、改革现行政策法规制度、提高部门效率的政策建议。

③ 通过项目费用效益在不同利益相关者之间分布状况的分析，评价项目对不同利益相关群体的影响程度，分析项目利益相关群体受益及受损状况的经济合理性。

习　题

1. 简述建设项目财务分析与经济费用效益分析有何异同。

2. 分析需要进行经济费用效益分析的项目有哪些。

3. 经济费用效益分析的指标有哪些？它们的判别标准各是什么。

4. 掌握下列名词的含义和用途。

社会折现率　影子汇率　影子汇率换算系数　影子工资换算系数

5. 在经济费用效益评价中，对于财务评价中列为费用的哪些税金应作为转移支付处理？为什么？其中投入物和产出物的流转税应作怎样的处理？

6. 某市可以花费 300 万元设置一种新的交通格局。这种格局每年需 5 万元的维护费，但每年可节省支付给交警的费用 20 万元，驾驶汽车的人每年可节约价值为 38 万元的时间，但是汽油费与运行费每年要增加 8 万元。基准折现率取 8%，经济寿命为 20 年，残值为 0。试用经济费用效益分析法判断该市应否采用新的交通格局。

7. 某项目拟占用农业用地 2 000 亩，该地现行用途为种植桃树。经调查，该地的各种可行的替代用途中最大净效益为 9 000 元（采用影子价格计算的 2012 年每亩土地净效益）。在项目计算期 20 年内，估计该最佳可行替代用途的年净效益按平均递增 3% 的速度上升（$g = 3\%$）。项目预计 2013 年开始建设，所以 $T = 1$。社会折现率为 8%，试计算每亩土地的机会成本。

8. A 厂耗用 B 厂出口的煤炭。煤炭的出口价为 100 美元/t。B 厂离岸距离为 300 km，B 厂离 A 厂距离为 600 公里，煤炭铁路运费为 0.10 元/（t·km）。贸易费用率为货价的 6%，试计算耗用煤炭的影子价格。

第 15 章

设备更新分析

引例

某公司用旧设备 B 加工某产品的关键零件，设备 B 是 8 年前买的，当时的购置及安装费为 8 万元，设备 B 目前市场价为 18 000 元，估计设备 B 可再使用 2 年，退役时残值为 2 750 元。目前市场上出现了一种新的设备 A，设备 A 的购置及安装费为 120 000 元，使用寿命为 10 年，残值为原值的 10%。旧设备 B 和新设备 A 加工 100 个零件所需时间分别为 5.24 h 和 4.2 h，该公司预计今后每年平均能销售 44 000 件该产品。该公司人工费为 18.7 元/h。旧设备动力费为 4.7 元/h，新设备动力费为 4.9 元/h。基准折现率为 10%。

分析与讨论：该公司是否应采用新设备 A 更新旧设备 B？为什么？

15.1 设备磨损与折旧

15.1.1 设备磨损

设备磨损是指设备在使用或闲置过程中所发生的损耗。设备磨损分为有形磨损和无形磨损。

1. 设备的有形磨损

（1）有形磨损的概念

设备有形磨损又叫设备物理磨损，是设备在使用或闲置过程中所发生的实体损耗。设备有形磨损会导致其精度降低、生产率下降，当磨损达到一定程度时，将失去使用价值。影响设备有形磨损的因素是多方面的，主要包括：设备本身的质量、设备的使用强度、设备的维修保养质量、设备的工作环境等。设备有形磨损又可分为第Ⅰ种有形磨损和第Ⅱ种有形磨损。

第Ⅰ种有形磨损是设备使用过程中发生的磨损。它通常表现为：设备零部件尺寸、形状发生变化、零部件的损坏、元器件的老化等。如图 15-1 所示，设备在使用中产生的零部件有形磨损大致有三个阶段。

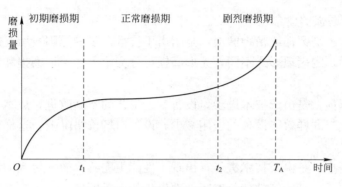

图 15-1　设备有形磨损曲线

① 初期磨损期是设备的"磨合"期，主要是由于不同零部件磨合作用产生的磨损，其特点是磨损速度快、时间短。

② 正常磨损期是设备正常使用期的磨损，其特点是磨损速度比较平稳，磨损量增值缓慢。此时设备处于最佳的技术状态。

③ 剧烈磨损期即报废前的一段时间，其特点是磨损急剧增加，设备的性能、精度迅速下降，属于恶性使用阶段。

第 Ⅱ 种有形磨损是设备闲置过程中由于自然力作用发生的磨损。这种磨损与生产过程无关，甚至在一定程度上还同使用程度成反比。因此，设备闲置或封存不用也会产生有形磨损，如金属生锈腐蚀、橡胶塑料老化等。设备闲置时间长了，会自然丧失精度和工作能力，失去使用价值。

（2）有形磨损的度量

度量设备的有形磨损程度，必须首先度量零部件的磨损程度，然后加权计算出整台设备的磨损程度，即整机的平均磨损程度是在综合单个零部件磨损程度的基础上确定的。整机的磨损程度可用以下公式表示。

$$\alpha_1 = \frac{\sum_{i=1}^{n} a_i k_i}{\sum_{i=1}^{n} k_i} \tag{15-1}$$

式中：α_1——设备有形磨损程度；

　　k_i——i 零件的价值；

　　n——设备零件总数；

　　a_i——i 零件的实际磨损程度。

整机的磨损程度也可以用下式表示。

$$\alpha_1 = \frac{R}{K_1} \tag{15-2}$$

式中：R——修复全部磨损零件的修复费用；

　　　K_1——设备的再生产价值。

2. 设备无形磨损

（1）设备无形磨损的概念

无形磨损又称经济磨损或精神磨损，是指由于技术进步的原因所引起的设备贬值。按照技术进步对设备影响的表现形式不同，无形磨损可分为第Ⅰ种无形磨损和第Ⅱ种无形磨损两种形式。

第Ⅰ种无形磨损，是由于技术进步，设备制造工艺的不断改进，成本不断降低，劳动生产率不断提高，生产同样效能设备的费用减少，设备市场价格降低，这样就使原来购买的设备价值相应贬值。

第Ⅱ种无形磨损，是由于技术进步，出现了性能更完善，效率更高的设备，使原有的设备相对显得陈旧落后，其经济效能相对降低而发生的设备贬值。

影响设备无形磨损的主要因素是技术进步，技术进步的速度越快，设备的无形磨损也越快。

（2）设备无形磨损的度量

设备的无形磨损程度可以用下式表示。

$$\alpha_2 = \frac{K_0 - K_1}{K_0} = 1 - \frac{K_1}{K_0} \qquad (15-3)$$

式中：α_2——设备无形磨损程度；

　　　K_0——设备的原始价值；

　　　K_1——设备的再生产价值。

3. 设备的综合磨损

设备在使用过程中所受到的磨损是双重的，由于购置者购买设备后就投入使用，使设备遭受到有形磨损；同时，制造者也必须不断使用更高、更新的技术来制造设备，使设备遭受到无形磨损。这种既存在有形磨损又存在无形磨损的磨损形式就是综合磨损。

设备综合磨损的度量可按如下方法进行：设备遭受有形磨损后尚余部分为 $1-\alpha_1$；设备遭受无形磨损后尚余部分为 $1-\alpha_2$；设备遭受综合磨损后尚余部分为 $(1-\alpha_1)(1-\alpha_2)$。由此可得设备综合磨损程度的计算公式为

$$\alpha = 1 - (1-\alpha_1)(1-\alpha_2) \qquad (15-4)$$

设备在任一时期遭受综合磨损后的净值 K 为

$$K = (1-\alpha)K_0 \qquad (15-5)$$

展开并整理后得

$$K = (1-\alpha)K_0 = (1-\alpha_1)(1-\alpha_2)K_0$$

$$= \left(1 - \frac{R}{K_1}\right)\left(1 - \frac{K_0 - K_1}{K_0}\right)K_0 = K_1 - R \qquad (15-6)$$

从式（15-6）可以看出，设备遭受综合磨损后的净值等于设备的再生产价值与维修费用的差额。

【例 15-1】　若某设备原始价值为 12 000 元，再生产价值为 8 000 元，此时大修理需要费用 2 000 元。试问该设备遭受何种磨损？磨损度为多少？

解　设备遭受有形磨损和无形磨损，其磨损度计算分别如下。

有形磨损程度为

$$\alpha_1 = \frac{R}{K_1} = \frac{2\,000}{8\,000} = 0.25$$

无形磨损程度为

$$\alpha_2 = \frac{K_0 - K_1}{K_0} = 1 - \frac{K_1}{K_0} = 1 - \frac{8\,000}{12\,000} = 0.33$$

综合磨损程度为

$$\alpha = 1 - (1 - \alpha_1)(1 - \alpha_2) = 1 - (1 - 0.25)(1 - 0.33) = 0.50$$

15.1.2　设备磨损的补偿

由于设备有形磨损和无形磨损的存在，对设备使用价值会产生不同程度的影响。设备受到较严重的磨损后，如果继续使用，一方面影响设备预定功能的实现，不能满足生产的需要；另一方面降低设备使用的经济效益。所以，当设备磨损到一定程度时，为维持设备正常工作需要的特性和功能，必须对其在使用中的损耗给予及时、合理的补偿。设备磨损的形式不同，补偿的方法也不同，补偿分为局部补偿和完全补偿。设备有形磨损的局部补偿是维修；无形磨损的局部补偿是现代化改造；有形和无形磨损的完全补偿则是更新。设备各种磨损与补偿方式之间的对应关系如图 15-2 所示。

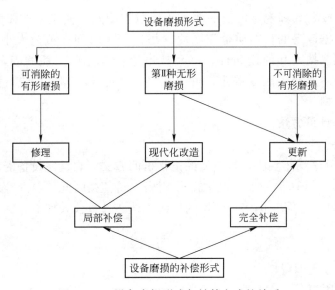

图 15-2　设备磨损形式与补偿方式的关系

15.1.3　设备折旧

1. 设备折旧的相关概念

由于设备在长期使用过程中要经受有形磨损和无形磨损。有形磨损会造成设备使用价值和资产价值的降低；无形磨损会造成设备资产价值的降低，但不影响其使用价值。为了保证生产过程连续进行，企业应该具有重置设备资产的能力。这就要求企业能在设备有效使用年限内将其磨损逐渐转移到它所生产的产品中去，这种按期或按活动量将设备磨损转成为产品的成本费用的方式，称为设备资产的折旧。按期或按活动量转为产品成本费用的设备资产的损耗价值就是折旧费。

在计算与时间有关的设备折旧时，应考虑以下三个因素：设备资产的原值、净残值和折旧年限。

（1）设备资产的原值

设备资产的原值一般为购置设备时一次性支付的费用，又称初始费用。设备资产的原值要与发生的时间一并考虑才有意义。

（2）净残值

净残值即设备的残值减去其清理费用以后的余额。设备的残值是指设备报废清理时可供出售的残留部分（例如当作废料利用的材料和零件等）的价值，它可以用作抵补设备原值的一部分。设备资产的清理费用是指在清理报废设备时，因拆除、搬运、整理和办理手续等的各项费用支出。它是设备使用的一种必要的追加耗费。

净残值具有很强的变为现金价值的能力，设备在不同的使用年限末报废则具有不同的净残值。这里，应该注意净残值与设备账面价值的区别。设备的账面价值是保留在企业账册中的未摊销的资产价值，这笔款额只不过是过去折旧过程与过去决策的结果。账面价值不是市场价值，即不是资产变为现金的价值，它只是会计账册上的"虚构"值。

（3）折旧年限

折旧年限就是按财政部规定的折旧率每年提取折旧费，使设备的账面价值为零所需要的时间。它一般根据设备的材料质量和属性、每日开工时间、负荷大小、化学侵蚀程度、维护修理质量等工艺技术和使用条件，以及技术进步等无形损耗的因素和设备的自然寿命、技术寿命、经济寿命等因素确定。此外，还应考虑到正常的季节性停歇和大修理所需时间等因素的影响。

2. 设备折旧的计算方法

1）直线折旧法

直线折旧法又称平均年限法，是典型的正常折旧方法。它是在设备资产估算的折旧年限里按期平均分摊资产价值的一种计算方法，即对资产价值按时间单位等额划分。它是最简单与最普遍应用的方法，也是我国多年使用的传统方法。计算公式如下。

$$A_t = \frac{K_0 - L_n}{T_p} \qquad (15-7)$$

式中：A_t——设备年折旧费；

K_0——设备原值；

L_n——设备残值；

T_p——设备最佳使用期（或使用年限）。

【例 15-2】 一台设备价值为 7 400 元，残值为 200 元，最佳使用期为 8 年，求该设备的年折旧费。

解 $A_t = \dfrac{7\,400 - 200}{8} = 900（元）$

如果以资产的原值为基础，每期设备折旧率 d 的计算公式为

$$d = \frac{A_t}{K_0} \times 100\% = \frac{K_0 - L_n}{T_p K_0} \times 100\% \qquad (15-8)$$

【例 15 - 3】　某设备的资产原值为 15 500 元，估计报废时的残值为 4 500 元，清理费用为 1 000 元，折旧年限为 15 年。计算其年折旧费、折旧率。

解　运用式（15-7），得年折旧费为

$$A_t = \frac{15\ 500 - (4\ 500 - 1\ 000)}{15} = 800\ （元）$$

如果以资产原值为基础，运用式（15-8），得折旧率为

$$d = \frac{800}{15\ 500} \times 100\% = 5.16\%$$

设备在折旧期内使用情况基本相同、经济效益基本均衡时应用直线折旧法比较合理。但是，这种方法没有考虑设备和年折旧费的资金时间价值，也没有考虑新、老设备在产出上的差异，有一定的片面性。

2）加速折旧法

加速折旧法是在设备折旧期内，前期较多而后期较少地递减提取折旧费，从而使设备资产磨损得到加速补偿的计提折旧费的方法。

在生产技术高度发展的情况下，采用加速折旧可以使设备资产的磨损快速补偿，及时回收设备更新所需的资金。同时，设备在效率高时多提折旧费，效率低时少提折旧费，符合收入与费用配比的原则。

另外，加速折旧在保持税金总额不变的前提下，税金的资金时间价值却发生了变化，即在前期可以少交所得税，而在后期多交所得税，从而达到较少缴纳税金现值的目的。因此，加速折旧法是一种税收优惠的措施。

常用的加速折旧法有年数总和法和双倍余额递减法两种。

（1）年数总和法

年数总和法就是在设备使用期限内，按年递减地分摊设备价值的一种方法。其递减规律是每年的递减系数由年度数的逆次排列数与年度数和之比确定。年度数和为

$$\sum_{i=1}^{T_p} i = 1 + 2 + \cdots + (T_p - 1) + T_p = \frac{T_p(1 + T_p)}{2}$$

年度数的逆次排列为

$$T_p,\ T_p - 1,\ \cdots,\ 2,\ 1$$

因此，设备第 t 年折旧费的计算公式为

$$A_t = (K_0 - L_n) \times \frac{T_p + 1 - t}{\dfrac{T_p(1 + T_p)}{2}} \qquad (15-9)$$

式中：t 表示设备在使用期限内的某一确定年度，其他符号同前。

第 t 年折旧率 d_t 为

$$d_t = \frac{T_p + 1 - t}{\dfrac{T_p(1 + T_p)}{2}} \qquad (15-10)$$

【**例 15 - 4**】 一台设备价值为 7 400 元，残值为 200 元，最佳使用期为 8 年，用年数总和法求该设备的年折旧费。

解 年数总和为

$$8+7+6+5+4+3+2+1=36$$

所以第一年的折旧费为

$$\frac{(7\ 400-200)\times 8}{36}=1\ 600\ （元）$$

第二年的折旧费为

$$\frac{(7\ 400-200)\times 7}{36}=1\ 400\ （元）$$

$$\vdots$$

其他的计算结果见表 15 - 1。

表 15 - 1   某设备按年数总和法计算的逐年折旧额

年度	递减系数	折旧费/元	年度	递减系数	折旧费/元	年度	递减系数	折旧费/元
1	8/36	1 600	4	5/36	1 000	7	2/36	400
2	7/36	1 400	5	4/36	800	8	1/36	200
3	6/36	1 200	6	3/36	600	合计	36/36	7 200

（2）双倍余额递减法

双倍余额递减法是在不考虑固定资产预计净残值的情况下，根据每年年初固定资产净值和双倍的直线折旧法折旧率计算费的一种方法。应用这种方法计算固定资产折旧年限到期前两年的折旧费时，应将固定资产净值扣除预计净残值后的余额平均摊销。即折旧率为

$$d=\frac{2}{T_p} \tag{15-11}$$

第 1 年的折旧费为

$$A_1=K_0 d=\frac{2K_0}{T_p}$$

第 2 年的折旧费为

$$A_2=(K_0-A_1)d=\frac{2(K_0-A_1)}{T_p}$$

$$\vdots$$

第 T_p-2 年的折旧费为

$$A_{T_p-2}=(K_0-A_1-A_2-\cdots A_{T_p-3})d$$
$$=\frac{2(K_0-A_1-A_2-\cdots A_{T_p-3})}{T_p}$$

第 T_p-1 年和第 T_p 年的折旧费为

$$A_{T_p-1}=A_{T_p}=\frac{(K_0-A_1-A_2-\cdots-A_{T_p-3}-A_{T_p-2}-L_n)}{2}$$

【**例 15 - 5**】 一台设备价值为 8 000 元，最佳使用期为 10 年，残值为 500 元。因此，

按双倍余额法确定的固定折旧率为 20%。试用双倍余额递减法计算该设备各年的折旧费。

解　该设备各年折旧费的计算见表 15-2。

表 15-2　设备折旧费表（用双倍余额递减法计算）

年度	设备净值/元	折旧费/元	年度	设备净值/元	折旧费/元
1	8 000	8 000×20%=1 600	6	2 542	2 542×20%=508
2	6 400	6 400×20%=1 280	7	2 034	2 034×20%=407
3	5 120	5 120×20%=1 024	8	1 627	1 627×20%=325
6	4 096	4 096×20%=819	9	1 302	(1 302-500)×1/2=401
5	3 177	3 177×20%=635	10	901	(1 302-500)×1/2=401

3）复利法

复利法分为偿债基金法和年金法。

（1）偿债基金法

偿债基金法就是在设备使用期限内，每年按照直线法提取折旧费，同时考虑资金时间价值，即按一定的资金利润率计算利息，到设备报废时，累计折旧费及利息之和正好等于设备原值的一种方法。

设每年的折旧费为 A_t，资金利润率为 i，使用年限为 T_p，则每年提取的折旧费和利息为

$$第一年　A_t(1+i)^{T_p-1}$$
$$第二年　A_t(1+i)^{T_p-2}$$
$$\vdots　　　\vdots$$
$$第 T_p 年　　A_t$$

则

$$A_t(1+i)^{T_p-1}+A_t(1+i)^{T_p-2}+\cdots\cdots+A_t=K_0-L_n$$

整理得

$$A_t=(K_0-L_n)\frac{i}{(1+i)^{T_p}-1} \tag{15-12}$$

（2）年金法

年金法就是在设备使用期限内，每年按直线法提取折旧，同时考虑资金的时间价值，将各年提取的折旧费换算为设备投资的现值，使得这些现值总和正好等于设备的原值。

设每年计提的折旧费为 A_t，资金利润率为 i，使用年限为 T_p，则每年提取的折旧费现值应为

$$第一年　　A_t\frac{1}{1+i}$$
$$第二年　A_t\frac{1}{(1+i)^2}$$
$$\vdots　　　\vdots$$
$$第 T_p 年　A_t\frac{1}{(1+i)^{T_p}}$$

设备残值的现值为 $L_n\dfrac{1}{(1+i)^{T_p}}$，则

$$K_0 = A_t \frac{1}{1+i} + A_t \frac{1}{(1+i)^2} + \cdots + A_t \frac{1}{(1+i)^{T_p}} + L_n \frac{1}{(1+i)^{T_p}}$$

整理得

$$A_t = \left[K_0 - L_n \frac{1}{(1+i)^{T_p}} \right] \frac{i(1+i)^{T_p}}{(1+i)^{T_p}-1} \qquad (15-13)$$

【例 15-6】 一台设备价值 8 000 元，最佳使用年限为 10 年，残值为 200 元，资金利润率为 8%，则用偿债基金法计算

$$A_t = (8\,000 - 200) \frac{0.08}{(1+0.08)^{10}-1} = 538.43 \text{（元）}$$

用年金法计算

$$A = \left[8\,000 - \frac{200}{(1+0.08)^{10}} \right] \times \frac{0.08 \times (1+0.08)^{10}}{(1+0.08)^{10}-1} = 1\,178.43 \text{（元）}$$

用偿债基金法计算的逐年折旧费和利息见表 15-3。用年金法计算的逐年折旧费和利息见表 15-4。

表 15-3 设备折旧费和利息表（用偿债基金法计算） 单位：元

年度	每年提取的折旧费	年初资金累计数（包括利息）	年末资金累计数（包括利息）
1	538.43		538.43
2	538.43	581.50	1 119.93
3	538.43	1 209.52	1 747.95
4	538.43	1 887.79	2 426.22
5	538.43	2 620.32	3 158.75
6	538.43	3 411.45	3 949.88
7	538.43	4 265.87	4 804.30
8	538.43	5 188.64	5 727.07
9	538.43	6 185.24	6 723.67
10	538.43	7 261.56	7 799.99

表 15-4 设备折旧费和利息（用年金法计算） 单位：元

年度	年度提取的折旧费	年投资利息	年分摊设备价值的折旧费	年末累计分摊设备价值的折旧费	年末设备净值
0					8 000
1	1 178.43	640.00	538.43	538.43	7 461.57
2	1 178.43	596.93	581.50	1 119.93	6 880.07
3	1 178.43	550.41	628.02	1 747.95	6 252.0
4	1 178.43	500.16	678.27	2 426.22	5 573.78
5	1 178.43	445.90	732.53	3 158.75	4 841.25
6	1 178.43	387.30	291.13	3 949.88	4 050.12
7	1 178.43	324.01	854.42	4 804.30	3 195.70
8	1 178.43	255.66	922.77	5 727.07	2 272.93
9	1 178.43	181.83	996.60	6 723.67	1 276.33
10	1 178.48	102.11	1 076.32	7 799.99	200.01

15.1.4　设备的经济寿命

1. 设备的寿命

设备在使用（或闲置）过程中，由于受有形磨损和无形磨损的影响，呈现下述三种寿命形态，它们是决定设备补偿时间的依据。

（1）物理寿命

物理寿命又称自然寿命，是指设备从投入使用开始，到因设备老化、技术性能下降而无法正常使用从而报废为止所经历的时间。设备的物理寿命取决于有形磨损，与设备有形磨损的速度有关。延长物理寿命的主要措施是维修保养。

（2）技术寿命

技术寿命是指设备从投入使用开始，到因技术落后而被淘汰所经历的时间。技术寿命是从技术的角度看设备最合理的使用年数。它主要是由设备的无形磨损所决定的，与技术进步的速度有关。技术进步的速度越快，设备的技术寿命越短。在科学技术发达的今天，设备的技术寿命往往会大大短于其物理寿命。

（3）经济寿命

经济寿命是指设备从投入使用开始，到因继续使用在经济上不合理而被更新所经历的时间。它是由有形磨损和无形磨损共同决定的。具体地说，设备的经济寿命是指能使设备的年平均使用成本最低的年限。设备的年使用成本主要包括设备购置费的年分摊额和设备年使用费两部分。随着设备使用年数的增加，年分摊额逐渐减少，年使用费逐渐增加，年平均使用总成本也就随着设备使用时间的变化而变化。在最适宜的使用年限内会出现年平均总成本的最低值，其对应的年限即为设备的经济寿命，如图 15-3 所示。

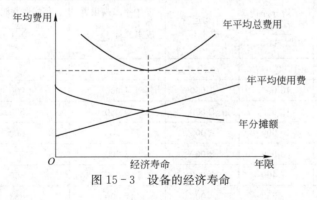

图 15-3　设备的经济寿命

可见，按设备经济寿命的年限更新设备最为经济合算。

2. 设备经济寿命的估算方法

设备经济寿命的估算方法很多，常用的是费用平均法。

1）设备经济寿命的静态计算方法

（1）一般情况

在不考虑资金时间价值的条件下，使用设备的年平均总费用为

$$AC_n = \frac{P - L_n}{n} + \frac{1}{n}\sum_{j=1}^{n} C_j \tag{15-14}$$

式中：AC_n——n 年内设备的年平均费用；

    P——设备原始价值；

    L_n——设备 n 年后的残值；

    C_j——设备第 j 年的运行成本；

    n——设备使用年数；

    j——设备使用年度，j 的取值范围为 1 到 n。

由式（15-14）可知，设备的年均费用等于设备的年分摊额 $\dfrac{P-L_n}{n}$ 与设备的年均运营成本 $\dfrac{1}{n}\sum\limits_{j=1}^{n}C_j$ 之和。

在所有的设备使用期限中，能使设备的年均费用 AC_n 最低的那个使用期限就是设备的经济寿命。

【例 15-7】 某设备购置费为 4 万元，在使用中有如表 15-5 所示的统计资料，如果不考虑资金的时间价值，试计算其经济寿命。

表 15-5　某设备使用过程统计数据表 单位：元

使用年度 j	1	2	3	4	5	6	7
j 年度运营成本	4 000	5 000	6 000	8 000	10 000	14 000	19 000
n 年末残值	25 000	15 000	10 000	6 000	3 000	2 000	1 000

解 根据式（15-14）计算，该设备在不同使用期限的年均费用如表 15-6 所示。

表 15-6　设备经济寿命的计算 单位：元

使用年限 n	设备分摊费 $P-L_n$	年均分摊费 $\dfrac{P-L_n}{n}$	年均运营成本 C_j	使用年限内运营成本累计 $\sum\limits_{j=1}^{n}C_j$	年均运营成本 $\dfrac{1}{n}\sum\limits_{j=1}^{n}C_j$	年均总费用 ⑦＝③＋⑥
①	②	③	④	⑤	⑥	⑦
1	15 000	15 000	4 000	4 000	4 000	19 000
2	25 000	12 500	5 000	9 000	4 500	17 000
3	30 000	10 000	6 000	15 000	5 000	15 000
4	34 000	8 500	8 000	23 000	5 750	14 250
5	37 000	7 400	10 000	33 000	6 600	14 000*
6	38 000	6 333	14 000	47 000	7 833	14 166
7	39 000	5 571	19 000	66 000	9 429	15 000

注："*"表示年均总费用最低。

由计算结果来看，该设备使用 5 年时，其年均总费用最低（AC_5＝14 000 元），使用期限大于或小于 5 年时，其年均总费用均大于 14 000 元，故该设备的经济寿命为 5 年。

（2）特殊情况

一般而言，随着设备使用年限的增加，年运营成本每年以某种速度在递增，这种运营成本的逐年递增称为设备的劣化。现假定每年运营成本的增量是均等的，即运营成本呈线性增长，如图 15-4 所示。

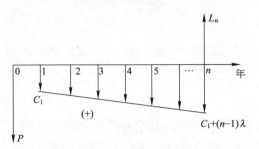

图 15 - 4　劣化增量均等的现金流量图

设每年运营成本增加额为 λ，运营成本均发生在年末，设备使用年限为 n 年，则第 n 年的运营成本为

$$C_n = C_1 + (n-1)\lambda \tag{15-15}$$

式中：C_1 为运营成本的初始值，即第 1 年的运营成本；n 为设备使用年限。

n 年内设备运营成本的平均值为 $C_1 + \dfrac{n-1}{2}\lambda$。

除运营成本外，在年均总费用中还包括设备的年均分摊额，其金额为 $\dfrac{P-L_n}{n}$，则年均总费用的计算公式为

$$AC_n = \frac{P-L_n}{n} + C_1 + \frac{n-1}{2}\lambda \tag{15-16}$$

通过求式（15-16）的极值，可求出设备的经济寿命 m。设 L_n 为一常数，令 $\dfrac{d(AC_n)}{dn} = 0$，则经济寿命 m 为

$$m = \sqrt{\frac{2(P-L_n)}{\lambda}} \tag{15-17}$$

式中：m 为设备经济寿命；P 为设备原始价值；L_n 为设备 n 年后的残值；λ 为劣化值，即每年运行成本增加值。

【例 15 - 8】　若设备原始价值为 10 000 元，预计残值为 1 000 元，运行成本初始值为 1 200 元/年，年运行成本劣化值 400 元/年，则设备的经济寿命是

$$m = \sqrt{\frac{2(P-L_n)}{\lambda}} = \sqrt{\frac{2(10\ 000-1\ 000)}{400}} = 7（年）$$

2）设备经济寿命的动态计算方法

（1）一般情况

在考虑资金时间价值的条件下，使用设备的年平均总费用为

$$\begin{aligned}
AC_n &= P(A/P,\ i,\ n) - L_n(A/F,\ i,\ n) + \sum_{j=1}^{n} C_j(P/F,\ i,\ j)(A/P,\ i,\ n) \\
&= [(P-L_n)(A/P,\ i,\ n) + L_n \times i] + \sum_{j=1}^{n} C_j(P/F,\ i,\ n)(A/P,\ i,\ n)
\end{aligned}$$

$$\tag{15-18}$$

式中：$(A/P,\ i,\ n)$ 为资金回收系数；$(A/F,\ i,\ n)$ 为偿债基金系数；$(P/F,\ i,\ j)$ 为

现值系数；其他符号同前。

令 $\dfrac{d(AC_n)}{dn}=0$，解此方程所得 n 的值，即为使 AC_n 最小的使用年限，也就是在给定折现率 i 的前提下设备的经济寿命。

（2）特殊情况

如果运营成本 C_j 呈线性变化，以 λ 代表年劣化值增量，则

$$AC_n=P(A/P, i, n)-L_n(A/F, i, n)+C_1+\lambda(A/G, i, n)$$
$$=[(P-L_n)(A/P, i, n)+L_n\times i]+[C_1+\lambda(A/G, i, n)] \qquad (15-19)$$

式中：$(A/G, i, n)$ 为等差序列年金系数；其他符号同前。式中 $(P-L_n)(A/P, i, n)+L_n\times i$ 为资产年均分摊额，$C_1+\lambda(A/G, i, n)$ 为年均运营成本。

同样令 $\dfrac{d(AC_n)}{dn}=0$，解得 n 的值即为设备的经济寿命。

如果 L_n 不能视为常数，运行成本不呈线性增长，各年 λ 不同，且无规律可循，这时应列表逐年计算。

【例 15-9】 某设备购置费为 20 000 元，第一年的设备运营费为 6 000 元，以后每年增加 4 000 元，设备逐年减少的残值如表 15-7 所示。设折现率为 12%，求该设备的经济寿命。

解 根据式（15-19），设备在使用年限内的年均总成本计算如下。

$n=1$ 时：$AC_1=(20\,000-10\,000)(A/P, 12\%, 1)+10\,000\times12\%+6\,000+$
$\qquad\qquad 4\,000(A/G, 12\%, 1)$
$\qquad\quad =10\,000\times1.12+10\,000\times12\%+6\,000+4\,000\times0=18\,400$（元）

$n=2$ 时：$AC_2=(20\,000-6\,000)(A/P, 12\%, 2)+6\,000\times12\%+6\,000+$
$\qquad\qquad 4\,000(A/G, 12\%, 2)$
$\qquad\quad =14\,000\times0.591\,7+6\,000\times12\%+6\,000+4\,000\times0.471\,7=16\,891$（元）

$n=3$ 时：$AC_3=(20\,000-3\,000)(A/P, 12\%, 3)+3\,000\times12\%+6\,000+$
$\qquad\qquad 4\,000(A/G, 12\%, 3)$
$\qquad\quad =17\,000\times0.416\,3+3\,000\times12\%+6\,000+4\,000\times0.924\,6=17\,136$（元）

$n=4$ 时：$AC_4=(20\,000-500)(A/P, 12\%, 4)+500\times12\%+6\,000+$
$\qquad\qquad 4\,000(A/G, 12\%, 4)$
$\qquad\quad =19\,500\times0.329\,2+500\times12\%+6\,000+4\,000\times1.358\,9=17\,915$（元）

表 15-7　设备经济寿命计算表　　　　　　　　单位：元

第 n 年末	设备使用到第 n 年末的残值	年度运营成本	年均分摊额	年均运营成本	年均总成本
1	10 000	6 000	12 400	6 000	18 400
2	6 000	10 000	9 004	7 887	16 891
3	3 000	14 000	7 437	9 698	17 136
4	500	18 000	6 479	11 436	17 915

根据上述的计算结果可知，设备的经济寿命为 2 年。

15.2　设备更新的经济分析

15.2.1　设备的更新及其原则

设备更新是指对设备综合磨损的完全补偿，即用新设备更换旧设备。根据新设备的性能不同，设备更新可分为原型更新和技术更新两种类型。

设备的原型更新是指用相同结构和效能的新设备去更换有形磨损严重、不能继续使用的旧设备。这种更新又叫简单更新或形式更新，解决的只是设备的损坏问题，不具有更新技术的性质，不能促进技术的进步。

设备的技术更新是指用技术上更先进、结构上更完善、效率更高、性能更好、更能节约能源和原料的新设备更新在技术上或经济上不宜继续使用的旧设备。这种更新不仅能解决设备的损坏问题，还能解决设备技术落后的问题，具有明显技术进步的性质。

设备更新决策时，应该遵守下面两个原则。

① 现有设备的最初购置费及会计账面余值属于沉没成本，将不予考虑，而只考虑现有设备的现行市场价值，即现有的已使用若干年的设备的转让价格或购置这样的已使用若干年的同样设备的价格。因为这部分沉没成本是由购置者过去的决策发生的，与现在决策无关。

② 对新、旧设备的经济效益进行比较分析时，分析者应该以一个客观的身份进行研究，而不应该在原有状态上进行主观分析。只有这样才能客观地、正确地描述新、旧设备的现金流量。

【例 15-10】　设备 A 在 2 年前以原始费用 2 000 元购置，估计可以使用 6 年，第 6 年末估计净残值为 100 元，年使用费为 500 元，目前的售价为 600 元。现在市场上同类设备 B 的原始费用为 2 200 元，估计可以使用 6 年，第 6 年末的净残值为 200 元，年使用费为 150 元。现有两个方案：方案一，继续使用设备 A；方案二，把设备 A 出售，然后购买设备 B。已知基准折现率为 10%，比较这两个方案的优劣。

解　根据上述的比较原则，设备 A 的原始费用是 2 年前发生的，是沉没成本。目前设备 A 的价值是 600 元。方案比较可以用年均费用指标进行。

方案一：$AC_A = (600-100)(A/P,10\%,4) + 100 \times 10\% + 500 = 668$（元）

方案二：$AC_B = (2\,200-200)(A/P,10\%,6) + 200 \times 10\% + 150 = 629$（元）

由于 $AC_A > AC_B$，因此采用方案二比方案一优，平均每年可以节约费用 39 元。

15.2.2　设备原型更新的决策分析

设备原型更新又称简单更新，它是用原型设备以新换旧。设备原型更新主要解决由于有形磨损的增加而使维修费用及其他运行费大幅度上升所造成的设备使用的不经济现象。在这种情况下，可通过分析设备的经济寿命进行更新决策。

原型设备更新分析主要有三个步骤：

① 确定各方案共同的研究期；

② 用费用年值法确定各方案设备的经济寿命；

③ 通过比较每个方案设备的经济寿命及年均费用确定最佳方案，即旧设备是否更新及

新设备未来的更新周期。

【例 15-11】 某企业现有一台机器 A，目前市场上另有与机器 A 相同功能的两种机器 B 和 C，这三台机器构成了互斥方案组。现有机器 A 还有 5 年使用期，机器 B 和 C 的自然寿命分别为 6 年和 7 年，机器各年的现金流量如表 15-8 所示。设基准收益率为 10%，试采用原型设备更新分析方法，比较三台机器方案的优劣。

解 三个方案共同的研究期为 5、6、7 的最小公倍数，即 210 年。采用费用年值法确定各台机器的经济寿命，A 机器有 5 个更新策略；B 和 C 分别有 6 个和 7 个更新策略，更新分析的互斥策略数为 5+6+7=18 个。各机器年平均费用最低的策略所对应的使用期限即为该机器的经济寿命。三个方案的经济寿命计算如表 15-8 所示。

表 15-8　各方案机器经济寿命计算表 单位：元

n 年末	A 机器			B 机器			C 机器		
	第 n 年残值	n 年期间的运营费	年平均费用	第 n 年残值	n 年期间的运营费	年平均费用	第 n 年残值	n 年期间的运营费	年平均费用
0	14 000			20 000			27 500		
1	9 900	3 300	8 800.00	0	1 200	23 200.00	0	1 650	31 900.00
2	8 800	5 500	8 223.80*	0	3 400	13 771.57	0	1 650	17 495.50
3	6 600	6 050	8 497.17	0	5 800	11 362.63	0	1 650	12 707.75
4	5 500	8 800	8 942.61	0	8 000	10 639.39	0	1 650	10 326.25
5	3 300	9 900	9 549.26	0	10 200	10 566.62*	0	1 650	8 904.50
6				0	12 600	10 829.85	0	1 650	7 964.00
7							0	1 650	7 298.50*

注："*"表示设备经济寿命对应的设备年平均费用。

等额年平均费用计算如下。

$$AC_{A2} = (14\ 000-8\ 800) \times (A/P, 10\%, 2) + 8\ 800 \times 10\% + [3\ 300(P/F, 10\%, 1) +$$
$$5\ 500(P/F, 10\%, 2)] \times (A/P, 10\%, 2)$$
$$= 8\ 223.80(元)$$

$$AC_{B5} = 20\ 000 \times (A/P, 10\%, 5) + [1\ 200 \times (P/F, 10\%, 1) + 3\ 400 \times (P/F, 10\%, 2)$$
$$+ 5\ 800 \times (P/F, 10\%, 3) + 8\ 000 \times (P/F, 10\%, 4)$$
$$+ 10\ 200 \times (P/F, 10\%, 5)](A/P, 10\%, 5)$$
$$= 10\ 566.62(元)$$

$$AC_{C7} = 27\ 500 \times (A/P, 10\%, 7) + 1\ 650 = 7\ 298.50(元)$$

各方案不同更新策略的年平均费用如表 15-8 所示。其中，旧机器 A 的经济寿命为 2 年，新机器 B 的经济寿命为 5 年，新机器 C 的经济寿命为 7 年。在研究期 210 年内，以各方案机器经济寿命对应的年平均费用为比较依据，方案 C 为最优。由此可得出结论，采用新机器 C 更新现有设备 A，机器 C 未来的可更新周期为 7 年。

15.2.3　设备技术更新的决策

在技术不断进步的条件下，由于第 II 种无形磨损的作用，很可能在设备运行成本尚未升高到该用原型设备替代之前，就已出现工作效率更高和经济效果更好的设备。这时，就要比较在继续使用旧设备和购置新设备这两种方案中，哪一种方案在经济上更为有利。在有新型设备出现的情况下，常用的设备更新决策方法是年费用法。

年费用法一般是从原有旧设备的现状出发，分别计算旧设备再使用一年的总费用和备选新设备在其预计的经济寿命期内的年均总费用，并进行比较，根据年费用最小原则决定是否应该更新设备。

1. 旧设备再使用一年总费用的计算

旧设备再使用一年的总费用可由下式求得

旧设备下一年的总费用＝设备多使用一年可能少得的出售收入＋

多使用一年占用资金的利息损失＋不能使用新设备可能造成的损失

即

$$AC_0 = V_{00} - V_{01} + \frac{V_{00} + V_{01}}{2} i + \Delta C \qquad (15-20)$$

式中：　　V_{00}——旧设备在决策时可出售的价值；

　　　　　V_{01}——旧设备一年后可出售的价值；

　　　　　ΔC——旧设备再使用一年在运行费用方面的损失，也就是使用新设备可带来的运行成本的节约额和销售收入的增加额；

　　　　　i——年利率；

　$(V_{00} + V_{01})/2$——继续使用旧设备所占用的资金；

$[(V_{00} + V_{01})/2]i$——占用资金的利息损失。

【例 15-12】　利用表 15-9 的数值，计算旧设备的年总费用。计算过程见表 15-9（$i=10\%$）。

表 15-9　旧设备的年费用计算表　　　　　　　　　　　　单位：元

	下年度运行的有利性	
	新设备	旧设备
（收入）产量增加收入	1 100	
质量提高收入	550	
（费用）直接工资节约	1 210	
简化工序带来的节约	4 400	
维修费节约	3 300	
动力费节约		1 100
设备占地节约	550	
合　计	11 110①	1 100②
旧设备运行损失		10 010③＝①－②
旧设备现出售价值	7 700	
旧设备一年后出售价	6 600	
下年度设备出售价减少		1 100④
继续使用旧设备利息损失		715⑤

续表

下年度运行的有利性	
旧设备的使用费	1 815⑥＝④＋⑤
旧设备年总费用	11 825⑦＝③＋⑥

2. 新设备年均总费用的计算

新设备年均总费用主要包括以下几个方面。

① 运行劣化损失。新设备随着使用时间的延长，同样也存在设备劣化的问题，劣化程度将随使用年数的增多而增加。为简化计算，假定劣化值逐年按同等数额增加。设设备使用年限为 T，则 T 年间劣化值的平均值为 $\dfrac{\lambda(T-1)}{2}$，λ 为设备年劣化值增量。新设备的 λ 值一般可根据旧设备的耐用年数和相应的劣化程度来估算。

② 设备价值损耗。新设备在使用过程中，其价值会逐渐损耗，表现为设备残值逐年减少。假定设备残值每年以同等的数额递减，则 T 年内每年的设备价值损耗为 $\dfrac{K_0-L_T}{T}$，K_0 为设备的原始价值，L_T 为新设备使用 T 年后的残值。

③ 资金时间价值损失。新设备在使用期内平均资金占用额为 $\dfrac{K_0+L_T}{2}$，则因使用新设备而占用资金的时间价值为 $\dfrac{(K_0+L_T)i}{2}$。

以上三项费用之和即为新设备的年均总费用，计算公式为

新设备年均总费用＝运行劣化损失平均值＋设备价值损耗＋利息损失

即
$$AC_n=\frac{(T-1)}{2}\lambda+\frac{(K_0-L_T)}{T}+\frac{(K_0+L_T)}{2}i \qquad (15-21)$$

式中：T——设备经济寿命；

K_0——设备原始价值；

L_T——T 年后的残值；

λ——劣化值，即每年运行成本增加值。

对式（15-21）微分，并令

$$\frac{d(AC_n)}{dT}=0$$

则

$$T=\sqrt{\frac{2(K_0-L_T)}{\lambda}} \qquad (15-22)$$

T 即为新设备的经济寿命。按经济寿命计算的新设备年均总费用为

$$AC_n=\sqrt{2(K_0-L_T)\lambda}+\frac{(K_0+L_T)i}{2}-\frac{\lambda}{2} \qquad (15-23)$$

当年劣化值增量 λ 不易求得时，可根据经验决定新设备的合理使用年数 T，然后再求年劣化值增量 λ。这时新设备的年均总费用为

$$AC_n=\frac{2(K_0-L_T)}{T}+\frac{(K_0+L_T)i}{2}-\frac{K_0-L_T}{T^2} \qquad (15-24)$$

【例 15-13】　新设备的价格 $K_0=41\,800$ 元，估计合理的使用年数 $T=15$ 年，处理时的残值 $L_T=3\,700$ 元，最低期望收益率 $i=10\%$，代入式（15-24），新设备的年均总费用 $AC_n=7\,186$ 元。与表 15-9 的计算结果相比较，用新设备更新旧设备，每年可节约开支 $11\,825-7\,186=4\,639$（元）。

15.3　设备租赁的经济分析

15.3.1　设备租赁的概念

租赁即租用他人的物品。租赁是一项协议，根据协议，承租方在一定时期内有权使用出租方所拥有的某项财产，并按规定日期支付固定费用作为报偿。

设备租赁是一种以一定的费用借贷设备的经济行为。对企业来说，设备租赁的优点在于可以避免大量资本支出，是一种灵活的资金融通方式，还可以减少设备陈旧过时的风险，享受设备试用及使企业获得税收减免等优惠。因此，租赁是企业家取得设备进行生产经营的一个重要手段。同时，由于出租方仍保有该设备的所有权，这样可以减少出租方的金融风险。

租赁也有不足之处。例如，在租赁期间承租人只有设备的使用权而没有所有权，承租人无权随意对设备进行改造，还由于受到租赁合同规定，承租人在租赁期间所交的租金可能比直接购买设备要贵很多等。因此，对于投资决策者就有一个抉择的问题：在什么情况下企业应该租赁设备，并选择采用何种对企业最有利的租赁方式；相反，在什么情况下应该直接购买设备，并选择采用对企业最有利的购买方式。

15.3.2　租赁与购买决策

1. 决策前提

企业在决定进行设备投资之前，必须详细地分析项目寿命期内各年的现金流量情况，确定以何种方式投资才能获得最佳的经济效益。企业通常要从支付方式、筹资方式、使用方式等诸方面来考虑。

① 支付方式。租赁设备需要付出租金；借款需要按期付息、到期还本；分期购买需要按期支付利息和部分本金，另外，还需要进一步考虑分几次交钱、每期间隔时间、每次交付多少等。决策者主要考虑究竟哪一种方式成本较低？

② 筹资方式。当企业需要融通资金取得设备时，究竟是向金融机构借款，还是通过融资租赁取得资金，或是采取发行企业股票或债券来融资最简便省时呢？我国的贷款利息虽然较低，但是审批手续烦琐，耗时长，而且数量有限；发行股票和债券也需要经过一段较长时间的酝酿和准备，企业决策者主要应该考虑是愿意耗费时间得到低息贷款呢，还是希望以其他筹资方式尽早获得设备，以便尽快地取得经济效益。

③ 使用方式。企业是否需要长期占有设备，还是只希望短期需要这种设备？由于企业采用经营性租赁租来的设备到期可以退还给租赁公司，企业可以避免设备陈旧所带来的风险。

2. 影响决策的主要因素

企业在决定租赁或购买设备之前，需要首先考虑以下因素：

① 项目的寿命期或设备的经济寿命；

② 每期（月）的设备支出费用；

③ 预付资金（定金）；

④ 付款期内的利率，是固定利率，还是浮动利率；

⑤ 获得该设备的资本预算计划；

⑥ 企业避免运用短期信用和保留其短期借款的能力；

⑦ 企业的经营费用减少与折旧费和利息减少的关系；

⑧ 租赁的节税优惠。

由以上诸因素可以看出，企业作出租赁或是购买决定的关键在于能否为企业节约尽可能多的支出费用，实现最好的现金流量，然后通过经济指标评价比较后进行决策。

15.3.3 租赁与购买的经济分析

1. 租赁与购买决策分析

对于承租人来说，关键的问题是选择租赁还是购买设备应如何进行决策？在假设所得到设备的收入相同的条件下，最简单的方法是将租赁成本和购买成本进行比较，若设备寿命相同时可以采用现值法进行决策，若设备寿命不同时可以采用年值法进行决策。

租赁成本不仅包括租金的支付，而且包括在租赁设备期间维持设备的正常状态所必须开支的生产运转费用；购买成本不仅包括设备的价格，还包括使用设备所发生的运转费和维修费。无论是用现值法，还是年值法，均以成本较少的方案为宜。如果方案要考虑设备产生的收入情况，方案的选择就要以收益效果为准。

（1）不考虑税收情况下的比较

在不考虑税收影响的情况下，是选择一次性用自有资金购买设备还是租赁设备，可以用以上方法直接进行比较。

【例 15-14】 设某厂需要一台机器，设备的价格（包括运输费、保险费等在内）为180 000元，使用寿命10年，预计设备的净残值为5 000元。该机器每年预估的营运费为23 000元，可能的各种维修费用平均每年需要3 000元。若向租赁公司租用，每年租金为25 000元。试问租赁和购买，哪种方式对企业有利？基准折现率为10%。

解 选择租赁方案时，此租赁为融资性租赁，在不考虑税收时，其成本现值 PC(L) 为

$$PC(L) = 25\,000(P/A, 10\%, 10) + 23\,000(P/A, 10\%, 10) +$$
$$3\,000(P/A, 10\%, 10)$$
$$= 25\,000 \times 6.144\,6 + 23\,000 \times 6.144\,6 + 3\,000 \times 6.144\,6$$
$$= 313\,400(元)$$

选择购买，其成本现值 PC(B) 为

$$PC(B) = 180\,000 + 23\,000(P/A, 10\%, 10) +$$
$$3\,000(P/A, 10\%, 10) - 5\,000(P/F, 10\%, 10)$$
$$= 180\,000 + 23\,000 \times 6.144\,6 + 3\,000 \times 6.144\,6 - 5\,000 \times 0.385\,5$$

$$=337\ 800(元)$$

如果运用年值法中的平均年费用法，设租赁设备的平均年费用为 AC(L)，而购买设备的平均年费用为 AC(B)，则有

$$AC(L)=25\ 000+23\ 000+3\ 000=51\ 000(元)$$

$$AC(B)=180\ 000(A/P,\ 10\%,\ 10)+23\ 000+3\ 000-$$
$$5\ 000(A/F,\ 10\%,\ 10)$$
$$=180\ 000\times0.162\ 7+23\ 000+3\ 000-5\ 000\times0.062\ 7$$
$$=54\ 972.5(元)$$

因为 PC(L)＜PC(B) 或者 AC(L)＜AC(B)，所以租赁设备的方案对企业比较合算。

（2）考虑税收影响情况下的比较

由于每个企业都要将利润收入上缴所得税，因此在充分考虑各种方式的税收优惠影响下，应该选择税后收益更大或税后成本更小的方案。

按财务制度规定，租赁设备的租金允许计入成本；购买设备每年计提的折旧费也允许计入成本；若用借款购买设备，其每年支付的利息也可以计入成本。在其他费用保持不变的情况下，计入成本越多，则利润总额越少，企业交纳的所得税也越少。以银行借款为例，某企业向银行借 100 万元资金，年利率为 10%，每年需支付 10 万元利息，则减少了企业税前利润 10 万元。若所得税率为 25%，则企业可以少交 2.5 万元所得税，因此企业实际获得了 2.5 万元免税收益，借款实际成本为 10(1−25%)=7.5 万元。

【例 15-15】　某企业为生产其主要产品，需要一台价值为 1100 000 元的设备，该设备的使用寿命为 5 年，采用直线折旧法，残值为 100 000 元。若采用租赁方式租用设备，则每年需付租金 300 000 元。如借款购买，则每年需按借款利率 10% 来等额支付本利和。假设企业的所得税税率为 25%，折现率为 10%。当租赁设备时，承租人可以将租金计入成本而免税；当借款购买时，企业可以将所支付的利息及折旧费从成本中扣除而免税，并且可以回收残值。试对以上两种方案进行决策。

解　设租赁设备的成本现值为 PC(L)，需扣除租金免税金，则

$$PC(L)=300\ 000(P/A,\ 10\%,\ 5)-300\ 000\times25\%(P/A,\ 10\%,\ 5)$$
$$=300\ 000\times3.790\ 8-75\ 000\times3.790\ 8$$
$$=852\ 930(元)$$

设借款购买设备的成本现值为 PC(B)，需扣除支付利息免税金，因此需先计算各年支付的利息，详见表 15-10 。各年要还的本利和 A(B) 为

$$A(B)=1\ 100\ 000(A/P,\ 10\%,\ 5)=1\ 100\ 000\times0.263\ 8=290\ 180(元)$$

表 15-10　各年支付的利息　　　　　　　　　　　　　　　　单位：元

年份	年初借款余额	年度还款金额	其中：支付利息
1	1 100 000	290 180	110 000
2	919 820	290 180	91 982

年份	年初借款余额	年度还款金额	其中：支付利息
3	721 622	290 180	72 162
4	503 604	290 180	50 360
5	263 784	290 180	26 396

$$PC(B) = 1\ 100\ 000 - [(1\ 100\ 000 - 100\ 000)/5] \times 0.25 \times (P/A,\ 10\%,\ 5) -$$
$$110\ 000 \times 0.25 \times (P/F,\ 10\%,\ 1) -$$
$$91\ 982 \times 0.25 \times (P/F,\ 10\%,\ 2) -$$
$$72\ 162 \times 0.25 \times (P/F,\ 10\%,\ 3) -$$
$$50\ 360 \times 0.25 \times (P/F,\ 10\%,\ 4) -$$
$$26\ 378 \times 0.25 (P/F,\ 10\%,\ 5) - 100\ 000(P/F,\ 10\%,\ 5)$$
$$= 1\ 100\ 000 - 189\ 539.5 - 24\ 999.98 - 19\ 004.63 -$$
$$13\ 554.01 - 8\ 599.10 - 4\ 094.66 - 62\ 092$$
$$= 778\ 116.12 (元)$$

因为 PC(L)＞PC(B)，应该选择购买设备的方案。

2. 租赁价格与支付

（1）租赁费用

租赁合同一旦签订，承租人便开始支付所需的费用。租赁费用主要包括租赁保证金、租金和租赁担保费等。

① 租赁保证金。为了确认租赁合同并保证其执行，承租人必须先交纳租赁保证金。当租赁合同结束时，租赁保证金将被退还给承租人或在偿还最后一期租金时加以抵消。保证金一般是合同金额的 5％或是某一基期数的金额（如一个月的房租金额）。

② 租金。租金是签订租赁合同的一项重要内容，直接关系到出租人与承租人双方的经济利益。出租人要从取得的租金中得到出租资产的补偿和收益，即要收回租赁资产的购进原价、贷款利息、营业费用和一定的利润。承租人则要比照租金核算成本，即租赁资产所生产的产品收入，除了抵偿租金外，还要取得一定的利润。影响租金的因素很多，如设备的价格、融资的利息及费用、各种税金、租赁保证金、运费、租赁利差、各种费用的支付时间及租金采用的计算公式等。

③ 担保费。出租人一般要求承租人请担保人对该租赁交易进行担保，万一承租人由于财务危机付不起租金时，由担保人代为支付租金。一般情况下，承租人需要付给担保人一定数目的担保费。

（2）租金的计算

① 附加率法。附加率法是在租赁资产的设备货价或概算成本上再加上一个特定的比率来计算租金。每期租金 R 的表达式为

$$R = \frac{PV \cdot (1 + N \cdot i)}{N} + PV \cdot r \qquad (15-25)$$

式中：PV——租赁资产的价格，单位：元；

N——还款期数，可按月、季、半年、年计；

　　i——与还款期数相应的折现率；

　　r——附加率。

【例 15-16】 中国租赁公司拟出租给某企业一项租赁资产，设备的价格为 550 000 元，租期为 8 年，每年年末支付租金，折现率为 10%，附加率为 4%，问每期租金为多少？

　　解　$R = 550\ 000 \times (1 + 8 \times 10\%)/8 + 550\ 000 \times 4\% = 145\ 750$（元）

　　② 年金法。年金法是将一项租赁资产价值按相同比率分摊到未来各租赁期间内的租金计算方法。年金法计算有后付、先付租金之分。后付方式是在每期期末等额支付租金，先付方式是在每期期初等额支付租金，先付要比后付提前一期支付租金。每期租金 R 的表达式为

$$R = \text{PV}(A/P, i, N) = \text{PV} \frac{i(1+i)^N}{(1+i)^N - 1} \tag{15-26}$$

【例 15-17】　中国计算机租赁有限公司与南京某企业达成一笔租赁交易，租赁资产的价格为 200 万元，租期为 5 年，试分别按每年年末、每年年初支付方式计算租金（利率为 8%）。

　　解　若按年末支付方式：

$$R = 2\ 000\ 000 \cdot (A/P, 8\%, 5) = 2\ 000\ 000 \times 0.250\ 5 = 501\ 000\text{（元）}$$

　　若按年初支付方式：

$$R = 2\ 000\ 000(F/P, 8\%, 4) \cdot (A/F, 8\%, 5) = 463\ 818\text{（元）}$$

　　（3）租金的支付

　　租金的支付方式包括租赁期起算日、支付日期、支付币种和支付方法等内容，它对租金额会产生一定的影响。

习　　题

　　1. 设备的磨损有哪几种主要形式？

　　2. 什么是设备的经济寿命？如何计算？

　　3. 设备 A 和设备 B 的有关资料见表 15-11，利率为 10%，经济寿命均为 10 年。试比较两种设备的优劣。

表 15-11　设备 A 和设备 B 的有关资料　　　　　　　　　　　单位：元

	初始投资	年费用	年收入
设备 A	15 000	6 500	11 000
设备 B	23 000	8 250	15 700

　　4. 某机器的购置成本为 40 000 元，使用年限估计为 10 年，净残值为 4 000 元，试用直线折旧法、年数总和法、双倍余额递减法分别计算：（1）前 5 年的各年折旧费；（2）前 5 年各年末的账面价值。

5. 某工厂生产需要购置一台压缩机。该压缩机的购置成本为 6 000 元，第 1 年的使用费用为 1 000 元，以后每年以 300 元的金额逐年递增。开始使用 1 年后净残值为 3 600 元，以后以每年 400 元的金额逐年递减，压缩机的最大使用年限为 8 年。已知折现率为 15%。试求该压缩机的经济寿命。

6. A 设备目前的价值为 9 000 元，如保留使用 3 年，各年年末残值及年运行成本如表 15 - 12 所示。现有一种新设备，设备的价值为 15 000 元，使用后的残值为 2 500 元，年运行成本为 1 900 元，寿命为 5 年，资金利率为 10%，问设备是否要更新？如要更新，何时更新最好？

表 15 - 12　A 设备的有关资料　　　　　　　　　　　　　单位：元

保留使用年份	年末残值	各年运行成本
1	6 000	3 000
2	3 000	5 000
3	0	7 000

7. 某设备原始价值为 16 000 元，年利率为 10%，各年残值及维持费用如表 15 - 13 所示，试确定设备的最优更新期。

表 15 - 13　某设备的有关资料　　　　　　　　　　　　　单位：元

使用年数	1	2	3	4	5	6	7
年运行成本	2 000	2 500	3 500	4 500	5 500	7 000	9 000
年末设备残值	10 000	6 000	4 500	3 500	2 500	1 500	1 000

第 16 章

项目后评价

京沪高铁

1990 年 12 月，中华人民共和国铁道部完成《京沪高速铁路线路方案构想报告》，后经过多年的可行性研究和论证，2006 年 2 月 22 日中国国务院第 126 次常务会议批准京沪高速铁路立项。2008 年 4 月 18 日全线开工，经过三年的建设于 2011 年 6 月 30 日全线正式通车。至 2020 年 6 月 30 日已运营 9 周年，共发送旅客 10 多亿人次。

分析与讨论：若对京沪高铁项目进行项目后评价，需要收集哪些资料？进行哪些方面的评价？

16.1　项目后评价概述

1. 项目后评价的概念

广义的后评价是对过去的活动或现在进行的活动进行回顾、审查，是对某项具体决策或一组决策的结果进行评价的活动。后评价包括宏观和微观两个层面，宏观层面后评价是对整个国民经济、某一部门或经济活动中某一方面进行评价，微观层面后评价是对某个项目或一组项目规划进行评价。

项目后评价是微观层面上的概念，它是指在项目建成投产并达到设计生产能力后，通过对项目前期工作、项目实施、项目运营情况等进行系统的、客观的综合研究，衡量和分析项目的实际情况及其与预测情况的差距，确定有关项目预测和判断是否正确，并分析其成败的原因，总结经验教训，为今后项目准备、决策、管理、监督等工作积累经验，并为提高项目投资效益提出切实可行的对策、措施的一种技术经济活动。

美国政府从 20 世纪 30 年代开始有目的地对项目进行后评价，到 20 世纪 70 年代中期，项目后评价才广泛地被许多国家和世界银行等国际组织应用。各国由于政治经济体制不同，后评价机构设置不同，其功能也有所不同。

我国的后评价工作起步于 20 世纪 80 年代，一些研究机构在开始研究投资项目可行性分析方法的同时，开展了后评价方法的研究。1988 年原国家计委委托中国国际工程咨询公司，进行了第一批国家重点投资建设项目的后评价，它标志着后评价在我国的正式开始。目前，我国的后评价已经形成了自己的评价体系，后评价的规章制度也相应建立。

2. 项目后评价的作用

项目后评价对提高建设项目决策科学化水平、改进项目管理和提高投资效益等方面发挥着极其重要的作用。具体地说，项目后评价的作用主要表现在以下几个方面。

（1）总结项目管理的经验教训，提高项目管理的水平

通过项目后评价，对已经建成项目的实际情况进行分析研究，总结项目管理的经验教训，有利于指导未来项目的管理活动，从而提高项目管理的水平。

（2）提高项目决策的科学化水平

项目前评价是项目投资决策的依据，但前评价中所做的预测是否准确，需要后评价来检验。通过建立完善的项目后评价制度和科学的方法体系，一方面可以增强前评价人员的责任感，提高可研、评估、决策工作的准确性；另一方面可以通过项目后评价的反馈信息，及时纠正项目决策中存在的问题，从而提高未来项目决策的科学化水平。

（3）为国家投资计划、政策的制定提供依据

项目后评价能够发现宏观投资管理中的不足，据此国家可以及时地修正某些不适合经济发展的技术经济政策，修订某些已经过时的指标参数。同时还可根据反馈的信息，合理确定投资规模和投资流向。此外，国家还可以充分地运用法律的、经济的、行政的手段，建立必要的法令、法规、各项制度和机构，促进投资管理的良性循环。

（4）可以对企业经营管理进行"诊断"，促使项目运营状况的正常化

项目后评价是在项目运营阶段进行，因而可以分析和研究项目投产初期和达产时期的实际情况，比较实际情况与预测情况的偏离程度，探索产生偏差的原因，提出切实可行的措施，从而促使项目运营状况正常化，提高项目的经济效益和社会效益。

3. 项目后评价与项目前评价的关系

项目前评价是指项目决策之前，在深入细致的调查研究、周密计划、设计、科学预测和技术论证的基础上，分析建设项目的建设条件、建设的必要性、技术的先进性、可靠性、经济的合理性及建设的可能性，其目的是为建设项目的决策服务。项目后评价与前评价的关系可以从以下两个方面进行分析。

（1）项目后评价与前评价的相同点

项目后评价与项目前评价的相同点有：评价的目的之一都是为了提高投资效益；评价的方法都是采用定量与定性相结合并以定量分析为主、静态分析与动态分析相结合并以动态分析为主的方法；评价指标也基本相同。

（2）项目后评价与前评价的不同点

由于项目后评价与前评价的评价时点不同，目的也不完全相同，因此也就存在一些区别，主要表现如下。

① 评价的阶段不同。项目前评价属于项目前期工作，是在投资项目决策阶段进行的，

它决定项目是否可以立项建设。项目后评价是项目竣工投产并达到设计生产能力后对项目进行的再评价，是项目管理的延伸。

② 评价的依据不同。项目前评价依据国家或部门颁布的定额标准、国家参数来衡量建设项目的必要性、合理性和可行性。项目后评价虽然也参照有关定额标准和国家参数，但它主要是直接与项目前评价的预测情况或国内外其他同类项目的有关情况进行比较，检测项目的实际情况与预测情况的差距，并分析其产生的原因，提出改进措施。前评价的原始数据，主要运用预测方法取得；后评价的原始数据，可以分为两部分：一部分是在后评价时点之前的数据，采用项目投入和产出的真实数据，另一部分是在后评价时点后续年限内的数据，采用再预测数据。

③ 评价的内容不同。项目前评价分析研究的主要内容是项目建设条件、工程设计方案、项目的实施计划及项目的经济社会效果。项目后评价的主要内容是除再评价项目前评价所涉及的全部内容外，还包括对项目立项决策、实施效率及实际运营状况进行评价。

④ 评价的作用不同。项目前评价直接作用于项目决策，前评价的结论是项目取舍的依据。项目后评价则间接作用于项目的投资决策，是投资决策的信息反馈。通过后评价反映出项目建设过程和投产阶段（乃至正常生产时期）出现的一系列情况，将各类信息反馈到投资决策部门，从而提高未来项目决策科学化的水平。

⑤ 评价的主体不同。项目前评价主要由投资主体及其主管部门组织实施。项目后评价则由投资运行的监督管理机构、后评价权威机构或上级决策机构为主并会同有关部门进行，以确保项目后评价的公正性和客观性。

总之，项目后评价不是对项目前评价的简单重复，而是依据国家政策和相关的规定，对投资项目的决策水平、管理水平和实施效果进行严格的验收和评价，并总结经验教训，以促使项目更快更好地发挥效益和健康地发展。

4. 项目后评价的一般原则

项目后评价的一般原则是：独立性、科学性、反馈性、透明性和实用性。

（1）独立性

独立性是指项目后评价不受项目决策者、管理者、执行者和前评估人员的干扰。它是后评价公正性和客观性的重要保障。为保证评价的独立性，必须从机构设置、人员组成、履行职责等方面综合考虑，使后评价机构既保持相对的独立性又便于运作，独立性应自始至终贯穿于后评价的全过程。只有这样，才能使后评价的分析结论不带任何偏见，才能提高后评价的可信度，才能发挥后评价在项目管理工作中不可替代的作用。

（2）科学性

项目后评价工作必须具有科学的评价方法、工作程序和组织管理及科学的评价结论，要求后评价所依据的资料数据必须真实可靠，针对存在的问题所提出的改进意见要切实可行，后评价的结论和总结的经验教训要经得起实践的检验和推敲，并有益于指导今后的项目决策和建设工作。这就要求后评价者具有广泛的阅历和丰富的经验。

（3）反馈性

后评价的最终目标是将评价结果反馈到决策部门，作为新项目立项和评价的基础，作为调整投资规划和政策的依据。因此，后评价的反馈机制、手段和方法便成了后评价成败的关键环节之一。

（4）透明性

透明性要求后评价的透明度越大越好，因为透明度越大，了解和关注后评价的人也就越多。从后评价成果的扩散和反馈的效果来看，也是透明度越大越好，这样便于更多的单位和个人能在自身的工作中借鉴过去的经验教训。

（5）实用性

实用性要求报告的文字具有可读性，报告所总结的经验教训具有可借鉴性。为了使后评价成果对决策能产生作用，让尽可能多的单位和个人从项目后评价信息中受到启发，后评价报告必须具有可操作性和针对性，文字简练明确，突出重点，避免引用过多的专业术语。

16.2 项目后评价的内容和程序

1. 项目后评价的内容

项目后评价的内容视项目的类型、规模、复杂程度及后评价目的的不同，对每个项目进行后评价的内容也并不完全一致。一般来说，项目后评价的基本内容包括以下几个方面。

1）项目实施过程评价

项目实施过程评价是根据项目的实际执行过程与项目立项评估或可行性研究报告所预计的情况进行比较分析，对项目的实施效率作出评价。其主要内容包括前期工作后评价、建设实施后评价、生产运营后评价和项目管理后评价。

（1）项目前期工作后评价

项目前期工作后评价是指对项目立项决策、项目建设内容与规模、勘察设计等进行的后评价。立项决策评价主要是评价立项条件和决策依据是否正确，要根据当前国内外社会经济环境，来验证项目前评价时所作的预测是否正确，包括分析该种产品、服务的市场容量，本项目的市场占有率，产品价格、质量、售后服务，产品或服务的市场综合竞争能力等方面的变化情况，并作出新的预测趋势，如果项目实施结果偏离预测目标较远，要分析产生偏差的原因，并提出相应的补救措施；项目建设内容与规模评价主要评价项目是否按照预定的建设内容和规模进行建设，分析与预定内容及规模发生偏差的原因及当初预定的建设规模和能力的合理性；项目勘测设计后评价主要是评价勘测设计工作的程序和依据，包括标准、规范、定额和取费标准（费率）是否符合国家的有关规定，引进的工艺和设备是否采用了现行国家标准或发达国家的先进工业标准，是否满足建设单位和施工的实际需要，设计方案在技术上的可行性和经济上的合理性程度如何，可行性研究与设计工作的关系是否协调等。

（2）项目建设实施后评价

项目实施阶段主要是指项目开工到竣工验收的一段时期。项目建设实施后评价是指设备采购、工程建设、竣工验收和生产准备等各个阶段的评价，具体包括对施工准备、招标投标、工程进度、工程质量、工程造价、工程监理、合同执行情况及生产运行准备情况等的后评价。重点应放在对项目目标实现过程中发生的诸如超工期、超预算、工程质量差、效益低等原因的查找和说明上。

（3）项目生产运营后评价

项目运营阶段是项目投资建设阶段的延续，是实现项目投资经济效益和项目投资回收的关键时期。项目运营阶段后评价主要是对资源综合利用情况、生产能力利用情况和销售管理情况等的后评价，主要包括项目生产经营管理的后评价、项目生产条件后评价、项目达产情况后评价、项目资源投入和产出情况的后评价等，对于利用外资的项目，还应适当增加对引进技术、设备的使用、消化和吸收情况的后评价。

（4）项目管理后评价

项目管理后评价是指对项目管理体制、机制和管理者的工作水平作出评价，主要分析和评价管理者是否能有效地管理项目的各项工作，是否与政策机构和其他组织建立了必要的联系；人才和资源是否使用得当；是否有较强的责任感等。其目的是从中总结出项目管理的经验教训，并对如何提高管理水平提出改进措施和建议。

（5）对项目可行性研究水平进行综合评价

项目可行性研究水平评价主要是对项目可行性研究的内容和深度进行评价。其评价的内容包括：对项目实施过程的实际情况与预测情况的偏差的考核；对项目预测因素的实际变化与预测情况的偏差程度的考核；对可行性研究各种假设条件与实际情况偏差的考核；对实际投资效益指标与预测投资效益指标的偏差程度的考核；对项目实际敏感性因素和敏感性水平的考核；并从预测依据、预测方法和预测人员素质等方面对可行性研究深度进行总体评价和分析。

2）项目效益评价

项目效益评价是项目后评价的重要组成部分，包括项目财务后评价和国民经济后评价。项目财务后评价是从企业角度对项目投产后的实际财务效益进行再评价。它是根据现行财务制度规定及项目建成投产后投入物和产出物的实际价格水平，重点分析总投资、产品成本、企业收益率、贷款偿还期与当初预测值之间的差距，剖析原因，并作出新的预测。项目国民经济后评价是从宏观国民经济角度对项目投产后的国民经济效益进行再评价，重点是分析项目的实际费用效益与预测费用效益之间的差别，并对后评价时点以后的效益与费用进行重新预测，在此基础上计算评价指标，对项目的实施效果加以评价，并从中找出项目中存在的问题及产生问题的根源。

3）项目影响评价

项目影响评价是评价项目的建设对于周围地区在经济、环境和社会三个方面所产生的作用和影响。影响评价是站在国家宏观的立场，重点分析项目与整个社会发展的关系，包括经济影响评价、环境影响评价和社会影响评价。

（1）经济影响评价

项目的经济影响评价主要分析和评价项目对所在地区（区域）及国家经济发展的作用和影响，包括项目对分配效果、技术进步、产业结构的影响等。分配效果主要指项目效益在各个利益主体（中央、地方、公众和外商）之间的分配比例是否合理及项目对于不同地区收入分配的影响。技术进步影响评价主要衡量项目所选用技术的先进性和实用性，项目对技术开发、技术创新、技术改造的作用，技术引进的合理性及消化吸收程度，项目对高新技术产业化、商业化和增强我国国际竞争力的作用及对国家、部门和地方技术进步的推动作用。对产业结构的影响评价是分析项目对国家（区域）生产力布局、产业结构调整和产业结构优化的影响。

（2）环境影响评价

项目的环境影响评价是指对照项目前评价时批准的《环境影响报告书》，重新审查项目实施后对环境产生的实际影响，审查项目环境管理的决策、规定、规范、参数的可靠性和实际效果。环境影响评价主要包括项目的污染控制、对地区环境质量的影响、自然资源的保护与利用、对区域的生态平衡的影响和环境管理能力等。

（3）社会影响评价

项目的社会影响评价主要是从社会发展的角度来分析项目对社会发展目标所作的贡献和产生的影响，包括有形的和无形的影响。评价的内容主要包括项目对当地的直接就业效果和间接就业效果；对居民生活质量（收入变化、人口、计划生育、住房、服务设施、教育、卫生、体育、文化、娱乐等）的影响；受益者范围及对该项目的反应，当地参与态度，对社区发展、妇女、民族、宗教信仰的影响等。社会影响评价采用定量分析与定性分析相结合的方法，在评价分析的基础上最后对项目的社会影响作出综合评价。有些项目的社会影响可能要在较长时间内才能显现出来，因此可在较晚的时候单独进行社会影响评价。

4）项目目标评价

评价项目立项时原来预定目标的实现程度，是项目后评价的主要任务之一。项目后评价要对照项目立项所确定的目标，与项目实际运作所产生的某些经济、技术指标进行比较，检查项目实际实现的情况和变化，分析实际发生变化的原因，以判断目标的实现程度。目标评价的另一项任务是要对原定决策目标的正确性、合理性和实践性进行分析评价。有些项目原定的目标不明确或不符合实际情况，项目实施过程中可能会发生重大变化，如政策性变化或市场变化等，项目后评价要给予重新分析和评价。

5）项目持续性评价

项目的可持续性评价是在项目建成投入运营后，对项目的既定目标是否能按期实现，项目是否可以持续保持较好的产出效益，项目业主是否愿意并可以依靠自己的能力继续实现既定的目标，项目是否具有可重复性等方面作出评价。项目可持续评价应考虑政府的相关政策、管理组织、经济财务、技术、社会文化、环境和生态等因素对项目未来发展趋势的影响，对项目进行科学的预测和分析，并提出项目持续发挥效益须具备的内外部条件和需要采取的措施。

6）项目综合性评价

项目综合评价包括项目的成败分析和项目管理的各个环节的责任分析。综合评价一般采用成功度评价方法。该评价方法是依靠评价专家或专家组的经验，综合各指标的评价结果，对项目的成功程度作出定性的结论，也就是通常所说的打分的方法。成功度评价是以逻辑框架法分析的项目目标实现程度和经济效益的评价结论为基础，以项目的目标和效益为核心所进行的全面系统的评价。

2. 项目后评价的程序

尽管规模和复杂程度不同的项目，其后评价的内容和侧重点有所不同，但从总的情况来看，项目后评价都遵循一个客观和循序渐进的过程。具体可以概括为以下几个步骤。

（1）明确项目后评价的对象和任务

需要组织项目后评价的单位根据自身需要选择后评价的对象，明确后评价的范围和任务，在委托书中详细列出项目评价的目的、内容、深度、时间和费用等，提出项目后评价的单位可以是国家计划部门、投资中介机构、商业银行、行业主管部门和项目建设施工企业。后评价的对象可以是所有竣工投产的项目。

（2）建立后评价小组，筹划准备

项目后评价工作可以委托设计与工程咨询公司等经过资格审查的单位承担，也可以由项目业主自己组织实施。承办单位接受任务后即可组织后评价小组进行筹备工作，制订出项目后评价的实施计划，包括项目后评价人员的配备、组织机构、时间进度、内容范围、预算安排和评价方法等内容。

（3）收集资料和选取数据

根据项目后评价单位规定的评价内容和任务要求，深入实际，搜集资料。项目后评价的资料包括项目立项、决策、施工建设等档案资料、国家经济政策资料、项目运营状况的有关资料、本行业有关资料、反映项目实施和运营实际影响的有关资料等。

（4）整理分析资料数据，提出改进措施和建议

对所收集的数据和资料进行汇总、加工、分析和整理，采用定性分析和定量计算相结合的方法进行分析和论证，编制各种评价报表及计算评价指标，并与前评价进行对比分析，合理评价项目建设所产生的实际效果，找出差异及其原因，总结经验，提出改进措施和建议。

（5）编制项目后评价报告

将分析研究的结果进行汇总，编写出后评价报告，提交委托单位或上级有关部门。后评价报告是项目后评价工作的最后成果，后评价报告既要全面、系统，又要反映后评价目标。

3. 项目后评价报告的主要内容

项目后评价报告是评价的最终成果，应真实、全面地反映情况，客观分析问题，认真总结经验教训。另外，后评价报告是反馈经验教训的主要文件形式，因此必须满足信息反馈的需要。后评价报告根据不同需要分为项目业主编制的"自我评价报告"和后评价的综合报告两种形式。

一般项目后评价报告的内容包括项目背景、实施评价、效果评价和结论建议等几个部分，具体包括以下内容。

① 摘要。简单介绍项目概况和项目将来的运行计划、项目实施经验及总结、汲取的经验教训等。这部分主要供决策者使用，应力求简练。

② 目录。

③ 主体。项目后评价的主体包括以下方面的内容。

● 项目概况。包括项目情况简述、项目决策目标和目的、项目主要建设内容、项目实施进度、项目总投资、项目资金来源及到位情况、项目运行及效益现状等。

● 项目实施过程总结与评价。包括项目前期决策总结与评价、项目实施准备工作与评价、项目建设实施总结与评价及项目运营情况与评价等。

● 项目效果和效益评价。包括项目技术水平评价、项目财务经济效益评价及项目经营管理评价等。

● 项目影响评价。包括项目经济影响评价、项目环境影响评价和项目社会影响评价。

● 项目目标和可持续性评价。包括项目目标评价、项目持续能力评价和项目存在的主要问题等。

● 项目后评价结论、主要经验教训和对策建议。

④ 附件。主要包括后评价委托书、后评价单位评审意见及有关的文件等。

16.3　项目后评价的常用方法

项目后评价的方法是进行后评价的手段和工具，没有切实可行的后评价方法，就无法开展后评价工作。后评价与前评价在方法上都采用定量分析与定性分析相结合的方法，但是两者选用的参数及比较的对象不同，决定了后评价方法具有不同于前期评价的特殊性。

项目后评价最常用的方法主要有对比分析法、逻辑框架法和成功度评价法。

1. 对比分析法

项目后评价采用的对比分析法有前后对比法、有无对比法及横向对比法。

（1）前后对比法

一般情况下，"前后对比"是指将项目实施之前与完成之后的情况加以对比，以确定项目的作用与效益的一种对比方法。在项目后评价中，则是指将项目前期的可行性研究和评估的预测结论，以及技术设计时的技术经济指标，与项目的实际运行结果及在后评价时所作的新的预测相比较，用以发现变化和分析原因。这种对比用于揭示计划、决策和实施的质量，是项目后评价应遵循的原则。

（2）有无对比法

"有无对比"是指将项目实际发生的情况与若无项目可能发生的情况进行对比，以度量项目的真实效益、影响和作用。对比的重点是要分清项目的作用和影响，与项目以外因素的作用和影响。这种对比用于项目的效益评价和影响评价，也是后评价的一个重要原则。这里说的"有"和"无"指的是评价的对象，即项目。通过对项目的实施所付出的资源代价与项目实施后产生的效果进行对比评价，以得出项目业绩是好还是坏的结论。比较的关键是投入的代价与产出的效果口径要一致。也就是说，所度量的效果要真正归因于所评价的项目。但是，有很多项目，特别是大型社会经济项目，实施后的效果不仅仅是项目的效果和作用，可能还有项目以外多种其他因素的影响。所以，对比的重点是剔除那些非项目因素，对归因于项目的效果加以正确的定义和度量。

采用有无对比法进行项目后评价，需要大量可靠的数据，最好有系统的项目监测资料，也可引用当地有效的统计资料。在进行对比分析时，先要确定评价内容和主要指标，选择可比的对象，通过建立对比表，用科学的方法进行分析。

（3）横向对比法

横向对比法在国外有关项目后评价的方法中很少提及，但实践中有时需要将项目实施后所达到的技术经济指标与国内同类项目的平均水平、先进水平、国际先进水平进行比较，尤其在经济全球化的年代，这一点显得十分必要，也为项目持续性评价提供了更高的参考。运用横向对比法进行项目后评价时应注意可比性的问题。

2. 逻辑框架法

逻辑框架法（logical framework approach，LFA）是由美国国际开发署（USAID）于1970年开发并使用的一种设计、计划和评价的工具。目前已有三分之二的国际组织把逻辑框架法作为援助项目的计划管理和后评价的主要方法。

（1）逻辑框架法的含义

逻辑框架法是一种综合、系统地研究和分析问题的思维框架，即用一张简单的框架来清晰地分析一个复杂项目的内涵和关系，使之更易理解。逻辑框架法是将几个内容相关、必须同步考虑的动态因素组合起来，通过分析其相互之间的关系，从设计策划到目标等方面来评价一项活动或工作。逻辑框架法为项目计划者和评价者提供了一种分析框架，用以确定工作的范围和任务，并对项目目标和达到目标所需要的手段进行逻辑关系的分析。逻辑框架法的核心是分析项目运营、实施的因果关系，揭示结果与内外原因之间的关系。

逻辑框架法把目标及因果关系分为以下四个层次。

① 目标。通常是指高层次的目标，即宏观计划、规划、政策和方针等。该目标可以由几个方面的因素来实现。目标一般超过项目范畴，是指国家、地区、部门或多边金融机构的整体目标。

② 目的。目的是指建设项目的直接效果和作用，一般应考虑项目为受益群体带来的效果。

③ 产出成果。产出成果是指项目建成后提供的可直接计量的产品或服务。

④ 投入物和活动。这是指该项目实施过程中的资源投入量、项目建设的起止时间与工期。

（2）逻辑框架法的模式

逻辑框架法的模式一般由 4×4 的矩阵组成，在垂直方向各横行代表项目目标层次，它按照因果关系，自下而上地列出项目的投入、产出、目的和目标四个层次，包括达到这些目标所需要的检验方法和指标，说明目标层次之间的因果关系和重要的假设条件及前提（垂直逻辑）；在水平方向各竖行代表如何验证这些不同层次的目标，自左到右列出项目各目标层次的预期指标和实际达到的考核验证指标、信息资料和验证方法，以及相关的重要外部假设条件（水平逻辑），具体如表 16-1 所示。

表 16-1 逻辑框架法的模式

概述	客观验证指标	客观验证方法	重要假设条件
目标	目标验证指标	评价及监测手段及方法	实现目标的主要条件
目的	目的验证指标	评价及监测手段及方法	实现目的的主要条件
产出成果	产出成果衡量指标	评价及监测手段及方法	实现产出的主要条件
投入/活动	投入方式及定量指标	投入活动验证方法	实现投入的主要条件

（3）垂直逻辑

逻辑框架法把目标及因果关系划分为四个层次，四个层次自下而上由三个逻辑关系相连接。第一级是如果保证一定的资源投入，并加以很好地管理，则预计有怎样的产出；第二级是如果项目的产出活动能够顺利进行，并确保外部条件能够落实，则预计能取得怎样的目的；第三级是项目的目的对整个地区或整个国家更高层次宏观目标的贡献关联性。这种逻辑关系在逻辑框架法中称为"垂直逻辑（vertical logic）"。垂直逻辑可用来阐述各层次的目标内容及其上下间的关系，如图 16-1 所示。

（4）水平逻辑

逻辑框架的垂直逻辑分清了评价项目的层次关系，但这种分析不能满足对项目进行分析和评价的要求，还应对逻辑框架中的水平逻辑进行分析。水平逻辑分析的目标是通过主要验

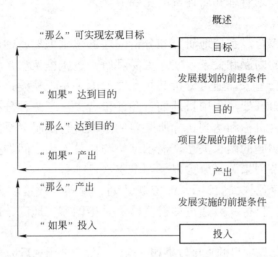

图 16-1　垂直逻辑中的因果关系图

证指标和方法来衡量一个项目的资源和成果。对应垂直逻辑每个层次目标，水平逻辑对四个层次的结果加以具体说明。水平逻辑关系则由验证指标、验证方法和重要的假设条件所构成，形成了逻辑框架法的 4×4 的逻辑框架。水平逻辑验证指标和验证方法的内容和关系如表 16-2 所示。

表 16-2　水平逻辑验证指标和验证方法的内容和关系

目标层次	验证指标	验证方法
宏观目标/影响	对宏观目标影响程度的评价指标（包括预测值、实现值等）	资料来源：项目文件、统计资料、项目受益者提供的资料等 采用方法：调查研究、统计分析等
项目目的/作用	验证项目目的的实现程度	资料来源：项目受益者提供 采用方法：调查研究等
产出成果	不同阶段项目定性和定量的产出指标	资料来源：项目记录、监测报告、受益者提供的资料等 采用方法：资料分析、调查研究等
投入/活动	投入资源的性质、数量、成本、时间、区位等指标	资料来源：项目评估报告、项目计划文件、投资者协议文件等

　　在项目的水平逻辑关系中，还有一个重要的逻辑关系就是重要假设条件与不同目标层次之间的关系，主要内容是：一旦前提条件得到满足，项目活动何时可以开始；一旦项目活动展开，所需的重要假设也得到了保证，便应取得相应的产出成果；一旦这些产出成果实现，同水平假设得到保证，便可以实现项目的目的；一旦项目的目的得到实现，同水平的重要假设得到保证，项目的目的便可以为项目的宏观目标作出应有的贡献，如图 16-2 所示。

　　(5) 项目后评价的逻辑框架

　　项目后评价通过应用逻辑框架法来分析项目原定的预期目标、各种目标的层次、目标实现的程度和原因，用以评价其效果、作用和影响。项目后评价的逻辑框架如表 16-3 所示。

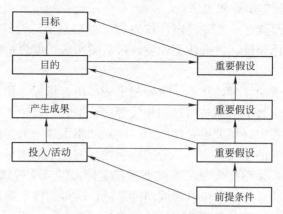

图 16-2　水平逻辑中的因果关系图

表 16-3　项目后评价的逻辑框架

目标层次	验证对比指标			原因分析		项目可持续能力
	项目原定指标	实际实现指标	差别或变化	主要内部原因	主要外部条件	
宏观目标（影响）						
项目目的（作用）						
项目产出（实施结果）						
项目投入（建设条件）						

3. 项目成功度评价法

（1）基本概念

成功度评价方法是依靠评价专家或专家组的经验，综合各项指标的评价结果，对项目的成功程度作出定性的结论，也就是通常所说的打分的方法。成功度评价法是以逻辑框架法分析的项目目标实现程度和经济效益的评价结论为基础，以项目的目标和效益为核心，对项目的成功程度作出全面系统的评价方法。

（2）项目成功度的标准

进行项目成功度分析，首先必须明确项目成功的标准。一般来说，成功度可分为以下五个等级。

① 成功的（A）：表明项目的各项目标都已全面实现或超过，相对成本而言，项目取得了巨大的效益和影响。

② 基本成功的（B）：表明项目的大部分目标已经实现，相对成本而言，项目达到了预期的效益和影响。

③ 部分成功的（C）：表明项目实现了原定的部分目标，相对成本而言，项目只取得了一定的效益和影响。

④ 不成功的（D）：表明项目实现的目标非常有限，相对成本而言，项目几乎没有产生什么正的效益和影响。

⑤ 失败的（E）：表明项目的目标是没有实现的、无法实现的，相对成本而言，项目不得不终止。

（3）项目成功度的测定步骤和方法

项目成功度测定的步骤是：首先确定评议专家，然后选定综合评估指标并确定其权重，专家个人打分，专家集体评议，进行数据处理，最后得出成功度评价的等级。表16-4是项目成功度评价表。

在评价具体项目的成功度时，并不一定要测定表中所有指标，评价人员应首先根据具体项目的类型和特点，确定表中指标与项目的相关程度，把它们分为"重要""次重要""不重要"三类，在表中第二栏中（相关重要性）填注。对"不重要"的指标就不用测定，只需测定"重要"和"次重要"的项目内容，一般的项目实际需测定的指标在10项左右。

在测定各项指标时，采用打分制，即按上述评定标准的五个等级分别用A、B、C、D、E表示。综合指标重要性分析结果和单项成功度结论，可得到整个项目成功度指标，也可以用A、B、C、D、E表示，填在表的最底行的总成功度栏内。

在具体操作时，项目评价组成员每人填好一张表格后，对各项指标的取舍和等级进行内部讨论或经过必要的数据处理，形成评价组的成功度表，再把结论写入评价报告。

表 16-4　项目成功度评价表

评定项目指标	项目相关重要性	评定等级
宏观目标和产业政策		
决策及其程序		
布局与规模		
项目目标及市场		
设计与技术装备水平		
资源和建设条件		
资金来源和融资		
项目进度及其控制		
项目质量及其控制		
项目投资及其控制		
项目经营		
机构和管理		
项目财务效益		
项目经济效益和影响		
社会和环境影响		
项目可持续性		
项目总评		

16.4　案例分析

本案例是某公司受原国家计委委托组织专家于1997年对某船厂10万吨级修船坞项目（以下简称为大坞项目）进行的后评价。项目后评价时点的数据以1996年为基准。

1. 项目概况

大坞项目地处船厂东侧，项目业主是中国船舶工业总公司某船厂。该厂位于新港经济开发区西侧，毗邻黄埔港，距香港 68 海里。

20 世纪 90 年代初，船舶工业总公司根据对外开放、外贸不断增加和我国远洋船运行业发展的形势，为满足日益增加的大型远洋船只修理的需要，从局部考虑，当时华南地区尚无具备 5 万吨级以上船舶修理能力的修理厂，确定利用某船厂的地域优势和有利条件，新建一座 10 万吨级修船坞。

大坞项目设计任务书批复的主要建设内容为：新建 10 万吨级修船坞 1 座（干坞），修船码头，修舾船体加工工场、变电所、空压站等公共设施，新增起重机等修船设备及其他相关工程。项目建成后的生产目标为年修 1 万~10 万吨级船舶 62 艘。

2. 项目的实施和经营情况

（1）项目进度

原国家计委 1990 年 9 月批准该项目建议书，1991 年 10 月批准设计任务书，1991 年 12 月中国船舶工业总公司批准初步设计，1992 年 6 月正式开工，1995 年 3 月建成投产，1997 年 6 月通过国家竣工验收。大坞项目建设工期 2 年 8 个月，比计划工期提前约 4 个月完工。项目的提前投产为企业抓住市场机遇、提高经济效益创造了良好条件。

（2）工程技术和项目实施

大坞项目的准备和实施基本按国家规定的程序执行。工程设计符合规范要求，技术合理，设计和施工采用了多项较为先进的技术。在项目实施过程中，项目业主狠抓管理，积极推行工程监理制。由于技术方案合理、管理措施得力，不仅缩短了建设时间，还保证了工程质量和工程的顺利实施。此外，企业风险意识较强，在遇到百年不遇的潮水灾害前就上了工程保险，尽管灾害严重，却没有给项目带来很大的直接损失。大坞工程竣工验收报告的批复认定，修船坞水工建筑工程、绿化工程、大型非标设备制造安装工程的施工质量被核定为优良工程，其余工程为合格，总体质量是好的。

项目的工程设计总体上是好的，但在设计管理上也存在一些问题，如投资概算、预算资料不能及时到位。项目完工后竣工图纸没能系统整理等。

大坞项目实际工程总投资为 36 351 万元，其中含建设期利息 2 533 万元，投资方向调节税 50 万元，新增铺底流动资金 859 万元。项目固定资产投资为 35 492 万元，其资金来源为国家经营性基金 12 100 万元，建设银行贷款 12 200 万元，工厂自筹 11 192 万元。

（3）项目经营

大坞项目建成后，修船市场情况良好，尤其是大型外轮修理市场比可行性研究报告的分析更为广阔。1995 年 3 月大坞投产后，全年修船 39 艘，营业收入为 7 560 万元。1996 年修船 64 艘，营业收入 14 838 万元，提前达到预期的生产目标。虽然 1995 年和 1996 年两年修船单位价格下滑（比 1994 年下降约 20％），但大坞的主要经营指标，即营业收入、利润总额、投资利润率和营业利润率均超过立项时的原定指标，经营状况良好。项目指标对比如表 14－5 所示。

3. 主要变化及原因分析

从以上项目执行结果看，项目的实施和经营是比较好的。但是，在项目实施过程中也发生了一些变化，增加了工程量和投资，主要变化及原因如下。

（1）工程地质勘探问题

大坞项目工程地质勘探问题主要表现在吹填砂的来源变化和地质变化。初步设计时考虑坞墙后棱体用航道中的砂吹填，这样既可节约投资又可减少施工强度。由于多年回淤，加之初步设计时未对航道与调度区进行详探，使用的资料是 20 世纪 70 年代的钻探资料，导致实际挖方量比概算方量多 60 多万立方米，增加近一倍。同时，经过勘探，航道内根本没有厚的砂层可供吹填，因而又增加疏浚量 32 万立方米。实际开挖中还遇到少量花岗岩，需要水下炸礁、清礁，从而导致工程量大幅度增加，增加投资约 1 400 万元。工程前期勘察工作不充分是问题产生的主要原因之一。

（2）增设下坞公路

初步设计时未考虑下坞公路的建设，后经考察，发现国外不少大型修船坞建有下坞公路，对方便作业、降低修船成本等有积极作用。因而在施工过程中临时变更设计，增建了下坞公路并比大坞主体先行建成。虽然增加了一些投资，但由于大坞施工方法的改建，该路在后期施工中替代了下坞施工便道，方便了大型施工机械、材料等的运输，为大坞提前竣工创造了条件；在大坞投产后，又为各种车辆上下坞底提供了便利，减少了船坞两侧吊机的负荷，有利于降低修船成本。该项目增设下坞公路是适宜的。

（3）机械设备配置变化

项目可行性研究报告中配置了必要的修船机械化设备，但在初步设计时，为了将投资规模控制在 2 亿元内，砍掉了实际需要的高空作业车、坞壁作业车等坞修机械设备。一年多的试投产实践证明，尽管船厂已做出最大努力，但因设备配套不足，打砂、喷漆速度较慢，致使坞期较长，1996 年大坞实际修船坞次为 36 次，比设计要求少 10 个坞次，影响了该船厂在国内外市场上的竞争力及修船效益。为此，企业不得不再提出补足这些设备的投资要求。按 1991 年价格不变计算，设计时需增加 2 800 万元投资即可。用砍掉必要建设内容的方法来维持一个人为的投资规模的管理办法是不可取的。

（4）投资变化

项目的投资变化见表 16 - 5，与 1991 年批准的项目初步设计总概算 19 832 万元相比，1997 年竣工决算的项目总投资为 36 351 万元，增加了 16 515 万元。扣除投资方向调节税和铺底流动资金，投资增幅为 78.7%，主要原因如下。

① 初步设计的工程概算不准。项目各部分概算偏紧，尤其对主要设备的估价，明显低于当时实际价格。可行性研究时总投资突破 2 亿元，但到初步设计时概算又降到 1.98 亿元。后评价按不变价格测算，当时的工程概算应该达到 2.3 亿元左右，加上人为砍掉的设备和设施，投资概算应在 2.6 亿元左右。按实际发生与初步设计概算相比，项目概算少算了约 3 200 万元，占总增资额的 19%。

② 设计变更和工程量变化。由于工程地质勘探不充分、增设下坞公路和施工方案等其他变化，增加投资约 3 400 万元，约占总增额的 21%。

③ 建设期利息增加约 1 100 万元，约占总增额的 7%。

④ 国家、行业和地方收费定额标准增加约 2 500 万元，约占总增额的 15%。

⑤ 材料设备物价上涨增加约 5 400 万元，约占总增额的 33%。

根据以上分析，投资增长主要是由于政策性因素的影响，约占 60%，其他增长原因也是清楚的。

表 16 - 5 项目主要财务效益指标对比表

指标	计量单位	可行性研究批复	初步设计/调研概算	后评价实际
项目总投资	万元	18 396	19 832/30 661	36 351
建设工期	月	36	36/36	32
年销售收入	万元	7 035	—/14 070	14 838
年利润总额	万元	1 407	—/—	5 499
投资利润率	%	8.4	—/—	11.95
财务内部收益率	%	6.34	—/—	8.35
投资回收期	年	12.2	—/—	8.02
借款偿还期	年	13.8	—/—	14.0
年销售利润率	%	14.2	—/—	37.0

4. 项目效益及其对企业效益的影响

（1）项目的财务效益

根据有无对比的原则，大坝项目是该厂的一个扩建工程，项目财务效益要计算其增量部分的效益，为此后评价对自评材料的数据和资料进行了调整。测算结果为：项目全部投资（增量）财务内部收益率为 8.35%（税后），高于可行性研究时的 6.34% 和当时的行业基准收益率（6%）；项目（增量）财务净现值为 7 161 万元（见表 16 - 6）；投资回收期 8 年，贷款偿还期 14 年。项目的主要财务指标均达到或超过了项目可行性研究和批复时的指标，见表 16 - 5。

表 16 - 6 项目现金流量表   单位：百万元

年份	有项目			无项目			增量效益	
	现金流入	现金流出	净现金流量	现金流入	现金流出	净现金流量	净现金流量	换算后净流量
1992	73.6	157.3	−83.7	73.6	122.8	−49.1	−34.7	−46.4
1993	73.3	143.8	−70.5	73.3	64.4	8.9	−80.2	−101.2
1994	127.9	223.7	−95.8	127.9	103.1	24.7	−122.3	−146.7
1995	201.5	282.4	−80.9	125.9	104.8	21.1	−102.0	−114.6
1996	240.4	182.8	57.6	92.0	77.3	14.7	42.9	45.5
1997	264.4	193.2	71.3	123.1	100.5	22.5	48.7	48.7
1998	264.4	187.2	77.3	123.1	100.5	22.5	54.7	54.7
…	…	…	…	…	…	…	…	…
2009	467.7	206.4	270.4	153.8	105.7	48.1	222.2	222.2
FIRR＝14.5%，FNPV（6%）＝280；（税后）FIRR＝8.35%，FNPV（6%）＝71.61								

项目敏感性分析表明，在销售收入下降 10% 的条件下，项目的财务内部收益率仍可维持在 7% 以上，高于项目投资的加权平均利率 3.65%。项目的盈利能力、清偿能力和抗风险能力是比较强的。

（2）项目对企业效益所产生的影响

通过企业营业利润率指标的有无对比（详见表 16-7），评价确认大坞项目的建成，使该船厂及其修船分厂的盈利水平有了很大提高。1996 年修船分厂在有项目时的销售收入是无项目时的 2.5 倍；大坞项目的营业利润率高达 37%，从而带动了修船分厂和企业财务效益指标的上扬。分析认为，由于 1995 年以来修船造船单价下滑约 20%，企业营业收入下降，如果该船厂目前还没有大坞，企业已经面临亏损的困境。因此，项目的建成对该船厂的企业效益产生了积极的影响，为企业财务效益做出了重大贡献。

表 16-7　项目效益有无对比表

		有无对比			前后对比		
		有项目	无项目	有项目：无项目	项目后	项目前	项目后：项目前
修船分厂	营业收入/万元	24 041	9 203	2.6：1	24 041	13 812	1.7：1
	营业利润率/%	29	17	1.7：1	29	31	0.9：1
某船厂	营业收入/万元	46 713	31 875	1.5：1	46 713	47 174	1.0：1
	营业利润率/%	4	−11		4	5	0.8：1

注：本表数据以 1996 年为基准，项目前的营业收入已用物价指数换算到基准年。

（3）社会效益

大坞项目建成投产后，填补了我国没有 10 万吨级修船干坞的空白，提高了我国的修船能力及在国际修船市场的竞争力，每年可创汇约 3 000 万美元。同时，项目布局合理，规模合适，缓解了华南地区修船能力紧张的状况，在促进航运业的发展、提供就业机会等方面起到了积极的作用。

5. 评价的结论和主要经验教训

（1）评价结论

某船厂大坞项目布局、规划合理，是我国华南地区第一个大型远洋轮船的修理船坞，有较强的市场竞争力。项目实施顺利，提前完工投产，实现了预期的目标。项目经济效益良好，并带动了原有企业的发展，项目是成功的（见表 16-8 和表 16-9）。

表 16-8　项目后评价逻辑框架

	原定目标	实际结果	原因分析	可持续发展的条件
宏观目标	为发展远洋海运，缓解华南地区大型修船能力不足	建立了船坞，填补了不足，缓解了修船矛盾	国家的开放政策，劳动力资源和价格优势	国家对外开放政策的延续，亚太经济和贸易的发展
项目目的	填补我国 10 万吨级船坞的空白，生产纲领：年修 1 万～10 万吨级船舶 62 艘	年修万吨级以上船 62 艘，最大为 20 万吨级的国外轮船，市场竞争力大增	我国对外贸易的增加，远洋航运事业的发展，修船行业的发达	巩固和发展大船修理的经营网络，扩大外轮修理市场
项目产出	新建 10 万吨船坞 1 座，配套码头、辅助设施等	船坞及配套辅助设施建成，工程质量和进度好，但部分设备配套不足，影响坞期	项目实施管理得力，方案优化，前期投资估算不足，工程受投资限制	改革和完善经营管理机制，增加必要设备，缩短坞期，提高效率
项目投入	投资 1.84 亿元，工期 3 年	总投资 3.64 亿元，超过原投资，工期缩短 4 个月	物价、定额收费上涨，设计施工变更，施工方案优化	设备填平补齐，加强管理，提高人员素质

表 16 - 9　项目成功度评价表

评定项目指标	相关重要性	评定等级	备注
1. 宏观目标和产业政策	重要	A	
2. 决策及其程序	重要	B	
3. 布局与规模	重要	A	
4. 项目目标及市场	重要	A	
5. 设计与技术装备水平	次重要	B	
6. 资源和建设条件	次重要	A	
7. 资金来源和投资	重要	A	
8. 项目进度及其控制	重要	A	
9. 项目质量及其控制	重要	A	
10. 项目投资及其控制	重要	A	
11. 项目经营	重要	A	
12. 机构和管理	重要	B	
13. 项目财务效益	重要	A	
14. 项目经济效益和影响	次重要	A	
15. 社会和环境影响	次重要	A	
16. 项目可持续性	重要	A	
项目总评价		A	

（2）主要经验

该船厂大坞项目一经批准开工，就采取了一些必要的措施，不失时机地大干快上，提前建成投产。项目的按期建成不仅减少了建设期的利息和其他费用，节省投资，而且必然给企业带来更多的机遇。在市场经济条件下，建设速度就是效益。

在大坞项目实施过程中十分重视技术进步，在设计、制造、施工过程中尽可能采用较为先进适用的技术和方案，势必在工程质量、进度和造价上，以及后来的生产运营中产生积极的效应。

科学严格的管理是项目成败的关键之一，大坞项目的机构设置、规章制度、监督监理机制和有责任心的管理干部是项目顺利实施的重要保证。

大坞项目布局合理，修船能力形成规模，使该船厂活力倍增。根据市场条件，依托已有大中型企业进行改扩建，使之达到经济规模是一条正确发展生产的道路。

（3）几点教训

项目前期的投资估算不能人为地加以"控制"，应该实事求是，否则将给项目在资金筹措、工程进度、生产运行等方面带来一系列困难。这是在项目决策和初步设计时亟待解决的一个重要问题。

工程地质勘探是项目前期工作的一个重要环节，如何加强这方面的工作需要认真研究解决。

设计部门的概预算资料应及时提供，以免影响投资的计划安排；竣工验收时，设计单位应按时提供竣工图，以便及时总结经验教训。

6. 建议

现有大中型企业依靠技术进步，进行有效的改扩建，实现经济规模，使之具有更强的市场竞争力，是可行的。建议在投资建设决策中更加重视这类项目的发展。

该船厂提出的填平补齐大坞机械化设备的要求是合理的，宜采用多种方式筹措资金，配套完善，使项目发挥更好的效益。

该地区除了某船厂外，还有不少不同规模的修、造船坞，建议通过地区跨部门的联合，组成综合修船能力，以便提高在国际市场上的竞争能力。

项目后评价基础资料略。

习　题

1. 什么是项目后评价？项目后评价与前评价有何区别？
2. 项目后评价的基本程序包括哪些？
3. 项目后评价的基本内容有哪些？
4. 项目后评价的基本方法有哪些？

第 17 章

价 值 工 程

"石棉事件"

第二次世界大战期间，美国的军火工业发展迅速，同时也出现原料供应紧张和奇缺等问题，一些重要的材料更难以解决，给军火工业和民用工业的生产带来很大困难。美国通用电气公司的工程师麦尔斯（L. D. Miles），由于他在设计电气新产品时对产品成本问题产生兴趣而被安排在公司采购部门，负责采购军工生产中的短缺材料。他在指定的材料或产品找不到时就设法找到性能相近、可以代用的材料，解决了战时的急需，因而在采购工作中取得了显著的成绩。

石棉板是通用电气在生产中所必须使用的材料之一，在当时不仅价格昂贵而且供应十分紧缺，严重影响了公司的正常生产运营。麦尔斯分析了石棉板的使用功能是"铺在地上，在产品喷刷涂料时，避免沾污地板和引起火灾"，能否找到一种石棉板的代用品呢？他带着问题，在市场调查中找到了一种价格低、采购容易且不燃烧的纸，用它代替石棉板垫地，同样能起到防脏防火的作用，而且还能节约大量的开支。但这一做法却不符合当时《消防法》规定，经过一番周折，终于使官方修改了《消防法》，这才允许使用代用品。麦尔斯通过分析得出：当某种原材料短缺时，只要能满足使用需要，就可以由其他材料代替。

在"石棉事件"的启发下，麦尔斯认为：在产品制造过程中也可以运用这种分析方法来发现问题和解决问题，使产品在相同功能的条件下，找出不必要的费用，然后设法消除这些费用，使成本明显下降，取得较好的经济效果。麦尔斯又把这种思想运用到产品设计中，他又发现：用户购买物品时，不是购买物品本身，而是购买物品的功能，用来满足某种需要（如石棉板和不燃纸同样能满足防止地板沾污和防火的需要），并且用户在购买物品时希望花钱最少。

麦尔斯的创造性工作，最终给公司带来了巨大的经济利益，也开创了价值工程的先河。

分析与讨论：价值工程方法是如何应用在产品开发、设计及改进中的？

技术经济学除了要评价投资项目的经济效果和社会效果外，还要研究如何用最低的寿命周期成本实现产品、作业或服务的必要功能。价值工程既是一种管理技术，又是一种思想方法。国内外的实践证明，推广应用价值工程能够促使社会资源得到合理有效的利用。

17.1　价值工程的概述

价值工程与系统工程、工业工程、质量管理、行为科学、网络计划技术并称为第二次世界大战后最重要的六大管理技术，它们的出现对于战略管理现代化发展有着重要的推动作用。价值工程方法最初被广泛应用于产品开发、设计及改进中，随后在很多领域中得到推广，价值管理的思想也随之得到普及。

1. 价值工程的产生与发展

（1）价值工程的产生

价值工程产生于 20 世纪 40 年代之后，它的出现与开篇引例中的"石棉板事件"密不可分。

麦尔斯从研究材料代用开始，大胆创新，逐渐摸索出一套特殊的工作方法，把技术设计与经济分析结合起来考虑，用技术与经济价值统一对比的标准来衡量问题。由于他采用代用材料或改变设计并不影响产品原来的功能，反而可以使产品的成本大大降低，收到技术上合理、经济上划算的效果，把"以最低的费用向用户提供必需的功能"作为产品设计的依据，这种创造性的工作，对整个公司来说意义颇大，因此公司指定他带领一部分人去进行专门研究。他从研究材料代用到研究产品改进，进而研究在新产品设计中应用，随着范围逐渐扩大而发展成为一项提高功能、降低成本的系统方法。

1947 年，麦尔斯在《美国机械师》杂志上以《价值分析》为题发表了研究成果，"价值分析"正式产生。1959 年，麦尔斯协助创办了美国价值工程协会（SAVE）并担任首届主席。1961 年，麦尔斯的《价值分析和价值工程技术》一书正式出版并被翻译成十几种文字。由于在价值工程方面的杰出贡献，麦尔斯被誉为"价值工程之父"。

（2）价值工程的发展

价值工程产生后，立即引起了美国军工部门和大企业的浓厚兴趣，以后又逐步推广到民用部门。

1954 年，美国海军部首先制定了推行价值工程的计划。美国海军舰船局首先用这种方法指导新产品设计并把价值分析改名为价值工程。1956 年正式用于签订订货合同，即在合同中规定承包厂商可以采取价值工程方法，在保证功能的前提下改进产品或工程项目，节约下来的费用的 20%～30%归承包商，这种带有刺激性的条款有力地促进了价值工程的推广，美国海军部在应用价值工程的第一年就节约了 3 500 万美元。据报道由于采用价值工程，美国国防部在 1963 年财政年度节约支出 7 200 万美元，1964 年财政年度节约开支 2.5 亿美元，1965 年财政年度节约开支 3.27 亿美元，到了 1969 年，就连美国航天局这个最不考虑成本的部门也开始培训人员着手推行价值工程。

在军工企业大力推广价值工程之时，民用产品也自发地应用价值工程，在美国内政部垦荒局系统、建筑施工系统、邮政科研工程系统、卫生系统等得到广泛应用。

由于国际市场的扩大和科学技术的发展，企业之间的竞争日益加强，价值工程的经济效果是十分明显的，因而价值工程在企业界得到迅速发展。20 世纪 50 年代，美国福特汽车公司竞争不过通用汽车公司，面临着失败倒闭的危险，麦克纳马拉组成一个班子，大力开展价值工程活动，使福特汽车公司很快扭亏为盈，因而麦克纳马拉也就成为福特汽车公司第一个非福特家族成员的高层人士。

价值工程不仅为工程技术有关部门所关心，也成为当时美国政府所关注的内容之一。1977 年美国参议院第 172 号决议案中大量列举了价值工程应用效果，说明这是节约能源、改善服务和节省资金的有效方法并呼吁各部门尽可能采用价值工程。1979 年美国价值工程师协会（SAVE）举行年会，卡特总统在给年会的贺信中说："价值工程是工业和政府各部门降低成本、节约能源、改善服务和提高生产率的一种行之有效的分析方法。"

1955 年，日本派出一个成本管理考察团到美国，了解到价值工程十分有效，就引进采用。1960 年，价值工程首先在日本的物资和采购部门得到应用，而后又发展到老产品更新、新产品设计、系统分析等方面。1965 年，日本成立了价值工程师协会（SJVE），价值工程得到了迅速推广。

价值工程在传入日本后，又传到了西欧、东欧、苏联等一些国家，他们有的还制定了关于价值工程的国家标准，成立了价值工程或价值分析的学会或协会；在政府技术经济部门和企业界推广应用价值工程，也都得到不同程度的发展并收到了显著成效。

（3）价值工程迅速发展的背景与原因

价值工程从产生至今，能够迅速推广和发展，不是偶然的，而是有它的客观背景和内在原因。

价值工程首先在美国产生并迅速发展起来。第二次世界大战中，美国政府向企业订购军火，所注重的是武器的性能和交货期，这种不顾成本、浪费资源的现象一直持续到战后。无论政府还是其他用户都不会以成本补偿方式支付生产费用，价值工程在美国得到迅速发展，其历史背景和经济条件在于：一方面随着国际市场的扩大和科技的发展，企业之间的竞争日益加剧，促使企业必须运用价值工程来提高产品竞争能力；另一方面，美国由于扩军备战，发动战争，尖端武器和核竞赛要求增加军工生产，国内人民的反抗又不允许国防开支无限上升。

价值工程在其他国家也得到了飞速发展。一是在 20 世纪六七十年代各国工业有了新发展，使得材料供应日趋紧张，如何解决材料奇缺问题成为了各国的重要课题，价值工程的应运而生为研究材料代用、产品改型、设计改进等问题提供了系统的方法。二是国际交通运输日益发达，企业间竞争更为剧烈，产品要立足市场，不但要降低成本、售价，而且还要实现同样的功能，因而价值工程代替了以往的那种点滴节约，成为达到竞争要求的新方法。三是科技飞速发展，新材料、新工艺不断涌现，为设计人员改进旧方法，采用新材料、新工艺，提供了现实的可能性。

价值工程之所以能得到迅速推广，是因为它给企业带来了较好的经济效益，其内在的原因主要有两方面：一方面是传统的管理方式强调分系统，造成人为的割裂，管理人员注重经营效果，侧重产品产量和成本，而技术人员只管技术设计，侧重产品性能方面的考虑，加上设计者个人考虑，自然会提高设计标准，特别是诸如保险系数、安全系数等标准，这就形成了技术与经济脱节的状态，而价值工程则着眼于从两方面挖掘潜力达到最佳经济效益，是符合现代化生产和现代科技发展规律的有效方法；另一方面，传统的人才培训方法也是分割的、孤立式的，而价值工程则是二者合理的结合，以求得最佳价值。

总之，价值工程是随着现代化工业产品和科学技术的发展，随着人类经营管理思想的进步而在实践中创立和发展起来的。半个世纪以来，它已为美国国民经济的持续增长作出了卓越的贡献。

2. 价值工程的基本概念

1）价值工程

价值工程（value engineering，VE），亦称价值分析（value analysis，VA），是通过各相关领域的协作，着重于功能分析，力求用最低的寿命周期成本，可靠地实现对象（产品、作业或服务等）的必要功能的有组织的创造性的活动[①]。这一定义概括地表述了价值工程的特点。

（1）以寻求最低的寿命周期成本实现产品或作业的功能为目标

企业正在生产或正在研制的产品，其功能成本由于科技日新月异的进步、消费者需求的不断变化与理想状态有一定现实差距。如何对产品的功能与成本进行较理想的选择，始终是企业面临的重要课题。价值工程不是单纯地强调提高功能，也不是片面地要求降低成本，而是致力于功能与成本的合理结合。同时，价值工程的前提是确保必要的功能，这样也克服了只顾功能而不计成本的盲目做法。实际上，价值工程就是要使项目乃至整个社会的人力、财力、资源得到合理的利用。

（2）以功能分析为核心

产品的价值在于满足用户需求的特有功能。就产品而言，必须具备必要的功能，但由于设计制造等的不完善，也可能存在一些不必要的功能，即多余的功能，这必将造成产品不必要的成本。功能分析是分析产品怎样使用更少的人力、物力消耗，满足用户需要的功能，通过功能分析，可以正确地确定产品的基本功能，合理地结合使用功能和美观功能，去掉或削弱产品的多余功能，改进产品的设计，以求降低成本，最终提高产品的价值。以功能分析为核心，不受现有产品的约束，因而可以做出根本性的变革，促进新技术、新工艺、新产品的出现与应用[②]，可以改进产品的结构，突破原材料的最低界限，从而使产品成本大幅度降低，如图 17 - 1 所示。

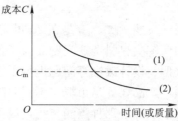

图 17 - 1　靠不同节约方法的成本降低图 C_m 表示产品的材料费用

（1）是靠改善加工方法或降低管理费的成本节约线；

（2）是靠价值分析、改进产品设计的成本节约线。

---

① 我国国家标准（GB/T 8223.1—2009）中是这样定义的："价值工程是通过各相关领域的协作，对所研究对象的功能与费用进行系统分析，不断创新，旨在提高所研究对象价值的思想方法和管理技术。"

② 例如，电子计算机取代算盘实现计算的功能，如果仅从算盘的产品结构上怎么分析都不会诞生电子计算机的。

（3）价值工程是有组织的活动

价值工程是贯穿于产品整个寿命周期的系统方法，从产品研究、设计到原材料的采购、生产制造及推销和维修，都有价值工程的工作需要做；而且它涉及面广，涉及一个单位的许多部门和各种专业人员，因此必须依靠有组织的集体努力去完成。开展价值工程活动，要组织设计、工艺、供应、加工、管理、财务、销售以至用户等各方面的人员参加，运用各方面的知识，发挥集体智慧，博采众家之长，从产品生产的全过程来确保产品的功能，降低成本。

（4）活动领域上侧重于产品的研制设计阶段

价值工程应用的重点放在产品的研制设计阶段，因为产品的功能和成本 70％主要取决于这个阶段。一旦设计图纸付诸实践，在生产阶段改变工艺和设备、调整劳动组织等所需的成本会成倍增长，技术经济效果必然受到严重影响，所以设计上的浪费是最大的浪费。

2）功能（function）

功能是研究对象能满足某种需求的一种属性。具体来说，功能就是功用、效用、效能。根据概念的不同特性，分类如下。

（1）使用功能（use function）和美学功能（esteem function，又称品味功能）

功能按照其性质可以划分为使用功能和美学功能，不同的产品对二者有不同的要求和侧重。使用功能是对象所具有的与技术经济用途直接有关的功能；美学功能是与使用者的精神感觉、主观意识有关的功能，如美观、豪华等。例如建筑物中使用的输电暗线和地下管道等，只需要使用功能，而完全不需要美观功能，因此不应该在外观功能上多花费资金。相反，如工艺美术品和装饰品等则要求美观功能。某些产品需要使用功能和美观功能两者兼备，例如服装、室内家具和灯具等，为了增加这类产品在市场上的竞争能力，满足人们美的要求，必须重视它们的外观功能并投入适当的成本。

（2）基本功能（basic function）和辅助功能（supporting function）

功能按照其重要程度可以划分为基本功能和辅助功能。基本功能是决定对象性质和存在的基本要素；辅助功能是为更好实现基本功能而附加的一些因素。一般来说，基本功能是必要的功能，而辅助功能则要看使用者的要求，有些辅助功能可能对有些使用者来说有用，但对某些使用者却没有用。例如，手表的基本功能是计时准确，另外在手表中还常附加有夜光、防震、防水和防磁等辅助功能，它们的作用是为了更可靠地显示时间，是由设计者根据使用者的不同要求而添加的，但是对于不接触磁场的使用者来说，防磁可能是多余的功能，夜光对于某些使用者来说也可能是多余的功能。

（3）必要功能（necessary function）和不必要功能（unnecessary function）

功能按照用户对其要求可以划分为必要功能和不必要功能。必要功能是为满足使用者的要求而必须具备的功能；不必要功能是与满足使用者的需求无关的功能。必要功能与不必要功能是相对而言的，它不是设计者主观所能决定的，而要以用户为标准。同时，功能的必要性也不是一成不变的，它随科技和环境因素而变化，是一个动态的概念。价值工程的目的就是要保证用户的必要功能，发现和剔除不必要功能。不必要功能的具体表现又有三种：多余功能、重复功能和过剩功能。

3）寿命周期成本（life cycle cost，LCC）

寿命周期成本是指产品设计、制造、使用全过程的耗费，包括生产成本和使用成本两部分，如图 17-2 所示。生产成本是指产品从研发到用户手中为止的全部费用。对于用户来说，生产成本可以理解为购买产品所需要的购置费用。使用成本是用户在使用产品过程中所支付的费用总和，包括产品的运输、安装、调试、管理、维修、能耗等方面的费用。

寿命周期成本＝生产成本＋使用成本

即

$$C=C_1+C_2$$

式中：C——寿命周期成本；

　　C_1——生产成本；

　　C_2——使用成本。

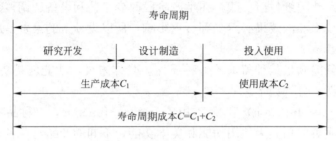

图 17-2　产品寿命周期成本图

寿命周期成本的高低和产品功能水平具有内在联系。一般来说，在技术经济水平不变的条件下，随着产品功能（质量）的提高，生产成本呈上升趋势，而产品质量的提高，又使产品在使用中的维修费用呈下降趋势，寿命周期成本则呈倒"U"形变化，两者之间的变化关系如图 17-3 所示。寿命周期成本有一个最低点 C_0，产品功能则相应有一个最适宜水平 F_0，价值工程就是要努力寻求寿命周期成本的最低点。

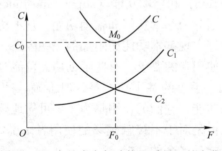

图 17-3　产品成本与功能（质量）的变化关系

4）价值（value）

价值工程中的价值是指对象所具有的功能与获得该功能的全部费用之比。它不是对象的使用价值，也不是对象的交换价值，而是对象的比较价值，用公式表示为

$$价值＝\frac{功能}{成本}$$

即

$$V=\frac{F}{C} \tag{17-1}$$

需要强调的是，这里的功能是用户所需的必要功能，成本是产品的寿命周期成本。产品

价值的高低表明产品合理有效利用资源的程度和产品物美价廉的程度。凡是成本低而功能大的产品其价值就高，反之则价值就低。价值高的产品是好产品，价值低的产品是需要改进或淘汰的产品。由于"价值"的引入，产生了对产品的新的评价方式，即把功能与成本、技术与经济结合起来进行评价，并且对价值能够作出定量的分析。

价值的提高取决于功能和费用两个因素，提高价值可以通过以下 5 种途径，具体见表 17 - 1。

表 17 - 1　提高价值的途径表

	功能 F	成本 C	价值 V	特点
第一途径	↑	→	↑	改进型
第二途径	→	↓	↑	节约型
第三途径	↑	↓	↑ ↑	双向型
第四途径	↑ ↑	↑	↑	投资型
第五途径	↓	↓ ↓	↑	牺牲型

① 成本不变，功能提高，则价值提高。新产品开发向美化和成套化方向发展多属此类。所谓美化，即产品在作为一种消费品的同时又是一件艺术品，给人以美的享受，如色彩新颖的自行车、造型美观的电风扇等。所谓成套化，是指新产品的成套生产和销售，可以给用户带来很大的方便，如成套的室内家具。

② 成本下降，功能不变，则价值提高。产品向微型化发展多属此类。微型化的结果使产品功能不变而体积缩小，重量减轻，成本下降，如电子计算机、电子仪表、照相机等。产品向节能化、标准化发展也会导致这种结果。

③ 成本有所提高，功能大幅度提高，则价值提高。产品向多能化发展多属于此类。所谓多能化，指的是增加产品的用途，做到一机多能、一物多用，如多功能组合机床、带电唱机的收录机等，新款电子产品、手机的开发多属于此种类型。

④ 成本大幅度下降，功能略有下降，则价值提高。产品向低值易耗化发展时，因为产品是一次性的，坏了就扔，因而可以免受使用寿命等因素的限制，采用价格相对较低的材料和节约维修费用的方法，大大降低了成本。

⑤ 成本下降，功能提高，则价值提高。这是最理想的情况，随着科学技术的发展，不断有新工艺、新材料问世，为新产品开发向这一方向发展提供了广阔的前景。塑料替代金属材料、废物的综合利用都是很典型的例子。

17.2　价值工程的分析过程

1. 价值工程的工作程序

价值工程活动过程，是一个发现问题、分析问题、解决问题的过程，一般包括准备阶段、功能分析与方案创造阶段和方案实施阶段。价值工程的一般工作程序如表 17 - 2 所示。

由于价值工程的应用范围广泛，其活动形式也不尽相同，因此在实际应用中可参照这个工作程序，根据对象的具体情况，应用价值工程的基本原理和思想方法，考虑具体的实施措施和方法步骤。但是对象选择、功能分析、功能评价和方案创新与评价是工作程序的关键内容，体现了价值工程的基本原理和思想，是不可缺少的。

表 17 - 2　价值工程一般工作程序

价值工程工作阶段	设计程序	工作步骤		价值工程对应问题
		基本步骤	详细步骤	
准备阶段	制定工作计划	确定目标	1. 对象选择	1. 这是什么？
			2. 信息搜集	
分析阶段	规定评价（功能要求事项实现程度的）标准	功能分析	3. 功能定义	2. 这是干什么用的？
			4. 功能整理	
		功能评价	5. 功能成本分析	3. 它的成本是多少？
			6. 功能评价	4. 它的价值是多少？
			7. 确定改进范围	
创新阶段	初步设计（提出各种设计方案）	制定改进方案	8. 方案创造	5. 有其他方法实现这一功能吗？
	评价各设计方案，对方案进行改进、选优		9. 概略评价	6. 新方案的成本是多少？
			10. 调整完善	
			11. 详细评价	
	书面化		12. 提出提案	7. 新方案能满足功能要求吗？
实施阶段	检查实施情况并评价活动成果	实施评价成果	13. 审批	8. 偏离目标了吗？
			14. 实施与检查	
			15. 成果鉴定	

2. 对象选择

1）价值工程对象选择的原则

一个企业往往生产许多产品，而一个产品又由许多零部件组成。因此，企业不可能也没有必要对全部产品或产品的全部零部件进行价值分析。为了提高价值工程活动的效果，就必须选择价值工程分析的对象。价值工程的对象选择过程就是逐步收缩研究范围，寻找目标，确定主攻方向的过程。为此，选择价值改善对象时，应遵循下列两大原则：优先考虑与企业的生产经营、长远规划相一致或对国计民生有重大影响的项目；优先选择改进潜力大、效益高、成功可能性大的产品或项目。

2）价值工程对象选择的方法

价值工程对象选择的方法很多，下面着重介绍经验分析法、百分比法、ABC 法和价值指数法等。图 17 - 4 是价值工程对象选择主要的考虑因素。

（1）经验分析法（因素分析法）

这是一种定性分析的方法，它是利用一些有丰富经验的专业人员和管理人员对企业在设计、加工、制造、销售等方面存在问题的经验和掌握的大量信息，对各种影响因素进行综合分析，找出关键因素，并把那些存在关键问题的产品或零部件作为研究对象。

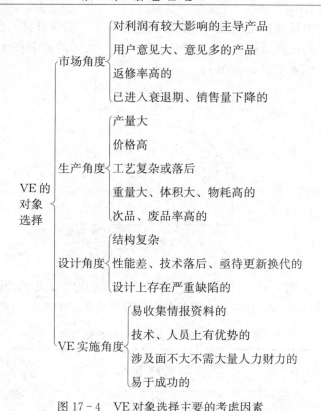

图 17-4　VE 对象选择主要的考虑因素

该方法的优点是简便易行，考虑问题综合全面；缺点是缺乏定量分析，在分析人员经验不足时容易影响结果的准确性，但用于初选阶段是可行的。

（2）百分比法

百分比法是通过分析各对象，对企业的某个技术经济指标的影响程度大小（百分比）选择改善对象的方法。例如，某企业煤、电能源消耗较大，迫切需要降低。从哪一方面着手呢？通过对一定时期能耗统计资料的分析，得出生产车间、辅助车间、管理设施、生活设施各自的能源消耗量（标准煤）占企业能源消耗量总和的百分比，如表 17-3 所示。百分比值大的，对企业能耗的影响较大。比较表中各项百分比的大小，优先从生产车间的产品Ⅱ、产品Ⅳ开始开展 VE 活动，可以有效地达到控制和降低企业能耗的目的。

表 17-3　企业不同部门能耗表

生产车间				辅助车间	管理设施	生活设施	Σ
产品Ⅰ	产品Ⅱ	产品Ⅲ	产品Ⅳ				
11%	23%	18%	20%	15%	8%	5%	1

（3）ABC 分类法

ABC 分类法是基于帕累托分布规律而产生的一种方法。从长期统计中发现，产品成本同样服从帕累托分布规律，即在产品中，10% 的产品或零部件数，其成本大约占总成本的 60%～70%，可以划为 A 类；20% 的产品或零部件，其成本大约占总成本的 20%，可划为 B 类；其余 70% 左右的产品或零部件，其成本只占 10% 左右，可划为 C 类，具体如表 17-4

所示。价值工程的对象选择正是利用成本分布的这一规律，把项目或产品的所有部分的投资或成本按照从大到小的顺序排列起来，选出前面 10%～20% 的部分作为价值工程的重点对象，这种方法侧重于成本分成，如图 17-5 所示。

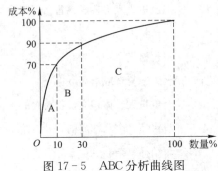

图 17-5　ABC 分析曲线图

根据对象对某项技术经济指标的影响程度和对象数量的比例大小两个因素，将整体中的所有对象分成主次有别的 A、B、C 三类，其目的是明确整体中"关键的少数和次要的多数"。

表 17-4　ABC 分类的两指标数值参考

类别	$\left(\dfrac{类种数}{总种数}\right)$类种数百分比	$\left(\dfrac{类种数}{总种数}\right)$类成本百分比
A 类	10%左右	70%左右
B 类	20%左右	20%左右
C 类	70%左右	10%左右

ABC 分析法的步骤是：将零部件按成本大小依次排队，根据零件排队的累计件数，求出占全部零件总数的百分比，根据零件累计成本，求出占总成本的百分比；将全部零件划分为 A、B、C 三类，首先以 A 类，其次再以 B 类为 VE 对象。

ABC 分析法的优点是能抓住重点，把数量少而成本大的零部件或工序选为 VE 对象，利于集中精力，重点突破。ABC 分析法的缺点是在实际工作中，由于成本分配不合理，常会出现有的零部件功能比较次要而成本高，而有的零部件比较重要而成本却低，致使后一种零部件不能被选为 VE 对象，提高功能水平。

（4）价值指数法

根据价值的表达式 $V=\dfrac{F}{C}$，在产品成本已知的基础上，将产品功能定量化，就可以计算出产品的价值，然后根据价值指数的大小来确定价值工程的研究对象。

如果价值系数小于 1，说明产品或部件重要程度小而成本高，应作为研究对象；如果价值系数大于 1，说明产品或部件重要程度大而成本低，可作为研究对象；如果价值系数等于 1，说明产品或部件重要程度与成本相当，不作为研究对象；如果价值系数等于 0，说明构配件不重要，可以取消或合并。

在应用该法选择价值工程的对象时，应当综合考虑价值指数偏离 1 的程度和改变幅度，优先选择价值系数小于 1 且改进幅度大的产品。

（5）寿命周期分析法

对一个企业而言，无论哪一种产品，都有一个从研制、生产、使用直至被淘汰的过程，我们称之为产品的寿命周期。不同阶段，产品的销售量和盈利状况会有很大差别，企业所采取的策略也不同，产品的寿命周期如图 17-6 所示。

从图中可看出，一个产品的整个发展过程分为四个阶段。

① 投入期。投入期的特点是增长率不稳定，增加的幅度也小。此时，价值工程分析的重点是如何使产品获得较好的工艺性，努力实现用户所要求的功能。

② 生长期。销售量迅速增长，已投入一定量的资金，并将继续投资，竞争开始加剧。此时价值工程应选择成本高、竞争激烈的产品作为价值分析的对象。

③ 成熟期。销售增长率逐步下降，企业为了保证利润，进行广告宣传。价值工程应着重新产品的研制，同时应对产品进行改进，以延长其寿命周期。

④ 衰退期。产品一旦进入衰退期，销售量迅速下降，各企业纷纷转产。这时价值工程的对象应以用户要求为基准研究老产品的价值改善，以图延长寿命周期。

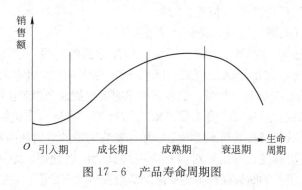

图 17-6 产品寿命周期图

3. 情报收集

情报资料是价值工程实施过程中进行价值分析、比较评价和决策的依据。价值工程活动是一项技术与经济的综合分析、研究活动，涉及面广，所需的情报内容广。整个价值工程是以提高价值为主要目的，价值工程的每一步活动都有自己的目标，为实现目标所采取的行动或决策都离不开情报资料，收集的资料越全面越有价值，确定出好的方案的可能性越大。因此，在一定意义上可以说 VE 成果的大小取决于信息收集的质量、数量和适宜的时间。

（1）用户方面的情报

① 用户使用产品的目的、使用环境、维护保养条件等。

② 用户对产品性能及外观方面的要求。

③ 用户对产品价格、交货期限、配件供应、技术服务方面的要求。

④ 用户对产品可靠性、安全性、操作性和寿命的要求。

（2）市场方面的情报

① 产品产销数量的演变，目前产销情况与市场需求量的预测。

② 产品竞争的情况。目前有哪些竞争的厂家和竞争的产品，其产量、质量、销售、成本、利润、用户反映、市场划分和市场占有率等情况。同类企业和同类产品的发展计划，拟增加的投资额、重新布点、改扩建或合并调整的情况。

（3）制造和供应方面的情报

① 产品加工方面的信息。生产批量、生产能力、加工方法、工艺装备、检验方法、废次品率、厂内运输方式、包装方法等情况。

② 原材料及外购件种类、质量、数量、价格、材料利用率等情况。

③ 供应与协作单位的布局、生产经营情况、技术水平与成本、利润、价格等情况。

④ 厂外运输方式及运输经营情况。

（4）产品技术方面的情报

① 现有产品的研制设计历史和演变。

② 本企业产品和国内外同类产品的有关技术资料，如图纸、说明书、技术标准、质量调查等。

③ 有关新结构、新工艺、新材料、新技术、标准化和三废处理方面的科技资料。

④ 有关技术法规和标准的要求等。

（5）产品成本方面的情报

产品及零部件的定额成本、工时定额、材料消耗定额、各种费用定额，材料、配件、半成品价格及厂内劳务的厂内计划价格等。

（6）政府和社会有关部门法规、条例等方面的信息

包括政府的有关法规、条例、政策、环境保护等方面的情报。了解这方面的内容是为了使企业的生产经营活动，包括开展价值工程活动与国民经济的发展方向协调一致。

需要收集的情报信息很难——列举，但收集信息时要把握四个原则：目的性、计划性、可靠性、适时性。所谓目的性，就是以价值工程的对象为目标，将与其有关的信息资料尽量收集齐全；所谓计划性，就是收集情报资料不能漫无边际，要有明确的范围和内容，编制好计划，并有步骤地逐步实现；所谓可靠性，就是要对信息资料的真伪加以处理，做到去伪存真；所谓适时性，就是只有需要情报资料的时候保证得到所需的情报资料才有价值，才能适应决策的需要。

4. 功能分析

功能分析是价值工程的核心和基本内容，主要包括功能定义、功能整理和功能评价三部分内容。通过功能的定义与整理，明确改善对象的功能及功能之间的关系，弄清功能系统，为进一步的功能评价和方案创造打下基础。其目的就是在满足用户基本功能的基础上，确保和增加产品的必要功能，剔除或减少不必要功能。

1）功能定义

功能定义是把产品及零部件的功能用准确简洁的语言加以描绘，以限定其内容，区别于其他事物。

功能定义必须回答"它是做什么用的"的问题。功能定义作为价值工程的一种特殊的方法，最终要达到以下目的。

① 明确用户要求。价值工程的根本问题是摆脱以事物（产品结构）为中心的研究转向以功能为中心的研究，这是价值工程取得成功的必要条件。要实现这一点，就必须进行功能定义，彻底搞清并准确把握用户所需要的功能。

② 开阔创新思路。价值工程的目的就是要创造出价值更高的方案来，要摆脱现有结构的框框，从功能出发，开阔设计思路。

③ 便于功能整理和评价。功能评价是比较零部件的功能与成本的关系，看其是否相配。评价是针对功能进行的，只有进行功能定义，才能把功能定量地表达出来，否则功能评价就

无法进行。

对功能下定义要体现功能定义的目的，即用简洁的语言表达功能；定量地表达功能；为达到开阔思路而抽象地表达功能。

① 功能定义一般采用"两词法"——用两个词组成的词组来定义改善对象所承担的功能。通常，"两词法"的具体表现形式是：一个动词和一个名词所构成的动宾词组型功能定义。例如：

主语	谓语	宾语
（产品或零部件）	（动词＋名词）	
车床	车削	工件
传动轴	传递	力矩
钟表	显示	时间
电线	传导	电流

② 动词要尽量采用抽象的词汇。动词用得好，进行方案创造时思路就开阔，反之就会限制思路，不利于提出好的方案。例如，在对钻孔这一用户需要进行功能定义时，就可有多种定义，如下所示。

钻孔　　　　　　　　打孔　　　　　　　　　　　　　　作孔
钻床　　　钻床、冲床、激光打孔　　　铸造、镗床、钻床、冲床、激光打孔

定义得越抽象，思路越开阔，如果将其定义为钻孔，则立即会想到钻床；若定义为打孔，则会想到，不仅钻床可打孔，激光、冲床均可打孔；若再定义为作孔，则除钻、冲、打外，铸造、镗床也可以作孔。

③ 名词要尽量采用可测定的词汇，并站在物的立场上，这样有利于对功能进行定量化。例如，电线定义为"传电"就不如"传递电流"好，桌腿定义为"支撑重量"要好于"支撑桌面"。表 17-5 是小型手电筒的功能定义。

表 17-5 小型手电筒的功能定义

编号	零件	零件功能
1	盖	连接导体
2	灯泡	发光，支撑灯丝，流通电流
3	开关	接通触电，切断触电
4	开关弹簧	构成触电，构成回路，流通电流
5	止动弹簧	构成触电，构成回路，流通电流
6	外壳	容纳电池，固定底板
7	底簧	保持接触，流通电流

从定义中可以看出，同一零件可以有几个功能，而一个功能又可由几个零件来完成。

2）功能整理

功能整理是对定义出的功能进行系统分析、整理，明确功能之间的关系，分清功能类别，建立功能系统图。一个产品从结构上来说就是一个系统，由各个零部件组成；从另一个角度讲，一个产品又是一个功能系统，由各零部件的功能组成。功能整理回答和解决"它的功能是什么"这样一个问题，从而分清各构成要素功能之间的关系，从局部功能和整体功能

的相互关系上分析研究问题，达到把握必要功能的目的。

（1）功能整理的方法

各个零部件之间存在一定的逻辑关系，它们就在这些逻辑关系中发挥作用，所以都有存在的目的；反之，每个功能若能实现，必须由其手段来保证。根据功能之间的逻辑关系进行功能整理可有两种方法。

① 从产品的最终目的寻找手段。可以提出这样的问题："此功能是通过什么办法实现的？"由此追问出其手段功能，然后一步步提出问题，最终将其全部功能整理出来，此种方法多用于新产品的开发设计，因为一般的新产品并无固定结构，通常是用户提出对最终功能的要求。

② 从产品的具体结构即最终手段寻找目的。提出这样的问题："此功能的目的是什么？"以此推出其目的功能，再以目的功能为手段，进一步提问，直至找到最终功能为止。通常在老产品的更新改造中使用这种方法，因为老产品改造，许多是从某一具体存在的问题入手分析的。

（2）功能整理的步骤

① 分析产品的基本功能和辅助功能。依据用户对产品的功能需求，找出基本功能，并把其中最基本的排出来，它就是最上位功能。基本功能一般总是上位功能，它通常可以通过回答如下问题来判断：取消这个功能，产品本身是不是就没有存在的必要了？对于功能的主要目的而言，它的作用是否必不可少？这个功能改变之后，是否要引起其他一连串的工艺和构配件的改变？如果回答是肯定的，这个功能就是基本功能。除了基本功能，剩下的功能就是辅助功能了。

② 明确功能的上下位和并列关系。在一个系统中，功能的上下位关系就是指功能之间的从属关系，上位功能是目的，下位功能是手段。需要指出的是，目的和手段是相对的，一个功能，对于它的上位功能来说是手段，对于它的下位功能来说又是目的。

③ 排列功能系统图。在弄清功能之间的关系之后，就可以着手排列功能系统图。所谓功能系统图，就是产品应有的功能结构图。在图中，上位功能在左，下位功能在右，以此排列，整个图形呈树形由左向右扩展、延伸，如图 17-7 所示。

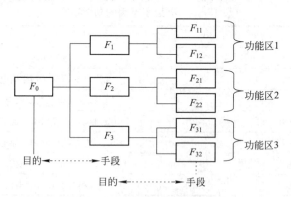

图 17-7　功能系统图基本模式

在功能系统图中，全部功能划分为几个功能区域，某功能及其分支全体为一功能域或功能范围。图 17-8 为小型手电筒的功能系统图。

（3）功能整理的意义

① 掌握必要功能。功能整理是要彻底找出分析对象的各功能的上位功能，通过对功能整理结果的分析会使必要功能更加明确，而且通过功能系统图可以明确地把功能的重要性凸

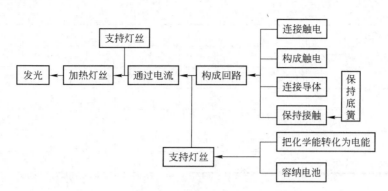

图 17 - 8　小型手电筒的功能系统图

显出来，这样就能够帮助分析者更准确地把握必要功能。

② 消除不必要功能。在功能整理的过程中，可能会出现没有上位功能的功能，这一功能就可以认为是不必要功能，可剔除之。

③ 把握价值改善的功能领域。在研究产品的改善措施时，通常要抛开原产品的设计结果，以功能范围为对象，这样才能大幅度地提高产品的价值。而只有画出功能系统图才会明确其功能范围，不至于牵一发而动全身，造成不必要的浪费。

④ 明确改善对象的等级。从功能系统图中可知，功能是逐级得以实现的。如果不进行功能整理，就不知道要改善的功能处于哪个位置。一般越接近上位功能，改善后价值提高的幅度越大，所以功能整理还可以帮助我们选择靠近上位的功能作为价值改善的对象。

5. 功能评价

功能定义和功能整理只能搞清功能系统及其范围，不能确定改善应从何入手，而功能评价就是要解决此问题。所谓功能评价，是要回答"价值是多少"的问题，从价值公式 $V=F/C$ 中可知，求 V，必须先求 F 和 C，因此功能评价包括相互交织、相互联系的价值评价和成本评价两个方面。在实际比较时，成本即为某功能的现实成本，功能应定义为实现必要功能的最低成本。

$$价值 = \frac{实现必要功能的最低成本}{实现现有功能的现实成本} \qquad (17-2)$$

从价值公式和功能评价的概念中可知，若进行功能评价，必须求出三个量：功能评价 (F)、功能的现实成本 (C)、功能的价值 (V)。下面分别介绍这三个量的具体求法。

1）功能成本分析——计算功能的现实成本 (C)

企业中的成本核算，一般是以产品或产品的零部件为对象的，因此要找到产品或零部件的成本比较容易实现。价值过程分析对象是功能，同一零件具有几个功能，而一个功能可能会由几个零件来完成。若求某个功能的现实成本就有困难，需要采用功能成本分析的方法，具体步骤如下。

① 将价值工程分析对象的组成部分（部件或零件）及它们的成本列入表中，如表 17 - 6 所示，本例中产品共有 A、B、C、D、E 五个零件，其总成本为 1 080 元。

表 17 - 6　功能成本分析表

产品的组成部分			功能领域					
序号	零件名称	零件成本	F_1	F_2	F_3	F_4	F_5	F_6
1	A	300	△/100		△/100			△/100

续表

产品的组成部分			功能领域					
序号	零件名称	零件成本	F_1	F_2	F_3	F_4	F_5	F_6
2	B	500		△/50	△/150	△/200	△/100	
3	C	60				△/40		△/20
4	D	80	△/40	△/30			△/10	
5	E	140	△/50	△/60			△/30	
合计	—	1 080	190	140	250	240	140	120

② 对照功能系统图，将功能系统图中彼此独立的功能领域的上位功能记入功能领域栏，本例中共有 F_1、F_2、F_3、F_4、F_5、F_6 六个功能领域。

③ 分析各零件，看其在这六个领域中各有无作用，并做记号。例如，A 零件在 F_1、F_3、F_6 三个功能领域发挥作用，分别记入这三个功能领域。

④ 将各处零件的成本按其作用的功能领域进行分摊。例如，A 零件的成本为 300 元，在 F_1 功能领域为 100 元，在 F_3 为 100 元，在 F_6 为 100 元，具体的分摊方法需要进行估计、折算。

⑤ 将某个功能领域的成本合计求出总的各功能的成本，如 F_1 功能的成本为 $100+40+50=190$（元）。

2）功能重要度系数法——确定功能评价值（F）

功能评价，即是实现用户要求的必要功能的最低成本，是个理论数值，实际上准确确定它是很困难的，因此价值工程中，通常是计算一个近似值来替代它。用户总是要挑选价廉物美的产品，力求用最少的钱买到同样的功能。因此，质高、价廉、成本低就成了人们追求的目标。这一"最低成本""最低能耗"就可以视为该产品的功能值，计算功能评价值近似值的方法很多，这里介绍一种常用的计算方法——功能重要度系数法。

功能重要度系数法（强制确定法）是一种间接评价的方法，通过衡量各功能的重要程度，用打分的方法，求出它们的功能所占总功能的权数，以此来确定功能评价值。其具体步骤如下：确定产品的目标成本 C^*，令其为总功能值 F；确定各分功能 F_i 的重要度，定出重要度系数 $f_i\left(\sum f_i=1\right)$；按重要度分摊目标成本，得出各分功能值 $F_i=C^*\times f_i$。因此，要求 F，就要解决两个问题：产品整体的目标成本和功能重要度系数。

（1）目标成本的确定

目标成本既要有先进性，即必须通过努力才能达到；又要有可行性，即有可能实现。根据尽可能收集到的同行业同类产品的情况，从中找出最低费用作为该产品的目标成本，是最理想状态下的成本。这种方法看似不太科学，较粗略，但简便易行，是价值工程中计算功能评价值较常用的一种方法。

（2）功能重要度系数的确定

首先将产品功能划分为几个功能区域，并根据功能区域的重要程度和复杂程度，确定各个功能区域的功能重要性系数，然后将产品的目标成本按功能重要性系数分配给各功能区作为该功能区的目标成本，即功能评价值。确定功能重要度的方法有以下几种。

① 0-1 确定法（强制确定法）。这种方法是将功能一一对比，重要的得 1 分，不重要的得 0 分，如某产品共有 8 个功能，其功能的重要程度顺序为 D、A、B、H、C、F、E、G，

产品的目标成本为 4 050 元，可用 0－1 评分法对各功能打分，就形成表 17－7 的评分矩阵。

表 17－7 功能重要度系数计算表

功能	A	B	C	D	E	F	G	H	得分合计	f_i	目标成本
A	\	1	1	0	1	1	1	1	6	0.214	867
B	0	\	1	0	1	1	1	1	5	0.179	725
C	0	0	\	0	1	1	1	0	3	0.107	433
D	1	1	1	\	1	1	1	1	7	0.250	1 012
E	0	0	0	0	\	0	1	0	1	0.036	146
F	0	0	0	0	1	\	1	0	2	0.071	288
G	0	0	0	0	0	0	\	0	0	0	0
H	0	0	1	0	1	1	1	\	4	0.143	579
合计									28	1.00	4 050

为避免最不重要的功能得 0 分，可将各功能累计的分加 1 进行修正，用总分分别除各功能累计得分即得到重要度系数 f_i。

② 0－4 评分法。0－1 评分法重要程度差别仅为 1 分，不能拉开档次，为弥补不足，将分档扩大为 4 级，其打分矩阵仍同 0－1 法。规则如下：两者相比，功能非常重要的一方得 4 分，次要的一方得 0 分；若两者差别不是很大，则功能重要的得 3 分，另一方得 1 分；若两者功能重要度相同，则各得 2 分。但在任何情况下，两者得分合计都是 4 分。

③ 比率法。又称环比倍乘评分法。这种方法是先比较相邻两功能的重要程度，给出重要度倍数，然后令最后一个被比较的功能（下例中的 F_5）为 1，再依次修正重要度比率，将各比率相加，再用各功能所得修正比率数除以总得分，可得到相应重要度系数 f_i 如表 17－8 所示。

表 17－8 环比倍乘评分表

功能	暂定重要度比率	修正重要度比率	重要度系数 f_i
F_1	$(F_1 : F_2)$ 1.5	4.5	$f_1 = 4.5/17.5 = 0.26$
F_2	$(F_2 : F_3)$ 0.5	3.0	$f_2 = 0.17$
F_3	$(F_3 : F4)$ 2.0	6.0	$f_3 = 0.34$
F_4	$(F_4 : F_5)$ 3.0	3.0	$f_4 = 0.17$
F_5	—	1.0	$f_5 = 0.06$
合计		17.5	$f = 1.00$

重要度系数除了可以用以上方法确定外，还可以直接按百分比给出各分功能的重要度系数。采用不同的评分法评出来的分数不同，重要度系数便不同，此误差会影响评价结果。因此，无论应用哪种方法评分，都不是绝对精确的，故必要时应对评分方法中产生的误差进行分析。

3）功能的价值分析

根据价值公式 $V = F/C$，价值指数的大小主要有三种情形：大于 1、等于 1、小于 1。针对每种情形，一般可相应地作出下列判断分析。

$V > 1$ 时，实际成本小于功能评价值，这种情况理论上不应发生，一般由于数据的收集和处理不当或实际必要功能没有实现而出现。此时应作具体分析，若用户反映功能不足，应追加成本，提高功能，若无此反映，也可不改善。

$V=1$ 时，实际成本等于功能评价值，这种情形通常被认为评价对象的功能符合要求，成本与功能合理匹配，价值最佳，此功能无改善的必要。

$V<1$ 时，实际成本大于功能评价值，表明评价对象实际成本偏高，很有可能存在功能过剩，该功能应列为价值改善的重点对象，在满足用户功能要求的前提下，剔除过剩功能，降低评价对象成本。

在进行功能的价值分析时，不仅可以求各功能的价值，确定价值改善的对象，而且还可以计算出各功能和产品的成本节约期望值，可以从中预计出改善后的产品成本。

仍以表 17-7 的数据，若已知产品的各功能的现状成本及产品的总成本，其价值及成本节约期望值的计算结果如表 17-9 所示。

表 17-9 功能评价计算表

功能	A	B	C	D	E	F	G	H	得分合计	f_i	目标成本	现状成本	成本系数	价值系数	成本降低幅度	节约期望值
(1)				(2)					(3)	(4)	(5)=(4)×4 050	(6)	(7)=(6)/7 208	(8)=(4)/(7)	(9)=(6)-(5)	(10)
A	\	1	1	0	1	1	1	1	6	0.214	867	1 818	0.252	0.85	951	951
B	0	\	1	0	1	1	1	1	5	0.179	725	3 000	0.416	0.43	2 275	2 275
C	0	0	\	0	1	1	1	0	3	0.107	433	285	0.040	2.68	−148	0
D	1	1	1	\	1	1	1	1	7	0.250	1 012	284	0.030	6.41	−728	0
E	0	0	0	0	\	0	1	0	1	0.036	146	612	0.085	0.42	466	466
F	0	0	0	0	1	\	1	0	2	0.071	288	407	0.056	1.27	119	119
G	0	0	0	0	0	0	\	0	0	0	0	82	0.011	0	82	82
H	0	0	1	0	1	1	1	\	4	0.143	579	720	0.100	1.43	141	141
合计									28	1.00	4 050	7 208	1.000	—	3 158	4 034

从表 17-9 的计算结果中可以看出，B、E、G 三个功能的价值系数小于 1，应列为价值改善的重点对象。A 功能的价值系数接近 1，但小于 1，应具体分析，若成本降低幅度大也可以作为价值改善的对象。功能 C、D 的价值远远大于 1，应具体分析，看用户有无提高功能的要求，若有此要求也应列为价值改善的对象。

在实际进行价值工程活动中，根据具体情况，也可能将产品的各个零部件作为对象，从中选择价值改善的对象，分析的方法同前面所介绍的方法完全相同。不同的是，求出的是具体各零件的现实成本、功能评价值和价值系数。

6. 方案的创造与评价

经功能分析确定了价值改善的对象之后，就要创造出新的方案来代替原有方案。若是新产品设计，就是要创造出价值更高的产品方案。进行方案创造一般有两种形式：一种是新产品设计，通常是从最终功能出发，一步步地构想手段，创造出一个全新的设计方案；另一种形式是老产品改造，通常是以功能系统图为依据，从某一功能范围入手，创造出一个老产品改造的方案来。要创造出好的方案，应该充分发挥人的创造力，并遵循一定的原则，采取适当的方法。同时还应对新方案进行技术、经济和社会效果的评价，从而获得满意的方案。

1）方案创造

（1）方案创造的一般程序

方案创造首先从用户所要求的功能出发，形成各种设计构想，然后通过集体讨论与汇集，创造出各种方案。由于最初提出的方案很多，因此首先应进行概略评价，粗选出有价值的几个方案，然后再进行方案的详细评价。经过技术的、经济的、社会的和综合的详细评价，若可行，从中选出一二个方案作为最终确定的方案付诸实施。若经试验研究后方案不可行，则还应回到方案的创造阶段，重新构思方案，然后继续概略评价，如此经过几个循环，才能获得满意的方案。整个过程的工作程序如图 17-9 所示。

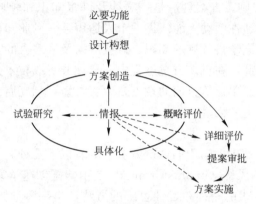

图 17-9　方案制定与实施过程

（2）方案创造的原则

价值工程的创始人 L. D. 麦尔斯，在他所著《价值分析与价值工程技术》一书中提出了加快出成果的十三条原则：

- 克服一般化、概念化；
- 收集一切有用的成本资料；
- 从最佳情报来源收集情报；
- 突破、创新、求精；
- 发挥彻底的独创精神；
- 发现并消除障碍；
- 请教专家以扩大专业化知识；
- 对于重要公差要进行加工费用来考虑；
- 尽量采用专业化工厂的产品；
- 尽量利用和购买专业化工厂的成熟技术；
- 利用专门的生产工艺；
- 尽量使用标准件；
- 以"我自己是否这样花钱"作为判断标准。

方案创造是价值工程中的关键环节，为了创造出满意的方案，在方案创造中应遵循以下一些原则。

① 大胆创新原则。方案创造是一项开发性的工作，创造既是开拓又是发明，绝不是模

仿，更不是简单重复。创造性的工作就是要突破原有的框框，克服旧的习惯性思维，对现有产品大胆怀疑，创造出有独到见解、别具一格的新方案。

② "功能匹配"的原则。在一个功能系统中，功能之间应相互协调，使之达到匹配。功能匹配就是要以功能为中心，认真进行方案的功能分析。因此，要求在方案创造时，打破原有产品结构的约束，以功能为中心，根据功能的系统和层次，围绕实现必要功能来构思各种可能的设计方案。

③ 提出尽可能多的方案，方案越多，解决问题的可能性就越大。因此，在进行方案创造时，应思维开阔，充分利用各种方案制造的途径和方法，挖掘出尽可能多的新方案。然后在此基础上，通过对提出的新方案进行对比和鉴别，从中挑选出质量高的方案来。

④ 发挥集体智慧的原则。方案创造是一项涉及许多知识和领域，要运用各种经验和方法的创造性活动，这种创造性活动不能依靠一个人运用某一专业知识来独立完成，而需发挥集体的智慧，综合运用不同学科领域的知识、科技成果及许多人的直接、间接经验，通过集体的努力来共同创造。因此，在创造方案过程中，要充分听取技术人员、管理人员、生产工人、用户、专家学者及科研单位等方面的意见，取长补短，相互启发。这样才能保证方案创造的全面性、综合性，避免片面性。

(3) 方案创造的方法

目前，在价值工程活动中，运用的创造方法主要有以下几种。

① 头脑风暴法。头脑风暴（brain storming）是由美国创造学家 A. F. 奥斯本于 1939 年首次提出、1953 年正式发表的一种激发性思维的方法，是一种通过开会的方式获取方案的方法。其常用方法是召集一些有经验、有专长的人参加会议，会前将要讨论的内容通知大家，开会时要求会议气氛热烈，环境适宜，以使与会者保持良好的心境，提案人可以不受任何限制，打破常规，自由思考，努力捕捉瞬时的灵感，构思新方案。

头脑风暴法的基本点可以归纳成 12 个字："积极思考、互相启发、集思广益"。

这种方法以 5～10 人的小型会议的方式进行为宜，由一名熟悉研究对象、善于启发思考的人主持会议，会议按以下原则进行：欢迎畅所欲言，自由地发表意见；希望提出的方案越多越好；对提出的方案不加任何评论；要求结合别人的意见提设想，借题发挥。这种方法的特点是简单易行，且能互相启发，集思广益，比同样人数单独提方案的效果高 70%，其缺点是会后整理工作量大。

② 哥顿法（模糊目标法）。这是美国哥顿博士 1961 年发明的一种方法。这种方法的指导思想是把所研究的问题适当分细或抽象，以利于开阔思路。在研究创新方案时，会议主持人开始时并不把要解决的问题全部摊开，只是抽象地提出功能的概念，要求海阔天空地提出各种设想，以激发出有价值的改进方案，当会议进行到一定时机，再宣布会议的具体要求，在此联想的基础上研究和提出各种新的具体方案。

③ 德尔菲法（专家调查法）。德尔菲法（Delphi method）是在 20 世纪 40 年代由 O. 赫尔姆和 N. 达尔克首创，经过 T. J. 戈尔登和兰德公司进一步发展而成的。

德尔菲法依据系统的程序，采用匿名发表意见的方式，即专家之间不得互相讨论，不发生横向联系，只能与调查人员发生关系，通过多轮次调查专家对问卷所提问题的看法，经过反复征询、归纳、修改，最后汇总成专家基本一致的看法，作为预测的结果。这种方法具有广泛的代表性，较为可靠。

德尔菲法同常见的召集专家开会、通过集体讨论、得出一致预测意见的专家会议法既有联系又有区别。德尔菲法能发挥专家会议法的优点：能充分发挥各位专家的作用，集思广益，准确性高；能把各位专家意见的分歧点表达出来，取各家之长，避各家之短。同时，德尔菲法又能避免专家会议法的缺点：权威人士的意见影响他人的意见；有些专家碍于情面，不愿意发表与其他人不同的意见；出于自尊心而不愿意修改自己原来不全面的意见。德尔菲法的主要缺点是过程比较复杂，花费时间较长。

2）方案评价

对所有提出的新方案，要从技术、经济和社会三个方面进行方案评价，以便选择最佳方案。根据需要，方案评价可以分为概略评价和详细评价两种。

概略评价是对所提出的许多改进设想粗略筛选出技术上可行、经济上合理、价值较高又可能实现的方案，作为进一步选择最优方案的基础，这能减少详细评价的工作量。

详细评价是对经过筛选后的少数方案再评价，通过进一步的调查、研究和技术经济分析，最后选出满意的方案。与概略评价相比，详细评价在内容上更为广泛，方法上更为复杂，要求上更为严格。详细评价主要分为技术评价、经济评价、社会评价和综合评价。

（1）技术评价

技术评价主要是以用户所要求的功能为依据，评价方案的必要功能和功能实现的制约条件及实现过程。评价是以各项技术性能指标为保证，其评价的内容包括：必要功能的实现程度（包括性能、质量、寿命）；产品的可靠性；产品的维修性；产品的安全性和可靠性；产品整个系统的协调；产品外观；产品的加工性、装配性、搬运性；产品本身与周围环境、条件的协调；产品中采用技术现有问题的解决程度。

技术评价可采用的方法很多，一般比较常用的是加权评分法。加权评分法是将定性分析转为定量分析的一种较好的方法。具体做法是对产品各技术因素进行评分，规定各因素的重要程度，即给出各因素的权数，再根据权数和评分得出加权后的评分数，得分高的方案为优选方案。

（2）经济评价

经济评价是对方案实施后经济效益的评估，通常是以各项经济指标来反映方案投入与产出之间的关系。反映一个产品或项目的经济性有以下指标：成本（包括年总成本和单位产品成本）；一次性投资；投资效果系数与投资回收期；产品获得的利润。

在经济评价中，不能只从企业的短期利益和局部利益来决定方案的优劣，应更多地兼顾企业未来的发展规划，兼顾国家、企业、用户之间的利益，从而确定多赢的方案。

（3）社会评价

社会评价是从宏观角度来评价方案实施后对社会利益产生影响的一种方法。评价的主要内容包括：是否符合国家和有关行政部门的政策、法规和条例；是否符合本地区发展规划的要求；是否影响生态环境；是否影响周边生产资源的布局等。

社会评价一般采用社会调查法，通过到政府部门调研、与有关群众座谈等方法了解和征求意见和要求，借以对方案进行社会评价。

（4）综合评价

所谓综合评价，就是要综合考虑技术、经济和社会等各方面对方案进行总体评价，选出总体价值最大的方案，即技术合理、经济合理、对社会有利的最优方案，以综合优势来定取舍。

方案评价的方法主要有以下几种。

（1）优缺点列举法。即把每一个方案在技术上、经济上的优缺点详细列出，进行综合分析，并对优缺点作进一步调查，用淘汰法逐步缩小考虑范围，从范围不断缩小的过程中确定最佳的方案。

（2）直接打分法。即根据各种方案能够达到各项功能要求的程度，按 10 分制（或 100 分制）打分，然后计算出每个方案达到功能要求的总分，比较各方案总分，作出采纳、保留、舍弃的决定，并对采纳、保留的方案进行成本分析，最后确定最优的方案。

（3）加权打分法（矩阵评分法）。这种方法是将功能、成本等各种因素，根据要求的不同进行加权计算，权数大小应根据它在产品中所处的地位而定，算出综合分数，最后与各方案寿命周期费用综合分析，选择最优方案。

下面举例说明加权评分法的简单做法。

例如，某新产品两设计方案的评价。

第一步，确定评价项目及其重要度权数。从技术性、经济性两方面列出七项评价项目，并用直接比较评分法评定出各评价项目的重要度权数，如表 17-10 所示。

表 17-10 加权评分法举例

评价项目			方案 I		方案 II	
序号	名称	权数 w_j	满足程度评分 s_{ij}	$w_i s_{ij}$	满足程度评分 s_{ij}	$w_j s_{ij}$
1	零件数	1	2	2	4	4
2	体积	3	2	6	3	9
3	重量	3	2	6	3	3
4	加工难易程度	5	2	10	2	10
5	维修方便性	4	2	8	4	16
6	使用寿命	4	2	8	1	4
7	成本	10	2	20	1.5	15
评分权数和 $AS_i = \sum\limits_{i=1}^{7} w_i s_{ij}$				60		67

第二步，评定各方案对各评价项目的满足程度评分。

第三步，计算各方案的评分权数和，选择最优方案。评分权数和的计算式为

$$AS_i = \sum_{j=1}^{n} w_j s_{ij}, \quad i = 1, 2, \cdots, m \quad j = 1, 2, \cdots, n$$

式中：m——方案个数，i 是方案序号；

n——评价项目的项数，j 是评价项目序号；

AS_i——第 i 个方案的评分权数和；

w_j——第 j 个评价项目的权数；

s_{ij}——第 i 个方案对第 j 个评价项目的满足程度评分。

各方案的评分权数和，是方案之间的一个综合的可比指标，评分权数和越高，说明方案越好。评分权数和大的方案，就是最优方案。

例中，$AS_1 = \sum_{j=1}^{7} w_j s_{1j} = 60$，$AS_2 = \sum_{j=1}^{7} w_j s_{2j} = 67$，$AS_2 > AS_1$，所以方案 II 优。

习 题

1. 价值工程的定义及含义是什么？

2. 什么是寿命周期成本？如何正确理解寿命周期成本与产品功能水平之间的关系？

3. 什么是价值？提高产品价值的途径有哪些？

4. 什么是功能整理？功能整理的意义是什么？

5. 功能评价的含义是什么？其内容包括哪些方面？

6. 某产品由 10 种零件组成，各种零件的个数和每个零件的成本如表 17-11 所示，用 ABC 分析法选择价值工程研究对象，并画出 ABC 分析图。

表 17-11 某产品的零件构成表

零件名称	A	B	C	D	E	F	G	H	I	J
零件个数	1	2	1	1	15	10	3	1	2	1
每个零件成本/元	12.00	3.50	2.00	0.8	0.20	0.35	1.00	0.55	0.85	0.40

7. 某建设项目由业主经过设计竞赛的方式，选择了三种设计方案作为备选方案，各备选设计方案对比项目如下。

A 方案：结构方案为大柱网框架轻墙体系，采用预应力大跨度叠合楼板，墙体材料采用多孔砖及移动式可拆装分室隔墙，窗户采用单框双玻璃塑钢窗，面积利用系数为 91%，单方造价为 5 600 元/m^2。

B 方案：结构方案采用框架剪力墙结构，面积利用系数为 86%，单方造价为 5 300 元/m^2。

C 方案：结构方案采用砖混结构体系，采用多空预应力板，墙体材料采用标准黏土砖，窗户采用单玻璃空腹塑钢窗，面积利用系数为 82%，单方造价 5 100 元/m^2。

各设计方案各功能的权重及各方案的功能得分如表 17-12 所示。试运用价值工程原理选择最优设计方案。

表 17-12 各设计方案各功能的权重及各方案的功能得分

方案功能		方案功能得分		
		A	B	C
结构体系	0.25	10	10	8
模板类型	0.05	10	10	9
墙体材料	0.25	8	9	7
面积系数	0.35	9	8	7
窗户类型	0.10	9	7	8

8. 某产品功能为 F_1、F_2、F_3、F_4，该产品由甲、乙、丙、丁四部分组成，其部件成本

在各功能上的分配及功能相对重要度系数如表 17-13 所示。若以实际成本降低 20% 为目标成本，计算各功能价值和成本降低期望值。

表 17-13 某产品功能分析表

序号	部件名称	功能			
		F_1	F_2	F_3	F_4
1	甲	100	—	100	100
2	乙	100	50	150	200
3	丙	—	—	20	50
4	丁	50	40	—	50
功能重要度系数		0.32	0.05	0.16	0.47

附录 A

普通复利系数表

复利系数表 （$i=1\%$）

年份	一次支付		等额支付			
	终值系数	现值系数	终值系数	偿债基金系数	现值系数	资金回收系数
n	$(F/P, i, n)$	$(P/F, i, n)$	$(F/A, i, n)$	$(A/F, i, n)$	$(P/A, i, n)$	$(A/P, i, n)$
1	1.010 00	0.990 10	1.000 00	1.000 00	0.990 10	1.010 00
2	1.020 10	0.980 30	2.010 00	0.497 51	1.970 40	0.507 51
3	1.030 30	0.970 59	3.030 10	0.330 02	2.940 99	0.340 02
4	1.040 60	0.960 98	4.060 40	0.246 28	3.901 97	0.256 28
5	1.051 01	0.951 47	5.101 01	0.196 04	4.853 43	0.206 04
6	1.061 52	0.942 05	6.152 02	0.162 55	5.795 48	0.172 55
7	1.072 14	0.932 72	7.213 54	0.138 63	6.728 19	0.148 63
8	1.082 86	0.923 48	8.285 67	0.120 69	7.651 68	0.130 69
9	1.093 69	0.914 34	9.368 53	0.106 74	8.566 02	0.116 74
10	1.104 62	0.905 29	10.462 21	0.095 58	9.471 30	0.105 58
11	1.115 67	0.896 32	11.566 83	0.086 45	10.367 63	0.096 45
12	1.126 83	0.887 45	12.682 50	0.078 85	11.255 08	0.088 85
13	1.138 09	0.878 66	13.809 33	0.072 41	12.133 74	0.082 41
14	1.149 47	0.869 96	14.947 42	0.066 90	13.003 70	0.076 90
15	1.160 97	0.861 35	16.096 90	0.062 12	13.865 05	0.072 12
16	1.172 58	0.852 82	17.257 86	0.057 94	14.717 87	0.067 94
17	1.184 30	0.844 38	18.430 44	0.054 26	15.562 25	0.064 26
18	1.196 15	0.836 02	19.614 75	0.050 98	16.398 27	0.060 98
19	1.208 11	0.827 74	20.810 90	0.048 05	17.226 01	0.058 05
20	1.220 19	0.819 54	22.019 00	0.045 42	18.045 55	0.055 42
21	1.232 39	0.811 43	23.239 19	0.043 03	18.856 98	0.053 03
22	1.244 72	0.803 40	24.471 59	0.040 86	19.660 38	0.050 86
23	1.257 16	0.795 44	25.716 30	0.038 89	20.455 82	0.048 89
24	1.269 73	0.787 57	26.973 46	0.037 07	21.243 39	0.047 07
25	1.282 43	0.779 77	28.243 20	0.035 41	22.023 16	0.045 41
26	1.295 26	0.772 05	29.525 63	0.033 87	22.795 20	0.043 87
27	1.308 21	0.764 40	30.820 89	0.032 45	23.559 61	0.042 45
28	1.321 29	0.756 84	32.129 10	0.031 12	24.316 44	0.041 12
29	1.334 50	0.749 34	33.450 39	0.029 90	25.065 79	0.039 90

续表

年份	一次支付		等额支付			
	终值系数	现值系数	终值系数	偿债基金系数	现值系数	资金回收系数
n	$(F/P, i, n)$	$(P/F, i, n)$	$(F/A, i, n)$	$(A/F, i, n)$	$(P/A, i, n)$	$(A/P, i, n)$
30	1. 347 85	0. 741 92	34. 784 89	0. 028 75	25. 807 71	0. 038 75
31	1. 361 33	0. 734 58	36. 132 74	0. 027 68	26. 542 29	0. 037 68
32	1. 374 94	0. 727 30	37. 494 07	0. 026 67	27. 269 59	0. 036 67
33	1. 388 69	0. 720 10	38. 869 01	0. 025 73	27. 989 69	0. 035 73
34	1. 402 58	0. 712 97	40. 257 70	0. 024 84	28. 702 67	0. 034 84
35	1. 416 60	0. 705 91	41. 660 28	0. 024 00	29. 408 58	0. 034 00

复利系数表 ($i=2\%$)

年份	一次支付		等额支付			
	终值系数	现值系数	终值系数	偿债基金系数	现值系数	资金回收系数
n	$(F/P, i, n)$	$(P/F, i, n)$	$(F/A, i, n)$	$(A/F, i, n)$	$(P/A, i, n)$	$(A/P, i, n)$
1	1. 020 00	0. 980 39	1. 000 00	1. 000 00	0. 980 39	1. 020 00
2	1. 040 40	0. 961 17	2. 020 00	0. 495 05	1. 941 56	0. 515 05
3	1. 061 21	0. 942 32	3. 060 40	0. 326 75	2. 883 88	0. 346 75
4	1. 082 43	0. 923 85	4. 121 61	0. 242 62	3. 807 73	0. 262 62
5	1. 104 08	0. 905 73	5. 204 04	0. 192 16	4. 713 46	0. 212 16
6	1. 126 16	0. 887 97	6. 308 12	0. 158 53	5. 601 43	0. 178 53
7	1. 148 69	0. 870 56	7. 434 28	0. 134 51	6. 471 99	0. 154 51
8	1. 171 66	0. 853 49	8. 582 97	0. 116 51	7. 325 48	0. 136 51
9	1. 195 09	0. 836 76	9. 754 63	0. 102 52	8. 162 24	0. 122 52
10	1. 218 99	0. 820 35	10. 949 72	0. 091 33	8. 982 59	0. 111 33
11	1. 243 37	0. 804 26	12. 168 72	0. 082 18	9. 786 85	0. 102 18
12	1. 268 24	0. 788 49	13. 412 09	0. 074 56	10. 575 34	0. 094 56
13	1. 293 61	0. 773 03	14. 680 33	0. 068 12	11. 348 37	0. 088 12
14	1. 319 48	0. 757 88	15. 973 94	0. 062 60	12. 106 25	0. 082 60
15	1. 345 87	0. 743 01	17. 293 42	0. 057 83	12. 849 26	0. 077 83
16	1. 372 79	0. 728 45	18. 639 29	0. 053 65	13. 577 71	0. 073 65
17	1. 400 24	0. 714 16	20. 012 07	0. 049 97	14. 291 87	0. 069 97
18	1. 428 25	0. 700 16	21. 412 31	0. 046 70	14. 992 03	0. 066 70
19	1. 456 81	0. 686 43	22. 840 56	0. 043 78	15. 678 46	0. 063 78
20	1. 485 95	0. 672 97	24. 297 37	0. 041 16	16. 351 43	0. 061 16
21	1. 515 67	0. 659 78	25. 783 32	0. 038 78	17. 011 21	0. 058 78
22	1. 545 98	0. 646 84	27. 298 98	0. 036 63	17. 658 05	0. 056 63
23	1. 576 90	0. 634 16	28. 844 96	0. 034 67	18. 292 20	0. 054 67
24	1. 608 44	0. 621 72	30. 421 86	0. 032 87	18. 913 93	0. 052 87
25	1. 640 61	0. 609 53	32. 030 30	0. 031 22	19. 523 46	0. 051 22
26	1. 673 42	0. 597 58	33. 670 91	0. 029 70	20. 121 04	0. 049 70
27	1. 706 89	0. 585 86	35. 344 32	0. 028 29	20. 706 90	0. 048 29
28	1. 741 02	0. 574 37	37. 051 21	0. 026 99	21. 281 27	0. 046 99
29	1. 775 84	0. 563 11	38. 792 23	0. 025 78	21. 844 38	0. 045 78
30	1. 811 36	0. 552 07	40. 568 08	0. 024 65	22. 396 46	0. 044 65
31	1. 847 59	0. 541 25	42. 379 44	0. 023 60	22. 937 70	0. 043 60
32	1. 884 54	0. 530 63	44. 227 03	0. 022 61	23. 468 33	0. 042 61
33	1. 922 23	0. 520 23	46. 111 57	0. 021 69	23. 988 56	0. 041 69
34	1. 960 68	0. 510 03	48. 033 80	0. 020 82	24. 498 59	0. 040 82
35	1. 999 89	0. 500 03	49. 994 48	0. 020 00	24. 998 62	0. 040 00

复利系数表 ($i=3\%$)

年份	一次支付		等额支付			
	终值系数	现值系数	终值系数	偿债基金系数	现值系数	资金回收系数
n	$(F/P,\ i,\ n)$	$(P/F,\ i,\ n)$	$(F/A,\ i,\ n)$	$(A/F,\ i,\ n)$	$(P/A,\ i,\ n)$	$(A/P,\ i,\ n)$
1	1.030 00	0.970 87	1.000 00	1.000 00	0.970 87	1.030 00
2	1.060 90	0.942 60	2.030 00	0.492 61	1.913 47	0.522 61
3	1.092 73	0.915 14	3.090 90	0.323 53	2.828 61	0.353 53
4	1.125 51	0.888 49	4.183 63	0.239 03	3.717 10	0.269 03
5	1.159 27	0.862 61	5.309 14	0.188 35	4.579 71	0.218 35
6	1.194 05	0.837 48	6.468 41	0.154 60	5.417 19	0.184 60
7	1.229 87	0.813 09	7.662 46	0.130 51	6.230 28	0.160 51
8	1.266 77	0.789 41	8.892 34	0.112 46	7.019 69	0.142 46
9	1.304 77	0.766 42	10.159 11	0.098 43	7.786 11	0.128 43
10	1.343 92	0.744 09	11.463 88	0.087 23	8.530 20	0.117 23
11	1.384 23	0.722 42	12.807 80	0.078 08	9.252 62	0.108 08
12	1.425 76	0.701 38	14.192 03	0.070 46	9.954 00	0.100 46
13	1.468 53	0.680 95	15.617 79	0.064 03	10.634 96	0.094 03
14	1.512 59	0.661 12	17.086 32	0.058 53	11.296 07	0.088 53
15	1.557 97	0.641 86	18.598 91	0.053 77	11.937 94	0.083 77
16	1.604 71	0.623 17	20.156 88	0.049 61	12.561 10	0.079 61
17	1.652 85	0.605 02	21.761 59	0.045 95	13.166 12	0.075 95
18	1.702 43	0.587 39	23.414 44	0.042 71	13.753 51	0.072 71
19	1.753 51	0.570 29	25.116 87	0.039 81	14.323 80	0.069 81
20	1.806 11	0.553 68	26.870 37	0.037 22	14.877 47	0.067 22
21	1.860 29	0.537 55	28.676 49	0.034 87	15.415 02	0.064 87
22	1.916 10	0.521 89	30.536 78	0.032 75	15.936 92	0.062 75
23	1.973 59	0.506 69	32.452 88	0.030 81	16.443 61	0.060 81
24	2.032 79	0.491 93	34.426 47	0.029 05	16.935 54	0.059 05
25	2.093 78	0.477 61	36.459 26	0.027 43	17.413 15	0.057 43
26	2.156 59	0.463 69	38.553 04	0.025 94	17.876 84	0.055 94
27	2.221 29	0.450 19	40.709 63	0.024 56	18.327 03	0.054 56
28	2.287 93	0.437 08	42.930 92	0.023 29	18.764 11	0.053 29
29	2.356 57	0.424 35	45.218 85	0.022 11	19.188 45	0.052 11
30	2.427 26	0.411 99	47.575 42	0.021 02	19.600 44	0.051 02
31	2.500 08	0.399 99	50.002 68	0.020 00	20.000 43	0.050 00
32	2.575 08	0.388 34	52.502 76	0.019 05	20.388 77	0.049 05
33	2.652 34	0.377 03	55.077 84	0.018 16	20.765 79	0.048 16
34	2.731 91	0.366 04	57.730 18	0.017 32	21.131 84	0.047 32
35	2.813 86	0.355 38	60.462 08	0.016 54	21.487 22	0.046 54

复利系数表 （i＝4%）

年份	一次支付		等额支付			
	终值系数	现值系数	终值系数	偿债基金系数	现值系数	资金回收系数
n	$(F/P, i, n)$	$(P/F, i, n)$	$(F/A, i, n)$	$(A/F, i, n)$	$(P/A, i, n)$	$(A/P, i, n)$
1	1.040 00	0.961 54	1.000 00	1.000 00	0.961 54	1.040 00
2	1.081 60	0.924 56	2.040 00	0.490 20	1.886 09	0.530 20
3	1.124 86	0.889 00	3.121 60	0.320 35	2.775 09	0.360 35
4	1.169 86	0.854 80	4.246 46	0.235 49	3.629 90	0.275 49
5	1.216 65	0.821 93	5.416 32	0.184 63	4.451 82	0.224 63
6	1.265 32	0.790 31	6.632 98	0.150 76	5.242 14	0.190 76
7	1.315 93	0.759 92	7.898 29	0.126 61	6.002 05	0.166 61
8	1.368 57	0.730 69	9.214 23	0.108 53	6.732 74	0.148 53
9	1.423 31	0.702 59	10.582 80	0.094 49	7.435 33	0.134 49
10	1.480 24	0.675 56	12.006 11	0.083 29	8.110 90	0.123 29
11	1.539 45	0.649 58	13.486 35	0.074 15	8.760 48	0.114 15
12	1.601 03	0.624 60	15.025 81	0.066 55	9.385 07	0.106 55
13	1.665 07	0.600 57	16.626 84	0.060 14	9.985 65	0.100 14
14	1.731 68	0.577 48	18.291 91	0.054 67	10.563 12	0.094 67
15	1.800 94	0.555 26	20.023 59	0.049 94	11.118 39	0.089 94
16	1.872 98	0.533 91	21.824 53	0.045 82	11.652 30	0.085 82
17	1.947 90	0.513 37	23.697 51	0.042 20	12.165 67	0.082 20
18	2.025 82	0.493 63	25.645 41	0.038 99	12.659 30	0.078 99
19	2.106 85	0.474 64	27.671 23	0.036 14	13.133 94	0.076 14
20	2.191 12	0.456 39	29.778 08	0.033 58	13.590 33	0.073 58
21	2.278 77	0.438 83	31.969 20	0.031 28	14.029 16	0.071 28
22	2.369 92	0.421 96	34.247 97	0.029 20	14.451 12	0.069 20
23	2.464 72	0.405 73	36.617 89	0.027 31	14.856 84	0.067 31
24	2.563 30	0.390 12	39.082 60	0.025 59	15.246 96	0.065 59
25	2.665 84	0.375 12	41.645 91	0.024 01	15.622 08	0.064 01
26	2.772 47	0.360 69	44.311 74	0.022 57	15.982 77	0.062 57
27	2.883 37	0.346 82	47.084 21	0.021 24	16.329 59	0.061 24
28	2.998 70	0.333 48	49.967 58	0.020 01	16.663 06	0.060 01
29	3.118 65	0.320 65	52.966 29	0.018 88	16.983 71	0.058 88
30	3.243 40	0.308 32	56.084 94	0.017 83	17.292 03	0.057 83
31	3.373 13	0.296 46	59.328 34	0.016 86	17.588 49	0.056 86
32	3.508 06	0.285 06	62.701 47	0.015 95	17.873 55	0.055 95
33	3.648 38	0.274 09	66.209 53	0.015 10	18.147 65	0.055 10
34	3.794 32	0.263 55	69.857 91	0.014 31	18.411 20	0.054 31
35	3.946 09	0.253 42	73.652 22	0.013 58	18.664 61	0.053 58

复利系数表 ($i=5\%$)

年份	一次支付		等额支付			
	终值系数	现值系数	终值系数	偿债基金系数	现值系数	资金回收系数
n	$(F/P, i, n)$	$(P/F, i, n)$	$(F/A, i, n)$	$(A/F, i, n)$	$(P/A, i, n)$	$(A/P, i, n)$
1	1.050 00	0.952 38	1.000 00	1.000 00	0.952 38	1.050 00
2	1.102 50	0.907 03	2.050 00	0.487 80	1.859 41	0.537 80
3	1.157 63	0.863 84	3.152 50	0.317 21	2.723 25	0.367 21
4	1.215 51	0.822 70	4.310 13	0.232 01	3.545 95	0.282 01
5	1.276 28	0.783 53	5.525 63	0.180 97	4.329 48	0.230 97
6	1.340 10	0.746 22	6.801 91	0.147 02	5.075 69	0.197 02
7	1.407 10	0.710 68	8.142 01	0.122 82	5.786 37	0.172 82
8	1.477 46	0.676 84	9.549 11	0.104 72	6.463 21	0.154 72
9	1.551 33	0.644 61	11.026 56	0.090 69	7.107 82	0.140 69
10	1.628 89	0.613 91	12.577 89	0.079 50	7.721 73	0.129 50
11	1.710 34	0.584 68	14.206 79	0.070 39	8.306 41	0.120 39
12	1.795 86	0.556 84	15.917 13	0.062 83	8.863 25	0.112 83
13	1.885 65	0.530 32	17.712 98	0.056 46	9.393 57	0.106 46
14	1.979 93	0.505 07	19.598 63	0.051 02	9.898 64	0.101 02
15	2.078 93	0.481 02	21.578 56	0.046 34	10.379 66	0.096 34
16	2.182 87	0.458 11	23.657 49	0.042 27	10.837 77	0.092 27
17	2.292 02	0.436 30	25.840 37	0.038 70	11.274 07	0.088 70
18	2.406 62	0.415 52	28.132 38	0.035 55	11.689 59	0.085 55
19	2.526 95	0.395 73	30.539 00	0.032 75	12.085 32	0.082 75
20	2.653 30	0.376 89	33.065 95	0.030 24	12.462 21	0.080 24
21	2.785 96	0.358 94	35.719 25	0.028 00	12.821 15	0.078 00
22	2.925 26	0.341 85	38.505 21	0.025 97	13.163 00	0.075 97
23	3.071 52	0.325 57	41.430 48	0.024 14	13.488 57	0.074 14
24	3.225 10	0.310 07	44.502 00	0.022 47	13.798 64	0.072 47
25	3.386 35	0.295 30	47.727 10	0.020 95	14.093 94	0.070 95
26	3.555 67	0.281 24	51.113 45	0.019 56	14.375 19	0.069 56
27	3.733 46	0.267 85	54.669 13	0.018 29	14.643 03	0.068 29
28	3.920 13	0.255 09	58.402 58	0.017 12	14.898 13	0.067 12
29	4.116 14	0.242 95	62.322 71	0.016 05	15.141 07	0.066 05
30	4.321 94	0.231 38	66.438 85	0.015 05	15.372 45	0.065 05
31	4.538 04	0.220 36	70.760 79	0.014 13	15.592 81	0.064 13
32	4.764 94	0.209 87	75.298 83	0.013 28	15.802 68	0.063 28
33	5.003 19	0.199 87	80.063 77	0.012 49	16.002 55	0.062 49
34	5.253 35	0.190 35	85.066 96	0.011 76	16.192 90	0.061 76
35	5.516 02	0.181 29	90.320 31	0.011 07	16.374 19	0.061 07

复利系数表 $(i=6\%)$

年份	一次支付		等额支付			
	终值系数	现值系数	终值系数	偿债基金系数	现值系数	资金回收系数
n	$(F/P, i, n)$	$(P/F, i, n)$	$(F/A, i, n)$	$(A/F, i, n)$	$(P/A, i, n)$	$(A/P, i, n)$
1	1.060 00	0.943 40	1.000 00	1.000 00	0.943 40	1.060 00
2	1.123 60	0.890 00	2.060 00	0.485 44	1.833 39	0.545 44
3	1.191 02	0.839 62	3.183 60	0.314 11	2.673 01	0.374 11
4	1.262 48	0.792 09	4.374 62	0.228 59	3.465 11	0.288 59
5	1.338 23	0.747 26	5.637 09	0.177 40	4.212 36	0.237 40
6	1.418 52	0.704 96	6.975 32	0.143 36	4.917 32	0.203 36
7	1.503 63	0.665 06	8.393 84	0.119 14	5.582 38	0.179 14
8	1.593 85	0.627 41	9.897 47	0.101 04	6.209 79	0.161 04
9	1.689 48	0.591 90	11.491 32	0.087 02	6.801 69	0.147 02
10	1.790 85	0.558 39	13.180 79	0.075 87	7.360 09	0.135 87
11	1.898 30	0.526 79	14.971 64	0.066 79	7.886 87	0.126 79
12	2.012 20	0.496 97	16.869 94	0.059 28	8.383 84	0.119 28
13	2.132 93	0.468 84	18.882 14	0.052 96	8.852 68	0.112 96
14	2.260 90	0.442 30	21.015 07	0.047 58	9.294 98	0.107 58
15	2.396 56	0.417 27	23.275 97	0.042 96	9.712 25	0.102 96
16	2.540 35	0.393 65	25.672 53	0.038 95	10.105 90	0.098 95
17	2.692 77	0.371 36	28.212 88	0.035 44	10.477 26	0.095 44
18	2.854 34	0.350 34	30.905 65	0.032 36	10.827 60	0.092 36
19	3.025 60	0.330 51	33.759 99	0.029 62	11.158 12	0.089 62
20	3.207 14	0.311 80	36.785 59	0.027 18	11.469 92	0.087 18
21	3.399 56	0.294 16	39.992 73	0.025 00	11.764 08	0.085 00
22	3.603 54	0.277 51	43.392 29	0.023 05	12.041 58	0.083 05
23	3.819 75	0.261 80	46.995 83	0.021 28	12.303 38	0.081 28
24	4.048 93	0.246 98	50.815 58	0.019 68	12.550 36	0.079 68
25	4.291 87	0.233 00	54.864 51	0.018 23	12.783 36	0.078 23
26	4.549 38	0.219 81	59.156 38	0.016 90	13.003 17	0.076 90
27	4.822 35	0.207 37	63.705 77	0.015 70	13.210 53	0.075 70
28	5.111 69	0.195 63	68.528 11	0.014 59	13.406 16	0.074 59
29	5.418 39	0.184 56	73.639 80	0.013 58	13.590 72	0.073 58
30	5.743 49	0.174 11	79.058 19	0.012 65	13.764 83	0.072 65
31	6.088 10	0.164 25	84.801 68	0.011 79	13.929 09	0.071 79
32	6.453 39	0.154 96	90.889 78	0.011 00	14.084 04	0.071 00
33	6.840 59	0.146 19	97.343 16	0.010 27	14.230 23	0.070 27
34	7.251 03	0.137 91	104.183 75	0.009 60	14.368 14	0.069 60
35	7.686 09	0.130 11	111.434 78	0.008 97	14.498 25	0.068 97

复利系数表 （$i=7\%$）

年份	一次支付		等额支付			
	终值系数	现值系数	终值系数	偿债基金系数	现值系数	资金回收系数
n	$(F/P, i, n)$	$(P/F, i, n)$	$(F/A, i, n)$	$(A/F, i, n)$	$(P/A, i, n)$	$(A/P, i, n)$
1	1.070 00	0.934 58	1.000 00	1.000 00	0.934 58	1.070 00
2	1.144 90	0.873 44	2.070 00	0.483 09	1.808 02	0.553 09
3	1.225 04	0.816 30	3.214 90	0.311 05	2.624 32	0.381 05
4	1.310 80	0.762 90	4.439 94	0.225 23	3.387 21	0.295 23
5	1.402 55	0.712 99	5.750 74	0.173 89	4.100 20	0.243 89
6	1.500 73	0.666 34	7.153 29	0.139 80	4.766 54	0.209 80
7	1.605 78	0.622 75	8.654 02	0.115 55	5.389 29	0.185 55
8	1.718 19	0.582 01	10.259 80	0.097 47	5.971 30	0.167 47
9	1.838 46	0.543 93	11.977 99	0.083 49	6.515 23	0.153 49
10	1.967 15	0.508 35	13.816 45	0.072 38	7.023 58	0.142 38
11	2.104 85	0.475 09	15.783 60	0.063 36	7.498 67	0.133 36
12	2.252 19	0.444 01	17.888 45	0.055 90	7.942 69	0.125 90
13	2.409 85	0.414 96	20.140 64	0.049 65	8.357 65	0.119 65
14	2.578 53	0.387 82	22.550 49	0.044 34	8.745 47	0.114 34
15	2.759 03	0.362 45	25.129 02	0.039 79	9.107 91	0.109 79
16	2.952 16	0.338 73	27.888 05	0.035 86	9.446 65	0.105 86
17	3.158 82	0.316 57	30.840 22	0.032 43	9.763 22	0.102 43
18	3.379 93	0.295 86	33.999 03	0.029 41	10.059 09	0.099 41
19	3.616 53	0.276 51	37.378 96	0.026 75	10.335 60	0.096 75
20	3.869 68	0.258 42	40.995 49	0.024 39	10.594 01	0.094 39
21	4.140 56	0.241 51	44.865 18	0.022 29	10.835 53	0.092 29
22	4.430 40	0.225 71	49.005 74	0.020 41	11.061 24	0.090 41
23	4.740 53	0.210 95	53.436 14	0.018 71	11.272 19	0.088 71
24	5.072 37	0.197 15	58.176 67	0.017 19	11.469 33	0.087 19
25	5.427 43	0.184 25	63.249 04	0.015 81	11.653 58	0.085 81
26	5.807 35	0.172 20	68.676 47	0.014 56	11.825 78	0.084 56
27	6.213 87	0.160 93	74.483 82	0.013 43	11.986 71	0.083 43
28	6.648 84	0.150 40	80.697 69	0.012 39	12.137 11	0.082 39
29	7.114 26	0.140 56	87.346 53	0.011 45	12.277 67	0.081 45
30	7.612 26	0.131 37	94.460 79	0.010 59	12.409 04	0.080 59
31	8.145 11	0.122 77	102.073 04	0.009 80	12.531 81	0.079 80
32	8.715 27	0.114 74	110.218 15	0.009 07	12.646 56	0.079 07
33	9.325 34	0.107 23	118.933 43	0.008 41	12.753 79	0.078 41
34	9.978 11	0.100 22	128.258 76	0.007 80	12.854 01	0.077 80
35	10.676 58	0.093 66	138.236 88	0.007 23	12.947 67	0.077 23

复利系数表 ($i=8\%$)

年份	一次支付		等额支付			
	终值系数	现值系数	终值系数	偿债基金系数	现值系数	资金回收系数
n	$(F/P, i, n)$	$(P/F, i, n)$	$(F/A, i, n)$	$(A/F, i, n)$	$(P/A, i, n)$	$(A/P, i, n)$
1	1.080 00	0.925 93	1.000 00	1.000 00	0.925 93	1.080 00
2	1.166 40	0.857 34	2.080 00	0.480 77	1.783 26	0.560 77
3	1.259 71	0.793 83	3.246 40	0.308 03	2.577 10	0.388 03
4	1.360 49	0.735 03	4.506 11	0.221 92	3.312 13	0.301 92
5	1.469 33	0.680 58	5.866 60	0.170 46	3.992 71	0.250 46
6	1.586 87	0.630 17	7.335 93	0.136 32	4.622 88	0.216 32
7	1.713 82	0.583 49	8.922 80	0.112 07	5.206 37	0.192 07
8	1.850 93	0.540 27	10.636 63	0.094 01	5.746 64	0.174 01
9	1.999 00	0.500 25	12.487 56	0.080 08	6.246 89	0.160 08
10	2.158 92	0.463 19	14.486 56	0.069 03	6.710 08	0.149 03
11	2.331 64	0.428 88	16.645 49	0.060 08	7.138 96	0.140 08
12	2.518 17	0.397 11	18.977 13	0.052 70	7.536 08	0.132 70
13	2.719 62	0.367 70	21.495 30	0.046 52	7.903 78	0.126 52
14	2.937 19	0.340 46	24.214 92	0.041 30	8.244 24	0.121 30
15	3.172 17	0.315 24	27.152 11	0.036 83	8.559 48	0.116 83
16	3.425 94	0.291 89	30.324 28	0.032 98	8.851 37	0.112 98
17	3.700 02	0.270 27	33.750 23	0.029 63	9.121 64	0.109 63
18	3.996 02	0.250 25	37.450 24	0.026 70	9.371 89	0.106 70
19	4.315 70	0.231 71	41.446 26	0.024 13	9.603 60	0.104 13
20	4.660 96	0.214 55	45.761 96	0.021 85	9.818 15	0.101 85
21	5.033 83	0.198 66	50.422 92	0.019 83	10.016 80	0.099 83
22	5.436 54	0.183 94	55.456 76	0.018 03	10.200 74	0.098 03
23	5.871 46	0.170 32	60.893 30	0.016 42	10.371 06	0.096 42
24	6.341 18	0.157 70	66.764 76	0.014 98	10.528 76	0.094 98
25	6.848 48	0.146 02	73.105 94	0.013 68	10.674 78	0.093 68
26	7.396 35	0.135 20	79.954 42	0.012 51	10.809 98	0.092 51
27	7.988 06	0.125 19	87.350 77	0.011 45	10.935 16	0.091 45
28	8.627 11	0.115 91	95.338 83	0.010 49	11.051 08	0.090 49
29	9.317 27	0.107 33	103.965 94	0.009 62	11.158 41	0.089 62
30	10.062 66	0.099 38	113.283 21	0.008 83	11.257 78	0.088 83
31	10.867 67	0.092 02	123.345 87	0.008 11	11.349 80	0.088 11
32	11.737 08	0.085 20	134.213 54	0.007 45	11.435 00	0.087 45
33	12.676 05	0.078 89	145.950 62	0.006 85	11.513 89	0.086 85
34	13.690 13	0.073 05	158.626 67	0.006 30	11.586 93	0.086 30
35	14.785 34	0.067 63	172.316 80	0.005 80	11.654 57	0.085 80

复利系数表 ($i=9\%$)

年份	一次支付		等额支付			
	终值系数	现值系数	终值系数	偿债基金系数	现值系数	资金回收系数
n	$(F/P, i, n)$	$(P/F, i, n)$	$(F/A, i, n)$	$(A/F, i, n)$	$(P/A, i, n)$	$(A/P, i, n)$
1	1.090 00	0.917 43	1.000 00	1.000 00	0.917 43	1.090 00
2	1.188 10	0.841 68	2.090 00	0.478 47	1.759 11	0.568 47
3	1.295 03	0.772 18	3.278 10	0.305 05	2.531 29	0.395 05
4	1.411 58	0.708 43	4.573 13	0.218 67	3.239 72	0.308 67
5	1.538 62	0.649 93	5.984 71	0.167 09	3.889 65	0.257 09
6	1.677 10	0.596 27	7.523 33	0.132 92	4.485 92	0.222 92
7	1.828 04	0.547 03	9.200 43	0.108 69	5.032 95	0.198 69
8	1.992 56	0.501 87	11.028 47	0.090 67	5.534 82	0.180 67
9	2.171 89	0.460 43	13.021 04	0.076 80	5.995 25	0.166 80
10	2.367 36	0.422 41	15.192 93	0.065 82	6.417 66	0.155 82
11	2.580 43	0.387 53	17.560 29	0.056 95	6.805 19	0.146 95
12	2.812 66	0.355 53	20.140 72	0.049 65	7.160 73	0.139 65
13	3.065 80	0.326 18	22.953 38	0.043 57	7.486 90	0.133 57
14	3.341 73	0.299 25	26.019 19	0.038 43	7.786 15	0.128 43
15	3.642 48	0.274 54	29.360 92	0.034 06	8.060 69	0.124 06
16	3.970 31	0.251 87	33.003 40	0.030 30	8.312 56	0.120 30
17	4.327 63	0.231 07	36.973 70	0.027 05	8.543 63	0.117 05
18	4.717 12	0.211 99	41.301 34	0.024 21	8.755 63	0.114 21
19	5.141 66	0.194 49	46.018 46	0.021 73	8.950 11	0.111 73
20	5.604 41	0.178 43	51.160 12	0.019 55	9.128 55	0.109 55
21	6.108 81	0.163 70	56.764 53	0.017 62	9.292 24	0.107 62
22	6.658 60	0.150 18	62.873 34	0.015 90	9.442 43	0.105 90
23	7.257 87	0.137 78	69.531 94	0.014 38	9.580 21	0.104 38
24	7.911 08	0.126 40	76.789 81	0.013 02	9.706 61	0.103 02
25	8.623 08	0.115 97	84.700 90	0.011 81	9.822 58	0.101 81
26	9.399 16	0.106 39	93.323 98	0.010 72	9.928 97	0.100 72
27	10.245 08	0.097 61	102.723 13	0.009 73	10.026 58	0.099 73
28	11.167 14	0.089 55	112.968 22	0.008 85	10.116 13	0.098 85
29	12.172 18	0.082 15	124.135 36	0.008 06	10.198 28	0.098 06
30	13.267 68	0.075 37	136.307 54	0.007 34	10.273 65	0.097 34
31	14.461 77	0.069 15	149.575 22	0.006 69	10.342 80	0.096 69
32	15.763 33	0.063 44	164.036 99	0.006 10	10.406 24	0.096 10
33	17.182 03	0.058 20	179.800 32	0.005 56	10.464 44	0.095 56
34	18.728 41	0.053 39	196.982 34	0.005 08	10.517 84	0.095 08
35	20.413 97	0.048 99	215.710 75	0.004 64	10.566 82	0.094 64

复利系数表 （$i=10\%$）

年份	一次支付		等额支付			
	终值系数	现值系数	终值系数	偿债基金系数	现值系数	资金回收系数
n	$(F/P, i, n)$	$(P/F, i, n)$	$(F/A, i, n)$	$(A/F, i, n)$	$(P/A, i, n)$	$(A/P, i, n)$
1	1.100 00	0.909 09	1.000 00	1.000 00	0.909 09	1.100 00
2	1.210 00	0.826 45	2.100 00	0.476 19	1.735 54	0.576 19
3	1.331 00	0.751 31	3.310 00	0.302 11	2.486 85	0.402 11
4	1.464 10	0.683 01	4.641 00	0.215 47	3.169 87	0.315 47
5	1.610 51	0.620 92	6.105 10	0.163 80	3.790 79	0.263 80
6	1.771 56	0.564 47	7.715 61	0.129 61	4.355 26	0.229 61
7	1.948 72	0.513 16	9.487 17	0.105 41	4.868 42	0.205 41
8	2.143 59	0.466 51	11.435 89	0.087 44	5.334 93	0.187 44
9	2.357 95	0.424 10	13.579 48	0.073 64	5.759 02	0.173 64
10	2.593 74	0.385 54	15.937 42	0.062 75	6.144 57	0.162 75
11	2.853 12	0.350 49	18.531 17	0.053 96	6.495 06	0.153 96
12	3.138 43	0.318 63	21.384 28	0.046 76	6.813 69	0.146 76
13	3.452 27	0.289 66	24.522 71	0.040 78	7.103 36	0.140 78
14	3.797 50	0.263 33	27.974 98	0.035 75	7.366 69	0.135 75
15	4.177 25	0.239 39	31.772 48	0.031 47	7.606 08	0.131 47
16	4.594 97	0.217 63	35.949 73	0.027 82	7.823 71	0.127 82
17	5.054 47	0.197 84	40.544 70	0.024 66	8.021 55	0.124 66
18	5.559 92	0.179 86	45.599 17	0.021 93	8.201 41	0.121 93
19	6.115 91	0.163 51	51.159 09	0.019 55	8.364 92	0.119 55
20	6.727 50	0.148 64	57.275 00	0.017 46	8.513 56	0.117 46
21	7.400 25	0.135 13	64.002 50	0.015 62	8.648 69	0.115 62
22	8.140 27	0.122 85	71.402 75	0.014 01	8.771 54	0.114 01
23	8.954 30	0.111 68	79.543 02	0.012 57	8.883 22	0.112 57
24	9.849 73	0.101 53	88.497 33	0.011 30	8.984 74	0.111 30
25	10.834 71	0.092 30	98.347 06	0.010 17	9.077 04	0.110 17
26	11.918 18	0.083 91	109.181 77	0.009 16	9.160 95	0.109 16
27	13.109 99	0.076 28	121.099 94	0.008 26	9.237 22	0.108 26
28	14.420 99	0.069 34	134.209 94	0.007 45	9.306 57	0.107 45
29	15.863 09	0.063 04	148.630 93	0.006 73	9.369 61	0.106 73
30	17.449 40	0.057 31	164.494 02	0.006 08	9.426 91	0.106 08
31	19.194 34	0.052 10	181.943 42	0.005 50	9.479 01	0.105 50
32	21.113 78	0.047 36	201.137 77	0.004 97	9.526 38	0.104 97
33	23.225 15	0.043 06	222.251 54	0.004 50	9.569 43	0.104 50
34	25.547 67	0.039 14	245.476 70	0.004 07	9.608 57	0.104 07
35	28.102 44	0.035 58	271.024 37	0.003 69	9.644 16	0.103 69

复利系数表 $(i=12\%)$

年份	一次支付		等额支付			
	终值系数	现值系数	终值系数	偿债基金系数	现值系数	资金回收系数
n	$(F/P, i, n)$	$(P/F, i, n)$	$(F/A, i, n)$	$(A/F, i, n)$	$(P/A, i, n)$	$(A/P, i, n)$
1	1.120 00	0.892 86	1.000 00	1.000 00	0.892 86	1.120 00
2	1.254 40	0.797 19	2.120 00	0.471 70	1.690 05	0.591 70
3	1.404 93	0.711 78	3.374 40	0.296 35	2.401 83	0.416 35
4	1.573 52	0.635 52	4.779 33	0.209 23	3.037 35	0.329 23
5	1.762 34	0.567 43	6.352 85	0.157 41	3.604 78	0.277 41
6	1.973 82	0.506 63	8.115 19	0.123 23	4.111 41	0.243 23
7	2.210 68	0.452 35	10.089 01	0.099 12	4.563 76	0.219 12
8	2.475 96	0.403 88	12.299 69	0.081 30	4.967 64	0.201 30
9	2.773 08	0.360 61	14.775 66	0.067 68	5.328 25	0.187 68
10	3.105 85	0.321 97	17.548 74	0.056 98	5.650 22	0.176 98
11	3.478 55	0.287 48	20.654 58	0.048 42	5.937 70	0.168 42
12	3.895 98	0.256 68	24.133 13	0.041 44	6.194 37	0.161 44
13	4.363 49	0.229 17	28.029 11	0.035 68	6.423 55	0.155 68
14	4.887 11	0.204 62	32.392 60	0.030 87	6.628 17	0.150 87
15	5.473 57	0.182 70	37.279 71	0.026 82	6.810 86	0.146 82
16	6.130 39	0.163 12	42.753 28	0.023 39	6.973 99	0.143 39
17	6.866 04	0.145 64	48.883 67	0.020 46	7.119 63	0.140 46
18	7.689 97	0.130 04	55.749 71	0.017 94	7.249 67	0.137 94
19	8.612 76	0.116 11	63.439 68	0.015 76	7.365 78	0.135 76
20	9.646 29	0.103 67	72.052 44	0.013 88	7.469 44	0.133 88
21	10.803 85	0.092 56	81.698 74	0.012 24	7.562 00	0.132 24
22	12.100 31	0.082 64	92.502 58	0.010 81	7.644 65	0.130 81
23	13.552 35	0.073 79	104.602 89	0.009 56	7.718 43	0.129 56
24	15.178 63	0.065 88	118.155 24	0.008 46	7.784 32	0.128 46
25	17.000 06	0.058 82	133.333 87	0.007 50	7.843 14	0.127 50
26	19.040 07	0.052 52	150.333 93	0.006 65	7.895 66	0.126 65
27	21.324 88	0.046 89	169.374 01	0.005 90	7.942 55	0.125 90
28	23.883 87	0.041 87	190.698 89	0.005 24	7.984 42	0.125 24
29	26.749 93	0.037 38	214.582 75	0.004 66	8.021 81	0.124 66
30	29.959 92	0.033 38	241.332 68	0.004 14	8.055 18	0.124 14
31	33.555 11	0.029 80	271.292 61	0.003 69	8.084 99	0.123 69
32	37.581 73	0.026 61	304.847 72	0.003 28	8.111 59	0.123 28
33	42.091 53	0.023 76	342.429 45	0.002 92	8.135 35	0.122 92
34	47.142 52	0.021 21	384.520 98	0.002 60	8.156 56	0.122 60
35	52.799 62	0.018 94	431.663 50	0.002 32	8.175 50	0.122 32

复利系数表 （$i=15\%$）

年份	一次支付		等额支付			
	终值系数	现值系数	终值系数	偿债基金系数	现值系数	资金回收系数
n	$(F/P, i, n)$	$(P/F, i, n)$	$(F/A, i, n)$	$(A/F, i, n)$	$(P/A, i, n)$	$(A/P, i, n)$
1	1.150 00	0.869 57	1.000 00	1.000 00	0.869 57	1.150 00
2	1.322 50	0.756 14	2.150 00	0.465 12	1.625 71	0.615 12
3	1.520 88	0.657 52	3.472 50	0.287 98	2.283 23	0.437 98
4	1.749 01	0.571 75	4.993 38	0.200 27	2.854 98	0.350 27
5	2.011 36	0.497 18	6.742 38	0.148 32	3.352 16	0.298 32
6	2.313 06	0.432 33	8.753 74	0.114 24	3.784 48	0.264 24
7	2.660 02	0.375 94	11.066 80	0.090 36	4.160 42	0.240 36
8	3.059 02	0.326 90	13.726 82	0.072 85	4.487 32	0.222 85
9	3.517 88	0.284 26	16.785 84	0.059 57	4.771 58	0.209 57
10	4.045 56	0.247 18	20.303 72	0.049 25	5.018 77	0.199 25
11	4.652 39	0.214 94	24.349 28	0.041 07	5.233 71	0.191 07
12	5.350 25	0.186 91	29.001 67	0.034 48	5.420 62	0.184 48
13	6.152 79	0.162 53	34.351 92	0.029 11	5.583 15	0.179 11
14	7.075 71	0.141 33	40.504 71	0.024 69	5.724 48	0.174 69
15	8.137 06	0.122 89	47.580 41	0.021 02	5.847 37	0.171 02
16	9.357 62	0.106 86	55.717 47	0.017 95	5.954 23	0.167 95
17	10.761 26	0.092 93	65.075 09	0.015 37	6.047 16	0.165 37
18	12.375 45	0.080 81	75.836 36	0.013 19	6.127 97	0.163 19
19	14.231 77	0.070 27	88.211 81	0.011 34	6.198 23	0.161 34
20	16.366 54	0.061 10	102.443 58	0.009 76	6.259 33	0.159 76
21	18.821 52	0.053 13	118.810 12	0.008 42	6.312 46	0.158 42
22	21.644 75	0.046 20	137.631 64	0.007 27	6.358 66	0.157 27
23	24.891 46	0.040 17	159.276 38	0.006 28	6.398 84	0.156 28
24	28.625 18	0.034 93	184.167 84	0.005 43	6.433 77	0.155 43
25	32.918 95	0.030 38	212.793 02	0.004 70	6.464 15	0.154 70
26	37.856 80	0.026 42	245.711 97	0.004 07	6.490 56	0.154 07
27	43.535 31	0.022 97	283.568 77	0.003 53	6.513 53	0.153 53
28	50.065 61	0.019 97	327.104 08	0.003 06	6.533 51	0.153 06
29	57.575 45	0.017 37	377.169 69	0.002 65	6.550 88	0.152 65
30	66.211 77	0.015 10	434.745 15	0.002 30	6.565 98	0.152 30
31	76.143 54	0.013 13	500.956 92	0.002 00	6.579 11	0.152 00
32	87.565 07	0.011 42	577.100 46	0.001 73	6.590 53	0.151 73
33	100.699 83	0.009 93	664.665 52	0.001 50	6.600 46	0.151 50
34	115.804 80	0.008 64	765.365 35	0.001 31	6.609 10	0.151 31
35	133.175 52	0.007 51	881.170 16	0.001 13	6.616 61	0.151 13

复利系数表 （$i=18\%$）

年份	一次支付		等额支付			
	终值系数	现值系数	终值系数	偿债基金系数	现值系数	资金回收系数
n	$(F/P，i，n)$	$(P/F，i，n)$	$(F/A，i，n)$	$(A/F，i，n)$	$(P/A，i，n)$	$(A/P，i，n)$
1	1.180 00	0.847 46	1.000 00	1.000 00	0.847 46	1.180 00
2	1.392 40	0.718 18	2.180 00	0.458 72	1.565 64	0.638 72
3	1.643 03	0.608 63	3.572 40	0.279 92	2.174 27	0.459 92
4	1.938 78	0.515 79	5.215 43	0.191 74	2.690 06	0.371 74
5	2.287 76	0.437 11	7.154 21	0.139 78	3.127 17	0.319 78
6	2.699 55	0.370 43	9.441 97	0.105 91	3.497 60	0.285 91
7	3.185 47	0.313 93	12.141 52	0.082 36	3.811 53	0.262 36
8	3.758 86	0.266 04	15.327 00	0.065 24	4.077 57	0.245 24
9	4.435 45	0.225 46	19.085 85	0.052 39	4.303 02	0.232 39
10	5.233 84	0.191 06	23.521 31	0.042 51	4.494 09	0.222 51
11	6.175 93	0.161 92	28.755 14	0.034 78	4.656 01	0.214 78
12	7.287 59	0.137 22	34.931 07	0.028 63	4.793 22	0.208 63
13	8.599 36	0.116 29	42.218 66	0.023 69	4.909 51	0.203 69
14	10.147 24	0.098 55	50.818 02	0.019 68	5.008 06	0.199 68
15	11.973 75	0.083 52	60.965 27	0.016 40	5.091 58	0.196 40
16	14.129 02	0.070 78	72.939 01	0.013 71	5.162 35	0.193 71
17	16.672 25	0.059 98	87.068 04	0.011 49	5.222 33	0.191 49
18	19.673 25	0.050 83	103.740 28	0.009 64	5.273 16	0.189 64
19	23.214 44	0.043 08	123.413 53	0.008 10	5.316 24	0.188 10
20	27.393 03	0.036 51	146.627 97	0.006 82	5.352 75	0.186 82
21	32.323 78	0.030 94	174.021 00	0.005 75	5.383 68	0.185 75
22	38.142 06	0.026 22	206.344 79	0.004 85	5.409 90	0.184 85
23	45.007 63	0.022 22	244.486 85	0.004 09	5.432 12	0.184 09
24	53.109 01	0.018 83	289.494 48	0.003 45	5.450 95	0.183 45
25	62.668 63	0.015 96	342.603 49	0.002 92	5.466 91	0.182 92
26	73.948 98	0.013 52	405.272 11	0.002 47	5.480 43	0.182 47
27	87.259 80	0.011 46	479.221 09	0.002 09	5.491 89	0.182 09
28	102.966 56	0.009 71	566.480 89	0.001 77	5.501 60	0.181 77
29	121.500 54	0.008 23	669.447 45	0.001 49	5.509 83	0.181 49
30	143.370 64	0.006 97	790.947 99	0.001 26	5.516 81	0.181 26
31	169.177 35	0.005 91	934.318 63	0.001 07	5.522 72	0.181 07
32	199.629 28	0.005 01	1 103.495 98	0.000 91	5.527 73	0.180 91
33	235.562 55	0.004 25	1 303.125 26	0.000 77	5.531 97	0.180 77
34	277.963 81	0.003 60	1 538.687 81	0.000 65	5.535 57	0.180 65
35	327.997 29	0.003 05	1 816.651 61	0.000 55	5.538 62	0.180 55

复利系数表 （$i=20\%$）

年份	一次支付		等额支付			
	终值系数	现值系数	终值系数	偿债基金系数	现值系数	资金回收系数
n	$(F/P, i, n)$	$(P/F, i, n)$	$(F/A, i, n)$	$(A/F, i, n)$	$(P/A, i, n)$	$(A/P, i, n)$
1	1.200 00	0.833 33	1.000 00	1.000 00	0.833 33	1.200 00
2	1.440 00	0.694 44	2.200 00	0.454 55	1.527 78	0.654 55
3	1.728 00	0.578 70	3.640 00	0.274 73	2.106 48	0.474 73
4	2.073 60	0.482 25	5.368 00	0.186 29	2.588 73	0.386 29
5	2.488 32	0.401 88	7.441 60	0.134 38	2.990 61	0.334 38
6	2.985 98	0.334 90	9.929 92	0.100 71	3.325 51	0.300 71
7	3.583 18	0.279 08	12.915 90	0.077 42	3.604 59	0.277 42
8	4.299 82	0.232 57	16.499 08	0.060 61	3.837 16	0.260 61
9	5.159 78	0.193 81	20.798 90	0.048 08	4.030 97	0.248 08
10	6.191 74	0.161 51	25.958 68	0.038 52	4.192 47	0.238 52
11	7.430 08	0.134 59	32.150 42	0.031 10	4.327 06	0.231 10
12	8.916 10	0.112 16	39.580 50	0.025 26	4.439 22	0.225 26
13	10.699 32	0.093 46	48.496 60	0.020 62	4.532 68	0.220 62
14	12.839 18	0.077 89	59.195 92	0.016 89	4.610 57	0.216 89
15	15.407 02	0.064 91	72.035 11	0.013 88	4.675 47	0.213 88
16	18.488 43	0.054 09	87.442 13	0.011 44	4.729 56	0.211 44
17	22.186 11	0.045 07	105.930 56	0.009 44	4.774 63	0.209 44
18	26.623 33	0.037 56	128.116 67	0.007 81	4.812 19	0.207 81
19	31.948 00	0.031 30	154.740 00	0.006 46	4.843 50	0.206 46
20	38.337 60	0.026 08	186.688 00	0.005 36	4.869 58	0.205 36
21	46.005 12	0.021 74	225.025 60	0.004 44	4.891 32	0.204 44
22	55.206 14	0.018 11	271.030 72	0.003 69	4.909 43	0.203 69
23	66.247 37	0.015 09	326.236 86	0.003 07	4.924 53	0.203 07
24	79.496 85	0.012 58	392.484 24	0.002 55	4.937 10	0.202 55
25	95.396 22	0.010 48	471.981 08	0.002 12	4.947 59	0.202 12
26	114.475 46	0.008 74	567.377 30	0.001 76	4.956 32	0.201 76
27	137.370 55	0.007 28	681.852 76	0.001 47	4.963 60	0.201 47
28	164.844 66	0.006 07	819.223 31	0.001 22	4.969 67	0.201 22
29	197.813 59	0.005 06	984.067 97	0.001 02	4.974 72	0.201 02
30	237.376 31	0.004 21	1 181.881 57	0.000 85	4.978 94	0.200 85
31	284.851 58	0.003 51	1 419.257 88	0.000 70	4.982 45	0.200 70
32	341.821 89	0.002 93	1 704.109 46	0.000 59	4.985 37	0.200 59
33	410.186 27	0.002 44	2 045.931 35	0.000 49	4.987 81	0.200 49
34	492.223 52	0.002 03	2 456.117 62	0.000 41	4.989 84	0.200 41
35	590.668 23	0.001 69	2 948.341 15	0.000 34	4.991 54	0.200 34

复利系数表（$i=25\%$）

年份	一次支付		等额支付			
	终值系数	现值系数	终值系数	偿债基金系数	现值系数	资金回收系数
n	$(F/P, i, n)$	$(P/F, i, n)$	$(F/A, i, n)$	$(A/F, i, n)$	$(P/A, i, n)$	$(A/P, i, n)$
1	1. 250 00	0. 800 00	1. 000 00	1. 000 00	0. 800 00	1. 250 00
2	1. 562 50	0. 640 00	2. 250 00	0. 444 44	1. 440 00	0. 694 44
3	1. 953 13	0. 512 00	3. 812 50	0. 262 30	1. 952 00	0. 512 30
4	2. 441 41	0. 409 60	5. 765 63	0. 173 44	2. 361 60	0. 423 44
5	3. 051 76	0. 327 68	8. 207 03	0. 121 85	2. 689 28	0. 371 85
6	3. 814 70	0. 262 14	11. 258 79	0. 088 82	2. 951 42	0. 338 82
7	4. 768 37	0. 209 72	15. 073 49	0. 066 34	3. 161 14	0. 316 34
8	5. 960 46	0. 167 77	19. 841 86	0. 050 40	3. 328 91	0. 300 40
9	7. 450 58	0. 134 22	25. 802 32	0. 038 76	3. 463 13	0. 288 76
10	9. 313 23	0. 107 37	33. 252 90	0. 030 07	3. 570 50	0. 280 07
11	11. 641 53	0. 085 90	42. 566 13	0. 023 49	3. 656 40	0. 273 49
12	14. 551 92	0. 068 72	54. 207 66	0. 018 45	3. 725 12	0. 268 45
13	18. 189 89	0. 054 98	68. 759 58	0. 014 54	3. 780 10	0. 264 54
14	22. 737 37	0. 043 98	86. 949 47	0. 011 50	3. 824 08	0. 261 50
15	28. 421 71	0. 035 18	109. 686 84	0. 009 12	3. 859 26	0. 259 12
16	35. 527 14	0. 028 15	138. 108 55	0. 007 24	3. 887 41	0. 257 24
17	44. 408 92	0. 022 52	173. 635 68	0. 005 76	3. 909 93	0. 255 76
18	55. 511 15	0. 018 01	218. 044 60	0. 004 59	3. 927 94	0. 254 59
19	69. 388 94	0. 014 41	273. 555 76	0. 003 66	3. 942 35	0. 253 66
20	86. 736 17	0. 011 53	342. 944 70	0. 002 92	3. 953 88	0. 252 92
21	108. 420 22	0. 009 22	429. 680 87	0. 002 33	3. 963 11	0. 252 33
22	135. 525 27	0. 007 38	538. 101 09	0. 001 86	3. 970 49	0. 251 86
23	169. 406 59	0. 005 90	673. 626 36	0. 001 48	3. 976 39	0. 251 48
24	211. 758 24	0. 004 72	843. 032 95	0. 001 19	3. 981 11	0. 251 19
25	264. 697 80	0. 003 78	1 054. 791 18	0. 000 95	3. 984 89	0. 250 95
26	330. 872 25	0. 003 02	1 319. 488 98	0. 000 76	3. 987 91	0. 250 76
27	413. 590 31	0. 002 42	1 650. 361 23	0. 000 61	3. 990 33	0. 250 61
28	516. 987 88	0. 001 93	2 063. 951 53	0. 000 48	3. 992 26	0. 250 48
29	646. 234 85	0. 001 55	2 580. 939 41	0. 000 39	3. 993 81	0. 250 39
30	807. 793 57	0. 001 24	3 227. 174 27	0. 000 31	3. 995 05	0. 250 31
31	1 009. 741 96	0. 000 99	4 034. 967 83	0. 000 25	3. 996 04	0. 250 25
32	1 262. 177 45	0. 000 79	5 044. 709 79	0. 000 20	3. 996 83	0. 250 20
33	1 577. 721 81	0. 000 63	6 306. 887 24	0. 000 16	3. 997 46	0. 250 16
34	1 972. 152 26	0. 000 51	7 884. 609 05	0. 000 13	3. 997 97	0. 250 13
35	2 465. 190 33	0. 000 41	9 856. 761 32	0. 000 10	3. 998 38	0. 250 10

附录 B

参考答案

第4章

6. 可行。

7. B 方案成功率更高。

第6章

1. 提成率为 2%，输出方利润分成率为 20%，投资利润率为 11.9%。

2. 采用入门费加提成法支付技术费用经济合算。

3. 输入方利润分享过高，A、B 公司报价均不能接受。

4. 丙公司技术及装备效益最好。

5. 项目效益为负。

第8章

2. 810.88±166.2 万件（95% 的置信区间）。

3. 33.4 万件。

4. 3.06 亿元。

第9章

6. 用单利法计算的借款利息为 300 元，用复利法计算的借款利息为 338.2 元。

7. 企业应向乙银行借款较好。

8. 56 329.75 元。

9. 1 000 万元。

10. 39 839.50 元。

11. $P = F_1 (P/F, i, 4) + F_2 (P/F, i, 12) - A (P/A, i, 7) (P/F, i, 5)$
$A = [F_1 (F/P, i, 8) + F_2 (F/P, i, 12)] (A/F, i, 7)$。

第10章

5. 静态投资回收期是 3.44 年，动态投资回收期是 4.19 年。

6. 22.02%，可行。

7. (1) 净现值为 144.7 万元、净年值为 23.55 万元，内部收益率为 11.75％；方案可行。

(2) 静态投资回收期 6.25 年，动态投资回收期为 9.06 年。

8. (1) 静态投资回收期 6.5 年，动态投资回收期为 9.96 年。

(2) 净现值为 6.02 万元，内部收益率为 10.1％；方案可行。

9. 763.14 万元，可行。

10. 18 年。

第 11 章

2. B 方案最有利。

3. C 方案较优。

4. A 较优。

5. B 较优。

6. 选择 B 方案。

7. 资金限额为 60 万元时选择 BCE 组合方案，资金限额为 45 万元时选择 BD 组合方案。

第 12 章

1. 盈亏平衡时的产量为 5 万件，盈亏平衡时的生产能力利用率为 62.5％，盈亏平衡时的销售收入为 12 500 万元，盈亏平衡时的销售价格为 2 237.5 元/件，盈亏平衡时的单位产品变动成本为 2 062.5 元/件。

2. (1) 当投资额±10％时，该方案净现值相应减少或增加 150 万元，当销售收入±10％时，该方案净现值相应增加或减少 1 229 万元，当经营成本±10％时，该方案净现值相应减少或增加 952.48 万元。

(2) 设年销售收入变动百分比为 x，经营成本变动百分比为 y，令 NPV＝0 可得方程 $y=0.14+1.29x$，在直线的右下方区域 NPV＞0；在直线的左上方区域 NPV＜0。

3. (1) 23.18 万元。

(2) 1.5％。

(3) 26.11％。

4. (1) 根据期望值原则，应选择乙方案。

(2) 根据最小方差原则，应选择甲方案。

5. 用悲观法应选择 A 方案，用乐观法应选择 B 方案，用乐观系数法应选择 A 方案，用等可能性法应选择 D 方案，用最小最大后悔值法应选择 A 方案。

6. 设盈亏平衡时 A、B 产品的产量分别为 Q_1^*、Q_2^*，则盈亏平衡时的产量为 $Q_1^*+10Q_2^*=5\ 000$。

7. 不确定性因素敏感性分析如表 B-1 所示。

表 B-1　不确定性因素敏感性分析

序号	不确定因素	变化率/％	IRR	敏感度系数	临界点/％	临界值/万元
1	初始投资 I	−10	8.81	−2.01	4.45	1 044.5
		10	13.62	−2.35		

序号	不确定因素	变化率/%	IRR	敏感度系数	临界点/%	临界值/万元
2	销售收入 S	−10	17.04	5.45	−1.61	442.76
		10	4.28	6.12		
3	总成本 C	−10	6.94	−3.71	2.59	287.25
		10	14.83	−3.45		

项目抵御风险能力较低。

8.（1）NPV 大于 0 的概率为 0.865 6。

（2）NPV 大于期望值的概率为 0.5。

第 14 章

6. 采用新的交通格局。

7. 113 557.884 元。

8. 1 030 元。

第 15 章

3. B 设备更加经济。

4.（1）直线折旧法（见表 B−2）。

表 B−2　设备折旧费表（直线折旧法计算）

年度	折旧率	折旧费/元	年末账面价值/元
第 1 年	1/10	(40 000−4 000)/10=3 600	40 000−3 600=36 400
第 2 年	1/10	(40 000−4 000)/10=3 600	36 400−3 600=32 800
第 3 年	1/10	(40 000−4 000)/10=3 600	32 800−3 600=29 200
第 4 年	1/10	(40 000−4 000)/10=3 600	29 200−3 600=25 600
第 5 年	1/10	(40 000−4 000)/10=3 600	25 600−3 600=22 000

（2）年数总和折旧法（见表 B−3）。

表 B−3　设备折旧费表（年数总和折旧法计算）

年度	折旧率	折旧费/元	年末账面价值/元
第 1 年	10/55	(40 000−4 000)×10/55=6 545	40 000−6 545=33 455
第 2 年	9/55	(40 000−4 000)×9/55=5 891	33 455−5 891=27 564
第 3 年	8/55	(40 000−4 000)×8/55=5 236	2 564−5 236=22 328
第 4 年	7/55	(40 000−4 000)×7/55=4 582	2 328−4 582=17 746
第 5 年	6/55	(40 000−4 000)×6/55=3 927	1 746−3 927=13 819

（3）双倍余额递减法（见表 B−4）。

表 B-4 设备折旧费表（双倍余额递减法计算）

年度	折旧率	折旧费/元	年末账面价值/元
第 1 年	2/10	40 000×2/10=8 000	40 000-8 000=32 000
第 2 年	2/10	32 000×2/10=6 400	32 000-6 400=25 600
第 3 年	2/10	25 600×2/10=5 120	25 600-5 120=20 480
第 4 年	2/10	20 480×2/10=4 096	20 480-4 096=16 384
第 5 年	2/10	16 384×2/10=3 277	16 384-3 277=13 107

5. 设备的经济寿命为 2 年。

6. 新设备在使用年限内的年均总成本比旧设备的都低，应该立即更换。

7. 设备的最优更新期为第 5 年。

第 17 章

6. A、B 零件为价值工程的研究对象。

7. B 为最优设计方案。

8. F_1 的价值为 80，F_2 的价值为 3.6，F_3 的价值为 43.2，F_4 的价值为 188；成本降低期间值为 62.96。

参 考 文 献

[1] 国家发展改革委，建设部. 建设项目经济评价方法与参数. 3 版. 北京：中国计划出版社，2006.

[2] 建设部标准定额研究所. 建设项目经济评价案例. 北京：中国计划出版社，2006.

[3] 林晓言，王红梅. 技术经济学教程. 2 版. 北京：经济管理出版社，2005.

[4] 成其谦. 投资项目评价. 3 版. 北京：中国人民大学出版社，2011.

[5] 刘晓君. 技术经济学. 北京：科学出版社，2008.

[6] 傅家骥，仝允桓. 工业技术经济学. 3 版. 北京：清华大学出版社，1996.

[7] 吴添祖. 技术经济学概论. 北京：高等教育出版社，2000.

[8] 段力平，陈建. 实用技术经济学. 北京：高等教育出版社，2004.

[9] 邵仲岩，董志刚. 技术经济学. 哈尔滨：哈尔滨工程大学出版社，2008.

[10] 袁明鹏，胡艳，庄越. 新编技术经济学. 北京：清华大学出版社，2007.

[11] 祝爱民. 技术经济学. 北京：机械工业出版社，2009.

[12] 张铁山，吴永林，李纯波，等. 技术经济学. 北京：清华大学出版社，2009.

[13] 王勇. 投资项目可行性分析. 北京：电子工业出版社，2012.

[14] 彭运芳. 新编技术经济学. 北京：北京大学出版社，2009.

[15] 胡珑瑛. 技术经济学. 哈尔滨：哈尔滨工业大学出版社，2004.

[16] 苏敬勤，徐雨森. 技术经济学. 北京：科学出版社，2011.

[17] 邵颖红，黄渝祥. 工程经济学概论. 北京：电子工业出版社，2003.

[18] 邵颖红，黄渝祥，邢爱芳，等. 工程经济学. 4 版. 上海：同济大学出版社，2009.

[19] 王柏轩. 技术经济学. 上海：复旦大学出版社，2007.

[20] 高百宁，王凤科，郭新宝，等. 技术经济学. 北京：北京理工大学出版社，2006.

[21] 姜伟新，张三力. 投资项目后评价. 北京：中国石化出版社，2002.

[22] 刘晓君. 工程经济学. 北京：中国建筑工业出版社，2005.

[23] 石振武，张斌. 工程经济学. 北京：科学出版社，2009.

[24] 技术经济学编写组. 技术经济学原理与实务. 北京：机械工业出版社，2009.

[25] 武献华，石振武. 工程经济学. 北京：科学出版社，2006.

[26] 徐莉. 技术经济学. 武汉：武汉大学出版社，2003.

[27] 刘秋华. 技术经济学. 北京：机械工业出版社，2011.

[28] 陈娟. 工程经济学. 2 版. 北京：北京交通大学出版社，2019.

[29] 许晓峰. 技术经济学. 北京：中国发展出版社，1996.

[30] 林晓言. 建设项目经济社会评价. 北京：中华工商联合出版社，2000.

[31] 林晓言. 企业经营管理概论. 北京：人民交通出版社，1997.

[32] 成其谦. 投资项目评价. 5 版. 北京：中国人民大学出版社，2017.

[33] 林晓言. 高速铁路与经济社会发展新格局. 北京：社会科学文献出版社，2017.